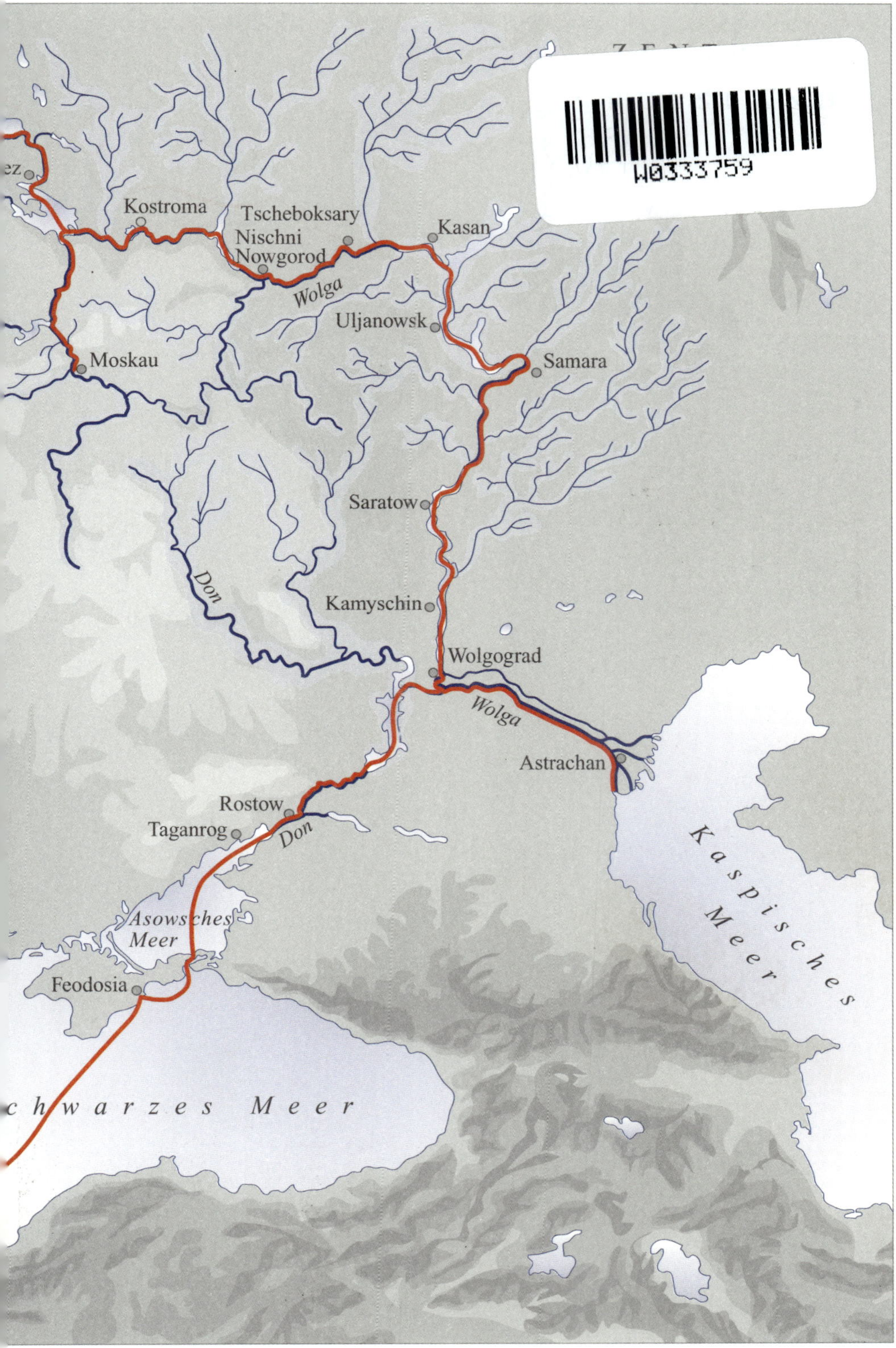

ez.
Kostroma
Tscheboksary
Nischni Nowgorod
Kasan
Wolga
Uljanowsk
Moskau
Samara
Saratow
Don
Kamyschin
Wolgograd
Wolga
Astrachan
Rostow
Taganrog
Don
Asowsches Meer
Feodosia
Kaspisches Meer
chwarzes Meer

DELIUS KLASING

ANGELIKA GEBHARD
ANDREY ALEXANDER

ZAUBER DER WOLGA

Abenteuer unter russischer Flagge

Delius Klasing Verlag

Von Angelika Gebhard sind darüber hinaus folgende Titel
im Delius Klasing Verlag erschienen:
Wellen, Wind und Abenteuer – Angelikas Tagebuch einer Weltumseglung
Mit Rollo auf Abenteuerkurs – Spurensuche im Schwarzen Meer

Textabdruck mit freundlicher Genehmigung: Fedor Tjutschew:
Russische Lyrik von Puschkin bis Block. Auswahl und Übertragung von
Werner Matthey. Sammlung Klosterberg. Europäische Reihe.
Schwabe & Co. AG Verlag, Basel 1943. www.schwabe.ch

Die Deutsche Bibliothek – CIP-Einheitsaufnahme

Gebhard, Angelika:
Zauber der Wolga: Abenteuer unter russischer Flagge / Angelika Gebhard;
Andrey Alexander. – 1. Aufl. – Bielefeld: Delius Klasing, 2002
ISBN 3-7688-1344-4

1. Auflage
ISBN 3-7688-1344-4

Fotos und Zeichnungen: Andrey Alexander
Alle Autorenfotos aufgenommen mit Nikon F 100.
Schutzumschlaggestaltung: Buchholz/Hinsch/Hensinger, Hamburg
Druck: GGP Media, Pößneck
Printed in Germany 2002

Delius Klasing Verlag, Siekerwall 21, D-33602 Bielefeld
Tel.: 0521/559-0, Fax: 0521/559-113
e-mail: info@delius-klasing.de
www.delius-klasing.de

Inhalt

Grußwort

Mit über 3500 km Länge ist die Wolga der längste und wasserreichste Strom Europas. Zusammen mit dem Wolga-Don-Schifffahrtskanal, dem Wolga-Ostsee-Wasserweg, dem Weißmeer-Ostsee-Kanal sowie dem Moskwa-Wolga-Kanal ist sie mit vielen anderen Flüssen Osteuropas, mit den angrenzenden Meeren (Schwarzes und Weißes Meer, Ostsee) und mit der russischen Hauptstadt Moskau verbunden. Die Wolga stellt damit die wichtigste Binnenwasserstraße Russlands dar.

Das weithin bekannte Segler-Ehepaar Rollo und Angelika Gebhard hat eine Wolga-Don-Expedition gewagt: eine Reise mit ihrem Schiff SOLVEIG VII von St. Petersburg bis zum Schwarzen Meer. Diese Durchquerung Russlands auf dem Wasser gilt zu Recht als maritime Pioniertat. Noch vor wenigen Jahrzehnten wäre eine derartige Reise hinter dem »Eisernen Vorhang« undenkbar gewesen. Es ist wunderbar, dass so etwas heute wieder möglich ist. Im Rahmen der Bayerischen Tage in Moskau traf ich bei einem Empfang mit den Autoren dieses Buches zusammen. Ich war sofort von den Expeditionen des Ehepaares fasziniert.

Rollo und Angelika Gebhard treten bei ihren Reisen bewusst als Botschafter ihrer bayerischen und deutschen Heimat auf. »Wer reisen will, der muss zunächst Liebe zu Land und Leuten mitbringen, mindestens keine Voreingenommenheit. Er muss den guten Willen haben, das Gute zu finden, anstatt es durch kritische Vergleiche tot zu machen.« Diese Erkenntnis Theodor Fontanes haben sich die Autoren zu Eigen gemacht. Umgekehrt werden sie zu Hause zu Vermittlern der Kultur ihrer Gastländer. Mit ihren Büchern und Dokumentationen haben sie vielen Menschen zu neuen Einsichten über andere Länder und ihre Bewohner verholfen. Dafür erhielt Rollo Gebhard das Bundesverdienstkreuz.

Bayern und Moskau pflegen insbesondere seit Beginn der neunziger Jahre intensive freundschaftliche Kontakte. Der Ausbau der politischen, wirtschaftlichen und kulturellen Beziehungen ist unser gemeinsames Bestreben. Der Freistaat unterstützt deshalb bayerische Firmen auf ihrem Weg nach Russland, zum Beispiel durch die Vermittlung von Kooperationswünschen über die Bayerische Repräsentanz in Moskau, durch die Förderung des Aufbaus von Vertriebsstrukturen und durch die Hilfe bei der Beteiligung an internationalen Messen in Russland. Das große Interesse der bayerischen Wirtschaft am russischen Markt wird durch die rege Teilnahme an den von uns organisierten Delegationsreisen sowie die Zahl der in Russland bereits aktiven Unternehmen dokumentiert. Rund ein Drittel der in Russland ansässigen deutschen Firmen kommt aus Bayern. Seit 1999 gibt es zudem eine ständige Kommission Bayern – Moskau. Das gemeinsam entwickelte Programm enthält eine Vielzahl von Vorhaben aus den Gebieten Wirtschaft, Technologieförderung, innere Sicherheit, Städte- und Wohnungsbau, Verkehrs- und Gesundheitswesen, Landwirtschaft, Wissenschaft und Forschung, Bildung, Kunst und Kultur.

Ich freue mich, dass es den Autoren mit ihrem Buch gelungen ist, ihre vielfältigen Eindrücke und Erfahrungen auf und an der Wolga den Lesern spannend und humorvoll zu vermitteln. Das Werk leistet einen wertvollen Beitrag zur Vertiefung der Beziehungen zwischen Russland und Deutschland. Ich wünsche dem Seefahrerteam alles Gute und viel Glück für künftige Unternehmungen.

Dr. Otto Wiesheu
Bayerischer Staatsminister für Wirtschaft, Verkehr und Technologie

Grußwort

Mein ganzes Leben lang habe ich mich bemüht, meine russischen Landsleute und die Deutschen einander näher zu bringen. In zahlreichen Gesprächen, Diskussionen während meiner langjährigen Arbeit in unseren Botschaften in Bonn (1963–64, 1965–71, 1975–82), in Berlin (1987–92), als Generalkonsul in München (1997–2001) spürte ich, dass die Deutschen großes Interesse an meinem Land haben. Aber die Vorurteile des Kalten Krieges störten uns, ein gemeinsames Haus »Europa« schneller und erfolgreicher zu bauen. Einige westliche Journalisten versuchten, unser Land zu dämonisieren.

Wir haben wirklich viele Probleme. Aber nur sie zu beachten und daneben nicht wahrzunehmen, wie stark sich unser Leben in den letzten Jahren zum Positiven geändert hat, wäre keine weitsichtige Politik. Viele Deutsche, in erster Linie Unternehmer, die aktiv und erfolgreich in Russland arbeiten, geben zu, dass in den Köpfen ihrer meisten Landsleute ein Zerrbild über Russland weiterlebt.

Ich hoffe sehr, dass das Buch von Angelika Gebhard und Andrey Alexander »Zauber der Wolga« den Lesern helfen wird, die Russen und ihr Leben besser zu verstehen. Von Anfang an war ich vom mutigen Projekt der Weltumsegler Angelika und Rollo Gebhard, eine Wolga-Reise mit ihrem Boot zu unternehmen, begeistert. Selbstverständlich habe ich gewusst, welche Strapazen und Abenteuer sie auf dem langen Weg erwarten und habe sie davor gewarnt. Gott sei Dank ist alles gut gelaufen. Ihr russischer Freund Andrey Alexander hat dabei gut geholfen.

Nicht viele Ausländer haben die Chance und auch so viel Mut, ein Dreimonatsabenteuer in die russische Provinz zu unternehmen.

Dieses Buch gibt den Lesern die Möglichkeit, viel Neues und Interessantes über Russland zu erfahren. Ich hoffe, dass Leser dieses Buches auch eine komfortable Wolga-Schiffsreise unternehmen werden. Ich selbst habe schon eine Schiffsreise gemacht und war davon zutiefst beeindruckt.

Zum Schluss möchte ich Familie Gebhard, die jetzt meine Freunde sind, viel Glück und neue tolle Erlebnisse bei ihren nächsten Reisen wünschen. Den Lesern dieses Buches empfehle ich, Russland zu besuchen, denn persönliche Eindrücke und neue Bekanntschaften helfen den Völkern, einander besser zu verstehen. Und das macht uns alle letzten Endes reicher und ein bisschen glücklicher.

Dr. Michail Logwinow
Generalkonsul a. D. der Russischen Föderation und
Beauftragter des Freistaates Bayern in Moskau

Petersburger Labyrinthe

Sie. Soeben habe ich einem guten Freund als Antwort auf seine Lebenserkenntnisse, die er mir per E-Mail in meinen Computer hexte, geantwortet: »Der Weg ist das Ziel…« Nicht gerade neu, diese chinesische Weisheit, aber für mich ist sie immer wieder Orientierung, wenn ich mich frage, warum ich ständig nach Herausforderungen suche. Offenbar tauge ich nicht fürs Paradies. Oder noch nicht? Oder werde ich mich bald danach sehnen?

In drei Monaten wollen wir los. Nach Russland – die ganze Wolga mit unserem eigenen Schiff befahren. Manch einer hat mich nach meiner Reise zum Schwarzen Meer gefragt: Reicht es dir nicht? Dieser Stress mit den Behörden – diese Unsicherheiten jeden Tag. Am Ende wird noch euer Schiff konfisziert! Seid doch vernünftig. Und erst die Kriminalität! Habt ihr keine Angst vor der Mafia? Es gibt so viele attraktive Reiseziele, warum ausgerechnet Russland?

Ja, warum eigentlich? Übrigens werde ich zu Hause kaum nach den Gründen meiner Russland-Begeisterung gefragt. Bayerisch-russische Kulturbeziehungen haben Tradition. Seit mindestens zwei Jahrhunderten befinden sich Bayern und Russen in regem kulturellem Austausch. Trotz Lenins Revolution, Stalinismus und Kriegen hat sich an der gegenseitigen Sympathie der beiden Völker nichts geändert.

Als Soldat kämpfte Rollo auf der Krim und er berichtet mir immer wieder von der Güte und Warmherzigkeit russischer Bauern, die ihm damals Unterschlupf gewährten. Lew Kopelew, der bekannte Schriftsteller und Literaturwissenschaftler, hat über Jahre hinweg die Beziehungen beider Völker studiert und ist zu dem Schluss gekommen, dass die Menschen eine Art »Wahlverwandtschaft«

miteinander verbindet. Als wir kürzlich vor geladenen Gästen unseren Film über die Krim zeigten, nahm mich anschließend eine Dame beiseite und flüsterte mir ins Ohr: » Ich wage kaum, es laut zu sagen, aber ich fühle mich den Russen viel näher als den Amerikanern.«

»Wundern Sie sich darüber?«, fragte ich.

»Ja, eigentlich schon, schließlich haben wir einmal aufeinander geschossen!«

Ein kompliziertes Thema? Ich glaube nicht. Der Krieg richtete sich nie gegen einen einzelnen Menschen. Eine Ideologie wurde bekämpft und auf beiden Seiten mussten die Menschen darunter leiden. Das gemeinsame Leid aber kann auch verbinden.

Und vergessen wir nicht die spannende Geschichte der dynastischen Verbindung zwischen Russen und Bayern. Wittelsbacher und Romanows waren eng miteinander verknüpft: Bereits Ende des 18. Jahrhunderts wurde die erste königliche Ehe zwischen Prinzessin Juliane von Coburg und Großfürst Konstantin, dem Enkel von Kaiserin Katharina der Großen, geschlossen. Apropos Katharina, auch sie stammte ja aus Deutschland und unter ihrer Herrschaft wurden die ersten Kontakte zwischen den Akademien der Wissenschaften Russlands und Deutschlands aufgenommen. Die engen Verflechtungen beider Länder auf den Gebieten der Wissenschaft, Kultur, Kunst und Wirtschaft haben wir nicht zuletzt den herausragenden Persönlichkeiten zu verdanken, die in den zurückliegenden zweihundert Jahren durch ihre Poesie, Schriften, Gemälde, Musik und diplomatischen Tätigkeiten dazu beigetragen haben, dass Russen wie Deutsche das kulturelle Erbe des anderen hoch schätzen. Zum Beispiel gewann die russische Kulturwelt durch die hervorragenden Übersetzungen des Dichters und Diplomaten Fedor Tjutschew Einblick in die Balladen Schillers, in die Dichtung Goethes und in die Lyrik Heines. Umgekehrt haben Puschkin, Tolstoi, Gogol, Turgenjew, Dostojewski und Boris Pasternak das deutsche Kulturleben stark beeinflusst...

Und auf uns wartet eine Reise in das neue Russland. In das Russland nach der Perestroika! Die kleinen Dörfer und Städte rechts und links des großen Wolga-Stromes wollen wir besuchen. Mit der SOLVEIG VII, unserem zwölf Meter langen Kajütkreuzer, hoffen wir in den kommenden Monaten Newa, Wolga und Don zu befahren. Eigentlich eine ganz normale Flussreise, könnte man meinen. Dachte ich auch zuerst.

Doch russische Behörden sehen unsere Pläne mit anderen Augen: »Alle Flüsse sind nationales Gebiet!« Natürlich, das ist normal. Aber: »Auf russischen Flüssen dürfen nur einheimische Schiffe verkehren!«

Nur gut, dass alle Russen Weltmeister im Improvisieren sind. Freundin Tatjana aus St. Petersburg hat sofort eine Idee, wie wir möglicherweise trotzdem unser deutsches Schiff durch die Hoheitsgewässer bewegen können.

Wir werden SOLVEIG tarnen, sie in ein russisches Fahrzeug umwandeln. Dazu müssen wir das Schiff zum Schein an einen einheimischen Eigner verkaufen oder verchartern, eine russische Flagge setzen und es in Russland registrieren lassen. Und ein einheimischer Lotse oder Kapitän wird offiziell die Schiffsführung übernehmen…

Rollos und meine Begeisterung ob dieser Aussichten hält sich in überschaubaren Grenzen, aber wie es scheint, wird uns der zusätzliche Lotse nicht erspart bleiben. Das bedeutet, dass Freund Sascha, der in Helsinki an Bord gehen wird, seine Kajüte mit ihm teilen muss. Sascha wird vor allem als Kameramann und Dolmetscher SOLVEIGs Crew verstärken – wie auf der vergangenen Krimreise.

Ende März

Heute Nacht um drei Uhr bin ich mit etwa fünfundzwanzig Boxen Ausrüstung zu den ersten tausend Kilometern unserer neuen Expedition aufgebrochen – mit dem Auto. Die Fahrt ging nach Weener in Ostfriesland, wo SOLVEIG in einem wunderschönen Marinapark als Gastschiff liegen darf. Sogar mit eigener Bootsgarage! Einen solchen Luxus hat es für uns noch nie gegeben.

Dieser Marinapark ist ein La Rochelle in deutscher Variante: äußerst geschmackvoll eingerichtete Appartements am Wasser, das eigene Boot schwimmt unter dem Wohnzimmer in einer überdachten Garage. Es wird wohl der komfortabelste Liegeplatz der gesamten Reise sein.

Käpten Rollo ist noch unterwegs auf dem Atlantik, er hält auf der

MS DEUTSCHLAND Vorträge. Bis er zurück ist, werde ich das Boot mit Lebensmitteln, Zubehör, Ersatzteilen ausrüsten. Diesmal habe ich mir geschworen – und bin wild entschlossen, diesen Schwur auch einzuhalten –, alles, was an Bord gebraucht wird, im Computer aufzulisten, um ja nichts Überflüssiges von zu Hause mitzuschleppen. Jeder Zentimeter Platz wird auf dieser Expedition benötigt!

Nach meiner Ankunft stelle ich fest, dass leider der Wassertank undicht ist. Auch sonst wird es für Rollo und die Handwerker noch einiges zu tun geben, bevor wir starten können. Eine Satellitenantenne für die Übertragung unserer aktuellen Nachrichten übers Internet soll noch montiert werden. Live-Berichte via Satellit wollen wir direkt von Bord nach Deutschland senden. Das ist neu auf dieser Expedition. Ob es funktionieren wird?

Eine Woche später

Große Abschiedsfete bei Heinrich Hennings in Papenburg. Nach einer einstündigen, gelungenen »Probefahrt« von Weener zur Stadt der berühmten Meyer-Werft machen wir im alten, ehemaligen Hafen des Erbauers vieler Luxusliner fest. Zusammen mit Heinrich feiern wir sein fünfzehnjähriges Firmenjubiläum. Ich bewundere ihn, er gehört zu den Menschen, die im Zweifelsfall immer selbst mit anpacken, ohne lange zu fragen, und Begeisterung für die Arbeit mit jeder Menge Tatendrang in sich vereinen. Zusammen mit seiner Frau Karla und Sohn Andy verkauft und verchartert er in Deutschland holländische Linssen-Boote. Ein eingeschworenes Team sind sie und immer füreinander da. Kennen gelernt haben wir uns in Düsseldorf auf der »BOOT«, als wir nach unserer sechsmonatigen Nonstop-Fahrt von Australien nach Emden am Ende unserer Weltumseglung ein neues Schiff suchten.

Zwei Tage lang genießen, Fragen beantworten, Interviews geben, Geschichten mit und ohne Seemannsgarn anhören und erzählen, Fisch essen, Bier trinken. Heute dann, um siebzehn Uhr, mit Shanty-Chor aus Papenburg und unter den lauten Signalhupen der mit bunten Flaggen geschmückten Schiffe, heißt es: Leinen los zu neuen Abenteuern. Die enden allerdings vorerst bei der großen Schleuse, denn ab fünf Uhr nachmittags läuft hier nichts mehr. Schon gar

Papenburg –
Leinen los zu neuen Abenteuern.

nicht für so ein kleines Zwölf-Meter-Schiff. Macht nichts. Jetzt erst einmal tief durchatmen.

Anfang Mai

Hamburg, Hafen. Den ersten Seetest hat SOLVEIG gut bestanden. Aber bei mir sieht es übel aus. Früh am Morgen kann ich mich plötzlich nicht mehr bewegen, fühle starke Schmerzen im Kreuz und bin nicht fähig, auch nur ein Glas Wasser in der Hand zu halten, geschweige mich aus der Koje zu erheben. Mit einem Mal ist die gesamte Expedition in Frage gestellt. Ein einziger Albtraum. Ich kann es einfach nicht glauben.

Habe ich mich verhoben beim Aufstellen des Mastes? Zum Nachdenken fehlt mir die Kraft, es würde auch nichts ändern. Rollo erkundigt sich bei Freunden nach Ärzten oder einer Klinik. Ein bekannter Professor wird genannt, der angeblich schon vielen Patienten geholfen hat. Von seinem Sekretariat erhalten wir sofort einen Termin. Mit Hilfe starker Schmerzmittel taste ich mich Zentimeter um Zentimeter zum Taxistand, benötige fast eine Stunde für die kurze Entfernung.

Doch in der vornehmen Klinik der eigentliche Schock: Ein junger Arzt begrüßt mich und drückt mir einen Vordruck in die Hand, auf dem ich unterschreiben soll, dass ich damit einverstanden bin, vom Chefarzt behandelt zu werden. Ja – selbstverständlich – deshalb habe ich mich ja hierher geschleppt und er ist mir doch empfohlen worden! Ich signiere, gebe das Blatt zurück und erfahre plötzlich ganz nebenbei, dass der Professor im Urlaub ist.

»Nun gut«, sage ich arglos zum Oberarzt, »ich denke, dass auch Sie mich gut behandeln werden, ich unterschreibe gerne einen Vordruck, auf dem Ihr Name steht!«

»Nein, das geht nicht, Sie können nur die Einverständniserklärung für den Chefarzt signieren!«

Wie praktisch: Behandelt wird vom Oberarzt, aber bezahlt wird der Chef! Nicht zu fassen! Eine unglaubliche Wut steigt in mir hoch und trotz der schier unerträglichen Schmerzen verlasse ich auf der Stelle die Klinik. Ein offenbar nicht unüblicher Betrug in den Krankenhäusern, wie mir Freunde später bestätigen. Mein Schock ist jedenfalls so groß, dass es mir mit einem Mal besser geht.

Zurück an Bord schlucke ich weitere Schmerzmittel, wickle mir nach altem Hausrezept ein Heizkissen um den Rücken. So geht es bergauf und – ich habe unsere Reisekasse nicht plündern müssen!

4. Mai

Die Hausmittel wirken bestens. Heute kam Torsten M. von der »Boote«-Redaktion und brachte eine digitale Fotokamera für unsere Berichterstattung im Internet. Erste Probebilder versenden wir sofort erfolgreich über Satellit. Unvorstellbar! Wir drei sitzen vor dem Computer wie kleine Kinder, die zum ersten Mal Schneeflocken beobachten, die vom Himmel fallen.

10. Mai

Nur noch wenige Meilen bis zur Ostsee! Wir sind unterwegs auf der Trave – Travemünde ist der letzte Festlandhafen vor der langen Strecke nach Russland. Saukalt ist es – trotz Sonne – und wird wohl noch kälter werden, je weiter wir nach Norden kommen. Unser Mittel gegen Kälte heißt »SOLVEIGs Special«: heiße Schokolade mit Whisky aus dem Holzfass, das mit uns schon um die Welt gesegelt ist.

Und schon liegt Travemünde voraus, die große weite Welt lässt grüßen! Überseefähren – an Backbord wird gerade die TT-LINE beladen, dahinter die FINNLINES – und in der Ferne schwankt ein Wald aus Segelmasten.

12 Uhr. Wir haben den vielleicht angenehmsten Liegeplatz unseres Unternehmens schon zu Beginn unserer Expedition erreicht. Der Lübecker Yachtclub lädt ein, gleich vor dem renommierten Hotel ›Deutscher Kaiser‹ am Ostpreußenkai festzumachen. SOLVEIGs Bug blickt stolz auf das ehrenwerte, frisch gestrichene Haus, während ihr Heck sich frech in die Travemündung reckt, gleich gegenüber der PASSAT auf der anderen Seite. Eine inzwischen wärmer gewordene Frühlingssonne verwöhnt uns. Am liebsten würde ich sofort weiterfahren, um das gute Wetter auszunützen, doch erst übermorgen werden wir hier offiziell verabschiedet. Da ich sehr an die Wirkung guter Wünsche glaube, wird dieser »Termin« unsere verzögerte Abreise bestimmt reichlich aufwiegen. Am Nachmittag ergänzen wir unsere Vorräte (nach wie vor Rollos Lieblingstätigkeit!), dann müssen wir noch das Zodiac aufpumpen und für die bevorstehende Ostseeüberquerung an Deck verzurren. Schließlich ist es unser einziges Rettungsboot. Übrigens schlug vor wenigen Tagen bei starkem Gewitter und Sturm ein Blitz auf SOLVEIG ein und beförderte das Bordradio ins Jenseits. Inzwischen haben wir ein neues eingebaut und dürfen uns endlich wieder über die Weltnachrichten ärgern. Doch die werden wohl in den kommenden Monaten unsere geringste Sorge sein. Meine Spannung ob der bevorstehenden Abenteuer zu Wasser und zu Land wächst zusehends. Doch die vielen guten Wünsche, die unsere Reise begleiten, tun gut und geben Kraft.

12. Mai

Auf See! Endlich! Neptun bekommt von mir einen großen Schluck aus dem Whisky-Fass und dankt es mit blauem Himmel und einer leichten Brise. Immer weiter nach Nordosten heißt der Kurs von nun an. Vor einer Stunde sind wir vom Kurdirektor in Travemünde und Horst Schlichting, dem Vorsitzenden des LYC, verabschiedet worden mit Geschenken, die wir nach dem Seetransport überreichen werden für Lübecks Patenstadt St. Petersburg: Marzipan und Bildbände der schmucken Stadt an der Trave. Davor hatten wir das ganze Deck aufgeklart, Fender, Kanister, Leinen festgezurrt, und innen im Boot unter den Bodenbrettern in der Bilge 25 Salamis, 40 Dosen Corned Beef, 50 Gläser Confitüre (Rollo liebt Süßes...), 40 Gemüsekonserven, 50 Packungen Nudeln, 20 Päckchen Kartoffelbrei, 15 kg Reis sowie Knäckebrot, 50 Tafeln Schokolade und vieles mehr verstaut. Kurz vor der Abfahrt hat Rollo uns ein letztes Mal mit frisch geräuchertem Aal versorgt und verschiedenen Anschlüssen für den Wasserschlauch: Ab jetzt werden wir nicht mehr so großzügig mit dem wertvollen Nass umgehen.

14. Mai

Wir kommen gut weiter bei sechseinhalb Meilen pro Stunde! Die erste Nacht auf See ist vorüber, wir haben uns in der Wache alle zwei Stunden abgelöst. Immer noch schwacher Wind und Sonne, das Barometer ist aber gefallen. Wir wollen versuchen, bis zur schwedischen Insel Gotland weiterzufahren – das sind noch etwa hundert Meilen. Ich genieße die Seefahrt, die frische Meeresbrise. Tau an Deck lässt trotz gefallenem Baro weiter auf ruhiges Wetter hoffen.

Für mich ist es immer wieder faszinierend, wie sich die eigenen Wertigkeiten auf See reduzieren. Reduzieren auf ein Minimum: Und das bedeutet, dankbar zu sein für gutes Wetter, Kräfte zu bündeln für die Wartung des Schiffes, das uns zum Ziel bringen soll. Die ständige Kontrolle der Geräte ist (über-)lebensnotwenig. Deshalb kreisen die Gedanken meist um drei elementare Dinge: Boot, Navigation und Wetter. Wenn das Zusammenspiel glücklich verläuft, gönnen wir uns ausführliche Planungen das Essen betreffend – kleine Höhepunkte während der Tage auf dem Meer… Es macht Freude, sich die Zeit zu nehmen, um etwas Gutes zu kochen und das Resultat dann ausgiebig zu genießen, denn man weiß nie, wann sich wieder Gelegenheiten ergeben, eine warme Mahlzeit zu sich zu nehmen. Neptun liebt ja Abwechslung bei seinen Spielen mit Wellen und Wind. Und trotz des gefallenen Baros bleibt das Wetter stabil – wir fahren weiter Richtung Helsinki, nützen die Gunst der Stunde.

In der zweiten Nacht viel Verkehr der Großschifffahrt. Erster Nebel überdeckt die See, lässt sie zu einem unwirklichen Nichts verschwimmen. Wo sind wir? Laut Satnav liegt Gotland an Steuerbord. Drehe die ersten Filmaufnahmen, nehme von Rollo ein Statement auf über die Ziele unserer Expedition. Danach sind meine Finger steif gefroren. Gott sei Dank arbeitet die Bordheizung zuverlässig.

15./16. Mai

Wie schön, dass von Tag zu Tag die Nächte kürzer, sprich: heller, werden, je weiter uns die Wellen nach Norden tragen. Das gestaltet meine Wache als Vergnügen! Heute beginnt das Spiel des Lichtes bereits um halb drei früh. Am fernen Horizont kündet ein langer, schmaler orangefarbener Streifen von dem noch jungen Tag.

Über Funk höre ich einen Wetterbericht in Englisch: Gegen Ende der Woche sind Änderungen zu erwarten. Aber bis dahin werden wir hoffentlich schon in den finnischen Schären schwimmen.

Welch ein Morgen! Träge und bleiern liegt sie da, die Ostsee, nach dem ersten Regen dieser Überfahrt. Unbeeindruckt vom wuchtigen Bug des schwarzen Schiffes, das sich seinen Weg nach Norden sucht. Immer wieder wechselndes Farbenspiel der pastellgelben, orangefarben getönten Wolkenbilder, die sich in der grenzenlosen Wasserfläche wiederfinden. Ein zarter Windhauch erweckt den schlafenden Riesen zu geschäftigem Leben, lässt den neuen Tag beginnen. Und ich darf dieses Schauspiel bei meiner Wache erleben – alle Müdigkeit der Nacht hat der Wind bei mir weggeblasen. Noch etwa achtzig Seemeilen bis Hangö, unserem ersten finnischen Hafen. Um Mitternacht, so rechnet Rollo aus, werden wir wohl dort eintreffen. Wir werden sehen... Jetzt gibt's erst mal Frühstück: Spiegeleier mit Speck natürlich. Bei nur fünf Grad Außentemperatur müssen wir uns schließlich von innen stärken!

20 Uhr. Die Sicht ist so klar, dass wir den zwanzig Meilen entfernten Leuchtturm von Hangö mit bloßem Auge erkennen können. Wir beschließen, ohne Zwischenstopp bis Helsinki durchzufahren und Hangö einfach links liegen zu lassen.

23 Uhr. Der Käpten hat sich zur Ruhe begeben, um Kraft zu tanken für die morgige Ansteuerung Helsinkis. Ich werde ihn lange schlafen lassen – die vorerst letzte Nacht auf See will ich richtig genießen. Und so viel wage ich jetzt schon niederzuschreiben: Unsere Freunde, die uns mit positiven Gedanken begleiten, haben großen Anteil an dem glücklichen Verlauf der Nonstop-Überfahrt Travemünde – Helsinki. Möge dieser erste Abschnitt der Expedition Wolga ein gutes Omen sein für die Fortsetzung der Reise nach unserem Helsinki-Aufenthalt.

2 Uhr. Das ist der Norden! Es wird nicht mehr dunkel – herrlich! Die ganze »Nacht« bleibt der Himmel klar, das riesige Zelt über dem Meer hat sich in kalte blaue und orangefarbene Töne gefärbt. Eisig ist es draußen – knapp über null Grad. Sitze hinterm Steuerrad dick eingepackt in meine rote wattierte Weste. In wenigen Stunden beginnt die Ansteuerung nach Helsinki. Freue mich auf die pulsierende Stadt am Meer. Vor sechs Jahren waren wir dort das letzte Mal auf unserer Reise durch Europas Metropolen. Der Yachtclub liegt nahe beim Zentrum und hatte damals eine eigene Sauna mit direktem Blick vom Schwitzkasten auf die vorbeiziehenden riesigen Fähren der Silja-Line. Wer weiß, vielleicht finde ich mich dort heute Abend wieder?

9 Uhr. In der Hafeneinfahrt von Helsinki! Spendiere Neptun als Dank für die gelungene Überfahrt einen großen Schluck Whisky. Bin sehr glücklich.

17. Mai

So tief habe ich lange nicht mehr geschlafen! Als ich aufwache, habe ich nicht die leiseste Ahnung, wo ich mich befinde: New York, Sydney oder auf dem Mond? Vorsichtig versuche ich meine Augen zu öffnen und aus dem Bullauge meiner Koje zu blinzeln: Verspielte Wassertropfen laufen an der Glasscheibe herunter, als hätten sie es eilig, als Erste am Ziel anzukommen. Begleitet von aufgeregtem Möwengeschrei begeben sich immer neue Wettkämpfer an den Start. Für mich das Signal, noch tiefer unter meine Bettdecke zu kriechen und die Träume von New York, Sydney und dem Mond weiter fließen zu lassen…

Irgendwann finde ich mich vor einem liebevoll gedeckten Frühstückstisch wieder, ein strahlender Käpten sitzt mir gegenüber.

»Gibt es etwas Schöneres, als bei Regen und Nebel in einem geschützten Hafen zu liegen und heißen Tee zu trinken?«, begrüßt er mich.

Dieser morgendlichen Erkenntnis aus so berufenem Mund kann ich beim besten Willen nicht widersprechen. Mindestens eine Stunde lang genießen wir unser erstes Hafenfrühstück nach der Ostsee-Überquerung.

Ich habe das Gefühl, wochenlang auf See unterwegs gewesen zu sein, kann kaum begreifen, dass es nur Tage gewesen sind. Genau das ist es, was mich an unseren Reisen neben dem Abenteuer täglich neu begeistert: das veränderte Zeitempfinden. Momente werden zur Ewigkeit, Stunden zu Tagen, Tage zu Wochen, Wochen zu Jahren…

16 Uhr. Inzwischen haben wir von unserer Schären-Insel, auf der ein Yachtclub beheimatet ist, mit der Fähre übergesetzt in die Stadt: Zwei Rucksäcke voll gepackt mit Lebensmitteln schleppen wir von »Stockmann«, dem berühmten Kaufhaus in Helsinki, aufs Boot – vor allem frisches Brot, frische Lachsforelle und grünen Salat. Das gibt ein Festmahl heute Abend!

Der Hafenmeister bemüht sich rührend um uns, obwohl hier alles im Umbau ist. So verlegt er zusammen mit Rollo etwa hundert Meter Stromkabel und einen ebenso langen Wasserschlauch mit Hilfe der in Travemünde noch schnell besorgten Gardena-Anschlüsse. »Luxus total« ist auf der SOLVEIG für die kommenden Tage angesagt. In unserem Fall heißt das: Wäsche waschen, Geschirr spülen und Boot abspritzen, ohne mit dem Wasser sparen zu müssen. Die Sauna des Clubs habe ich noch nicht besucht. Da wir die ersten Gäste der Saison sind, ist sie vielleicht noch gar nicht angeheizt?

Da kommt Rollo und verkündet: »Die Sauna arbeitet – du musst dem Hafenmeister nur zwei Stunden vorher Bescheid geben!«

Das sind ja Aussichten…

18. Mai

Abends. Das Wetter ist sehr durchwachsen – da ist Nebel, der plötzlich durch den Hafen zieht, die riesigen Fähren neben uns unsichtbar macht, die dann aus dem Nichts ebenso plötzlich wieder auftauchen – das ideale Wetter für meinen Saunabesuch.

Drei Stunden später. Dieser Ausflug in den Schwitzkasten war vom Feinsten! Die Sauna des Clubs ist auch für verwöhnte Finnen bezüglich ihrer spektakulären Lage kaum zu überbieten: Während man duscht, blickt man von seiner Schäreninsel auf die SILJALINE, die sich langsam durch das enge Fahrwasser hindurch schiebt.

Nebelhörner schallen warnend durch die undurchdringliche graue

In der Sauna des Helsinki-Yachtclubs.

Wüste, begleitet vom aufgeregten Geschrei der Möwen. Gleich hinter dem Saunahaus haben sie ihre Eier auf die karge Erde gelegt und kommt jemand dem Platz zu nahe, beginnt panisches Gekreische sämtlicher Möwen in der nahen und fernen Umgebung. So wie es sich für gute Nachbarschaft eben gehört: Immer schön aufpassen, alles im Blick behalten und laut brüllen, wenn sich ein Subjekt unbekannter Herkunft nähert.

Das Barometer fällt weiter. Doch im Hafen gibt es kein schlechtes Wetter – entweder man ist froh, vor Wellen und Wind geschützt zu liegen oder man erfreut sich wie woanders auch an strahlender Sonne.

Habe heute unserer russischen Freundin Tatjana in St. Petersburg eine E-Mail geschrieben mit der Frage, ob sie uns rät, bei der Einklarierung in Russland besser nichts von unseren Wolga-Plänen zu verraten. Möglicherweise ist es klüger, nur St.Petersburg als Ziel zu nennen. Ja, ich gebe es zu, meine Nervosität bezüglich der russischen Behörden wächst langsam…

14 Uhr. Komme gerade vom Wochenend-Einkauf, habe dabei auch den wunderschönen Bahnhof besucht. Hier könnte man buchstäblich vom Fußboden essen. Und damit nicht genug: Es gibt keine Warteschlangen! Weder hier noch sonst irgendwo! Man zieht eine Nummer, setzt sich gemütlich auf eine Bank (im finnischen Holz-

design) und liest in einem Buch, bis auf dem Leuchtbord die gezogene Nummer erscheint. Das nenne ich Kundenfreundlichkeit.

Am Abend sind wir bei meiner finnischen Freundin Eira zum Essen eingeladen und morgen werde ich zusammen mit ihr einen Ausflug per Fähre nach Tallinn in Estland unternehmen. Bin sehr gespannt darauf.

21. Mai

C'est la vie, kann man da nur sagen! Alles kommt eben grundsätzlich anders: Am Samstagnachmittag treffe ich Eira, nachdem ich mit der Straßenbahn auch den hintersten Winkel Helsinkis kennen lernen durfte! Ich bin nämlich irrtümlich in Gegenrichtung eingestiegen und deshalb ließ die von Eira notierte Haltestelle lange auf sich warten. Irgendwann haben wir uns doch – dank Handy – auf irgendeinem Bürgersteig gefunden und so fahren wir mit der nächsten Tram zum finnischen Fernsehsender, Eiras Arbeitgeber, um an ihrem Computer meine E-Mails an unsere Freunde abzusenden. Wie in allen Fernsehanstalten auch hier ein einziges Labyrinth von vielen Wegen, die von mehrstöckigen, modernen Gebäudekomplexen unterbrochen werden. In einem der Häuser hat Eira ihr Büro, in dem sie als Dolmetscherin die ausländischen Nachrichten übersetzt.

Abends stößt der Käpten nach erfolgtem Ölwechsel an Bord zu uns und Eira serviert ein Menü vom Feinsten: Blinis mit rotem Kaviar aus Nordfinnland, Crème fraîche und Zwiebeln als Vorspeise. Blinis sind kleine Pfannkuchen, allerdings mit einem anderen Mehl zubereitet als unsere deutschen Pfannkuchen. Eine typisch russische Spezialität, die aber in Finnland sehr populär geworden ist. Eira hat mir ihr persönliches Blini-Rezept verraten:

10 g Hefe, $^1/_5$ l lauwarme Milch, 100 g Tattarijauhoa (»Blini-Mehl«), 100 g Weizenmehl, 175 g Crème fraîche, 1 Eigelb, ein bisserl Salz, 1 Eiweiß.

Hefe und Milch und den Rest verrühren, eine Stunde gehen lassen. Kurz vor dem Braten das Eiweiß darunter ziehen...

Alles klar? Ich glaube, die Zubereitung an Bord überlasse ich lieber Rollo. Schließlich hat er mal die Hotelfachschule mit Note Eins abgeschlossen...

Es wird spät, viele Erinnerungen haben wir ausgetauscht. Auf dem Weg zur Straßenbahn passiert es. Unsere Tram schiebt sich quietschend um die Ecke, wir wollen sie im Dauerlauf erreichen, Rollo übersieht in der Dunkelheit eine Straßenschwelle und fällt der ganzen Länge nach, mit dem Kopf zuerst, aufs Pflaster. Wir sind allein – sehr allein!

Tausendundein Gedanke schießen gleichzeitig durch meinen Kopf. Vorsichtig helfe ich Rollo auf, dunkelrotes Blut tropft von seiner Stirn und Nase auf die Schienen. An einem Geländer stützt er sich mit meiner Hilfe ab, den Kopf nach unten gebeugt, um das strömende Blut nicht auf die Kleidung zu bekommen. Automatisch greife ich nach dem Handy, drücke auf die gespeicherte Nummer von Eira. Stammle: »Bring Mullbinden – Rollo ist gestürzt!«, während ich versuche, Rollo zu stützen. Seine Hände und Arme beginnen plötzlich zu zittern, als würden sie nicht mehr zu ihm gehören. Die Minuten, bis Eira erscheint, sind die längsten der bisherigen Reise.

»Kein Notarzt – kein Krankenhaus!«, höre ich Rollos klare Stimme neben mir.

Die Angst vor weißen Kitteln und Kliniken ist bei ihm größer als die vor einer möglichen Infektion. Eira umwickelt die klaffende Wunde mit Mullbinden, um die Blutung zu stoppen, dann nehmen wir Rollo in die Mitte und kehren in Eiras Wohnung zurück. Sie liegt im sechsten Stock, Gott sei Dank arbeitet der Aufzug. Unser Weg endet zunächst in dem kleinen Bad, wo der Käpten die ganze rote Bescherung in seinem Gesicht im Spiegel begutachtet.

»Die Wunden werden verheilen!«, stellt er sachlich fest, »Sorgen macht mir mein Vorderzahn, der ist lose.«

In dicke Wolldecken eingewickelt, verbringt Rollo die nächste Stunde in Eiras Bett, hält den Kopf unbewegt, um keine zu heftigen Blutströme auszulösen. Was würde ich ohne Eira machen? Wie gut, dass Rollos Sturz praktisch vor ihrer Haustüre passierte! Gegen ein Uhr früh bringt uns ein Taxi zurück zur Fähre. Der Fahrer begutachtet uns äußerst misstrauisch – wahrscheinlich glaubt er, dass Rollo in eine größere Schlägerei verwickelt war und sich nun auf der Flucht befindet.

Sonntagabend

Ein Ruhetag auf der SOLVEIG geht zu Ende. Habe bis jetzt Rollos Verband noch nicht abgenommen. Eira versucht, für morgen einen Termin beim Zahnarzt zu verabreden.

Montag

Wetter sehr stürmisch – Rollos Gesicht sehr verwegen, nachdem der Verband abgenommen ist – ohne Pflaster kann er keinesfalls heute Nachmittag zum Arzt gehen. Ich fürchte, dieses Gesichts-Outfit wird dem Käpten eine Zeit lang erhalten bleiben.

18 Uhr. Nach der Röntgenaufnahme meint die Ärztin, dass der Zahn höchstwahrscheinlich im Laufe eines Monats wieder anwachsen wird. Hoffentlich.

23. Mai

Unser letzter Tag in Helsinki – falls alles klappt, wie geplant... Bis jetzt wissen wir weder ob und, falls ja, mit welchem Flug Freund Sascha von Kiew kommen wird, denn er muss in Frankfurt/Main umsteigen, um dort das Gepäck zu wechseln für die Wolga-Expedition. Er hatte gestern noch einen seiner Auftritte auf dem internationalen Pantomimenfestival zu absolvieren. Also hoffen wir, dass irgendwann gegen Mitternacht SOLVEIGs Crew für die große Wolga-Expedition vollständig sein wird.

Mehr Fragen als Antworten auch, was Freundin Tatjana aus St. Petersburg betrifft: Werden die dortigen Behörden tatsächlich mitspielen? Ja, es ist überdeutlich zu spüren: Wir nähern uns Russland – da sind Unklarheiten und Warten auf wen oder was auch immer ganz normal, deshalb können wir mit dem Vortraining gar nicht früh genug beginnen!

Rollo arbeitet gerade im Motorraum und kümmert sich um den Watermaker, unsere Entsalzungsanlage, die seit dem Tag ihres Einbaus mehr Zuspruch und Pflege seitens des Käptens erhalten hat, als ihr Konstrukteur beabsichtigt haben kann. Vielleicht wird sie ja auf der Wolga ihre Dankbarkeit zeigen? Zwei Stunden später erhalten wir von »Stockmann« die letzte Lieferung. In Zukunft werden Konserven schwierig zu besorgen oder zumindest sehr teuer sein.

Außerdem ist Zeit in Russland für uns sehr wertvoll. Das Visum gilt nur für drei Monate und wir wollen diese wenigen Wochen nicht mit der Jagd nach Lebensmitteln vergeuden.

Am Nachmittag. Die letzte Konservendose ist verstaut, das Zodiac an Deck verzurrt. Sascha hat ein SMS gesendet: »Ankunft Helsinki 20.30 Uhr. Wartet auf mich – bitte.« Wetter zeigt sich nach wie vor durchwachsen, wir hoffen aber, dass es morgen keinen Nebel geben wird bei unserer Fahrt durch die Schären bis zum Ausklarierungshafen Kotka. Letzte Nachricht von Sascha über Handy. Der Käpten will früh los, das bedeutet, eine sehr kurze Nacht steht bevor.

24. Mai

Gestern Nacht ist Sascha zur SOLVEIG-Crew gestoßen, nachdem wir fast eine Stunde an verschiedenen Treffpunkten im Hauptbahnhof aufeinander gewartet haben. Sein Handy-Akku war leer, so konnte ich ihn nicht anrufen. Schließlich behalf sich Sascha mit dem guten alten Münzfernsprecher und kurz nach Mitternacht trafen wir mit seinem Gepäck, das auch für eine Auswanderung nach Australien gedacht sein könnte, auf der SOLVEIG ein.

Heute Morgen um 6 Uhr werfen wir Leinen los und starten nach Kotka, dem letzten finnischen Hafen und unserer Ausklarierungsstation. Sascha hat Geburtstag und das schönste Geschenk für ihn ist Rollos Fahrt durch die finnischen Schären ohne Seegang. An einem besonders romantischen Felsinselchen lassen wir den Anker fallen, stoßen an auf Saschas Wohl und genießen ein dem Anlass entsprechendes Essen mit geräuchertem finnischen Lachs als Vorspeise. Die Navigation ist allerdings in dem Labyrinth von tausenden kleiner und kleinster Schären kompliziert, ein Albtraum. Ein einziges Gewirr von Seezeichen, Fahrwassern und Inselchen, die nicht zu zählen sind…

Er. INGENIEUR BASCHKIROW

Was gibt es Schöneres, als nach Hause zurückzukehren! Egal woher… ob von einer langen Reise durch die Südsee oder von einem kurzen Aufenthalt in Kiew. Ich weiß noch nicht, wie lange diese Expedition dauern wird. Was wird uns in den drei Monaten wohl erwarten? Wird es uns gelingen, in Sankt Petersburg SOLVEIG in ein russisches Mädchen zu verwandeln?

Erstaunlicherweise habe auch ich die Wolga noch nie befahren. Meine kurzen Besuche während der Tourneen, als ich ein kleines Stück der Wolga von meinem Hotelfenster aus erblickte, haben mich schon damals neugierig gemacht, unseren gewaltigen Strom einmal von Angesicht zu Angesicht kennen zu lernen. Jetzt endlich ist es so weit und ich kann mit diesem Fluss einen Dialog führen, sogar mit ihm während des Schlafens in Verbindung bleiben, wenn SOLVEIG sich in den Nächten ein bisschen erholt. Vielleicht wird der große Strom Vertrauen zu mir fassen und mir seine Geheimnisse erzählen, die er birgt. Ich erwarte nicht, dass er verrät, wo die Goldschätze der persischen Schiffe vergraben liegen, die von Piraten angegriffen worden sind, obwohl ich natürlich nichts dagegen hätte. Nun ja, vielleicht ist es noch wertvoller, die Schätze der Seele dieses Flusses zu begreifen. Das wäre ein gutes Ziel unserer Expedition.

Doch das erwartet uns später. Zuerst müssen wir Russland erreichen. Auf Reisen passiert immer etwas. Nicht unbedingt eine Kenterung. Aber das Meer liebt es nicht, Reisen zu verschenken. Es macht aus unserem Leben ein Abenteuer.

Schon einmal führte mein Weg nach Hause über das Baltische Meer. Mit INGENIEUR BASCHKIROW. So hieß ein zwischen Leningrad und Hamburg verkehrendes Frachtschiff. In seinen Schiffsräumen schleppte es wenig attraktive Frachten wie Lüftungen für Garagen, Metallrohre und eingerollte Stahlblätter. Als ich eine preiswerte Rückreisemöglichkeit nach Russland suchte, empfahlen mir meine Petersburger Freunde dieses Schiff. BASCHKIROW sollte irgendwelchen Krempel in Hamburg abholen und bei der Gelegenheit auch uns mitnehmen und zwar am 28. September um vierzehn Uhr – ich war nicht allein, sondern in Begleitung meines fünfjährigen Sohnes Sanjok.

Wir verließen Köln bei Sonnenaufgang und erreichten mittags Hamburg. Nach dem Öffnen der elektrischen Türen endlich aus der S-Bahn befreit, standen wir an der Endhaltestelle. Bis zum Ablegen des Schiffes blieben nur noch dreißig Minuten. Es war an der Zeit, uns zu beeilen.

Als eine riesige, von der Zivilisation durch eine Eisenbrücke getrennte Stadt lag vor uns der Hamburger Hafen. Ein hoher Drahtzaun umarmte ein unabsehbares Territorium mit zahlreichen Lagerräumen, Autoparkplätzen und Containerabstellplätzen. Wie römische Sklaven wirkten auf uns die am Zaun festgeschnallten alten Fahrräder. Von manchen waren nur noch die Rahmen übrig.

Der Anlegeplatz 49 befand sich ziemlich weit vom Eingang. An einer Hand führte ich meinen Sohn, in der anderen trug ich meinen Koffer (wie schade, dass er keine Rollen hatte). Um etwas Luft zu holen, blieb ich stehen und fragte die Arbeiter nach dem »Neunundvierziger«. Als wir mit kleiner Verspätung am Ziel anlatschten, war der Anlegeplatz leer. Der mit Sägemehl bestreute Beton wies die frischen Reifenspuren der Lastträger auf. Nach zehnminütiger Wartezeit näherten wir uns einem kleinen gläsernen Häuschen, das sich unweit von der riesigen Güterwaage befand.

»Wissen Sie zufällig, ob INGENIEUR BASCHKIROW tatsächlich am neunundvierzigsten Steg anlegen wird?«, fragte ich den Arbeiter im Häuschen.

Er unterbrach seine Schreibtätigkeit und schaute neugierig zu uns herüber. »Stimmt, am Neunundvierzigsten. Doch wann es anlegt, weiß hier niemand. Das ist doch ein russisches Schiff!«

Wir waren erleichtert. Denn erstens hatten wir uns nicht zu viel verspätet und den verflixten »Neunundvierziger« hatten wir auch gefunden. Und zweitens waren wir ja auch Russen und deshalb gewohnt, auf unsere Leute so lange wie nötig zu warten. Entspannt nahm ich Platz auf unserem Koffer, Sanjok krabbelte auf den daneben gestapelten Holzbrettern herum.

Kurz vor 18 Uhr kam der Arbeiter aus dem Häuschen, um uns mitzuteilen, dass er jetzt Feierabend habe. »Das Häuschen lasse ich offen, man weiß ja nie... Notfalls können Sie dort übernachten«, sagte er und deutete dabei auf zwei Holzstühle. »Morgen, am Samstag, arbeitet hier keiner. BASCHKIROW ist schlimmer als der Fliegende Holländer«, fügte er hinzu, »er kommt, wenn ihn niemand mehr erwartet.«

Zum Abschied drückte er mir freundlich die Hand und ich sah diesen Mann nie wieder. Dann brach die Dämmerung herein. Die letzten uniformierten Arbeiter zogen an uns vorbei in Richtung Ausgang. Ruhe kehrte ein. Ich setzte Sanjok auf den Koffer und bat ihn, auf mich zu warten. Es war an der Zeit, mich um eine Schlafgelegenheit zu kümmern. Ein Hotel kam aus mehreren Gründen nicht in Frage und der wichtigste war – den INGENIEUR nicht zu verpassen.

»Ohne dich will ich hier nicht bleiben«, meldete sich Sanjoks beleidigte Stimme, »ich komme mit!«

Mit einem Stück herumliegender Plane verdeckte ich meinen Koffer und wir gingen auf Entdeckungsreise durch den verlassenen Hafen. In dieser späten Stunde sah er einem Drehort für einen amerikanischen Krimi ähnlich: die schwarzen Kräne mit den hochgezogenen Hälsen, die erschreckende Dunkelheit der offenen Lagerräume, die hoch gestapelten Güter... Noch einen Augenblick und die Scheinwerfer eines schwarzen Cadillacs würden den dunklen Terminal erhellen und bewaffnete Mafiosi mit Säcken voll Geld würden aussteigen...Obwohl das natürlich eher unwahrscheinlich war, hüpfte ich über den Zaun eines Schrottplatzes, um dort nach einem harten Metallgegenstand zu suchen. Man weiß ja nie, was in der Nacht auf einen wartet.

Es gab hier viele alte Autos. Die Karossen waren in drei Schichten aufeinander gestapelt und warteten auf ihren Abtransport nach Afrika. Dort und in Lateinamerika habe ich eine Menge deutscher und japanischer Autos gesehen. Viele von ihnen waren nicht mehr fahrbereit, doch die Menschen erfreuten sich an jedem Wagen, auch wenn er nur als Schutz gegen die heißen Sonnenstrahlen dienen konnte.

»Papa, wofür brauchst du das?«, fragte mein Sohn, als er das Auspuffteil von einem Mercedes in meiner Hand sah.

»Ein hübsches Ding, nicht wahr?«, antwortete ich.

Und wir zogen weiter in Richtung Ausgang, wo ich noch bei Tageslicht ein altes, vermutlich unrechtmäßig entsorgtes Bett gesichtet hatte. Die riesige weiße Matratze leuchtete jetzt geradezu durch die Nacht. Ich packte sie auf meinen Rücken und wir gingen zurück. Natürlich war es ein schweres Unterfangen, die Matratze in das kleine Glashäuschen zu stopfen. Sie wehrte sich, doch nach einem kurzen Kampf siegten wir. Sie lag auf dem Boden und wir auf ihr drauf. Mit dem mitgebrachten Auspuffteil sicherten wir die Tür, um unangemeldeten Besuchern das Eintreten zu erschweren. Es war ein Segen, auf dieser Matratze zu ruhen. Und Sanjok war augenblicklich eingeschlafen. Kurz darauf auch ich, beruhigt durch den Scheinwerfer eines inspizierenden Polizeiautos.

Der wunderschöne sonnige Morgen wurde durch quälenden Hunger getrübt. INGENIEUR BASCHKIROW fehlte noch immer, was sicherlich einen triftigen Grund hatte, aber trotzdem höchst unangenehm war. Wir verließen unsere Bleibe, um die Lage zu erkunden. Unweit von uns befand sich ein mit exotischen Früchten gefüllter Lagerraum. Aber er war verschlossen. Daneben jedoch stand ein Container bis oben voll mit Bananen. Er war offen, aber wir trauten uns nicht, die Früchte anzufassen: Vielleicht waren es mit Rattengift bespritzte Abfälle?

Doch dann sichteten wir Gabelstapler, die Kiwi-Kisten transportierten. Wir witterten leichte Beute, denn dort, wo die Straße uneben war, wackelten die Fahrzeuge und ließen hin und wieder ein paar der exotischen Früchte im braunen Pelz auf die Erde fallen. Das erste »Geschenk des Schicksals« gab ich meinem Sohn, dann haben wir brüderlich geteilt. Bei der nächsten Annäherung der »Kiwi-Schlepper« siegten die Fahrzeugführer. Sie mieden alle Unebenheiten der Straße so geschickt, dass die Früchte in den Kisten blieben. Da hatte ich eine Idee: Ich holte ein Holzbrett und platzierte es quer auf der Straße. Wir waren im Garten Eden gelandet: Die Fahrzeuge hüpften auf dem Brett, unzählige Früchte fielen uns vor die Füße und sicherten uns eine vitaminreiche Ernährung bis zum Abend.

Sanjok verhielt sich sehr tapfer und fragte nach dem russischen Schiff nur selten. Zum Spaß brachte ich ihm das Fotografieren mit meiner so genannten Seifendose bei. Bis heute bewahre ich das Foto auf, das mein fünfjähriger Erbe gemacht hat. Und als wir fast schon jede Hoffnung aufgegeben hatten, kam, vom Abendrot beleuchtet, der Fliegende Holländer INGENIEUR BASCHKIROW. Nicht einmal die Mitteilung, dass alle Kajüten besetzt waren, konnte unsere Freude trüben.

»Na ja, ein Plätzchen wäre noch frei«, verkündete der Erste Offizier, »am Oberdeck. Für eine Person reicht es allemal. Zu zweit wird's enger, aber ihr werdet es schon schaffen.«

Der Ausdruck »klein« war für unsere Kajüte stark untertrieben, sie war fast so winzig wie das Bett, das den ganzen Raum ausfüllte und schmal und hart war. Die ganze Nacht habe ich kein Auge zugetan, aus Angst meinen kleinen Sohn zu erdrücken. Erst morgens, als mein ausgeruhtes Kind sich auf Entdeckungstour machte, konnte ich einschlafen. Sanjok war überall ein willkommener Gast und bekam reichlich Kekse und Schokolade, sodass er mittags keinen Appetit mehr hatte. Doch das blieb von mir unbemerkt, weil ich sogar den Mittag verschlafen habe. Für eine Person war unser Bett wirklich komfortabel.

Nach der zweiten Nacht, die wie die erste schlaflos war, konnten wir endlich das Geheimnis unserer Unterkunft lösen: Es war das Schiffslazarett. Und das Bett war ein stinknormaler Operationstisch, auf dem man bekanntlich einzeln behandelt wird.

Ich ging zum Käpten und verkündete, dass ich Artist sei. Was bei ihm zunächst nicht die kleinste Reaktion auslöste. Aber er war einverstanden, meine Show anzusehen.

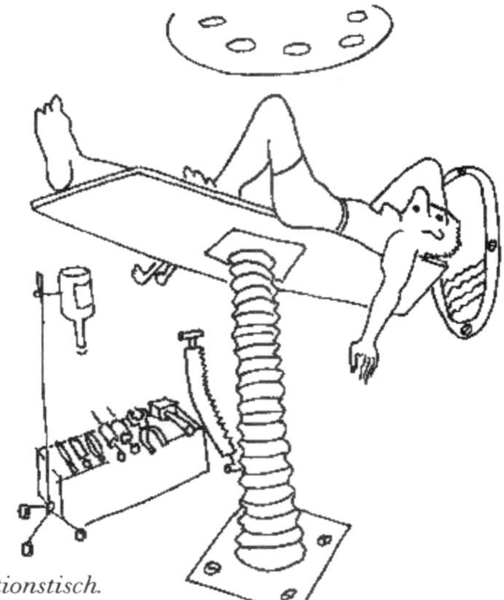

Das Bett war ein stinknormaler Operationstisch.

Am Abend präsentierte ich vor der gesamten Mannschaft mein Programm. Das Publikum, riesige Matrosen, nahm diszipliniert wie bei einer Parteitagung seine Plätze ein. Und genau so seriös und diszipliniert verfolgten alle meine Show, deren Sinn und Zweck es war, die Zuschauer zum Lachen zu bringen. Auch an Stellen, wo das Publikum normalerweise vor Lachen fast erstickt, herrschte im Raum absolute Stille. Es lachte niemand! Wahrscheinlich hatte der Käpten vergessen, das Lachen zu genehmigen. Erst zum Schluss lockerte sich die Stimmung etwas und ich bekam stürmischen Applaus.

Auf dem Operationstisch sitzend, war ich gerade mit dem Abschminken beschäftigt, als ein verschmutzter Matrose an der Tür erschien und mich zum Kapitän bat. Ich folgte dieser Einladung.

Der Chef holte aus dem Kühlschrank eine Flasche »Black Label« und teilte den Inhalt auf zwei Teegläser auf. (Es war am Anfang der Perestroika und solch eine freundschaftliche Geste war durchaus

Erst zum Schluss lockerte sich die Stimmung.

erlaubt.) Wir leerten die Gläser und nach dieser ungewöhnlich großen Dosis Cognac wurde ich schnell schläfrig.

Der erfahrene Seemann bemerkte es und sagte: »Heute dürfen Sie eine andere Kajüte beziehen, hier ist der Schlüssel.«

Auf den ersten Blick sah die Tür zu unserer neuen Kajüte wie die zu unserer alten Bleibe aus. Dahinter aber wartete ein Paradies auf uns. Das uns zur Verfügung gestellte Appartement übertraf alle meine Erwartungen: zwei geräumige Zimmer an der Außenseite, so dass wir einen wunderbaren Blick in Fahrtrichtung, genau wie der Kapitän selbst, genießen konnten. Noch vor kurzem hatte hier ein Abgesandter der Partei gehaust, ein so genannter Partorg (Abkürzung für »Organisator der Partei-Aktivitäten«). Solche Personen hatten auf den Schiffen mehr Macht als der Kapitän. Einen Kapitänsposten nämlich durfte in der ehemaligen UdSSR nur ein Mitglied der Kommunistischen Partei bekommen und war deshalb immer den Partorgen untergeordnet.

Von diesem Tag an bekam unsere Reise einen ganz anderen Wert. Wir fühlten uns wie Schlossherren. Besonders Sanjok, der seinen Platz vor dem Fernseher um keinen Preis verlassen wollte. Nach sechs Monaten in Deutschland konnte er endlich wieder Zeichentrickfilme in russischer Sprache genießen.

Von Hamburg aus hatte unser Schiff Kurs auf Bremen genommen. Dort wurden einen ganzen Tag lang irgendwelche Güter auf das Schiff geladen und dann ging es wieder zurück nach Hamburg.

»Was tragen die da, Papa?«, fragte mein Sohn, als er die gesamte Mannschaft mit vollen Taschen hin und her laufen sah.

Ich verließ unsere Kajüte und traf gleich auf einen Offizier, den ich als Tischnachbarn vom Frühstück her kannte.

»Kolja«, fragte ich, »was schleppt ihr alle?«

Anstatt zu antworten, bat mich Kolja in seine Kajüte. Der ganze Fußboden, die Fensterbank, alle Regale im Schrank waren vollgestopft mit Bananen. Er öffnete seine Tasche und fing an, die nächste Bananenladung auf dem Fußboden und in der Toilette zu verteilen.

»Vorsichtig muss man sein«, kommentierte er seine Tätigkeit, »wenn sie zerdrückt werden, verderben sie schnell. In Pitjer (umgangssprachlich für St. Petersburg) kostet ein Kilo 400 Rubel und hier sind sie gratis. Magst du auch welche mitnehmen?«

Ich blickte durch das Bullauge. Wir hatten genau neben dem Container angelegt, in dem Sanjok und ich vor drei Tagen das Bananenlager entdeckt hatten.

»Ist das nicht gefährlich?«, erkundigte ich mich besorgt.

»Ach was! Wir machen das doch schon so viele Jahre und leben noch, wie du siehst.«

Trotzdem hatten wir keine Lust, Bananen zu schleppen. Erstens hatte Sanjok während seines Deutschlandaufenthaltes reichlich von diesen exotischen Früchten konsumiert und zweitens waren wir durch die Nachbarschaft zum Kapitän fast in den Adelsstand erhoben worden, woraus ich die Verantwortung für ein gewisses Wohlverhalten ableitete: *»Noblesse oblige.«*

Vor dem Ablegen des Schiffes mit endgültigem Kurs in Richtung St. Petersburg mussten alle Anwesenden ihre Pässe zur Kontrolle in die Verwaltungskajüte bringen. Außer der Besatzung waren vier Passagiere an Bord: Sascha und ich, ein junger Deutscher und eine russische Frau, die Mitarbeiterin einer in Bremen ansässigen russischen Firma. Die Beamten schauten die Visa durch. Ich wusste, dass mein Visum abgelaufen war, aber ich hoffte in leichtsinnigster Weise, dass die Deutschen uns nicht einsperren würden. Doch die Situation nahm eine unerwartete Wendung. Die Grenzbeamten holten den Kapitän und flüsterten lange in sein Ohr, während einer meinen Pass in seiner Hand hielt. Ich schämte mich wie ein Schuljunge, der seine Hausaufgaben nicht gemacht hat.

Mein Vergehen bestand darin, dass ich länger als genehmigt in Deutschland geblieben war, das Vergehen des Kapitäns, dass er mich auf das Schiff genommen hatte, ohne meine Papiere zu prüfen.

Die Beamten forderten dreihundert Mark Strafe, aber ich war nicht gewillt, sie zu bezahlen. Ich hatte ja nur achthundert Mark. In diesem Moment fiel mir etwas Wichtiges ein. Vor der Abreise aus Köln hatte ich den ehemaligen Konsul der UdSSR, Wladimir Semenowitsch, getroffen. Er hatte mir netterweise einen Brief an den Konsul der Bundesrepublik Deutschland in Moskau gegeben, mit der Bitte, mir eine langfristige Aufenthaltsgenehmigung zu erteilen.

Ich holte dieses mit schöner Handschrift in deutscher Sprache geschriebene Schriftstück heraus und reichte es dem Beamten. Das dicke Namenspapier sah sehr repräsentativ aus, auf jedem der drei Blätter leuchtete in dunkelroten Buchstaben: »Konsul der Sowjetunion«. Das hatte einen Bombenerfolg. Als die Beamten mit dem Lesen fertig waren, gaben sie mir alles zurück, wünschten eine »glückliche Reise« und waren weg. Der Kapitän erteilte Befehl, auf die offene See zu steuern, und lud mich ein, ihn nach dem Abendessen zu besuchen.

Die Matrosen versuchten die ganze Zeit, mich mit Bananen zu füttern, und behaupteten, dass die »dunklen« besser seien als die »hellen«. INGENIEUR BASCHKIROW, von den Winden des Baltischen Meeres umweht, lief sicher in Richtung Pitjer. Als letztes Fleckchen Erde sahen wir die kleine dänische Insel mit dem Schloss, in dem Prinz Hamlet in seinen schlaflosen Nächten von der Schicksalsfrage »Sein oder Nichtsein?« gequält worden war. Mein Sohn schlief während der Reise auf dem »Parteisofa«, das voll gefüllt war mit den Werken von Lenin, Brezhnew, Gorbachow und mit alten Diplomen für die Sieger der »Sozialistischen Wettbewerbe«. Wer hätte gedacht, dass ich viele Jahre später diese Reise wiederholen würde – auf einer privaten Yacht, mit richtigen Papieren und hellen Bananen zum Frühstück…

Sie. 26. Mai. Nach einem kurzen Tankstopp im finnischen Kotka fahren wir zu der Ausklarierungsstation, die sich auf einer winzigen Schäre befindet. Sehr kalt, sehr windig, sehr starker Seegang – armer Sascha.

Auf uns warten freundliche Zollbeamte, sie helfen sogar mit den Leinen beim Festmachen. »Das ist unsere letzte Arbeit heute«, verkünden sie strahlend, »anschließend setzen wir uns in die Sauna!«

Darum beneiden wir drei sie glühend, unsere Lust ist nicht besonders groß, in der eisigen und windigen Nacht die Ostsee nach St. Petersburg zu überqueren. Kurz vor Mitternacht schließlich – nach einem italienischen Abendessen (Saschas Bezeichnung für meine Bandnudeln mit Champignons) heißt es zum letzten Mal vor Russland: »Leinen los.« Sascha verzieht sich in seine Koje und bleibt verschwunden. Ich kann sein Leid nachempfinden. SOLVEIG schlingert ohne Pause von einer Seite auf die andere, wir werden regelrecht durchgerollt wie Teigklumpen auf einem Holzbrett – selbst das Liegen ist kaum möglich. Alle kleinen Sünden in Form von nicht verstauten Gegenständen werden umgehend bestraft und so badet der Boden der Dusche gerade in einem Essigreiniger. Oh, welche Düfte! Ich hasse sie! An Deck haben sich die Klapphocker selbstständig gemacht, die ich glaubte fest verzurrt zu haben. Also raus und im Eiswind den ganzen Kram neu befestigen!

Inzwischen ist es mir auch egal, wie wir mit den russischen Behörden klarkommen werden – Hauptsache wir erreichen irgendwie Kronstadt und schwimmen wieder auf ruhigem Wasser! Mit Tatjana haben wir endlich Verbindung über E-Mail. Gesegnet sei die Inmarsat-Anlage samt Telekom. Rollo misst gerade die Windstärke: sieben Beaufort!

12 Uhr. Im Hafen der Insel Kotlin bei Kronstadt. Bin erschöpft wie nach einer langen Ozeanüberquerung…

27. Mai. Unser erster Tag in St. Petersburg. Wie vor fünf Jahren machen wir im Yachtclub fest. Tatjana hatte sehr gute Vorarbeit geleistet, sodass wir die Einklarierung in Kronstadt völlig problemlos in nur dreißig Minuten durchziehen konnten – bei der Einreise

Rollo und Angelika vor der Einklarierung nach Russland.

in die USA waren wir manchmal wesentlich länger beschäftigt. Schon vier Stunden später liegt SOLVEIG an einem Schwimmponton des Clubs. Der Wind hat inzwischen noch weiter zugelegt, so gesehen haben wir bei unserer Überfahrt mit sieben Windstärken noch Glück gehabt!

Ja – und heute ist Karneval! Das ist kein Scherz. Wir befinden uns auch nicht in Rio oder Köln, sondern in Russland. Petersburg feiert zum ersten Mal in seiner Geschichte Karneval, Anlass ist der Jahrestag der Gründung der Stadt durch Peter den Großen. Und SOLVEIGs Crew feiert mit auf ihre Weise. Ohne deutsche Flagge, um nicht aufzufallen, dafür mit einem guten Freund als Lotsen, fahren wir mit SOLVEIG auf der Newa und genießen die spektakuläre Kulisse: Kreuzer AURORA, Winterpalast, Peter-und-Paul-Festung, Sommergarten, wir ziehen an ihnen vorbei und sie blinken stolz im schönsten Sonnenlicht. Nachmittags fahren wir in der neuen Metro mitten hinein ins Zentrum, wo wir uns binnen Minuten unter tausenden und abertausenden von ausgelassenen Menschen wiederfinden.

»Pitjer, Pitjer«, rufen sie immer wieder in spontanen Sprechchören, so nennen sie zärtlich ihre Stadt nach dem berühmten Gründer. Selbst in der Sowjetzeit blieb der Kosename erhalten, erzählt Sascha. Sein Vater ist hier geboren und Petersburg ist ein Stück Heimat für ihn. Kostümwettbewerbe, Musik an jeder Ecke, grenzenlose Fröhlichkeit – Lebenslust pur! Deutlich zu sehen auch: Seit unserem letzten Aufenthalt wurde gebaut, Fassaden sind frisch gestrichen, sogar eine neue Metrostation gleich beim Yachtclub ist entstanden.

Und im Club liegen modernste Boote, die russischen Eignern gehören.

Er. Der Yachtclub, wo wir festgemacht haben, wurde für die Olympiade gebaut. Zu dieser Zeit war er das modernste Gebäude. Jetzt, nach so vielen Jahren, sind alle Geräte geklaut und ohne Tribünen und Bojen sieht das Gelände aus wie eine Landebahn für Flugzeuge. Trotzdem hat der Club seine Bedeutung nicht verloren, weil es in der ganzen Umgebung nur dort Toiletten gibt. Und zwei-

Saschas Kommentar im Yachtclub: »Treffen sich zwei ›neue‹ Russen. Sagt der eine: ›Ich habe eine Yacht gekauft für eine Million Dollar!‹ Antwortet sein Freund: ›Ich kann dir den Platz zeigen, wo ich die gleiche Yacht gekauft habe für zwei Millionen Dollar!‹«

tens hängt dort auch das einzige Telefon. Es gibt sogar noch eine dritte Sehenswürdigkeit: Im Zentrum des Geländes steht ein Denkmal von Peter dem Großen und das bildet zusammen mit Toilette und Telefon das Dreieck an der Newa…

Sie. Im Club treffen wir Oleg zum Interview für unseren Film. Er ist einer von drei Direktoren der Firma Force Marine und verkauft seit zwei Jahren Crownline-Motorboote. Oleg sieht genauso aus, wie man sich einen jungen, dynamischen Unternehmer vorstellt: etwa Anfang Vierzig, athletische Figur, gut aussehend, gepflegte sportliche Kleidung, sauber rasierter dunkler Bart.

»Die Firma der Boote ist zwar amerikanisch«, erzählt er, » aber ich arbeite mit einem Händler aus Deutschland zusammen. Er kommt aus Gummersbach.«

»Und wie laufen die Geschäfte?«, wollen wir wissen.

»Gut – wir bauen unser Business auf. Es gibt Leute, die sagen, in Russland ist alles schlecht. Wir sehen das anders. Der Yachtclub ist neu renoviert, Leute kaufen Yachten, und die sind teuer genug. Nicht alles ist so schlecht, wie es behauptet wird.«

»Und wer kauft die Yachten?«

»Wir verkaufen immer mehr teure Boote und zwar in alle Regionen: zum Beispiel nach Samara oder Krasnajawsk. Ich glaube, das beweist, dass in unserem Land sich alles in die richtige Richtung entwickelt und alles gut werden wird. Gerade ist ein Boot aus Deutschland eingetroffen, das wir in Ordnung bringen werden. Dann wird es hier in St. Petersburg weiterverkauft an den Kunden. Er fährt damit bestimmt nach Walaam oder nach Finnland, um sich dort zu entspannen. Wer hart arbeitet und viel Geld verdient, der weiß, wie man arbeiten und wie man sich erholen muss.«

Oleg ist einer von vielen jungen Unternehmern, die Russland mit aufbauen. Seit Putin an der Regierung ist, haben sich offenbar ganz neue Kräfte freigesetzt, denn Menschen wie Oleg sind keine Ausnahme. Bis jetzt arbeitet er noch in einem winzigen Büro, in dem neben seinem eigenen gerade noch die drei kleinen Schreibtische seiner hübschen Sekretärinnen Platz haben.

Ununterbrochen klingeln Telefone, in Windeseile huschen rot, rosa und grün lackierte Fingernägel über die Computer-Tastaturen, um Bestellungen, Rechnungen, Aufträge, E-Mails zu tippen. Bei geschlossenen Augen und offenen Ohren könnte man glauben, in einem Büro der Wall Street zu stehen.

29. Mai

Jahrelang habe ich davon geträumt, eine Weiße Nacht in St. Petersburg zu erleben. Eine Nacht, in der die Sonne nicht untergeht, in der sich irgendwann die riesigen Brücken öffnen, um den großen Seeschiffen, die ihren Weg zur Wolga suchen, Durchfahrt zu gewähren. Immer wieder habe ich mir diesen Augenblick vorgestellt, doch was sich dann abspielte, überstieg selbst meine fantastischen Träume.

Gegen halb zehn am Abend werfen wir die Leinen los, mit an Bord ist ein russischer Freund, für den Fall, dass wir von der Polizei kontrolliert werden. Die deutsche Flagge haben wir natürlich längst weit weggepackt. Da wir noch keinen Übernahmevertrag unterzeichnet haben, sind wir im Augenblick weder deutscher noch russischer Nationalität und somit illegal auf der Newa unterwegs. Aber ehrlich gesagt, stört mich das überhaupt nicht – das Gefühl, eine ganze Nacht mit unserem eigenen Boot im angestrahlten Venedig des Ostens zu schwimmen, ist einfach überwältigend.

Irgendwann setzen wir Sascha an Land und er filmt, wie SOLVEIG in der Halbdämmerung stolz über die Newa gleitet. Um Mitternacht fällt unser Anker im Anblick der erleuchteten goldenen »Nadeln« der Peter-und-Paul-Festung. Bei heißem Tee und Schokolade, die Sascha aus Moskau mitgebracht hat – die Verpackung ist so romantisch, wie sie es nur in Russland sein kann und nach einem Puschkin-Märchen benannt –, warten wir auf den großen Augenblick. Und fast hätten wir ihn verpasst!

Auf einmal ruft Sascha: »Schnell, kommt raus!«

Wie von Zauberhand haben sich die mächtigen Flügel der glänzenden Brücke in den Himmel erhoben. An den Enden hunderte von Lichtern, die sich im Wasser der Newa widerspiegeln, und nach wenigen Minuten setzt sich langsam die Flotte in Fahrt. Seit Stunden haben alle Schiffe auf den Augenblick gewartet. Ein Koloss nach dem anderen taucht aus dem Halbdunkel auf, schiebt sich unter den geöffneten Armen der berühmten Brücke neben dem Winterpalast hindurch. Ich habe die Schiffe nicht gezählt, die sich in einer langen Karawane auf uns zu bewegten. Ob wir sie irgendwann auf unserer Wolga-Reise wieder treffen werden?

Unsere Newa-Nacht endet um fünf Uhr morgens. Eigentlich sollten wir von nun an tagsüber schlafen. Sascha hat damit gerade begonnen: zwei Stunden, um für die heutige Nacht fit zu sein. Wir wollen abends auf dem »Landweg« in die Stadt gehen, um den ersten Augenblick der Brückenöffnung um Mitternacht nicht noch einmal zu verpassen und ihn für den Film aufzunehmen.

Er. Alle waren so begeistert von den Weißen Nächten, dass sie absolut nicht bemerkten, dass sie sämtliche Süßigkeiten aufgegessen haben, die auf dem Tisch lagen. In der Dunkelheit (obwohl die Nächte »Weiße…« heißen) haben sie den ganzen Korb leer gefuttert. Alle meine geliebten Moskauer Schokoladebonbons. Dabei fiel ihnen vor lauter Begeisterung nicht einmal auf, was sie gegessen haben. Ich verstehe, dass der Winterpalast in der Nachtbeleuchtung eine superstarke Geschichte ist, aber heute Morgen können sich weder Rollo noch Angelika richtig an den Geschmack meiner Süßigkeiten erinnern. Das Einzige, was übrig blieb, war eine Tafel

Schokolade. Angelika, die Russisch lernt, probierte zur Tea-time den Namen der Schokolade zu lesen, aber besonders die Kursivschrift war zu schwierig, und sie machte in einem einzigen Wort drei Fehler. Wichtig aber ist der Geschmack der Schokolade. Rollo meinte, dass sie echt bitter schmeckt. Natürlich, denn es ist echte Schokolade – keine westliche Variante, die zu neunundneunzig Prozent aus Milch besteht. Trotzdem – diese Schokolade ist auch für russische Kinder verpackt und heißt »Märchen von Puschkin«. Vom Bild auf dem Papier her ist klar, dass es um das Märchen vom alten und goldenen Fisch geht.

Für alle war es interessant, den Inhalt des Märchens zu hören. Nach den ersten zwei Sätzen aber sagte Angelika: »Das ist ein bekanntes Volksmärchen« und Rollo bestätigte es. Mit anderen Worten: Am vergangenen Tag habe ich nicht nur alle Süßigkeiten eingebüßt, sondern auch Respekt vor unserem Volksschriftsteller Alexander Puschkin bekommen.

Sie. 31. Mai. Auch gestern – aber nein: heute bin ich erst um 5 Uhr morgens in die Koje unserer SOLVEIG gefallen, um ein paar Stunden zu schlafen. Die Tage in St. Petersburg sind so angefüllt mit Erlebnissen, Unternehmungen – aber auch organisatorischen Seiltänzen und sei es nur, um an Strom, Wasser und Diesel zu gelangen –, dass ein normaler Tag beim besten Willen zu kurz ist! Jetzt verstehe ich auch, warum man in Russland seine Freunde am besten nachts anruft. Der Tag wird zum Organisieren benötigt. Uns allerdings erreicht man derzeit auch nachts nicht mehr am Telefon, da an unserem Liegeplatz der Satellit nicht arbeitet und wir sowieso ständig unterwegs sind. Erstaunlicherweise werde ich dennoch kaum müde – ob dies an der Petersburger Luft liegt?

Nach dem Highlight unseres Besuches auf der MS DEUTSCHLAND, wo die SOLVEIG-Crew von Kapitän Hajo Janssen zu einem fürstlichen Lunch empfangen wurde und später Kreuzfahrtdirektor Wolfgang Frank samt Küchenchef persönlich für angemessene Ergänzung unserer Bordvorräte sorgten, nachdem wir mit SOLVEIG einfach längsseit am großen Bruder festgemacht hatten, erwartet uns im Club der Redakteur einer russischen Yachtzeitschrift.

Solveig bunkert Konserven und Dauerwürste von MS Deutschland.

Tatjana hat uns aber gebeten, in der Öffentlichkeit nichts über die Wolga-Reise verlauten zu lassen, damit die Behörden nicht auf uns aufmerksam werden. So berichtet Rollo über seine seglerische Vergangenheit, während Sascha und ich uns auf den Weg in die Stadt machen zu seinem Freund, einem bekannten Pop-Star: Albert Asadullin. Zusammen mit dem Arrangeur Alexei Golubew ist er gerade dabei, eine Rock-Oper in einem Studio aufzunehmen. Viele Jahre sind vergangen, seit sich die beiden Freunde Sascha und Albert zum letzten Mal getroffen haben. Vor der Perestroika waren sie viele Jahre lang zusammen aufgetreten. Welch ein Wiedersehen!

1. Juni. Heute endlich der lange geplante Besuch im Peterhof! Mit Meteor, einem Schnellboot mit Unterwasserflügeln, fliegen wir dem russischen Versailles entgegen. Aber was heißt hier Versailles – diese Parkanlagen mit ihren fantasievollen Wasserspielen strahlen eine Lebensfreude aus, die ich in Versailles nie gespürt habe. Vielleicht liegt es an mir? Vielleicht liegt es aber auch an den Menschen und besonders den Kindern. Sie alle verehren »ihren« Peter aus vollem Herzen, spielen in den Fontänen, lassen sich vom plötzlich hochschießenden Wasser nass spritzen. Als sie uns während der Dreharbeiten entdecken, werden wir sofort umringt, und Sascha erzählt, dass wir aus Deutschland kommen. Auf zerknüllte Eintrittskarten kritzeln wir unsere Namen und die Kinder notieren sich eifrig Solveigs Internet-Adresse.

Peter der Große hat alles gut gebaut, aber zu eng!

Er. Falsche Zaren

Gibt es etwas Banaleres als den Peterhof im Sommer? Die Touristen quälen die eigenen Beine, sie durchlaufen alle Paläste und Pavillons – es sind zwanzig –, sie schleppen sich durch alle Parks – es gibt sieben –, sie fotografieren alle Fontänen – hunderte –, sie blicken auf die Sauna der Zarin und das Schlafzimmer von Peter dem Großen.

Ganz anders ist es nach fünf Uhr nachmittags in der Sommerresidenz des Zaren, wenn endlich die Fontänen ausgeschaltet sind und in der Luft Ruhe hängt. Welch ein Genuss! In den Parks singen Vögel, die man vorher wegen des Lärms der gewaltigen Kaskaden über den goldenen Statuen nicht hören konnte. Aber wenn der letzte Tropfen aus den Behältern der vergoldeten nackten griechischen Göttinnen fällt, beginnen die Herzen der wenigen Besucher, die im zaristischen Garten ausgehalten haben, unruhig zu werden: Peterhof ohne Wasser, das ist ein richtiges Fest! Peterhof ohne Wasser ist ein Feiertag!

Wir biegen von dem meistfotografierten Platz der Welt dorthin ab, wo der legendäre Samson das Maul des schwedischen Löwen zerreißt. Am meisten interessiert uns die Sommerresidenz Peters des Großen, wo wir staunen, wegen ihrer Bescheidenheit. Das ist kein bombastisches Schloss von Peters Nichte Elisabeth, sondern ein kleines, eingeschossiges Gebäude am Finnischen Meerbusen, der an dieser Stelle »Pfütze der Marquise« genannt wird. Wir sind die letzten Besucher und ich befürchte, dass ungeduldige Mitarbeiter des Museums auf unser baldiges Verschwinden hoffen.

Die Galerie der Bilder mit Seemotiven, das Sekretärzimmer, das Schlafzimmer… Endlich öffnet sich vor unseren Augen der Gastsaal mit den großen Kerzenleuchtern und dem riesigen Kristallstrafpokal. Peter liebte Trinkgelage, bis ihm Teufelchen in den Kopf kamen. Deshalb wurde ein seltsamer Brauch eingeführt: Gäste, die sich verspäteten, mussten diesen Pokal austrinken. Es wäre nicht erwähnenswert, wenn der Inhalt des Pokals nicht einen Liter fassen würde! Da ja bei Hofe kein Wasser getrunken wurde, fielen die meisten Bestraften unter den Tisch, was den Zaren bis zu Tränen erheiterte. Ihm selbst sagt man nach, dass er sechsunddreißig Gläser Wein pro Tag konsumierte, das sind sieben Liter!

Natürlich kann man so gut nachvollziehen, wie die Spielfontänen im Park entstanden sind: Betrunkene Gäste wollen sich amüsieren, aber gleichzeitig brauchen sie frisches Wasser, um wieder nüchtern zu werden. Beides haben die Ingenieure mit den Fontänen genial zusammengebracht. Sobald jemand auf der Bank sitzt, schießt aus dem vergoldeten Mund von Zeus eine große Portion Wasser, was die Gäste, die nicht auf der Bank sitzen, prächtig amüsiert.

Apropos Ingenieure. In meiner Kindheit, als ich hier mit meinem Großvater gespielt habe, habe ich immer geglaubt, dass unter diesen hunderten Fontänen und Kaskaden starke Pumpen arbeiteten. Aber alles Geniale ist einfach: Das Wasser kommt nämlich aus den Rohren der nahe gelegenen Gebirge, wo es viele Quellen gibt. Der natürliche Druck reicht aus, um das Wasserensemble zum Leben zu erwecken. Doch es ist künstliches Leben. Die Gäste gehen weg und die Show wird beendet. Erst dann kann man eigentlich die Schönheit der athletischen Muskeln und der vergoldeten Hüften der Damen schätzen. Denn jetzt beginnt die andere Show.

Der späte Gast wird davon überrascht, dass plötzlich, wie durch die Bewegung eines Zauberstabes, alle Fontänen in den Himmel steigen. Das Privatprogramm für die russischen Parlamentarier aus Moskau beginnt! Leute in schwarzen Mercedes-Limousinen beobachten das Spiel der Zentral-Kaskade und Genosse Samson zeigt persönlich seine geballten Kräfte für die mächtigen Besucher. Zehn Minuten – dann wird das Rad des zentralen Verteilers von den Zauberhänden wieder zurückgedreht. Übrigens kann sich jeder, der bereit ist, ein paar Euros in die Hand des bewaffneten Wächters zu legen, fühlen wie der Zar.

Apropos Zar. Die blutige Geschichte der Romanows ist den meisten Besuchern wohl bekannt, nicht wahr? Woher? Aus Büchern? Aber nicht alle Bücher werden gedruckt! Einige warten lange, bis ihre Zeit gekommen ist: manche in der Schreibtischschublade des Chefredakteurs, manche im Safe des KGB und manche im Kopf des Schriftstellers.

Als ich zum ersten Mal aus Sibirien nach Moskau gekommen war, hatte ich keine eigene Wohnung. Ich war gezwungen, mal bei Freunden oder Bekannten, mal in einem Studentenheim zu übernachten. Viele Menschen, mit denen ich in jener Zeit Bekanntschaft machte, sind inzwischen meine guten Freunde geworden. Unter ihnen sind Ärzte, Sportler, Kellner, Designer, Fotografen, Schauspieler.

Und ich habe einen Historiker kennen gelernt: Slawa Kessler, der an einem wissenschaftlichen Institut tätig war und gerade an seiner Doktorarbeit schrieb. Als Wissenschaftler hatte er Zugang zu den geheimen Archiven der Bibliotheken, die für »normale« Menschen nicht geöffnet waren. Eines Tages gab er mir sein Buch über die Romanow-Dynastie zu lesen, das mich über unsere Geschichtsschreibung neu nachdenken ließ.

In Wirklichkeit nahm die Geschichte von der Ermordung der Zaren Nikolaus II. und seiner Familie in Jekaterinburg im Jahre 1918 nämlich schon im siebzehnten Jahrhundert ihren Anfang, als die Romanows nach hartem Kampf gegen ihre Rivalen an die Macht gekommen waren. Feodor Romanow versuchte wegen heftiger Differenzen mit dem gleichaltrigen Boris Godunow diesen Widersacher zu vergiften, wie damals nicht unüblich. Er wurde erwischt und in ein Kloster verbannt. Aber die Romanows waren echte Kämpfer und verloren ihre Ziele niemals aus den Augen. Feodor Romanow gelang es auch noch aus dem Kloster heraus bei Hofe zu intrigieren und dafür zu sorgen, dass sein Feind Boris Godunow eines unnatürlichen Todes starb. Schließlich schaffte er es, mithilfe eines früheren Untergebenen, seinen eigenen Sohn Michail auf den russischen Thron zu heben.

... und der blutjunge Mischa Romanow wurde russischer Zar.

Und der blutjunge Mischa Romanow wurde russischer Zar. Aber da war noch ein kleines Detail: Der Familie Romanow stand nicht die für Zaren übliche Anrede zu, zum Beispiel Michail der Erste, sondern sie bewegte sich nur auf der Ebene für Fürsten, also verwendete man den Namen und den Vatersnamen: Michail Feodorowitsch. Mit anderen Worten, sie waren keine echte Zarenfamilie! Doch darüber steht kein einziges Wort in der offiziellen russischen Geschichtsschreibung.

Diesen Sachverhalt dokumentierte damals auch die Reaktion in Europa und er ist sogar in einer berühmten Erzählung überliefert, die zum Inhalt hat, dass die Europäer den russischen Gesandten für Holland und England, den jungen Peter Alexejewitsch (später: Peter der Große) »nicht erkannten«. In Wahrheit aber wussten sie ganz genau, wer er war. Doch bis zu seinen Siegen über die Türken und die Schweden wollte man die Rechte Peters des Großen auf den Zarenthron nicht anerkennen. Er aber hat Europa schließlich mit Gewalt gezwungen, ihn nicht nur als Zaren, sondern als Imperator zu akzeptieren.

Waren die Ereignisse von 1918, als die Romanow-Dynastie an

einem einzigen Tag ausgelöscht wurde, vielleicht eine Art Jüngstes Gericht? Wer will das entscheiden?

Sie. 3. Juni. Und vielleicht schon auf der SOLVEIG!? – Ne rabotajet... arbeitet nicht – Im Augenblick zweifle ich, ob wir unsere ehrgeizige Wolga-Expedition so werden durchführen können, wie wir hoffen – oder besser: wie ich hoffe! Es ist zu viel, was gleichzeitig koordiniert werden muss – und das unter erschwerten Bedingungen, gelinde gesagt.

Wie zum Beispiel sollen wir einen Film drehen, wenn wir keinen Strom haben, um die Akkus der Kamera zu laden? Wenn Sascha ständig für Eduard übersetzt, unseren zukünftigen Wolga-»Kapitän«, der jetzt bereits jeden Tag an Bord kommt? Wenn ich mich gleichzeitig um Haushalt, Gästebewirtung, Internetfotos, Filmkameras... kümmere? Wenn wir nachts drehen, bis vier Uhr früh die Filme checken und ich vier Stunden später wieder aufstehen muss, weil Eduard mit Rollo verabredet ist, um die Bootspapiere für SOLVEIGs »Russifizierung« zu besprechen, was wiederum ohne Sascha als Dolmetscher nicht funktioniert? Ich könnte die Liste unendlich fortsetzen, aber mir fehlt sogar die Zeit, es niederzuschreiben.

Wir müssen uns zusammensetzen und die anfallenden Tätigkeiten besser verteilen. Vor allem darf es hier an Bord keine guten und schlechten Arbeiten geben, sondern nur Arbeiten, die auf Erledigung warten. Zum Beispiel der Haushalt. Eduard muss auf der Fahrt auch hier mit anpacken. So wie es bis jetzt läuft, schaffe ich es nicht, mich voll auf die Dreharbeiten zu konzentrieren. Gestern ist der gesamte Ton nichts geworden und wir müssen alles neu aufnehmen! Was dies bedeutet, können alle Filmleute bestimmt gut nachempfinden. Aber Filmleute sind normalerweise in einem Hotel untergebracht, und um das Funktionieren des Hotels brauchen sie sich nicht zu kümmern...

4. Juni. Inzwischen geht es mir etwas besser. Wir haben auch mit Eduard über das leidige Haushaltsthema gesprochen und er scheint kooperativ zu sein. Morgen oder übermorgen wird er zum ersten Mal in seiner Kabine schlafen, zusammen mit Sascha – dann wird es noch enger auf unserem Schiff. Eben brachte Eduard für die »Bezahlung«

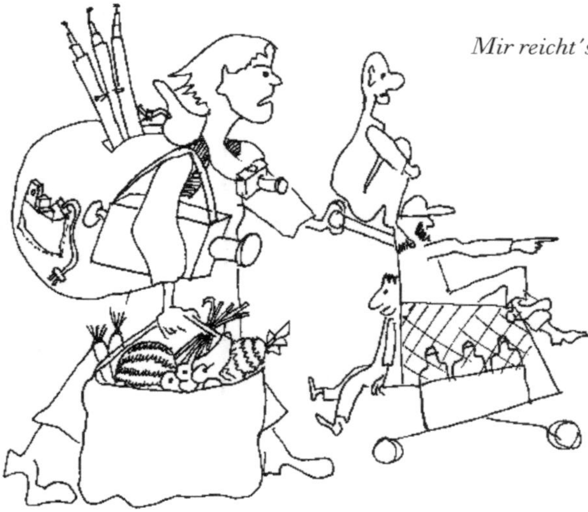

an den Schleusen vierzig Flaschen Wodka und ebenso viel russische Schokolade.

5. Juni. Langsam lichtet sich das Chaos. Eduard entwickelt sich zum perfekten Kameraassistenten und ist für Sascha und mich auch wegen seines Autos eine große Hilfe. Inzwischen ist er nun »offiziell« mit im Wolga-Team – allerdings übernachtet er bis zum Start noch zu Hause. Sascha dankt ihm sicherlich für jede Minute.

Bis jetzt kann ich mir auch bei aller Fantasie nicht vorstellen, wie Eduard zwischen Saschas »kreativer« Unordnung (um es milde auszudrücken) noch eine Stecknadel unterbringen kann – aber das ist Gott sei Dank nicht mein Problem. Auch das Thema »Ernährung« habe ich zur Sprache gebracht, und so stürmten Ed und Sascha heute einen kleinen Lebensmittelladen, um sich für drei Monate mit etlichen Paketen Haferflocken und Milchreis einzudecken, den sie selbst zubereiten werden und mich dabei zum Mitessen einladen wollen. Herrlich! Am liebsten verspeise ich das, was ich nicht selbst gekocht habe – notfalls auch Haferbrei.

So kommen wir heute mit den Filmaufnahmen endlich wieder weiter, interessant für uns ist das Dostojewski-Viertel, wo wir Originalschauplätze des berühmten Romans »Schuld und Sühne« aufsuchen. Dostojewski hat selbst in diesem Viertel gewohnt, das zu den ärmsten und schmutzigsten zählte. Hier studierte er das schäbige Leben der Bewohner dieser Mietshäuser, er hatte nicht die Mittel für eine Wohnung in einer besseren Gegend. Das Schicksal seines Helden Raskolnikow, der zum Mörder der Wucherin Alena Iwanowna wurde und sie mit einer Axt erschlug, um sie zu berauben, ist den Bewohnern und Besuchern des Hauses von Raskolnikow so gegenwärtig, dass die Wände vollgeschrieben sind mit Zeichnungen, Gedichten und Bemerkungen.

»Raskolnikow, töte meine Nachbarin. PS: BITTE!!!«, übersetzt Sascha schmunzelnd.

Auf der Zeichnung eines anderen Bewunderers sieht man den Mörder mit der Axt in der Hand und kann das Blut bewundern, das dramatisch heruntertropft. Zeitweise glaube ich, dass Raskolnikow wirklich gelebt hat, die Kommentare und Ratschläge auf den alten Wänden, von denen der Putz schon bröckelt, verleiten dazu.

Apropos Wohnungen: Als ich mit Sascha spontan eine seiner Schauspieler-Freundinnen besuchen will (sie spielte unter anderem Katharina die Große in einer russischen Produktion), bemerke ich, dass es keine Namensschilder, geschweige denn eine Klingel gibt, mit der man sich bemerkbar machen könnte. Das Haus betreten nur Mieter, die den Code am Öffner der schweren Eisentür kennen, und dies ist grundsätzlich überall so, versichert Sascha, aus Sicherheitsgründen.

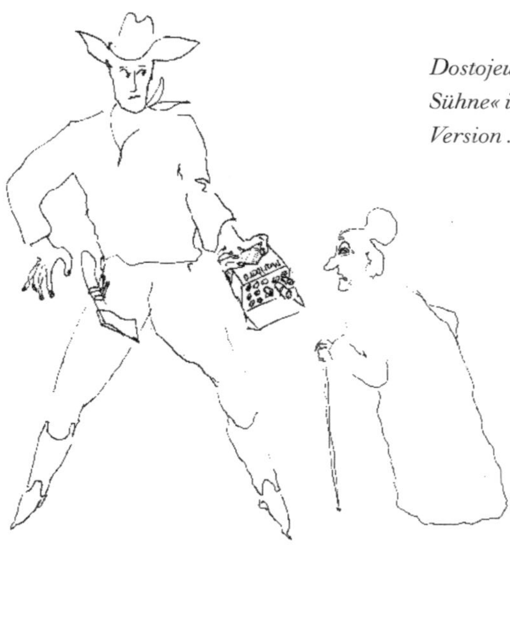

Dostojewskis »Schuld und Sühne« in der amerikanischen Version ...

»Und wie funktioniert die Post?«, will ich wissen.

»Ganz einfach«, bekomme ich zu hören, »alle Wohnungen haben Nummern und die müssen auf der Adresse stehen. Wenn du also einen Brief nach Russland schreibst, vergiss ruhig den Namen auf dem Umschlag – Hauptsache, die Zahlen stimmen!«

Sascha versucht sich mit einem Steinchen, das er ans Fenster wirft, bemerkbar zu machen, aber ohne Erfolg.

Er. Heute Morgen habe ich eine Entdeckung gemacht: Tiefe Töne werden von den Ohrstöpseln nicht gefiltert, die ich speziell für die Reise gekauft habe. Wenn Rollo morgens Tee trinkt, höre ich in meiner Kabine seine tiefe Stimme ganz deutlich – es klingt so, als ob er mit sich selber spricht. Als ich es ihm mittags erzähle, fragt er, ob es vielleicht hilft, wenn er leiser sprechen würde, so lange ich schlafe. Aber ich glaube, er sollte einfach höher sprechen, denn ich höre weder Angelika noch unsere Nachbarin von der anderen Yacht, keine Vögel und nicht einmal das unglaublich schreckliche Quietschen des Pontons.

Manchmal brauchen Wissenschaftler zum »Entdecken« ein ganzes Leben. Für mich genügt ein einziger Morgen. Heute kamen nämlich Getränke an Bord für die Reise. So werde ich die Möglichkeit haben, weiter zu experimentieren mit ukrainischen Korken und russischen Plastikverschlüssen von sowjetischem Champagner. Achtung: Ich spreche jetzt alle Leute an, die Erfahrung haben auf diesem Gebiet. Schicken Sie mir Ihre Ideen und ich garantiere, dass ich am Ende der Reise einen Nobelpreis bekommen werde.

gez. Professor Andrey Alexander, www. RolloGebhard.de

Aus der goldenen Zeit der Sowjetunion:

Brezhnew versammelt die Kosmonauten.
»Genossen Kosmonauten! Amerikanische Astronauten sind auf dem Mond gelandet – wir haben diskutiert, Sie werden zur Sonne fliegen!«
Eine Stimme aus dem Saal:
»Entschuldigen Sie, Genosse Brezhnew, aber wir verbrennen!«
»Ruhe bitte, die Partei hat alles bedacht: Sie werden nachts fliegen!«

Kareliens Geister

Sie. 7. Mai. Auf Wiedersehen, herrliches St. Petersburg! Seit gestern sind wir ganz und gar russisch geworden – einschließlich russischer Flagge und kyrillischen Registrierungs-Buchstaben, die wir um Mitternacht vorsichtig an SOLVEIGs Bug klebten. RLA 11 – 76, so lautet unser offizielles Kennzeichen für die kommenden drei Monate.

Eine gespenstische Stimmung – im schwachen Abendrot der untergehenden Sonne fliegen unter lautem Gekrächze dutzende von Krähen über unsere Köpfe, als ob sie uns warnen wollen. Noch am Nachmittag sind wir durch die Stadt gehastet, um frische Vorräte zu besorgen: grüne Gurken, Tomaten, gelbe Rüben, Brot, russisches Aspirin und Tabletten gegen Seekrankheit. Ed und Rollo haben sich um diesen Teil der Vorbereitung gekümmert, während Sascha und ich die letzten Szenen für den Film aufnahmen. So führte unser Weg auch ins Casino des Nobelhotels ›Astoria‹. Der Chefmanager Bulat Karasew, gerade mal dreißig Jahre jung, stammt aus Kasachstan und betreibt seinen Job mit Leidenschaft. Zur Zeit der Perestroika beendete er gerade die Schule, wollte zum Militär. So wie es aussieht, ist er aber mit seinem neuen Leben nicht unglücklich …

Während ich diese Zeilen schreibe, fahren wir auf der Newa, übrigens Europas kürzester Fluss – sie ist nur achtundsiebzig Kilometer lang –, aber was heißt hier »fahren«. Eduard hat offenbar eine Vorliebe für Schlangenlinien, was Käpten Rollo nur schwer erträgt, und auch ich werde langsam seekrank, obgleich wir auf ruhigem Wasser unterwegs sind. Ich fürchte, da warten auf Sascha noch heikle Übersetzungen.

Nachts, 2.30 Uhr. Vor achtzehn Stunden haben wir im Yachtclub

St. Petersburg die Leinen losgeworfen und jetzt sind wir schon unterwegs mitten auf dem Ladoga-See, der sich als unendlicher Wasserspiegel zwischen dunklen Fichten- und Tannenwäldern, einem hohen Felsufer im Norden und seichten Buchten im Süden ausdehnt. Wir sind Welten entfernt von jeder Zivilisation – im Grenzland zwischen Finnland und Russland –; tausende von Seen, die durch unzählige Flüsse verbunden sind, bedecken das Territorium, das zu den waldreichsten Russlands zählt. Nur 800 000 Menschen leben hier. Unser Ziel ist ein Kloster-Archipel, zu dem vierundfünzig Inseln gehören. Die größte der Felsinseln ist Walaam. Und dort wollen wir die Ruinen einer Klosteranlage aufsuchen, in denen heute rund hundertfünfzig Mönche in absoluter Einsamkeit leben. Kein Ufer ist mehr zu sehen – eine typische nordische Nacht, die nicht dunkel wird, orangefarben leuchtet der ferne Horizont. Sind wir auf dem Ozean? Fast könnte man es glauben.

Traditionsgemäß habe ich die Nachtwache übernommen – dafür waren Rollo und Ed am Tag umso fleißiger. Abgesehen vom Motorbrummen ist große Ruhe auf der SOLVEIG eingekehrt – nichts, aber auch gar nichts mehr wird diskutiert, und während SOLVEIG friedlich über Europas größten Süßwassersee gleitet, träumen die männlichen Crewmitglieder – wovon eigentlich? Sascha vielleicht davon, dass er auf der Bühne David darstellt und dessen Schöpfer Michelangelo ihm persönlich dankt, Ed verdingt sich vielleicht mit letzter Kraft als Wolgaschlepper und Rollo verspeist sicherlich eine große Portion Eis...

Und ich? Eigentlich hatte ich mich heute auf ein paar Stunden

Angelika träumt, auf SOLVEIGs leisem Motor zu schlafen.

Schlaf gefreut, doch zu unserer großen Überraschung kann Kapitän Eduard trotz Wolga-Patent weder navigieren noch eine Position in die Seekarte eintragen. Somit entfällt er automatisch für die allein verantwortliche Nachtwache. Abgesehen von diesem unbedeutenden Schönheitsfehler ist er rührend hilfsbereit. Am liebsten erledigt er alle Arbeiten »schneller als sofort«. Das Gleiche gilt bei ihm für Essen und Trinken: nur keine Zeit mit Nebensächlichkeiten verlieren.

6.00 Uhr. Immerhin – drei Stunden Schlaf wurden mir geschenkt. Danke! Ed unterstützte Rollo bei seiner Wache, wollte aufpassen, dass er nicht einschlief. Als ich aufstand, fand ich beide selig schlummernd. Doch als ich die Idylle spontan mit der Filmkamera festhalten will, steht Ed bereits wieder auf seinem Posten.

Es ist viel wärmer geworden – erste Moskitos tummeln sich freudig in SOLVEIGs Salon und genießen importiertes bayerisches Blut.

8. Mai. Fast unwirklich erscheint die enge, gewundene Durchfahrt in die Klosterbucht. Vorbei an vom Regen durchtränkten Wiesen und zwischen dicht bewachsenen Wäldern steuert SOLVEIG zu einer romantischen Holzanlegestelle, auf der in verwitterten Buchstaben »Anlegen verboten« aufgepinselt ist.

Uns stört das nicht besonders und an ein paar morschen Holzbalken verknoten wir SOLVEIGs Leinen.

Walaam – ein Kloster in Karelien mit wechselvoller Geschichte. Ursprünglich im Besitz der Mönche, wurde die Insel zu Zeiten des Kommunismus der Kirche weggenommen. Man siedelte Arbeiter an. Jetzt, nach der Perestroika, gehört Walaam wieder den Mönchen, die daran interessiert sind, die ansässige Bevölkerung erneut auszusiedeln, um in völliger Abgeschiedenheit nach ihren klösterlichen Regeln leben zu können.

Unsere Ankunft an diesem entlegenen Platz ist eine Sensation, und noch am selben Tag werden wir vom Oberhaupt des Klosters zu einer privaten Audienz eingeladen. Eine Stunde lang philosophieren wir bei reich gedeckter Tafel und schwerem, süßen Klosterwein über den Sinn des Lebens. Zwischendurch läutet das Telefon und Vater Mifodij antwortet kurz, ohne sich von seinem Gedankenfaden abbringen zu lassen. Für mich ein Phänomen, wie selbstverständlich die Ver-

Walaam-Mönche unterwegs auf Motorrädern.

treter und Oberhäupter der orthodoxen Kirche moderne Zivilisation und Alltagsleben samt Computern, Autos und Motorrädern in ihre religiöse Welt integrieren. Für sie ist es das Selbstverständlichste der Welt, im schwarzen Talar auf knatternden Motorrädern über die Insel zu brausen, ohne dabei ihre Würde zu verlieren. Tief beeindruckt von dieser außergewöhnlichen Audienz, kehren wir wie auf Wolken schwebend zu unserem Boot zurück.

Er. Die Macht des Übersetzers

Die Kraft jeden Berufes liegt in der Macht. Politiker haben Macht über das Volk, Generäle über Soldaten, Bildhauer über Marmor... und der Übersetzer hat auch seine Macht, obwohl beide Seiten, zwischen denen das Gespräch läuft, darüber überhaupt nicht nachdenken. Im aktuellen Fall bin ich an Bord der SOLVEIG Kameramann und Fotograf und Matrose, aber auch Dolmetscher. Ich übersetze alles mit meinen Worten – ich kann nett sein und aggressiv, liebevoll und frech. Ich kann aus Menschen Freunde oder Feinde werden lassen. Ich kann beim Dolmetschen nachdenken oder alles formalistisch übersetzen. Aber manchmal ist dieser Prozess schwer zu kontrollieren und ich weiß selbst nicht, was danach passiert.

Gestern waren wir bei Mönchen zum Tee eingeladen und sie wollten unbedingt beten, wie es vor dem Essen üblich ist

»Können Sie auf Deutsch für uns laut beten?«, fragte Vater Mifodij. »Zum Beispiel ein ›Vater unser‹.«

Ich übersetzte: »Beten Sie bitte für uns!«, und über »Vater unser« sagte ich nichts, weil ich den Namen des Gebetes nicht auf Deutsch kannte. Außerdem glaubte ich, dass auf der ganzen Welt vor dem Essen »Vater unser« gebetet wird.

Vater Mifodij nahm seine schwarze Kopfbedeckung ab und drehte sich zur Ikone. Angelika begann zu sprechen. Aber weil sie nicht wusste, dass es unbedingt das »Vater unser« sein sollte, wählte sie ein kürzeres Gebet. Es dauerte so kurz, dass die heiligen Väter ziem-

Angelikas Gebet dauerte so kurz, dass die heiligen Väter ziemlich überrascht waren ...

lich überrascht waren, weil die deutsche Fassung des Gebetes dreimal kürzer schien als die russische. Und als die Andacht zu Ende war, wandten sie sich mit hochgezogenen Augenbrauen zu Angelika und dann zu mir.

Wenn ich nicht sofort meinen Fehler erklärte, könnte zwischen orthodoxer und katholischer Kirche ein neuer Konflikt entstehen, das war mir klar. Ich hatte in diesem Moment die Wahl, mich zu fühlen wie der große Reformator Luther oder wie ein schlechter Übersetzer. Ich habe den zweiten Weg gewählt und lieferte eine ausführliche Erklärung, weil sonst womöglich die heiligen Väter es sich anders überlegt und uns nicht an den reich gedeckten Teetisch gebeten hätten. Das ist nur ein Beispiel, aber täglich passieren auf der SOLVEIG solche Missverständnisse.

Angelika lernt Russisch und jedes Mal, wenn Eduard zu mir etwas Russisches sagt, übersetzt sie Rollo den Inhalt unseres Gespräches.

Eduard sagt: » Ich beende jetzt das Essen und werde die Teller abspülen.«

Und Angelika fragt ihn: »Habe ich richtig gehört, möchtest du noch Wurst?«

Aber auch Eduard versucht immer Deutsch zu verstehen, ohne meine Übersetzung. Rollo sagt: »Ed, du kannst jetzt schlafen gehen!« und Eduard gibt ihm Käse aus dem Kühlschrank. Und wenn Rollo mich fragt, was er dort sucht, unterbreche ich sofort mein Kauen, beginne zu übersetzen und bringe das Leben auf der SOLVEIG in die richtige Richtung.

Das alles erinnert mich an das Gespräch von den zwei Tauben.

Die erste fragt: »Gehst du ins Waschhaus?«

Die zweite antwortet: »Nein, ich gehe ins Waschhaus!«

»Ah«, nickt die erste, »ich habe gedacht, du gehst ins Waschhaus.«

Sie. In einem kleinen Souvenirladen auf Walaam treffe ich Ira. Sie studiert in St. Petersburg Deutsch und kommt seit zehn Jahren jeden Sommer auf die Insel, um hier ihren Urlaub zu verbringen. Aber nicht zur Erholung. Ira stellt den Mönchen ihre Arbeitskraft für den Verkauf von Andenken und Postkarten kostenlos zur Verfügung. Auch ihre Kleidung hat sie den Klosterregeln angepasst: Ein

Kopftuch bedeckt ihre Haare und ihre Beine sind züchtig von einem langen Rock umhüllt.

»Ich habe diese Insel sehr gern«, erzählt sie lächelnd. »Wenn ich Geld verdienen wollte, dann würde ich in St. Petersburg arbeiten. Aber ich möchte für das Kloster Geld sammeln und den Mönchen helfen.«

»Wie ist denn heute das Zusammenleben zwischen der Bevölkerung und den Mönchen?«, will ich wissen.

»Um die Situation zu begreifen, muss man etwas über die Vergangenheit wissen. In diesem Jahrhundert war die Geschichte sehr kompliziert. Früher gab es hier keine weltlichen Menschen, es gab nur das Reich der Mönche. Alles gehörte den Mönchen. Und nach dem Zweiten Weltkrieg wurde hier ein Invalidenhaus untergebracht. Schrecklich! Nur Krüppel, ohne Arme und Beine, und alle waren Atheisten! Alle Kreuze haben sie vernichtet. In der unteren Kirche befand sich ein Waschhaus und in der oberen Kirche wurde getanzt. Und in den siebziger Jahren wurde die Anlage dann zu einem Erholungsheim umfunktioniert. Touristen bevölkerten die kleine Insel, kein Gottesdienst fand mehr statt, keine kirchlichen Gesänge erklangen, das war alles unnatürlich.«

»Aber nach der Perestroika hat sich doch die Situation verbessert«, hake ich nach.

Ira nickt. »Sicherlich. Die Mönche sind wieder auf die Insel zurückgekommen. Aber vieles ist schwierig zu verstehen und nicht ganz unproblematisch. Natürlich gibt es Komplikationen mit den Wohnungen, dem Kloster muss alles wiedergegeben werden. Einerseits ist das natürlich, die Mönche haben ein Recht, ihr Eigentum zurückzufordern. Doch andererseits sind die Menschen auf der Insel geboren, es ist ihre Heimat. Viele wollen hier bleiben. Aber wenn sie schon weg müssen, wollen sie wenigstens bessere Wohnungen bekommen als in Walaam. Wahrscheinlich sähe alles günstiger aus, wenn nicht vor ein paar Jahren die Finanzkrise gewesen wäre. Da verlor auch das Kloster viel Geld – Geld für neue Wohnungen auf anderen Inseln. Deshalb bleibt jetzt wohl alles so, wie es ist.«

Keine einfache Situation für beide Seiten.

Anuschka und Clawdia zum Beispiel, zwei allein stehende Rentnerinnen, leben schon seit vielen Jahren auf dem Eiland. Ihre magere Pension bessern sie auf mit dem Verkauf kleiner Ikonen, die man auf das Auto kleben kann. Anuschka lädt uns ein zu sich nach Hause. Zwei Meter breit und sechs Meter lang, eine ehemalige Klosterzelle. Ihr gesamtes Hab und Gut hat sie in dem winzigen Loch aufgehoben.

»Alles wird geklaut, viele Betrunkene laufen hier herum, deshalb muss ich alles, was ich habe, in meinem Zimmer aufbewahren«, schimpft sie.

Sie ist behindert, kann ihre Füße und Hände nur unter Schmerzen bewegen. Eine Folge des Krieges, sagt sie. Mit dreizehn Jahren ist sie damals evakuiert worden bei vierzig Grad Kälte. Ihre Mutter wurde schwer krank und sie bettelte um Geld. Die Mutter starb früh und Anuschka war gezwungen, von nun an für sich selbst zu sorgen. Seit diesen Tagen wurde sie nie mehr ganz gesund.

»Und wie helfen Sie sich im Winter?«, fragt Sascha.

»Im Winter ist es auch nicht viel anders als jetzt, nur dass ich nicht ins Freie kann. Ich muss mit Holz heizen, aber das ist nicht einfach, weil die Mauern so dick sind, dass es sogar im Sommer kalt ist. Ein Kubikmeter Holz kostet hundert Rubel, das bedeutet, sechshundert Rubel muss ich allein für das Holz aufbringen, dabei bekomme ich nur sechshundert Rubel Pension im Monat.«

Ab und zu besucht Anuschka ihre Tochter. Eines Tages, so hofft sie, kann sie vielleicht zu ihr in die Stadt ziehen. Vorerst bekommt sie noch von der Kirche die Fahrt zur Tochter bezahlt.

11. Juni. Unser letzter Tag auf der Klosterinsel. Und wir erleben das Allerheiligenfest. Anlässlich dieses großen Ereignisses findet eine Prozession statt mit den Ikonen des Klosters. Nur einmal im Jahr dürfen die fünfhundert weltlichen Bewohner der Insel jene Kirche betreten, die sonst nur den Mönchen vorbehalten bleibt. Für uns ein Riesenglück, mit dabei sein zu dürfen!

Auftakt ist die Mitternachtsmesse mit nicht enden wollenden liturgischen Gesängen. Gleichzeitig entzündet ein Mönch mithilfe einer vielleicht drei Meter langen Stange den riesigen Kronleuchter über dem Altar. Bis alle Kerzen brennen, vergehen zwei Stunden. Wir bleiben nicht bis zum Ende, da wir bereits um sieben Uhr wieder aufstehen müssen, um an der Prozession teilnehmen zu können.

Unter den tiefen Klängen der Klosterglocken schreiten Mönche in schwarzen und gelben Gewändern durch den regennassen karelischen Wald, Ikonen, Kerzen und Weihrauch tragend. Nebelschwaden hängen in der Luft. Von Zeit zu Zeit schüttelt eine Fichte die dicken, schweren Wassertropfen des vergangenen Regenschauers von ihren Zweigen. Die eindringlichen, monoton klingenden Gesänge der kirchlichen Würdenträger begleiten die Prozession auf ihrem langen Weg bergauf über die einsame Insel.

Sascha und ich, bewaffnet mit Film- und Fotokameras, hetzen erst fünf lange Kilometer im Dauerlauf vor, dann neben und hinter dem Pilgerzug her, um die Bilder dieses einmaligen Ereignisses einzufangen. Wir tragen Ölzeug und Gummistiefel, was unserer Beweglichkeit nicht eben zuträglich ist.

Übrigens sind wir nicht die einzigen Filmleute. Nachdem sich die Gruppe in Bewegung gesetzt hat, entdecke ich bei einem Mönch, der uns tags zuvor noch auf der SOLVEIG besucht hatte, eine Kameratasche an seinem gelben Gewand. Zu seinen Aufgaben gehört es u. a., mit Fotos die aktuelle Geschichte des Klosters zu dokumentieren. Als er Sascha und mich bei der Prozession entdeckt, zwinkert er uns vergnügt zu, um kurz darauf in seinen Betgesängen fortzufahren.

Er. Nachdenken über Walaam

Die Insel liegt sehr weit weg, am nördlichen Ufer vom Ladoga-See. Und der Name Walaam besagt auf Russisch nichts. Eine ähnliche Bezeichnung gibt es in der schwedischen oder finnischen Sprache – die sehr nahe zum Wort »Licht« kommt. Möglicherweise wegen der Weißen Nächte oder wegen der aus weißem Stein gebauten Kirchen. Es könnte aber auch wegen der reinen Absichten der Mönche sein, die um Erlass ihrer und fremder Sünden bitten.

Die Überlieferung lautet, dass das Kloster von einem Berufenen, Priester Andreas, bereits im zweiten Jahrhundert unserer Zeit gegründet wurde. Wahrscheinlich kamen deswegen sehr bekannte Persönlichkeiten hierher, unter ihnen zum Beispiel Peter Tschaikowski, aber auch Vertreter der Staatsgewalt, unter denen sogar

Könige waren. Einem schwedischen König wurde sogar die besondere Ehre zuteil, hier zu sterben, und auf seinem gepflegten Grab liegt bis heute noch ein Bruchstück des alten Grabsteins.

Zur Zeit des kommunistischen Regimes, an das man sich hier mit Schaudern erinnert, hat man den Mönchen Gottesdienste verboten und dabei wurden einige Priester zwecks Abschreckung erschossen. Die Eremiten verstreuten sich in die ganze Welt, sie gingen nach Finnland, auf die Krim, nach Mazedonien und nach Marokko. Seit damals hat sich Walaam in einen recht fröhlichen Platz verwandelt. Es entstanden eine Unterkunft für Aussätzige und Erholungsheime für Arbeiter und Angestellte. Man wohnte in den Klosterzellen und tanzte in den Kirchen. Aber wie steht es in der Bibel? Es gibt eine Zeit, Steine zu verschleudern, und es kommt eine Zeit, Steine einzusammeln. Heute, mit dem Beginn des Schiffsverkehrs, fahren Pilger nach Walaam, um an diesem heiligen Platz zu beten, welcher von Andreas dem Berufenen erwählt wurde. Das mönchische Leben kehrt nach und nach zu den verlorenen Traditionen zurück.

Wer eine echte Kreuz-Prozession sehen möchte, sollte nach Walaam kommen, wenn dort zum Fest Allerheiligen (in Walaam: erster Sonntag im Juni) die Einsiedelei mit der Kirche aller Heiligen für die Besucher, einschließlich der Frauen, geöffnet wird. Das geschieht nur einmal im Jahr.

Eine Prozession aus Mönchen und Gemeindemitgliedern begibt sich nach dem Nachtgottesdienst im Kloster mit der wundertätigen Ikone der Gottesmutter auf einen malerischen Weg, der sich durch den rauen Wald Kareliens zur uralten weißen Kirche schlängelt. Unterwegs bleibt sie bei jeder Kapelle stehen, um ein Gebet zu singen. Dann setzt sie sich wieder in Bewegung. Der Priester, umgeben von Mönchen, verlangsamt das Gebet und besprengt die Menschenmenge mit heiligem Wasser. Die Spritzer treffen die Gesichter, was sich besonders angenehm anfühlt. Man wird dadurch an diesem seltenen Ereignis beteiligt, und der Priester macht das mit besonderem Vergnügen. Man sieht, wie sein herzliches Lächeln durch Schnurrbart und Bart schimmert. Die Menge hält deshalb mit Vergnügen ihre Gesichter hin, die Augen zusammenkneifend, in der Erwartung – gleich gibt er's!

Mein Herz klopft nach außen spürbar, aber nicht vor Erregung. Ich bleibe immer wieder stehen, um Aufnahmen für unseren Film zu machen, lasse der Prozession einen Vorsprung und hole dann alle wieder ein, wobei ich mit der schweren Kamera durch die nassen Büsche springe und meine Gummistiefel im Dreck schmatzende Geräusche machen. Das Herz trommelt in der Brust, Schweiß ergießt sich über mich unter meiner luftdichten orangefarbenen Sturmjacke. Der fünf Kilometer lange Weg hat mich absolut erschöpft, so dass – als sich endlich in der Ferne die Einsiedelei »Aller Heiligen« zeigt – ich etwas ruhiger werde: geschafft!

Am Brunnen der Einsiedelei, neben der Kirche, versammeln sich eine Menge Leute, alle trinken sich satt, senken und heben ihr zerbeultes, mit Wasser gefülltes Eimerchen. Nachdem sie verschnauft haben, drängen sie in die enge Kirche, wo der Erzpriester mit einem weiteren Abschnitt des Gottesdienstes beginnt.

In dieser Nacht, wie auch an anderen kirchlichen Feiertagen, zündet man auf dem hohen Glockenturm des Klosters ein Feuer an. Seinen Schein kann man mehrere Kilometer weit sehen. Vielleicht leitet sich hiervon der Name Walaam ab, was in diesem Fall nicht einfach »Licht« bedeutet, sondern »Leuchtturm« für diejenigen, die den richtigen Weg zu Wasser und zu Lande suchen.

Sie. Mittags verlassen wir den romantischen Liegeplatz, wir wollen weiter nach Norden. Unser nächstes Ziel in Karelien ist die Insel Kischi im Onega-See, der in der Regel noch Mitte Mai vom Eis bedeckt ist. Er hat immerhin achtundfünfzig Zuflüsse und auf seinem einzigen Abfluss, dem Swir, der zum Ladoga-See führt, ist die SOLVEIG-Crew jetzt unterwegs. Durch den Onega-See verläuft auch der offizielle Wolga-Ostsee-Wasserweg. Aber nicht deshalb zieht es uns dorthin. Wir wollen eines der bedeutendsten Werke der Holzarchitektur mit eigenen Augen sehen. Seit den sechziger Jahren hat man Werke der karelischen und nordrussischen Holzbaukunst auf die kleine Insel Kischi gebracht. Höhepunkte aber sind die berühmte Christi-Verklärungs-Kirche, ein Glockenturm und die Mariä-Schutz-Kirche – ganz aus Holz gebaut und mittlerweile zum Weltkulturerbe der UNESCO erklärt.

Am nächsten Morgen: Es ist mal wieder spät geworden, halb vier Uhr früh, und soeben haben wir ganz elegant mit Hilfe der Deckwaschpumpe Trinkwasser aus dem Ladoga-See in SOLVEIGs Tank gepumpt. Phantastisch – so könnte es mit dem Nachtanken des Wassers von mir aus weitergehen.

12. Juni. 14 Uhr. Das darf einfach nicht wahr sein! Kapitän Eduard hat die Karte vom Onega-See vergessen! Und jetzt liegen wir in einem kleinen, halbverlassenen Fischernest am Eingang zum See und kommen nicht weiter. Kurz zuvor begegnete uns überraschend die MICHAIL SCHOLOCHOW, gechartert von Hapag Lloyd für Flusskreuzfahrten in Russland. Großes Hallo und Winken von Seiten der deutschen Passagiere. Fast dreißig Minuten fahren wir parallel, doch leider kann uns auch der russische Kapitän in Bezug auf die fehlende Karte nicht helfen. Das Kopieren seiner eigenen Karte hätte zu viel Zeit gekostet, und natürlich muss er rechtzeitig sein Ziel erreichen.

Nun ist also Ed unterwegs zum Dorf, nachdem er eine Stunde lang vergeblich versucht hat, über Funk und durch Zurufe an die Berufsschiffe die Karte zu ergattern. Eigentlich sollte er längst zurück sein. Rollo überlegt bereits, ohne Karte bis Petrosawodsk zu fahren. In der Hauptstadt Kareliens mit seiner Papier- und Zellstofffabrik werden wir ja wohl ein Exemplar vom Onega-See käuflich erwerben können. Aber ohne Navigationsunterlagen einen unbekannten See durchsteuern? Wir sind nicht auf dem Tegernsee! Immerhin hat der Onega-See fast 10 000 qm Fläche! Dazu Untiefen, etliche Inselchen und er ist an vielen Stellen vermoort. So eine Fahrt ins Blaue oder vielmehr Schwarze, denn es wird Nacht werden, ist nicht ungefährlich.

Stimmung an Bord: Kurz vor der Explosion, obwohl Sascha versucht, all seine kreativen, übersetzerischen, diplomatischen Fähigkeiten einzubringen.

Der Onega-See ist eines der Hauptziele unserer Expedition! Es ist wirklich absurd. Einerseits ist Ed unglaublich lieb und hilfsbereit, aber gleichzeitig sehr fahrig und vergesslich. Wahrscheinlich wird noch manche Überraschung auf uns warten…

Er. Himmelfahrt

Der Name dieses Dorfes klingt sehr christlich: Wosnesenje, das heißt Himmelfahrt. Für den Schiffsverkehr ist dieser letzte Ort vor dem Übergang aus dem Swir in den Onega-See völlig unbedeutend. So unbedeutend, dass Schiffe nicht einmal anhalten und nur die Geschwindigkeit verringern, während der Skipper die langweiligen Fragen des Wächters nach dem »Woher?« und »Wohin?« beantwortet.

Doch wir waren gezwungen zu stoppen, denn an diesem grauen Morgen stellten wir fest, dass uns die Karte vom Onega-See fehlt, ohne die wir völlig verloren sind.

Der Stationswächter – eigentlich gibt es keine Station, aber den Wächter gibt es schon – er also sitzt neben der einzigen Anlegestelle und teilt uns mit, dass heute Feiertag, der Tag der Unabhängigkeit, ist und man daher unmöglich eine Karte bekommen kann.

»Ehrlich gesagt«, meint der Wächter, »auch an einem Werktag ist es schwierig, hier so etwas zu finden.«

Nichtsdestotrotz nimmt er den Telefonhörer ab, um seinen Bekannten, einen pensionierten Kapitän, anzurufen. Zu unserem großen Erstaunen hören wir die Antwort: »Vielleicht hat mein Freund diese Karte!« Wir schicken Eduard los, um diese Karte – falls es sie denn gibt und egal wie teuer sie auch sein mag – zu kaufen. Ich selbst starte zu einem Spaziergang.

Das ganze Dorf, mit Ausnahme eines steinernen Denkmals, ist aus Holz, was für die UNESCO wiederum Grund sein könnte, den Ort, wie auch das Dorf Kischi, unter ihren Schutz zu stellen. Doch im Gegensatz zu Kischi verfolgen hier die Architekten andere Ziele und bauen nicht für die Ewigkeit, sondern für den russischen Rubel…

Das erste Gebäude auf meinem Weg versetzt mich in großes Erstaunen, denn die angebrachten Schilder lauten: »Russisch-orthodoxe Kirche« und auf der anderen Seite dieser Tür lese ich: »Militärkommandantur«. So eine Kombination ist mir bisher nicht bekannt! Das Einzige, was für beide Organisationen passt, ist eine große, mittlerweile dunkelbraun gewordene Gasflasche – die von beiden als Glocke benutzt wird: von der Kirche bei christlichen Festen, von der Militärbasis beim Beginn eines Krieges. Und die Bewohner

1 *Unterwegs auf der Ostsee. Für mich ist es faszinierend, wie sich die eigenen Wertigkeiten auf ein Minimum reduzieren.*

2 *Unser nächtlicher Ankerplatz vor der berühmten Peter-und-Paul-Festung.*

3

4

3 Im Peterhof, gebaut nach dem Muster von Versailles.

4 Peterhof ohne Wasser – endlich kann man nun wirklich die athletischen Muskeln und die vergoldeten Hüften der Damen bewundern.

5 Der prächtige Katharinenpalast in Zarskoje Selo.

6 Im Dostojewski-Viertel. Originalschauplatz des Romans »Schuld und Sühne«.

7 Treppenhaus des Helden Raskolnikow – kurze Pause bei den Dreharbeiten.

8

9

8 *Karelien, Nordrussland – auf der Insel Walaam.*

9 *Walaam um Mitternacht, im Hintergrund das Kloster.*

10 *Teezeit bei Vater Mifodij.*

11 *Einmal im Jahr findet eine Prozession statt anlässlich des Allerheiligenfestes.*

Menschen in Russland
12 Anuschka und Clawdia – ihre Wohnung ist eine ehemalige Mönchszelle.
13 Sanjok schreibt über seine Erlebnisse auf INGENIEUR BASCHKIROW.
14 Nick ist Tschuwasche.
15 »Pippi Langstrumpf« aus Uljanowsk.
16 Erster Karneval in Sankt Petersburg.
17 Begegnung auf der Straße i Astrachan.
18 Arthur aus Nischni Nowgc

müssen selbst entscheiden, was passiert ist. Für beide Organisationen gibt es übrigens nur eine einzige Tür, die mit einem riesigen Vorhängeschloss gesichert ist. Vielleicht ist der Tag der Unabhängigkeit ja ein Vorwand, sich unabhängig von einander zu erholen.

Wenn ich einer russischen Sitte glauben soll, erwartet mich heute im Dorf Wosnesenje auf jeden Fall ein angenehmes Ereignis. Weil die erste Person, die mir auf meinem Weg begegnet, ein junges Mädchen ist, das zwei Eimer trägt, vollgefüllt mit klarem Seewasser. Würde sie leere Eimer tragen, wäre es ein schlechtes Omen.

Ich grüße das Mädchen und frage: »Wieso tragen Sie Wasser in Eimern? Ist die Leitung kaputt?«

»Wir haben gar keine Leitung«, antwortet sie. »Wir trinken Seewasser, das sowieso reiner als das andere ist!«

»Werden Sie etwas Besonderes zum Fest kochen?«

»Welches Fest?«, wunderte sich das Mädchen.

»Heute ist doch der Tag der Unabhängigkeit, wissen Sie das etwa nicht?«

Auch alle anderen Passanten, die ich befrage, runzeln nur ihre Stirn und wundern sich über meinen Informationsstand. Dabei habe ich es selbst erst vom Stationswächter erfahren. Wenn ich mich nicht irre, gibt es in jeder der ehemaligen Sowjetrepubliken einen Tag der Unabhängigkeit. Unabhängig – von wem eigentlich? Wahrscheinlich von der UdSSR. Weil dieses Land aber auf keiner der Karten mehr zu finden ist, feiert man wahrscheinlich die Unabhängigkeit von Russland. Von wem aber wir, die Bewohner Russlands, unabhängig geworden sind, ist nicht einfach zu sagen. Die befragten Passanten wissen es auch nicht, antworten mir mit vielsagender Gestik und ziehen ihre Achseln hoch bis zu den Ohren. Meiner Meinung nach feiern wir die Unabhängigkeit von uns selbst.

Obwohl es gar nicht danach aussieht, will ich im Dorf Wosnesenje irgendwelche Anzeichen eines Feiertages finden. Lange Zeit gelingt es mir nicht. Passanten begegnen mir nur selten und sie ziehen düstere Gesichter.

Diejenigen aber, die ich zu einer Unterhaltung bewegen kann, sprechen über Geldmangel, schlechte Wohnungen in schlechten Häusern, über einen Nachbarn, der gerade aus dem Knast entlassen worden ist und jetzt wieder jede Nacht an die Wände klopfen wird. Und wenn es das gute Lebensmittelgeschäft, in dem die Waren einheimischer und ausländischer Hersteller angeboten werden, nicht gäbe, könnte »man sich gleich aufhängen«. Ich will schon zurückkehren zu der militärischen Kirche oder orthodoxen Kommandantur, als mir plötzlich ein Mädchen mit einem riesigen Hund über den Weg läuft. Der Hund sieht dem von Baskerville ähnlich, hat jedoch einen viel sanfteren Charakter.

Das Mädchen spielt mit dem Hund, der eine grüne, leere Plastikflasche aus ihrer Hand reißen will. Ich wundere mich nicht über das Spiel, sondern über die Anwesenheit dieses Hundes: eine reinrassige Dogge mit starken eleganten Bewegungen und einer leopardenähnlichen Färbung. Das Tier passt überhaupt nicht zu diesem Dorf. Ich drehe meinen Kopf, in Erwartung eines Touristen, der »Rex, Platz!« schreit. Es kommt aber niemand, weil dieser außergewöhnliche Hund tatsächlich dem Mädchen gehört. Ich streichele die elegante Dogge, die mir dankbar die Hand schleckt.

Wenigstens lebt hier ein edler Hund, denke ich, und der Ortsname selbst ist auch schön. Obwohl: Mit »Auferstehung« ist ja Jesus gemeint. Vielleicht ist er von hier in den Himmel geflohen, um diesen trostlosen Platz zu verlassen. Wirklich – der Name »gottverlassener Ort« würde besser passen.

Auf dem Weg zur SOLVEIG treffe ich Ed. Er hat tatsächlich eine Karte gekauft, und wir können jetzt unsere Reise in Richtung Kischi fortsetzen.

Zum letzten Mal blicke ich auf das schwimmende Dorf und denke unwillkürlich an die Menschen, die hier leben. Genauer gesagt daran, wie man hier existieren kann. So etwas passiert mir immer wieder. Aber vielleicht fragen sich die Menschen, die eine große Stadt zum ersten Mal besuchen: »Wie ist es möglich, in einem steinernen Dschungel wie Moskau zu leben?« Und das ist wahr: Wo will man in Moskau einen Eimer kristallklares Wasser finden?

Wosnesenje – Gott hat dich verlassen, aber ein Hund ist geblieben!

Sie. 13. Juni. Heute Nacht haben wir um 2.00 Uhr in Petrosawodsk festgemacht. Es ist verdammt schwierig in der Dunkelheit, überhaupt etwas zu erkennen. Und das Wenige, das wir sehen, hilft uns auch nicht viel weiter. So tasten wir uns meterweise, immer das Echolot beobachtend, zu einer Anlegestelle für Ausflugsschiffe, etwas anderes gibt es laut Ed hier auch nicht. Aber was es gegeben hätte, erfahre ich gerade in diesem Augenblick: einen kompletten Kartensatz für den Ladoga-See. Bei uns an Bord! Ed hat sie entweder nicht gefunden oder nicht gewusst, dass er sie hat, oder er konnte sie nicht identifizieren. Wie auch immer: Von nun an werden wir zusammen mit Sascha alle Karten selbst checken, sonst endet das Unternehmen noch ganz böse... Wir hätten uns den gestrigen Stress total sparen können, vor allem die Verzögerung, und wir wären zu einer normalen Zeit in Petrosawodsk angekommen, bei guten Lichtverhältnissen...

Wetter stürmisch und nass, die Stadt wenig einladend. Wir schlafen bis elf Uhr, werfen dann schleunigst die Leinen wieder los, denn hier wird stundenweise abgerechnet! So müssen wir hier am Ende mehr bezahlen als in der teuersten Marina von New York! Also nichts wie weiter.

Er. Wo ist meine Diskette?

Heute ist der 13. Juni. Schon am Morgen habe ich etwas Schlimmes erwartet und dann ist es wirklich passiert. Ich habe Angelika gebeten, für mich meine Karikaturen von ihrem Computer zu kopieren, und kurz vor dem Mittagessen hat sie es geschafft. Eduard schlief noch und Angelika legte die gelbe Diskette an die Ecke des Tisches, wo normalerweise Ed sitzt. Aus unbekanntem Grund wurde Eduard während des Mittagessens wach und mit verschlafenen Augen nahm er an dem Tisch Platz. Am Ende unserer Mahlzeit bemerkte ich plötzlich, dass die gelbe Diskette verschwunden war. Gleichzeitig sah ich kleine gelbe Überreste im Teller von Eduard. Mit aufgerissenen Augen blickte ich auf Eduard, hatte aber keinen Mut, ihn zu fragen, woher die gelben, eckigen Teile kamen, die auf seinem Teller lagen. Diese gelben Stücke könnten auch von dem Käse stammen, der als Speise angeboten war. Aber das ist wenig wahrscheinlich, weil Eduard eine andere Sorte liebt, holländischen Käse mit Löchern.

Einerseits tut mir Eduard Leid wegen seiner Gesundheit, andererseits ist es aber auch schade um alle Karikaturen, die auf der Diskette gespeichert waren.

Ich kenne einen Mann, der wegen einer Wette ein Auto gegessen hat; kann sein, dass Eduard sauer auf mich war, weil ich ihn nicht zur Mittagspause geweckt habe. Und mit solchen Mitteln hat er meine ganze Arbeit von zwei Wochen vernichtet. Natürlich sagt er jetzt, dass er noch irgendwie im Schlaf war und es nicht bemerkte. In jedem Fall werde ich in Zukunft meinen Computer verstecken, denn wenn er in Eduards Ecke steht, habe ich vielleicht bald mein ganzes Buch verloren…

Sie. Im Augenblick werden wir von den Wellen des Onega-Sees erbarmungslos hin und her geworfen, ich stopfe Handtücher zwischen Gläser, die im Schrank klirren, versuche selbst irgendwo im Schiff Halt zu finden. Selbst das Tippen auf meinem kleinen Notebook wird zum Glücksspiel, ob ich bei diesem Geschaukel noch die richtigen Tasten treffe.

Abends. Seit wenigen Stunden befinden wir uns an einem der schönsten Liegeplätze, die ich mir in Russlands Norden vorstellen kann. Am schwimmenden Pontonhaus sind SOLVEIGs Leinen verknotet, im untergehenden Sonnenlicht blicken wir auf das einzigartige Kirchenensemble, ganz und gar aus Holz erbaut. Superlative sind hier wirklich angebracht. Die letzten Kreuzfahrtschiffe haben ihren Liegeplatz verlassen, einzige Besucher der einsamen Insel sind wir. Zusammen mit dem Chef des Sicherheitsdienstes Wladimir spazieren wir über den schmalen Holzsteg, der uns trocken über die sumpfigen Wiesen bringt.

Wladimir war bereits zwei Jahre nach der Perestroika hierher gekommen, als Leiter der Feuerwache, und er hat sich von Anfang an in dieses Reservat verliebt. Sein Dienst in der Armee unterbrach die begonnene Tätigkeit, doch sofort, nachdem die Armeezeit abgeschlossen war, zog es ihn hierher zurück. Inzwischen ist er für die Sicherheit aller Denkmäler verantwortlich.

»Die wenigsten Besucher wissen, dass diese Kirche ursprünglich an einer ganz anderen Stelle stand«, erzählt uns Wladimir. 1695 hatte ein Brand sie vernichtet und der Sage nach wollten die Bewohner sofort am selben Platz eine neue Kirche erbauen. Dazu haben sie viel Holz herangeschafft und die Stämme beim Wassili-Dorf verankert. Doch eines Morgens rieben sich die Bewohner erstaunt ihre Augen, denn das Holz war nicht mehr da. Es war zu einer anderen Insel getrieben.

»Das ist ein Zeichen Gottes«, riefen die Dörfler, »lasst uns hier die Kirche aufbauen. Und so geschah es. Zunächst bauten sie die große Preobraschenskij-Kirche – sie hat zweiundzwanzig Kuppeln!« Wladimir blickt uns so stolz an, als er die Zahl der Kuppeln nennt, als hätte er jede einzelne selbst gestaltet. »Fünfzig Jahre später, 1764, kam die kleine Podrow-Kirche hinzu und danach der Glockenturm.«

»Hast du Familie? Lebt sie auch hier?«, frage ich neugierig.

Eigentlich kann ich mir ein »normales« Familienleben an einem solch entlegenen Platz der Welt nicht vorstellen. Sieben endlos lange Monate lang ist hier Winter – Eis und Kälte. Es gibt ein paar alte Bauernhäuser, die Kirchen und sonst nichts. Keine Schule, kein Kino, kein Theater, keine Disko, kein Einkaufszentrum, keinen Flugplatz, keinen Golfplatz, keinen Tennisplatz, keinen Fußballplatz ... Alles, was der normale Westbürger braucht, um zufrieden zu sein, fehlt in Kischi.

»Meine Familie lebt in Petrosawodsk, aber sie kommen manchmal hierher mit dem Schiff, um mich zu besuchen.« Offenbar ist es für Wladimir ganz selbstverständlich, wochenlang getrennt von Frau und Kindern zu leben, denn er erzählt es ohne Bedauern in seiner Stimme. Ganz im Gegenteil. Stolz fährt er fort: »Sie alle lernen und alle haben Arbeit. Meine Kinder sind schon erwachsen, ich bin bereits Großvater und habe zwei Enkel. Ich bin ein sehr reicher

Mann«, wiederholt er noch einmal mit leuchtenden Augen, »meine Tochter und mein Sohn haben mir Enkel geschenkt.«

Wladimir ist seiner äußeren Erscheinung nach ganz das Gegenteil eines normalen Großvaters. Aber was ist heute schon normal? Als sportlicher, dunkelhaariger Typ würde er auch als Türsteher vor einer Disko nicht besonders auffallen. Sein Alter schätze ich auf Mitte Vierzig.

Am nächsten Morgen treffen wir den Leiter der Restaurierungsarbeiten – Nicolai Leonidowitsch Popow. Ein typischer »Macher«. Ursprünglich hat er als Elektronik-Ingenieur bei der Luftfahrt gearbeitet, aber dann nach der Trennung von seiner ersten Frau den Job kurzfristig gekündigt, um in Walaam bei der Renovierung des Klosters mitzuarbeiten. Er hat so etwas wie ein goldenes Händchen – was er anpackt, gelingt. Seit einigen Jahren ist er nun hier in Kischi mit den Vorbereitungen der Restaurierungsarbeiten betraut. Von ihm erfahren wir aus erster Hand über Pläne des umfangreichen Projektes, das in Zusammenarbeit mit der UNESCO und der russischen Regierung in wenigen Jahren beginnen und 2014 abgeschlossen sein soll – pünktlich zum dreihundertsten Geburtstag der Kirche. Viele Länder wollen Mittel beisteuern, ein kulturbegeisterter amerikanischer Milliardär sammelt Gelder übers Internet und hat schon mal hunderttausend Dollar vorab gesponsert.

Die Stämme von den Tannenbäumen, die für das ehrgeizige Vorhaben benötigt werden, müssen zwei Jahre gelagert werden. Sie werden mit der Axt behauen, damit kein Harz ausläuft. Zehn Männer sind ausschließlich für das Fällen der Bäume zuständig, dreißig Leute rechnet man für die Holzbearbeitung.

»Warum stehen auf Walaam zwei Kirchen?«, will ich von unserem Experten wissen.

»Das ist typisch für den ganzen Norden«, erklärt er. »Im Winter ist es kalt, und deshalb baute man immer noch eine zweite kleinere Kirche mit Heizung. So gibt es bei uns Winterkirchen und Sommerkirchen.« Schade, dass diese Gepflogenheit von der katholischen Kirche nicht übernommen wurde. Wenn Gläubige beim Beten nicht frieren müssten, würden sie vielleicht zahlreicher die Gottesdienste besuchen…

In SOLVEIGs Kajüte ist heute jedenfalls gut eingeheizt, und so fühlen sich unsere Gäste auf dem deutschen Schiff offenbar ganz wohl. Bevorzugtes Getränk: heißer Tee; bevorzugte Beigabe: deutsche Schokolade. Der hiesige Priester, Vater Nicolai, stößt noch dazu. Natürlich kennen sich hier alle und alle kennen alles. Vater Nicolai ist einer der temperamentvollsten Geistlichen, die ich bis jetzt getroffen habe. Spontan lädt er uns in sein Haus ein.

Die zwei Meilen fahren wir mit der SOLVEIG, und beim Anlegen packt der jugendliche Vater trotz langer Robe gleich selbst mit an, verknotet die Fender an der Reling und belegt die Leinen. Dies alles geschieht ohne viel Aufsehen, als sei es das Selbstverständlichste auf der Welt. Vor der Perestroika lebte er im Exil in Paris, spricht daher fließend Französisch und Englisch. Er sprüht vor Energie und Lebenslust. Sein Vater ging übrigens im bayerischen Füssen zur Schule.

Im Augenblick ist Fastenzeit, deshalb bietet seine junge, sympathische Frau weder Fleisch noch Fischgerichte an beim gemeinsamen Essen. Stattdessen eine vorzügliche Borschtschsuppe und als Hauptgericht Kartoffeln aus Kischi mit Salat und eingelegten Auberginen. Vorher und nachher singt die ganze Familie ein Gebet. Sie leben in einem über hundert Jahre alten Bauernhaus, das wie alle Hütten und Häuser des nahe gelegenen Dorfes vollständig aus Holz gebaut ist, und Vater Nicolai lässt es sich nicht nehmen, uns zu echtem russischem Tee einzuladen, natürlich zubereitet im Samowar.

Doch wie so ein echter Samowar arbeitet, das schildert besser Experte Sascha.

Er. Wie benutzt man einen Samowar?

Das Letzte, was die Russen vor dem Sputnik erfunden haben, war der Samowar. Das ist die traurige Wahrheit. Eigentlich ist die Rakete ein umgedrehter Samowar, denn der Dampf des Samowars zischt nach oben und der Dampf der Rakete geht nach unten. Beide verlieren in ihrer Funktion den Treibstoff: die Rakete für immer und der Samowar nur bis zum nächsten Tag. Ein Samowar in diesem Fall ist wie die amerikanische Challenger.

Doch Spaß beiseite, hier ist die Instruktion für die Benutzung des Samowars:

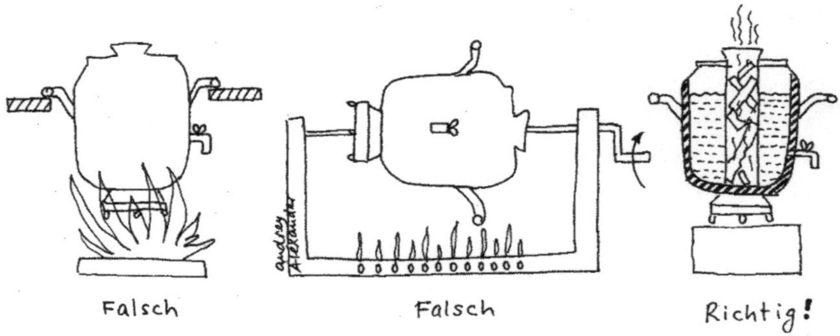

1. Nehmen Sie einen einfachen Samowar. (Gibt's in jedem Haushalt.)
2. Holen Sie Wasser aus dem Brunnen. (Wasser aus dem Hahn verkürzt stark das Leben oben erwähnten Gerätes.)
3. Holzkohle für den Samowar finden Sie an jeder Tankstelle, aber kaufen Sie sie nicht – für echten russischen Tee muss man selbst Holz hacken. (Eine Axt gibt's in jeder Familie.)
4. Entzünden Sie die fein gespaltenen Scheite mit einem ganz einfachen Streichholz.

5. Wenn es nicht gelingt, nehmen Sie einen Ihrer Stiefel. Stülpen Sie ihn auf die obere Öffnung des Samowars, wie auf nebenstehender Abbildung, und benützen Sie ihn wie einen Blasebalg.

6. Wenn die Temperatur hundert Grad erreicht hat, wird das Wasser kochen. Sie werden es sofort merken durch den besonderen Klang. Der Samowar singt.

7. Öffnen Sie den Hahn am Samowar und füllen Sie das kochende Wasser in eine chinesische Teekanne, in der schon Teeblätter liegen. (Sparen Sie nicht an den Teeblättern.)

8. Nehmen Sie eine japanische Tasse. (Gibt's in fast jedem Haushalt.)

9. Gießen Sie gleichzeitig aus Teekanne und Samowar zwei Flüssigkeiten zusammen, die, sobald sie gemischt sind, russischer Tee heißen.

10. Vergessen Sie nicht zu trinken.

Sie. Nur wenige Meter von Vater Nicolais Haus entfernt treffen wir im Garten eine nicht mehr ganz junge Bäuerin, die beim Melken ist.

»Eine Kuh besitze ich und einen Stier«, sagt sie stolz. »Und wer Milch hat, kann daraus Schmand und Butterkäse machen. Wenn die Milch sauer wird, nimmt man die obere Schicht ab und schon hat man Schmand. Alles ist einfach, wenn man im Dorf lebt. Obwohl es jetzt schwieriger geworden ist. Alles wurde teurer, trotzdem stirbt hier keiner an Hunger. Das meiste, was wir essen, bekommen wir im Lebensmittelgeschäft, aber im Winter backen wir unser Brot selbst, denn man muss sowieso jeden Tag den Ofen heizen, um es warm zu haben.«

»Und wie kommen Sie im Winter über die Insel zum Dorf?«, frage ich und Sascha übersetzt.

»Na ja, es gibt hier Schneemobile, und meine Söhne und mein Mann fahren mit unseren Traktoren. Damit komme ich zurecht. Aber es fällt mir schwer, in die Kirche zu gehen. Morgen zum Beispiel ist eine Messe, doch ich habe Probleme mit den Knien und nach unseren Regeln muss man immer stehen. Manchmal sagen sie zu mir, dass ich sitzen darf. Ich trau′ mich aber nicht, denn das ist verboten.«

Als wir uns dem Dorf nähern, erblicken wir vom Wiesenhügel aus eine Idylle wie vor hundert Jahren. Alte Bauernhäuser, Kühe, Katzen, Hunde, wir hören Vogelgezwitscher. Etwa zwölf bis vierzehn Häuser zählen wir.

Noch ein paar Meter Spaziergang, wir biegen um die Ecke – und plötzlich schlägt uns wie eine Explosion die volle Wucht heißer Technorhythmen um die Ohren. Kein Mensch ist zu sehen weit und breit, ein Rind versucht mit seinem Kopf die geschlossene Stalltüre aufzustoßen.

Wir entdecken eine lange Holzleiter, die zu dem geöffneten Fenster eines Holzhauses führt. Die blütenweißen, handgenähten Spitzenvorhänge sind zugezogen. Dafür liegen rechts und links der Vorhänge zwei schwarze Lautsprecher, denen es in früheren Zeiten, zumindest was ihr Aussehen betrifft, sicher schon einmal besser gegangen ist, die jetzt aber alles daransetzen, um unüberhörbar ihre volle Leistungsfähigkeit unter Beweis zu stellen.

Jüngeren Datums ist ganz offensichtlich der stolze Besitzer, der uns wohl schon eine geraume Zeit beobachtet hat und jetzt neugierig seine Nase zwischen den Spitzen herausstreckt. Fragt sich, wer wohl überraschter ist, er oder wir. Besucher kommen praktisch nie in das vierzig Seelen zählende Dorf.

Zwei kleine Kinder tauchen auf, drehen sich auf dem Absatz um, als sie uns bemerken, und laufen davon, so schnell sie können. Das letzte Mal, als Kinder vor mir die Flucht ergriffen, war das auf einer entlegenen Insel bei Neu-Guinea.

»Wer bist du?«, fragt Sascha den jungen Technofreak im Bauernhaus, der Gott sei Dank inzwischen den Lautstärkeregler gefunden hat.

»Ein Einheimischer, der Musik liebt«, kommt es aus dem Fenster.

Der Musikliebhaber hat sich hinter den Vorhängen verschanzt und bevorzugt wohl von nun an, für die Weltöffentlichkeit unerkannt zu bleiben.

»Wie heißt du?«

»Victor.«

»Victor, was machst du?«

»Ich lebe.«

»Arbeitest du?«

»Nein – Landwirtschaft.«

»Landwirtschaft ist auch Arbeit.«

»Ich habe mit den Viechern zu tun.«

»Also bist du verantwortlich für die Dorf-Viecher?«

»Nein, ich bin für nichts verantwortlich!«

Ende des Interviews und das Ende von zwei ruhigen Minuten. Eine Frau spricht uns an, lädt uns ein, die Dorfsauna zu benützen. Lust hätten wir schon, aber unsere Film- und Fotokameras wollen gefüttert werden und die abendlichen farbenprächtigen Wolkenspiele laden verführerisch dazu ein.

Am nächsten Tag besuchen wir zusammen mit Vater Nicolai zwei kleine Inseln in der Nähe Kischis, auf denen Kirchenruinen stehen. Dank seiner vielfältigen Begabungen hatte er, als er vor Jahren neu nach Kischi kam, die Feuerwehrleute im Tischtennis geschlagen – seitdem sind sie Freunde geworden. Mit ihrem kleinen, aber schnellen Motorflitzer schießen wir durch die engen Windungen zwischen Inseln hindurch. Vater Nicolai steht am Bug mit wehender Robe, gibt Zeichen, in welche Richtung der Steuermann sein Boot lenken soll.

Eine halbe Stunde später verknoten wir die Leinen an einem kleinen Holzsteg, nur wenige Meter dahinter erhebt sich eine wunderschöne Holzkirche, die von außen noch gut erhalten scheint, aber innen ein Bild des Jammers bietet. In der kommunistischen Zeit hatte man sie einfach als Kartoffellager umfunktioniert. Leider ist das Interesse der Dorfbewohner am Wiederaufbau gering – milde ausgedrückt. In diesem Dorf gibt es noch nicht einmal Elektrizität.

Als wir noch am selben Nachmittag Vater Nicolais Messe in Kischi

Vater Nicolai.

beiwohnen, sind wir fast die einzigen Anwesenden. Vater Nicolai zelebriert die Messe zwar in der wohl schönsten Holzkirche, die es gibt auf dieser Welt, aber allein! Niemand im Dorf ist am orthodoxen Glauben interessiert. Und dennoch singen die drei jungen Frauen des Chors voller Inbrunst und Schönheit – ihre hellen, klaren Stimmen erfüllen den kleinen Altarraum und begleiten uns auf der Weiterreise zu den Ufern der Wolga.

Auf unserer Fahrt bleibe ich die ganze Nacht, die wie ein heller Tag ist, wach, kann und will nicht schlafen. Zu aufgewühlt bin ich von den vielen Erlebnissen und menschlichen Begegnungen. Neptun meint es gut und serviert uns eine ölglatte See auf dem Silbertablett. Danke!

6 Uhr. Dafür erwischt es uns im Kanal auf dem Weg zur Wolga um so dicker. Ed kommt weder mit dem Funkgerät für die Schleusen noch mit dem Steuern des Bootes zurecht. Dabei will er immer alles besonders gut machen. Bei seiner Wache im Kanal spült er in aller Seelenruhe unten in der Pantry Geschirr und überlässt SOLVEIG der automatischen Steuerung! Und das bei starkem Schiffsverkehr. Tonnen und Richtbaken muss man exakt anfahren.

Rollo explodiert zum ersten Mal wirklich. Er schreit so laut, dass ich nach einer halben Stunde Kurzschlaf wie eine Rakete aus meiner Koje hochschieße. Auch Sascha samt seinen Ohrstöpseln und in kurzem T-Shirt steht plötzlich wie ein Geist vor der Kajüttür.

Während ich dies schreibe, hängen wir in einer gigantischen Schleuse fest – allein – fast seit einer Stunde. Keiner weiß etwas, sagt etwas. In der ersten Schleusenkammer hatte sich plötzlich Eds Knoten gelöst, SOLVEIG begann wild zu tanzen. Rollo wollte das Boot zu den nächsten Pollern manövrieren, doch die fehlten! So musste er rückwärts mit dem Boot an den ersten Poller ran, nicht gerade zu unserer und des Schleusenwärters großer Freude. Bei alledem durften wir kein Wort Deutsch sprechen, um nicht aufzufallen. Für mich passieren derzeit alle Folgen aus der Serie »Tatort« gleichzeitig und zwar auf der SOLVEIG…

12.00 Uhr. Unser »Tatort« endet (vorläufig) in diesem Augenblick: Wasser schießt in die Kammer und in atemberaubender Geschwindigkeit werden wir an dem wuchtigen Schwimmpoller, an dem wir mit dickem Knoten festgemacht haben, nach oben gehoben.

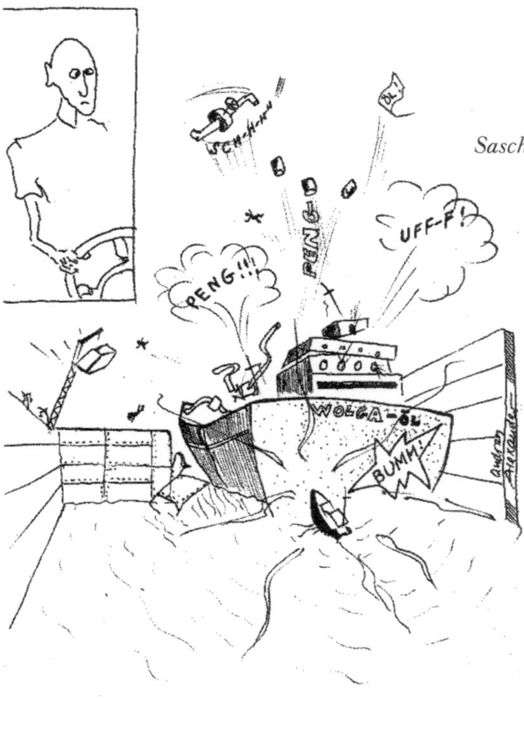

Saschas Albtraum: Ed am Steuer.

Er. Held Eduard

Heute wurde Ed vom Kapitän zum Matrosen degradiert. Gleich vor der ersten Schleuse hatte er vergessen, die Akkus vom Funkgerät nachzuladen, und als er endlich Augenkontakt mit der Wärterin im Turm hatte, versuchte er gestenreich wie ein professioneller Pantomime relativ komplizierte Informationen zu übermitteln wie: »Die Yacht SOLVEIG möchte den Wolga-Baltic-Kanal passieren; die Schiffslänge ist 12 Meter, die Breite 4, die Crew besteht aus drei Menschen und einem Artisten. Natürlich ist diese Art der Informationsübermittlung und noch dazu um sechs Uhr morgens sehr schwierig. Rollo war wütend, schaute sich diese Szene an und ging, ohne ein Wort zu sagen, in die Kajüte.

Aber das war nur der Anfang. Nach der Schleusung wollte Rollo endlich einmal genießen, dass er nicht ständig am Steuer stehen muss, und übergab das Ruder Kapitän Ed. SOLVEIG jagte über die Wellen, Rollo verging der Schlaf und er kam wieder nach oben. Zu seinem großen Entsetzen fand er einen leeren Steuerplatz vor. Ed stand in der Pantry und spülte friedlich Geschirr. Rollo stürzte ans Steuer und verkündete der gesamten Besatzung die drohende Katastrophe so laut, dass sogar ich aufwachte. Und somit war Eds Schicksal entschieden, obwohl er mit meiner Hilfe versucht hat, seine besten Absichten darzulegen.

»Alexander, erkläre ihm, dass ich ein seriöser Mensch bin«, sagte Ed beleidigt. »Ich hatte die Situation doch unter Kontrolle!«

Trotzdem zweifelt Rollo an den Fähigkeiten des Petersburgers, der wie Napoleon zwei Sachen gleichzeitig erledigen wollte. Mittlerweile hat Rollo ja genügend Gründe, Ed nicht mehr zu trauen. Jetzt wurde ihm verboten, das Steuer auch nur für eine einzige Sekunde zu verlassen, was ihn zum Matrosen machte. Ich fürchte, wenn er noch etwas anstellt, wird er zum Heizer degradiert.

Ehrlich gesagt, tat er mir auch Leid: Er wollte es besser machen, aber es ist wie immer geworden. Eigentlich ist er ein sehr fleißiger Mensch und bemüht sich, alles eigenständig zu erledigen. In den ersten Tagen riss er uns die Arbeit förmlich aus den Händen. Als er verstand, dass Rollo davon nicht gerade begeistert war, suchte er sich trotzdem Arbeit, aber heimlich. Dieses Mal wollte er Geschirr spülen, weil gerade keine entgegenkommenden Schiffe in Sicht waren. Doch in dieser Situation hatte Rollo allen Grund zur Sorge, denn auf einem Fluss kann sich die Situation jeden Augenblick ändern. Mal kommen mit einem Motorboot die Fischer, mal treibt ein Balken im Wasser, mal holt uns ein Tanker ein. Das hat unser Ed nicht berücksichtigt und wurde bestraft. Jetzt, wenn er steuert, muss immer jemand auf ihn aufpassen. Heute bin ich an der Reihe, drum sitze ich hier und schreibe.

Ed hat wirklich Pech. Er kann wie ein angeketteter Sklave einen halben Tag am Steuer verbringen und dann sich nur für eine Sekunde entfernen, um Wasser zu holen, und genau in dieser Sekunde erscheint Rollo auf Deck. Als ob Rollo ein Barometer im Kopf hätte, das Ed aufspürt. Kaum bewegt sich der Matrose – wird er erwischt!

Und trotz alledem wurde Ed heute Held des Tages, als wir auf ein Unterwasserhindernis aufliefen. Wir mussten stoppen. Keiner wusste, was geschehen war. Ed zog den Taucheranzug über, in dem er wie Kapitän Cousteau aussah, und verbrachte einige Zeit unter dem Schiffsboden. Als er diesen neuen italienischen Neoprenanzug völlig verschmutzt hatte, tauchte er auf und berichtete fröhlich, dass wir uns keine Sorgen zu machen bräuchten, weil er unten nichts gefunden hätte. Da kam mir die Idee, dass wir Ed in solchen Fällen in einem weißen Neoprenanzug ins Wasser schicken sollten. So könnten wir dann an Hand der Abdrücke die Ursache des Problems feststellen. Ich wagte nicht, es laut zu sagen. Nach solchen Abenteuern unter dem Kiel würde Ed meinen Humor sicher missverstehen.

Nach diesem erfolgreichen Tauchgang bat mich Rollo, sein persönliches Dankeschön zu übersetzen, was Ed sichtlich schmeichelte. Beim Abendessen haben wir auf den Helden des Tages – Ed – angestoßen.

Sie. 18. Juni. Stimmung an Bord ist wieder ganz oben! Wir befinden uns im Augenblick auf dem Weg nach Tscherepovez – noch etwa zehn Kilometer –, dort hat Sascha in den siebziger Jahren als Offizier gearbeitet. Rollo ist überglücklich über Eduards Hilfe, sei es beim Ölwechsel oder anderen Wartungsarbeiten, Ed versucht jeden Wunsch von Rollos und meinen Augen abzulesen. Auch mit dem Funken klappt es inzwischen viel besser, nachdem Sascha ihm die Angst vor dem Gerät mit viel psychologischem Feingefühl nehmen konnte. Abspülen und trocknen sind für mich Fremdwörter geworden – Ed hilft nach jedem Essen.

Apropos Essen. Heute Mittag servierte ich Kartoffeln mit Spiegeleiern. Rollos Kommentar: »Jetzt weiß ich endlich wieder, wie echte Eier schmecken können, in Deutschland ist ja nur noch Chemie drin.« Wir bekommen hier tatsächlich wunderbares, unverfälschtes Gemüse und reine Milchprodukte direkt vom Bauern, gestern füllte eine Bäuerin in unsere leeren Wasserflaschen die Milch direkt aus der Kuh.

Und zum Abendessen gab es Fisch, den drei Jungen eine Stunde vorher gefangen hatten. Dazu Kartoffeln noch aus Walaam und Gurken und Tomaten aus Kischi, ein bisschen Remoulade aus deutschen Landen, und fertig ist die russisch-deutsche Küche. Unser Frühstück genossen wir in aller Ruhe vor einer großen Schleuse, wo wir zwei Stunden warten mussten, wegen Reparaturarbeiten.

Aber im Gegensatz zu deutschen Schleusen, wo für Sportboote praktisch keine Liegeplätze vorgesehen sind, dürfen wir hier sogar an einem riesigen Ponton für die Berufsschifffahrt anlegen. Und die Höflichkeit der Schleusenwärter ist einfach begeisternd. Grundsätzlich versuchen sie uns so schnell wie möglich zu bedienen, sagen uns auch exakt, an welcher Stelle in der Schleusenkammer wir gut festmachen können. Die Plätze sind durchnummeriert von 1 – 14. Einzige Sorge im Augenblick ist meine kleine Filmkamera, mit der wir viele spontane Szenen haben einfangen können. Plötzlich, mitten in einer Aufnahme, wurde der Sucher schwarz. Nichts geht mehr. Auch die kleinen Tricks mit ein- und ausschalten, Kassette neu einlegen, zurückspulen, vorspulen etc. helfen nicht. Wir haben zwar noch die große Kamera dabei, die auch ständig im Einsatz ist, doch für die direkten, unauffälligen Live-Aufnahmen ist die »Kleine« unersetzlich.

Tscherepovez. Vor einer großen Plattenbautensiedlung, dafür aber ganz vornehm an schmiedeeisernen Gittern an der Uferpromenade, machen wir SOLVEIG fest. Während sich Ed und Rollo um Diesel kümmern, besorgen Sascha und ich Lebensmittel in der Stadt. Tanken funktioniert nur mit Hilfe von Kanistern, die wir an den Autotankstellen nachfüllen und deren Inhalt wir dann einzeln mit Hilfe eines Trichters und eines Filters gegen den Schmutz in SOLVEIGs Tank kippen. Dies ist sehr mühsam, kostet viel Kraft und Zeit. Ed ist bis Mitternacht damit beschäftigt, fünfhundert Liter aufzufüllen.

Sascha und ich begeben uns auf Spurensuche nach seiner Offiziersvergangenheit vor fünfundzwanzig Jahren. Der erste Eindruck ist für ihn eher verwirrend, vieles habe sich verändert, meint er, nicht unbedingt zum Vorteil. Ganz offensichtlich kommen die Stadtväter nicht mehr nach, die Stadt vom Schmutz zu befreien. So sitzen zum Beispiel die Spaziergänger in den Grünanlagen grundsätzlich nicht auf den Plätzen der Bänke, sondern oben auf den Kanten der Rückenlehnen, um ihre sauberen, hübschen Kleider und Kostüme nicht dreckig zu machen. Dieser Anblick entbehrt nicht einer gewissen Komik.

Auch die attraktive Olga genießt in dieser Haltung, Sonnenblumenkerne kauend, ihren ersten Urlaubstag. »Mein Mann muss arbeiten, deshalb kann ich nicht einfach wegfahren«, erzählt sie und nimmt einen großen Schluck Bier aus der Flasche, die sie fest umklammert. »Haben Sie die Leute gegenüber bemerkt?«, fragt sie uns.

Bis jetzt waren mir nur die vielen Mädchen auf den Rückenlehnen der Bänke aufgefallen.

»Dort drüben, das sind alle Penner«, fährt sie fort, ohne auch nur eine Sekunde das Aufschnipseln der dunklen Kerne zu unterbrechen, »und sie warten darauf, dass ich die Bierflasche leer trinke. Wer zu faul ist, um zu arbeiten, der sammelt Flaschen.«

Punktum. So sieht es Olga.

Per Autostopp suchen wir schließlich Saschas Kaserne auf. Er hofft, dort mit Offizieren sprechen zu können, um sich zu erkundigen, was aus dem einen oder anderen Bekannten geworden ist. Vor einem großen Eisentor stoppt unser Fahrer.

»Wollen Sie, dass ich auf Sie warte?«, bietet er an.

»Nein, danke, das ist nicht nötig!« Sascha will nicht unter Zeitdruck seine ehemalige Arbeitsstätte aufsuchen.

Bereitwillig öffnet uns der Wachposten das schwere Tor, welches das Gelände begrenzt. Ringsum Stacheldraht. Wild wuchern Gräser und Büsche, Vögel flattern erschreckt auf, als wir das Gelände betreten. Wir befinden uns inmitten von Ruinen, verfallenen Gebäuden.

»So sieht eine Kaserne aus nach dem dritten Weltkrieg oder nach Perestroika!«, stellt Sascha resigniert fest.

Er erinnert sich an alles, als ob er gestern noch hier Dienst gehabt hätte. Findet sogar sein Offizierszimmer, versucht den Schock von der komischen Seite zu bewältigen. Salutiert zum Spaß, marschiert im Stechschritt, persifliert die früheren Befehle…

Er. Stillgestanden!

Wie schrieb Gogol? Die größten Probleme Russlands sind schlechte Straßen und Dummköpfe. Mein Chef Major Fuchsmann war kein Dummkopf. Als er in den Stadtrat gewählt wurde, ließ er sofort den Schotterweg betonieren, der zu unserer Kaserne führte. Damit demonstrierte er die ewige Verbindung zwischen Armee und Volk.

»Stra-a-amm!« ... »Links rum!!!«

Der Maschendraht beginnt direkt am Ende der Betonstraße. Und dahinter stehen die Gebäude unserer Militärsiedlung, genauer gesagt: das Territorium, wo sie früher begann. Doch heute sehe ich nicht ihren Anfang, sondern ihr Ende. Die halb zerstörten Gebäude erschrecken mit ihren schwarzen Fensterlöchern. Alles ist abgebrochen, zerstört, entwurzelt.

Durch die Risse im Asphalt ist auf dem Platz vor den Kasernen hohes Gras gewachsen. Hier mussten wir jeden Tag in Begleitung der armseligen Töne unseres Blasorchesters, das unsere Ohren mit verstimmten Klängen verstörte, marschieren. Wir Offiziere betraten den Platz erst später, wenn die Soldaten bereits in Kolonnen eingeteilt worden waren, und wir mussten uns einen Schritt vor die Soldaten stellen.

»Stra-a-amm!«, schrie der Kompanievorsteher mit seiner verkühlten Stimme. »Links rum!!!«

Das Blasorchester bestand immer nur aus vier oder fünf Personen, weil immer irgendjemand krank war, Urlaub hatte oder eine Strafe für unerlaubte Abwesenheit absitzen musste; es gab sein Bestes und die tägliche Parade begann.

Ein unvergessliches Gefühl. Schon eine Militäruniform verändert das Leben. In der Zarenzeit war es sogar peinlich, nicht in der Armee gedient zu haben.

Unsere Kompanien mussten vor den Kommandeuren marschieren, von denen der Wichtigste Major Fuchsmann war. Obwohl das gesamte Geschehen einen seriösen Charakter hatte, erlaubte er sich den Soldaten oder Offizieren gegenüber Bemerkungen wie: » Haben Sie heute nicht gegessen?! – Ich schüttle aus Ihnen die ganze Sch... raus!«

Mich schrie er öfter an: »Leutnant Alexander, kommen Sie in mein Büro!« Dann herrschte er mich in seinem Büro an: »Sie sind ein unverschämter Kerl, Genosse Leutnant, bedauerlicherweise Leutnant!« Es folgten Erläuterungen, warum ich ein unverschämte Kerl sei.

Mit mir schimpfte er bevorzugt wegen meines Urlaubs. Nicht weil er über meine Gesundheit nachdachte, sondern weil ich zur richtigen Zeit meinen Urlaub nehmen sollte. Jeder Offizier bekam damals dreißig Tage plus Reisezeit. Unter Reisezeit war die Fahrt mit der Eisenbahn zum Urlaubsort gemeint. Vom Leningrader Militärbezirk bis zu meinem Heimatort Chabarowsk dauerte die Reise sieben Tage und Nächte, hin und zurück also vierzehn Tage. Das bedeutete, dass ich vierundvierzig Urlaubstage erhielt. Warum das so wichtig war? Weil natürlich immer die jungen Offiziere für die Wache in der Silvesternacht eingeteilt wurden. Wer aber hat Lust, in der Silvesternacht, während die Uhr auf dem Roten Platz zwölf schlägt, anstatt in die Augen seiner Freundin in langweilige Soldatengesichter zu blicken, die nur Lust auf Wodka ausstrahlen? In der sowjetischen Armee gab es keine Ausnahmen: Silvester oder nicht, Alkohol war verboten.

Doch für mich war Silvester schon immer eine Familienfeier, also versuchte ich jedes Mal, nach Hause zu kommen. Ich musste mir dazu etwas einfallen lassen, »Smekalka beweisen«. »Smekalka« ist ein altes Wort, das heute nur noch in der Militärsprache benutzt wird, und bedeutet, dass eine Militärperson sich nicht allzu blöd anstellen soll. Intelligent muss sie auch nicht sein, nur eben einfallsreich, also »Smekalka« besitzen. Für meinen Silvesterurlaub daheim ließ ich mich deshalb gerne von Major Fuchsmann beschimpfen, der verlangte, dass ich den Urlaubsantrag im Mai stellen sollte. Ich aber habe es immer wieder »vergessen« und erhielt dadurch meinen Urlaub im Dezember. Ich gehe auch in die Räume meiner alten Militärabteilung, obwohl für mich mit diesem Platz keine besonderen Erinnerungen verbunden sind. Und da überfällt mich doch noch eine Erinnerung. Es passierte kurz nach meiner Ankunft in dieser Abteilung.

Ich wurde als Diensthabender des Bataillons abgestellt. Zum ersten Mal durfte ich eine eigene Waffe in die Revolvertasche stecken, die Waffen der Offiziere und der Soldaten zählen und anschließend in die Verwaltungsbücher meine Unterschriften setzen. Für die nächsten vierundzwanzig Stunden war ich der wichtigste Mensch in der gesamten Militärabteilung, unter meiner Obhut standen Menschen und Transport. Das schmeichelte mir. Die Tatsache, dass ich bewaffnet war und über die bewaffnete Wache verfügen konnte, machte aus mir einen anderen Menschen. In diesen Minuten fühlte ich mich als Teil der gesamten Militärgeschichte Russlands, obwohl ich natürlich damit nichts zu tun hatte. Das Wichtigste war, dass ich mir mit meinen fünfundzwanzig Jahren zum ersten Mal wie ein erwachsener Mann vorkam. Erst war ich Knabe gewesen, dann Artist und plötzlich – war ich Offizier! Die lederne Waffentasche auf der Schulter, eine Offiziersuniform...

Als ich mit meinem Partner im Kabinett von Fuchsmann eintraf, wo sich gerade alle Offiziere zwecks Anhörung der Befehle versammelt hatten, geschah Folgendes: Der Offizier, den ich ablösen sollte, parierte das eingeübte »Genosse Kommandeur, der Leutnant Petrow hat den Dienst übertragen!«. Ich hatte zu antworten: »Genosse Major, Leutnant Alexander hat den Dienst übernommen!«

Ich machte einen kräftigen Atemzug, um den gesamten Rapport abspulen zu können, doch als ich »Genosse Major...« hervorgebracht hatte, unterbrach mich der Major und schrie: »Wer?« Es folgte eine erdrückende Pause. Major Fuchsmann wiederholte sein »Wer?« und endete: »Wer hat Leutnant Alexander für diesen Dienst eingeteilt?«

Der Stabschef antwortete mit einem verunsicherten: »Ich.«

Fuchsmann drehte sich zu ihm und fragte: »Wollen Sie etwa, dass er hier mit Pistolen jongliert? Austauschen!«

Es klang für mich wie eine Verurteilung. Ich, ein junger Offizier, war gekommen, um der sowjetischen Armee meinen Dienst zu erweisen und stieß auf so ein Misstrauen! Vor den Augen der anderen Offiziere!

Der Kollege Petrow und ich schleppten uns zum Ausgang. Petrow, der seine vierundzwanzig Stunden Dienst hinter sich hatte, hatte nur eins im Kopf – schnell nach Hause.

Ich betrat das Kabinett, wo ich meinen Dienst hätte verrichten sollen, und schmetterte in meiner Wut die geladene Pistole über den Tisch. Es klang wie ein Schuss. Die Wache neben der Bataillonsflagge erstarrte.

Ich warf die Schlüssel vor den Waffensafe auf den Boden und rannte zum Auto, das auf den Kollegen Petrow wartete.

»Fahr los«, befahl ich dem Soldaten und der Wächter, der mich für den diensthabenden Offizier hielt, sperrte das Tor auf.

Wahrscheinlich waren sie glücklich, dass ich das Munitionslager nicht in die Luft gesprengt hatte.

Erst am nächsten Tag kam ich zurück. Keiner der Kommandeure wagte, etwas zu sagen. Alle Offiziere erwiesen ihre Solidarität durch Schweigen. Wahrscheinlich waren sie glücklich, dass ich nicht vor lauter Wut das Munitionslager in die Luft gesprengt hatte. Aber nie wieder wurde ich als Diensthabender im Bataillon eingeteilt. Der Stabschef hatte zur Kenntnis genommen, wie gefährlich es sein konnte, wenn die Schlüssel zum Waffenschrank in meine Hände gelangten. Zum Glück gab es in unserer Militärabteilung keine Raketen, sonst hätten diese durch einen Maschendraht geschützt werden müssen.

Übrigens ist das Leben eines sowjetischen Offiziers dem eines Husaren sehr ähnlich. Was machen schon ein-, zweihundert Jahre Zeitunterschied? Einiges hat sich jedoch verändert. Das Lieblingssprichwort unserer Offiziere lautete: »Früher musste ein Husar ganz ›blau‹ rasiert und ein wenig betrunken sein. Heute ist der Offizier ein wenig rasiert und ganz blau.«

Natürlich ein Scherz! Doch das Sprichwort sagt: » In jedem Scherz ist ein bisschen Wahrheit.« Getrunken haben die Offiziere, das ist wahr, doch betrunken waren sie selten.

In unserer Kompanie habe ich einige Offiziere kennen gelernt, die meine guten Freunde wurden. Sie fehlen mir jetzt. Unsere Freundschaft war stärker als die unter Sportlern oder Menschen mit gleichen Hobbys. Wir waren eine Mannschaft. Der Alltag eines Offiziers war voller Gegensätze. Im Vergleich zum einfachen sowjetischen Beamten waren wir reich, weil unser Gehalt doppelt so hoch war. Aber wir waren unfrei. Denn ein sowjetischer Offizier wurde dafür bezahlt, dass er jeden Moment sein Vaterland zu schützen hatte. Zwar gab es auch Privatleben. Es war aber durch die strengen Paragrafen der Felddienstordnung beeinträchtigt, die besagte, dass wir »ohne Rücksicht auf unser Leben« unsere Pflicht zu erfüllen hatten. Das setzte tägliches Training voraus.

Doch als Erstes mussten wir unsere Achselklappen am Mantel annähen. Am Anfang meines Wehrdienstes habe ich dafür zwei Wochen gebraucht. Ich kam überhaupt nie dazu, die Klappen am Mantel der Parade-Uniform zu befestigen, weil mir immer die Zeit fehlte.

Eines Tages sagte mein Kommandeur zu mir: »Morgen ist Parade-Uniform angesagt!« Wieder einmal musste ich mir etwas einfallen lassen, »Smekalka« beweisen. Und ich bildete mir ein, gleich zwei Fliegen mit einer Klatsche schlagen zu können. Am Abend ging ich ins Restaurant, lernte dort ein junges Mädchen kennen und lud sie zu mir ein. Zu jener Zeit zählten Offiziere zu den begehrtesten Heiratskandidaten: hohes Gehalt, zur Verfügung gestellte Wohnung, sportlich, schlank... Was will ein junges Mädchen mehr?

Meine große Hoffnung jedoch lag darin, dass meine neue Bekannte mir die Klappen annähen würde. Es stellte sich heraus, dass ich keine Ahnung von Frauen hatte. Das Mädchen hat etwas Wein getrunken und ist eingeschlafen. Und ich quälte mich die ganze Nacht mit einer dicken Nadel beim Nähen.

In der Früh waren alle meine Finger durchgestochen, dafür glänzte der Mantel mit neuen Schulterklappen. Damit das festliche Gewand komplett wurde, holte ich aus dem Koffer den neuen Gürtel mit der glänzenden Schnalle, nahm die an der Wand hängende Uniformmütze. Es blieben nur noch wenige Minuten bis zur Parade. Ich beeilte mich.

Als ich mich beim Kommandeur meldete, rief er mir zu: »Alexander! Leih mir deinen Gürtel aus! Ich habe meinen zu Hause vergessen!«

Ich schnallte den Gürtel ab, ohne den ich nicht an der Parade teilnehmen durfte, und gab ihn dem Kommandeur. Die Musik des Militärorchesters hörte ich durch das Fenster der leeren Kaserne. Draußen marschierten Kompanien, vor ihnen Offiziere – in geputzten Stiefeln mit glänzenden Gürtelschnallen. Für meinen Stellvertreter wurde es ein glücklicher Tag. Wegen meiner Abwesenheit durfte er sich vor die Kompanie stellen, obwohl er kein Offizier war: »Smiiirno – stillgestanden!«

Sie. 20. Juli. Gegen Mitternacht finden sich alle Crewmitglieder wieder auf der SOLVEIG ein. Sascha und Ed beschließen, abwechselnd Wache zu halten. Sie empfinden es als zu riskant, das Boot ohne Aufsicht nachts an der Uferpromenade längsseit festgebunden zu lassen. Vielleicht haben sie Recht, schließlich ist es für Angetrunkene ganz einfach, mal eben auf das Boot zu springen. Schon würde der Ärger losgehen...

Morgens um fünf Uhr: große Aufregung. Rollo hört Geräusche auf dem Deck, springt heraus – dabei ist es nur Ed, der mit dem Bootshaken versucht, einen Lappen, der ihm ins Wasser gefallen ist, herauszufischen. Rollo weiß nichts von der nächtlichen Wache und ist entsprechend gereizt, da er nur wenig Schlaf hatte.

Ich versuche, ihm alles zu erklären, vor allem, dass er schon schlief, als der spontane Plan einer nächtlichen Wache gefasst wurde. Für Rollo sind die Nächte der Entspannung derzeit einfach zu kurz, zumal er nur schlafen kann, wenn alle an Bord in ihren Kojen sind. Aber das ist praktisch unmöglich bei den umfangreichen Aufgaben, die zu bewältigen sind.

8 Uhr. Seit zwei Stunden sind wir wieder unterwegs – Rybinsker Stausee. Grauer Tag, grau auch die Umgebung. Ed ist sehr nervös, da er kaum geschlafen hat. Findet die Karten nicht, und als Rollo ihm die richtige zeigt, ruft er aufgeregt: »Njet, njet – nein, nein!«

Erst nachdem er erneut das halbe Schiff auf den Kopf gestellt hat, um die vermeintlich richtige zu finden, und Rollo ihm wiederholt die Karte vom Rybinsker Stausee unter sein Näschen hält, greift er sich an den Kopf und entschuldigt sich gestenreich. Unser guter Ed ist schon eine ganz besondere Nummer. Ständig fühlt er sich getrieben, gehetzt. Grundsätzlich erledigt er alles, wenn möglich, im Dauerlauf, immer mit dem zweiten Schritt vor dem ersten. Offenbar leidet er auch unter Schlafstörungen, denn nach halb fünf Uhr früh ist für ihn Schluss mit der nächtlichen Ruhe.

Mit unserer Überfahrt des Stausees haben wir großes Glück: kein Wind, keine Wellen. Gut für die Nerven der Crew!

Er. Ist das die Wolga?

Es ist etwa elf Uhr, als ich aufwache. Der Rybinsker Stausee ist für seine gemeinen Wetterkapriolen bekannt. Er ist ziemlich seicht, und während eines Sturms werfen die hohen Wellen alles um, was ihnen über den Weg schwimmt. Es sind bereits mehrere Yachten gekentert.

Zum Glück herrscht jetzt absolute Stille. Zum Übernachten haben wir den Anker unweit von Uglitsch geworfen, nach zweiundneunzig zurückgelegten Meilen. Rundum öffnet sich die unbeschreibliche Schönheit der Natur. Über dem Wasser liegt eine dünne Nebelschicht, das Ganze erinnert an ein Aquarell.

Nach dem Abendessen steht Angelika oben und betrachtet durch die großen Fenster des Salons die sich rundum verbreitende russische Sehnsucht. Ich lege meine Zeichnungen zur Seite, um wenigstens mit einem »Ja« auf ihr »Schau, wie schön« zu reagieren. Männer behalten ja meistens ihre Gefühle für sich. Doch für eine Frau ist es ebenso natürlich, über Gefühle zu sprechen wie im Traum zu fliegen.

Die wunderschöne Wasserspiegelung eines gegenüberliegenden Dorfes wird plötzlich durch Ruderbewegungen zerstört. Ein Boot nähert sich. Es kommen zwei Fischer.

»Seid gegrüßt, Männer!«, rufe ich von Deck. »Macht bitte vorn fest, damit der Kapitän nicht wach wird. Was führt euch zu uns?«

»Wir dachten, ihr hängt hier fest. In der Nähe ist nämlich eine Untiefe. Seid vorsichtig und haltet euch an den Kurs.« Und sie deuten mit ihren Händen in die sichere Richtung.

Trotz Anwesenheit der lästigen Moskitos unterhalten wir uns eine Weile über das ruhige Dorfleben, über den Bauherrn, der ein großes Haus am Ufer entstehen lässt, über das Wetter von morgen und überhaupt…

Dann schließe ich die Tür, um das Eindringen von noch mehr Moskitos zu verhindern und bitte Angelika den Wein, der auf der SOLVEIG immer in der Nähe ist, zu holen. »Es gibt einen wichtigen Anlass!«

»Was denn für einen?«, fragt Angelika, ahnend, dass die Fischer mir interessante Neuigkeiten gebracht haben.

»Wir trinken auf den Fluss, der uns diese einmalige Schönheit beschert! Weißt du denn, wie dieser Fluss heißt?«

Sie hält einen Augenblick inne, blickt mich an und fragt: »Ist das schon die Wolga?«

Sie. Den Fischern und Sascha sei Dank!

Ja – tatsächlich, beinahe hätten wir alle zusammen den großen Augenblick übersehen: durch den Rybinsker Stausee fließt bereits das Wasser der Wolga. Mütterchen Wolga versorgt ihn zwar erst an seinem südlichen Ende mit ihrer kostbaren Flüssigkeit, aber diese wichtige Tatsache einfach zu ignorieren, wäre wirklich unverzeihlich gewesen! Die Quelle entspringt nur wenige hundert Kilometer südwestlich des Stausees in den Waldai-Höhen. Fast hundert Kilometer haben wir gestern zurückgelegt. Und SOLVEIG steuert seitdem stolz und mit vollem Bewusstsein auf der Wolga – das sind Gefühle!

Wir ankern nur wenige Meter neben dem offiziellen Fahrwasser – die Wolga weitet sich zu einem zweiten Himmel, der nicht über uns, sondern unter uns liegt. Wo endet der gewaltige Atem des Stromes? Wir unterhalten uns flüsternd, wollen die erhabene Ruhe nicht stören, die sich ausgebreitet hat.

Sogar Ed schleicht auf Samtpfoten durch die Kajüte, um ganz vorsichtig und ohne Geklapper unsere Teller vom Abendessen aufzuräumen. Ja, ich gebe es zu, mir ist ganz feierlich ums Herz – wie oft habe ich versucht, mir Bilder von der Wolga vorzustellen. Aber so schön Träume sind, sie duften nicht, keine Gänsehaut läuft über die Arme – Träume schweben körperlos, schmerzlos. Doch in diesem Augenblick will ich alles spüren, in mich einsaugen, diesen matten Schimmer, der in der Luft liegt. Dunst hängt über den grauen Weiten ringsum. Die Schönheit des nächtlichen Flusses ist überwältigend.

Das knarrende Geräusch der Ankerkette weckt mich aus meinem schlaflosen Traum. Der zarte Schleier der Nacht wird von einem dicken Nebelkleid umhüllt. Vorsichtig tastet sich SOLVEIGs Nase durch den weißgrauen Vorhang, keine Sekunde lässt der Käpten das Fernglas von seinen Augen. Wo sind wir? Mich fasziniert dieses erhabene Schauspiel der Natur dermaßen, dass ich mir zum ersten Mal keine Gedanken darüber mache, wohin wir fahren und ob wir uns überhaupt bewegen.

Als ich vor Monaten unsere Reise vorbereitete, las ich in einem Reiseführer: »Die Wolga fließt von Nord nach Süd durch die Waldgebiete der Taiga, durch die russische Steppe und mündet in den größten Salzsee der Erde – in das Kaspische Meer. Ihre Wassermassen werden auf einer Strecke von nahezu 3000 Kilometern zwischen Reschew und Wolgograd von 200 Stauseen aufgefangen. Allein das Becken der Wolga nimmt ein Drittel des europäischen Teils Russlands ein und begrenzt so das kulturelle Kerngebiet des geheimnisvollen Landes…«

Inzwischen hat eine milchig weiße Sonne den Nebelschleier ein wenig aufgerissen und SOLVEIG steuert nun mit stolzen sieben Knoten durch das geheimnisvolle Land an der Wolga – ihrem nächsten Ziel entgegen.

20. Juni. Das Leben eines Käptens ist wirklich nicht leicht! Ich meine damit nicht die Kapitäne auf Kreuzfahrtschiffen, obwohl so mancher sicher gerne mit Rollo tauschen würde. Doch viele vergessen dabei, dass Rollo nicht »nur« das Schiff steuert, sondern gleichzeitig die Arbeiten des Navigators, Bordingenieurs, Mechanikers, Elektronikers, Fotografen und sogar des Buchhalters mit übernehmen muss. Daneben stehen Logbuchschreiben und Aufzeichnungen für unser Buch auf dem Programm. Jedenfalls haben weder Käpten noch Crew das Wort »Freizeit« im Repertoire. Aber wozu auch? Unsere Reise ist so reich an Ereignissen, dass ich über die Arbeit nicht wirklich nachdenke. Einziges »Problem« ist tatsächlich für alle der ständige Schlafmangel. Wir erleben mehr, als in einen »kleinen« Tag mit nur vierundzwanzig Stunden hineinpasst. Heute zum Beispiel steht unter anderem die mühsame Reparatur der Bordtoilette auf dem Tagesplan der SOLVEIG.

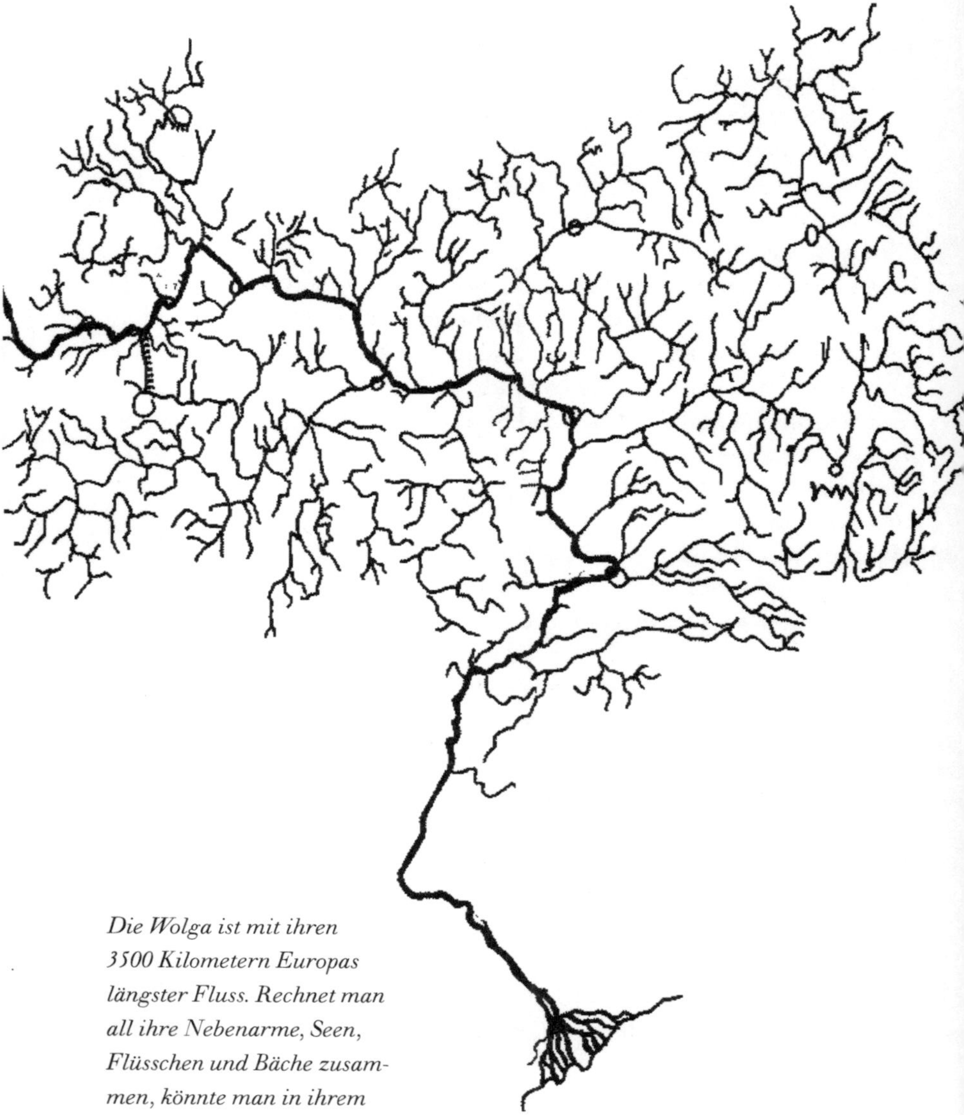

Die Wolga ist mit ihren 3500 Kilometern Europas längster Fluss. Rechnet man all ihre Nebenarme, Seen, Flüsschen und Bäche zusammen, könnte man in ihrem Wasser von der Erde bis zum Mond schwimmen.

Er. Unsere Bordtoilette

Oh! Das ist ein besonderes Kapitel! Wenn man es beginnt, muss man zuerst tief einatmen und dann den Atem anhalten. Die Toilette ist also eine Erfindung, die in der Hierarchie der Erfindungen auf der höchsten Stufe steht. Sie überragt die Erfindung des Computers, der kosmischen Rakete und der Tabletten, welche die Potenz bis zum gigantischsten Niveau steigern. Was nutzen alle Tabletten, wenn daheim die Toilette verstopft ist!? Nichts! Und kein Computer kann hier helfen!

Der Genuss der Toilettenbenutzung geht zurück auf die hohe Kultur der Antike, als die Toilettenräume riesig groß und mit vielen Spiegeln, Diwanen und Mosaikbildern ausgestattet waren. Was unsere Yacht betrifft, so gibt es in der Toilette keine Mosaiken und auch keinen Diwan. Dem Aussehen nach erinnert die Toilette an die Einzelzelle eines zum Tode verurteilten Gefangenen in der Bastille. Hier aber glänzt alles, duftet und atmet Frische. Da unsere Toilettenartikel – meine und Eds – in zwei kleinen Körben gelagert werden, vermischen sich die Düfte. Zahnpasta riecht nach Seife und Kölnisch Wasser nach Zahnpasta.

Jedes Mal, wenn man sich auf der Stelle dreht und dabei mit dem Ellbogen mal den Spiegel und mal die Handtücher streift, muss man sich vergewissern, was man in den Händen oder Zähnen hält. Und doch muss man zugeben, dass es ein Luxus ist, jeden Morgen unter die Dusche gehen zu können. Spezielle Filter machen das Überbordwasser steril. Man muss nur einen kleinen Vorhang zuziehen, damit das Wasser nicht auf die Holztür trifft, und dann, bitte, begieße dich mit Wasser. Ein Genuss! Aber man muss für alles bezahlen und nach dem Genuss beginnt die Folter: das Abtrocknen. Hände und Gesicht sind am besten erreichbar, aber andere Körperteile kann man nicht abtrocknen, ohne den Kopf in das Waschbecken zu stecken. Die Körperhaltung beim Joggen ist ein Kinderspiel im Vergleich zu der Pose, die ich einnehme, um die Füße zu trocken.

Dabei darf man nicht vergessen, dass der nasse Vorhang natürlich die Rolle eines ekligen Quälgeistes erfüllt, wenn der kalte Plastikstoff ein bereits getrocknetes Köperteil berührt. Bz – z – z!

Saschas Albträume: unsere Bordtoilette.

Eine wesentliche Unbequemlichkeit der Dusche ist das zehn Zentimeter hohe Wasser auf dem Boden. Anfangs habe ich es mit einem Lappen aufgesaugt, dann zeigte mir Rollo einen Knopf zum automatischen Abpumpen.

Das Eindrucksvollste meines Toilettenaufenthalts aber ist immer die Arbeit des Entleerens der Toilettenschüssel. Dazu braucht man die Pumpe, mit deren Hilfe der Inhalt des Beckens transportiert wird. Sie ist ein Handgerät, das anscheinend noch vor der Erfindung der Elektrizität patentiert wurde.

Man kann nicht viel dagegen sagen. Die Pumpe glänzt und ist absolut neu. Sie riecht sogar gut. Das einzige Problem ist, dass sie nicht pumpt. Die Pumpe auf der SOLVEIG-Bastille ist die vollständige Kopie einer Fahrradpumpe. Sie wurde vielleicht von irgendeinem Fahrrad abgenommen und an das Becken angeschraubt. Aber eine Sache ist, Luft zu pumpen, und eine andere Sache ist, »Nicht-Luft« zu pumpen. »Nicht-Luft« ist keine so einfache Sache… Man muss so viele Hin- und Zurückbewegungen machen, dass man, wenn man plant, ein »Minütchen« auf die Toilette zu gehen, dort für eine oder anderthalb Stunden gefesselt bleibt und anschließend total erschöpft zurück in den Salon kommt.

Die Geräusche, welche die Pumpe verursacht, verändern sich permanent. Schon nach einer Woche intensiver Tätigkeit klingt die Pumpenstimme so heiser, dass ihr vibrierender schrecklicher Klang über die ganze Yacht fliegt und die ungeteilte Aufmerksamkeit der gesamten Crew fesselt, egal womit sie gerade beschäftigt ist.

Das Pumpen wurde von Tag zu Tag schwieriger und die Schwierigkeitsgrade des »Trainingsgerätes« nahmen täglich zu.

Eduard, der erfahrene Mensch, hat als Erster die Arbeit an der Pumpe aufgegeben und eine so originelle Methode entwickelt, dass die Mannschaften der entgegenkommenden Schiffe sich gegenseitig die Ferngläser aus den Händen gerissen haben, um zu sehen, wie verrückt sich ausländische Touristen verhalten. Der Name der SOLVEIG und ihr Heimathafen sind mit lateinischen Buchstaben geschrieben. Niemandem kam es deshalb in den Kopf, dass der »Akrobat« am Heckbrett ein Russe sein könnte.

Aber das Beste an der Geschichte ist, dass sich nur ein Mensch in das winzige Abteil hineinzwängen kann, um die Toilette zu reparieren, wenn sie kaputt ist, und dieser Mensch ist immer Rollo. Man muss zugeben, ein mutiger Mensch.

Sie. 21. Juni. In Uglitsch begegnen wir zum zweiten Mal der MICHAIL SCHOLOCHOW mit Hapag Lloyd-Passagieren an Bord. Das Glück will es, dass wir zur selben Zeit am selben Ort festmachen, und so gibt es ein spontanes Treffen mit Wolfram Götz, dem sympathischen Kreuzfahrtdirektor, an Bord der SOLVEIG. Später hält Rollo einen Vortrag auf dem noblen Schiff. Großes Hallo bei den Passagieren, die sich in bester Laune auf dem Sonnendeck eingefunden haben. SOLVEIGs Bordküche wird mit frischen deutschen Brötchen und Salami aufgestockt und von Wolfram erhalten wir wertvolle Tipps für unsere Weiterreise.

Um halb zwei heißt es für die SCHOLOCHOW »Leinen los«, während SOLVEIGs Crew die geschichts- und geschichtenreiche Stadt erkundet. Unser Weg führt auch in das erste und einzige Wodka-Museum der Welt, ein Tipp von Wolfram. Es ist 1998 eröffnet worden mit dem Ziel, alle Sorten der russischen Produktion der Öffentlichkeit zu zeigen. In diesem Museum sind derzeit allein 84 Fabriken vertreten, die rund 800 (!) verschiedene Sorten Wodka herstellen. Früher wurde Wodka als Medizin für praktisch alle Krankheiten eingesetzt, sowohl zum Trinken – unter anderem soll er den Urinfluss gefördert haben – als auch zum Einreiben, als Desinfektionsmittel. Nun ja, dann kann uns ja in den kommenden Wochen auf der SOLVEIG nichts passieren, wenn ich an unsere diesbezüglichen

Vorräte unter den Bodenbrettern denke. Dieses russische Nationalgetränk ist von solch zentraler Bedeutung für uns alle, dass ich das Thema jetzt an Sascha weitergebe. Zdarowje!

Er. Wodka

Auszug aus einem Lexikon der Medizin: »Der Konsum eines Liters Wodka führt zum Tod.« PS: Diese Regel betrifft nicht die Bewohner der Russischen Föderation.

Russen tanzen im Ballett.
Russen treiben viel Sport.
Russen singen traurige Lieder.
Russen fliegen ins Weltall...

All das ist bekannt. Aber das ist nicht das Wichtigste. Der Hauptunterschied der Russen zur restlichen Menschheit besteht darin, dass sie Wodka trinken! Man kann vergessen, ob Russen oder Amerikaner die meisten Goldmedaillen bei der letzten Olympiade gewonnen haben (Amerikaner). Man kann vergessen, wer von beiden als Erster im Weltall gewesen ist (Russen). Aber die Quiz-Frage »Welches Volk hat den Wodka erfunden?« kann man nicht falsch beantworten! Nur ein Volk mit großen Traditionen und mit großem intellektuellem Potenzial konnte den Wodka erfinden. In Russland ist Wodka weit mehr als ein Alkoholgetränk. Das ist überhaupt kein Getränk – das ist ein Essen! Ein Festmahl! Ein Objekt des Nationalstolzes!

Ob man Wodka, Rum oder Whisky trinkt, ist bei weitem nicht das Gleiche. Piraten trinken Rum. Gentlemen trinken Whisky. Russen gehören weder zur einen noch zur anderen Spezies. Darum haben sie Wodka erfunden, den alle trinken: Piraten und Nichtpiraten, Gentlemen und Nichtgentlemen. Wodka trinken Milchverkäufer,

Landespräsidenten, Geschäftsleute und Damen mit lockeren Manieren, Ferrari-Verkäufer und Eis-Verkäufer. Wodka ist nicht nur international, Wodka ist ein Volksgetränk.

Für medizinische Zwecke erfunden, wurde Wodka am Anfang in den Apotheken auf Rezept verkauft.

Doch in kürzester Zeit verschaffte er sich den Weg zum Supermarkt, wo jeder Käufer die Hamlet-Frage für sich selbst lösen muss: »Pitj ili ne pitj – trinken oder nicht trinken?« (»Sein oder Nichtsein?« heißt im Russischen »bytj ili nebytj?«, entsprechend ergibt sich ein Wortspiel zwischen »bytj« (sein) und »pitj« (trinken)).

Zu all dem muss man aber noch ein paar Kleinigkeiten anmerken. Zum Beispiel, dass »trinken« und »saufen« zwei verschiedene Begriffe sind.

Alles fing mit Peter dem Großen an. Er führte in Russland europäische Sitten ein: Die Bojaren sollten ihre Bärte abrasieren und gepuderte Perücken tragen, die in Europa gerade in Mode waren. Ganz besonders liebte Zar Peter große Feste und nannte sie nach europäischer Manier »Ensembles«.

Auf diesen Festen tranken die Gäste so viel, dass manche hinaus getragen werden mussten. Viel zu trinken war damals gleichbedeutend mit Achtung vor dem Zaren! Das Trinken wurde zu einer staatlich genehmigten Sitte. In den Städten wurden Kneipen eröffnet, wo jeder Untertan Wodka kaufen konnte. Und ab diesem Augenblick ging es erst richtig los! Als Peter merkte, dass zu viel getrunken wurde, ließ er sich etwas einfallen. Er bestrafte jeden

Betrunkenen mit einer schweren gusseisernen Medaille »Für die Sauferei« und verpflichtete ihn, diese auch immer zu tragen. Doch es war zu spät: Die schweren Medaillen reichten nicht aus. Es soff jeder!

Dieser Brauch hat auch heute seine Gültigkeit. Wenn ein Gast bei einem Fest nicht trinkt, wird er gequält, bis er sich der Allgemeinheit anschließt. Wobei man unter einem Fest das Vortragen der unzähligen Trinksprüche mit anschließender Leerung der Gläser versteht. Nicht zu trinken bedeutet, die Gesellschaft zu verachten. »Magst du uns etwa nicht?«, wird der Gast halb ernst, halb scherzhaft gefragt. Danach beginnt die Überredungszeremonie, die genau so traditionell ist wie die Sauferei selbst.

Wenn der Gast sagt, dass er auf Grund einer Krankheit nicht trinkt, bekommt er zu hören: »Krank? Wie sollst du auch gesund werden, wenn du nicht trinkst?« Die Fortsetzung ist vorprogrammiert: »Wenn du schon nicht trinkst, dann befeuchte wenigstens die Lippen.« »Lippen befeuchten« bedeutet nicht auszutrinken, sondern nur einige Schlucke zu nehmen. Doch wie viele es werden sollen, entscheidet die Allgemeinheit, die meistens siegt. Schließlich leert der Gast mit verzogenem Gesicht das Glas, stellt es auf den Tisch und sagt: »Das war's!«

Aber er irrt sich! Das ist noch lange nicht alles. Das ist nur der Anfang! Der weitere Ablauf ist auch bekannt. Jemand steht auf und sagt: »Und jetzt, meine Freunde, schlage ich vor, auf das Wohl unserer Mütter zu trinken.«

Nach diesem Trinkspruch werden alle ernst und nehmen ihre Gläser – und wenn keine Gläser mehr vorhanden sind, die Tassen. Der »Nichttrinker« versucht sich zurückzuziehen, doch in den Blicken, die ihn treffen, liegt die Frage: »Liebst du etwa deine Mutter nicht?« Dabei muss der Trinkspruch auf die Mütter nicht unbedingt der zweite sein. Das hängt vom Zeitpunkt der Festlichkeit ab. Es gab Zeiten, in denen der erste und zweite Spruch auf das Wohl Stalins ausgebracht wurden. Da sind auch die Toten auferstanden.

Der dritte Trinkspruch jedoch klang meistens so: »Gott liebt die Dreifaltigkeit!« Als Vorwand, um zum vierten Mal zu trinken, wird daran erinnert, dass »noch kein Haus mit drei Ecken gebaut wurde«.

Es gab auch Todesfälle, die dem Zaren umso mehr Spaß bereiteten.

Etwas später, wenn alle schon in Stimmung sind, kommt ganz unerwartet der fünfte Trinkspruch. Irgendjemand steht auf und hebt sein Wodkagläschen (meistens ist das bereits ein Saftglas) an seine Brust und verkündet feierlich: »Meine Herren Offiziere!« Es folgt eine Szene wie im Stummfilm. Alle anwesenden Herren unterbrechen ihre Unterhaltung, füllen freiwillig ihre Gläser, korrigieren ihre Kleidung und stehen auf, als ob sie alle wirklich Offiziere und nicht Ärzte, Ingenieure, Chauffeure und Pförtner wären. Nur die Frauen bleiben sitzen. In dieser Situation, wenn alle Herren stehen, können nicht mal die überzeugten »Nichttrinker« sitzen bleiben. Sogar diejenigen, die Magengeschwüre haben und denen die Ärzte den sofortigen Tod nach dem nächsten Schluck prophezeit haben, stehen auf. »Meine Herren Offiziere«, wiederholt der Sprecher, »auf unsere Damen!«

Die Herren halten die rechten Unterarme während des Trinkspruchs parallel zum Boden und heben und leeren anschließend fei-

»Meine Herren Offiziere – auf unsere Damen!«

erlich ihre Gläser. Sollte jemand sich trauen, nur die Hälfte zu trinken, so hört er gleich: » Und bis zur Neige!« Und zwar in einem Ton, der keine Widerrede zulässt, da der Betroffene in den Augen der anwesenden Damen sonst seine Ehre verliert. Alle Damen verfolgen dieses herrliche Ritual, das sie vor Glück strahlen lässt. Diesen Trinkspruch haben bestimmt Husaren erfunden, die Wein und Damen gleichermaßen zu schätzen wussten. Husaren tranken Champagner, Wodka und Wein… und es gibt da so eine Geschichte…

Ein Husar wartete in seinem Haus auf seine Geliebte. Er befahl dem Diener, eine festliche Tafel zu decken. Als er sah, dass der Diener Wodka brachte, belehrte er ihn: »Iwan! Man trinkt mit Damen keinen Wodka! Wodka wird nur aus Kummer getrunken! Hol Champagner!«

In diesem Augenblick rollte die Kutsche vor, aus der die vorzeitig nach Hause zurückgekehrte Ehefrau ausstieg. Der Husar empfing sie und brachte sie ins Haus. Da lief ihm der Diener mit der Flasche Champagner über den Weg.

»Du Dummkopf!«, rief der Husar. »Wodka her!«

PS. Immer wieder wird behauptet, dass Russen Wodka wie Wasser trinken. Das kommt natürlich nur davon, dass diese beiden Wörter sich im Russischen lediglich durch einen einzigen Buchstaben unterscheiden: »Woda« heißt Wasser. Manche Leute trinken also nur deshalb zu viel, weil sie unaufmerksam lesen. So sieht jemand die Flasche mit einer durchsichtigen Flüssigkeit auf dem Tisch und liest das Etikett falsch. Den Unterschied bemerkt er erst nach einer Kostprobe, aber dann ist es schon zu spät: Die Flasche ist offen und der Stöpsel kaputt. Es ist die reine Wahrheit, dass Wodka in Russland mit Einwegstöpseln verkauft wird. Diese Einwegstöpsel wurden übrigens bereits Anfang des letzten Jahrhunderts erfunden. Damit hat Russland übrigens Europa überholt, wo Einweglöffel und Einweggabeln erst nach dem Erfinden des Plastiks eingeführt wurden. Bei der Verwendung von Einweggeschirr haben die Russen überhaupt Großes geleistet. Wenn Einweggeschirr abgewaschen wird, kann man es mehrmals benutzen, haben sie herausgefunden und in ganz Russland erfolgreich praktiziert.

Die ganze Welt hat Probleme mit dem Recycling von Plastikmüll. Nur Russland hat damit keine Schwierigkeiten. Das mit dem Geschirr habe ich schon erklärt. Mit den Plastikflaschen ist es auch nicht anders. Hat man zum Beispiel Coca-Cola getrunken, dann beeilt man sich nicht mit der Entsorgung der Plastikflasche. Eine Mischung, die der amerikanischen Mischung sehr ähnlich schmeckt, ist gar nicht so schwierig zuzubereiten! Das gilt auch für Fanta, dessen Trockenextrakt in vielen Geschäften zu finden ist. Und die Moral von der Geschichte: Die erwähnten Getränke sollte man in Russland nur in großen Supermärkten kaufen. Sonst könnte etwas ganz anderes in der Flasche sein.

Doch zurück zu den leeren Plastikflaschen, deren Verwendungsmöglichkeiten wirklich unendlich sind. Wenn eine Anderthalb-Liter-Flasche quer geteilt wird, entsteht eine wunderbare Schaufel für Zucker, Getreide oder kleines Konfekt. Eine besonders geniale Verwendung beobachtete ich auf einem Campingplatz. Dort wurde die Plastikflasche zu einer provisorischen Handwaschanlage umfunktioniert. Die Russen sind bei der Wiederverwendung von Einweggegenständen tatsächlich nicht zu übertreffen, obwohl Einwegspritzen in russischen Apotheken erst am Anfang der Perestroika aufgetaucht sind. So ein Paradox!

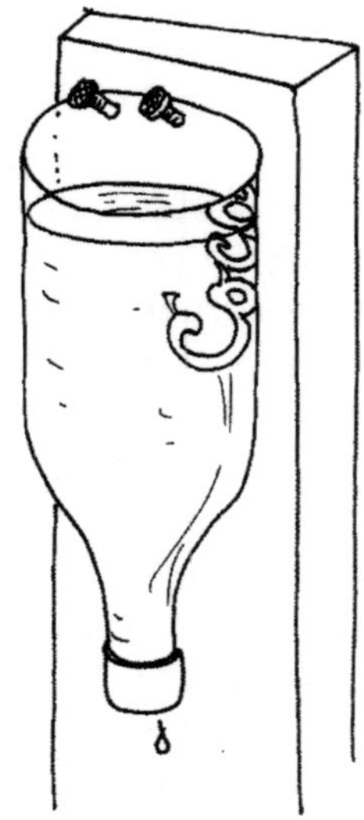

Russisches Recycling: Aus der Plastikflasche wird eine Handwaschanlage.

Versteckt in Moskau

Sie. 23. Juni. Es ist genau fünfzehn Uhr – und SOLVEIG liegt festgemacht an der letzten riesigen Schleuse vor dem Zentrum Moskaus! Wir können es kaum glauben, sind bis zum Äußersten gespannt, ob wir irgendwo gestoppt werden. Alle anderen Schiffe liegen im Nordhafen, den wir soeben passiert haben. Werden wir im Zentrum tatsächlich einen Liegeplatz finden? Niemand von uns weiß es. Niemals vorher hat eine deutsche Yacht Moskau durchquert, sicherlich auch kein anderes ausländisches Boot. Für uns alle ist diese Annäherung ein großes Abenteuer. Wir sprechen wenig, unsere Nerven sind gespannt – wir beschließen einfach, uns so lange weiter vorzutasten, bis wir – von wem auch immer – angehalten werden. Hier an der Schleuse, hat man uns gesagt, müssen wir uns so lange gedulden, bis ein Berufsschiff kommt. Also warten wir.

Leider setzen sich derzeit an Bord die technischen Pannen fort. Unser Wassertank ist leer und Watermaker bekommt keinen Strom, arbeitet also nicht.

»Zähneputzen mit Mineralwasser oder Mund mit Wodka desinfizieren!«, schlage ich vor.

Das Wetter ist äußerst wechselhaft, aber wenigstens frieren wir nicht mehr. Gestern Nacht im Kanal der erste Sturm mit kräftigen Regenschauern.

Sascha fragt besorgt: »Haben wir Blitzableiter?«

Rollo beruhigt: »Fast alle Blitze suchen direkt das Wasser!«

Im Augenblick spitzt sogar etwas Sonne aus den grau-schwarzen Regenwolken heraus. Was wollen wir mehr?

Nach Mitternacht. Es ist unglaublich, kaum zu fassen, aber wahr!

Wir sind tatsächlich mit unserem Boot mitten durch Moskaus City gefahren: vorbei am Regierungsgebäude, am Kreml, am Hotel ›Moskau‹, und plötzlich ruft Sascha: »Hier wohne ich!« Wir sehen ein nobles Hochhaus mit Ausssicht auf die Moskwa, nur einen Steinwurf vom Roten Platz entfernt.

Niemand stoppt bis jetzt unsere Fahrt. Einmal nähert sich ein Polizeiboot, die Besatzung sieht aber wohl die russischen Registrierungsbuchstaben am Bug und denkt wahrscheinlich, wir seien »neue« Russen mit Regierungsleuten an Bord.

Wir finden keinen Platz zum Festmachen, so ankern wir jetzt nur wenige Meter vom Kreml entfernt und feiern an Deck in der wärmer gewordenen Sommernacht mit Wodka-Tonic und russischer und deutscher Schokolade. Ausflugsschiffe passieren, an Bord jede Menge junger Leute, die zu heißen Rhythmen tanzen, zu uns rüberwinken und uns zuprosten.

»Das ist Moskau!«, verkündet Sascha stolz. »Es ist jetzt halb zwei Uhr nachts. Glaubst du, dass in Moskau irgendjemand um diese Zeit schläft? Um elf Uhr ist es hier ganz normal zu telefonieren, bis zwölf Uhr kannst du deine Freunde anrufen, bis ein Uhr deine guten Freunde und um drei Uhr kann man vielleicht wirklich schlafen gehen.«

Er. Eine Nacht vor dem Kreml

So fühlen sich Häftlinge im Gefängnis... Du willst raus, kannst aber nicht. Und bis zur Freiheit wären es eigentlich nur wenige Schritte. Aber diese wenigen Schritte kann ich heute nicht mehr machen, denn wir befinden uns mitten im Fluss vor Anker... Ich liege auf der harten Bank des Oberdecks mit einem Sitzkissen unter dem Kopf und betrachte die Moskauer Sterne, die immer im Schatten der Kreml-Sterne leuchten müssen.

Und der Anfang war so wunderbar. Mit glücklichen Herzen trafen wir in Moskau ein. Wir waren gerade dabei, mehrere Varianten von Rollos Ansprache, in der er seine Gefühle während der feierlichen Ankunft in Moskau beschreibt, auf dem Video festzuhalten.

»Napoleon hat es nicht geschafft, aber ich bin hier angekommen«, freute er sich, als die Kamera schon in der Kajüte war.

SOLVEIG illegal auf der Moskwa.

Am meisten hat uns verwundert, dass wir nach dem Passieren der letzten Schleuse vor Moskau von niemandem aufgehalten wurden. Niemand versuchte, unsere Einfahrt in die Stadt und unsere Fahrt am Kreml vorbei zu verhindern. Bis jetzt dachte ich, dass alle Einfahrten nach Moskau durch spezielle Einheiten des KGB, von Panzertrupps und Kampfflugzeugen bewacht würden. Welch ein Glück zu wissen, dass es nicht mehr der Wahrheit entspricht.

Wir passierten Luzhniki, den Kreml, die durch Stalin zerstörte Jesus-der-Retter-Kirche, den Wolkenkratzer des Hotels ›Ukraina‹, das durch Stalin erbaut wurde – man sollte schon erwähnen, dass er nicht nur zerstörte.

Dann passierte SOLVEIG einige Arkadenbrücken und »durchbügelte« schließlich die Wasserspiegelung eines zwölfstöckigen Hauses mit dem Namen »Siegesfeuerwerk«. Dieses Gebäude auf dem

Kosima-und-Demjan-Kai liebe ich auch deswegen, weil ich dort wohne. Es war bereits von weitem sichtbar. Erst zeigte sich der elegante Dachpavillon, dann tauchte der ganze Steinriese mit seinen unzähligen Fenstern auf. Und weil der Wein die gesamte Zeit auf dem Tisch stand, tranken wir auf die Kirche, auf den Kreml und auf mein gegenüber vom Kreml stehendes Haus.

Alles gut und schön, aber für mich war dieser erste Abend in Moskau auch deswegen so wichtig, weil ich in meine Wohnung gehen, mit meinen Kindern und mit meiner alten Mutter telefonieren wollte. Ich hatte geplant, alle meine Freunde anzurufen, um zu sagen, dass ich noch lebe, dass ich wieder da bin und dass es schön wäre, uns zu treffen. Als das Zentrum von Moskau hinter uns lag, stellte sich die Frage, wo wir festmachen sollten. Ich dachte, es sei schon Routine, weil wir jeden Abend so einen Platz suchten. Man könnte sich doch irgendeinem Steg nähern und mit den Milizen sprechen, die oft verhandlungsbereit sind...

Rollo aber beschloss zu ankern.

Daraufhin bat ich ihn, mich an Land abzusetzen. Und hier begann der Streit.

Es sei zu spät, zu dunkel und zu riskant, sich einem Steg zu nähern. Schluss, aus und keine Widerrede!

Ich widersprach trotzdem, versuchte ein Argument zu meinen Gunsten anzubringen.

Da explodierte er und sagte, dass ich den ganzen Abend verdorben hätte. Moskau sei ein »Loch« und auch ich etwas Ähnliches und er wolle mich heute nicht mehr sehen!

Traurig! Ungerecht...

Deswegen liege ich jetzt hier auf der harten, wenig komfortablen Bank des Oberdecks mit einem Sitzkissen unter dem Kopf. Und mein Haus streckt seine beleuchtete Spitze in den abendlichen Himmel. Nur wenige Meter trennen uns! Dort gibt es eine Badewanne mit flauschigem Badetuch, ein weiches Sofa, daneben ein Telefon. Jetzt könnte ich... Ach, was soll's.

Und dann kommt Ed zu mir, streckt seine riesigen Beine aus und versuchte mich zu trösten. Ich sage, dass alles überhaupt nicht schlimm und mir sowieso die Lust vergangen sei, weil ich Angst um

Solveig habe. Es könnten doch die Milizen kommen, dann wird meine Übersetzungshilfe gebraucht. Es ist also sowieso besser, wenn ich bleibe...

Ed stimmt zu und fängt an, mir von Moskau zu erzählen, als ob nicht ich, sondern er im Haus am Kai wohnt. Aus seinen Erzählungen geht hervor, dass er einige Male Moskau besuchte, doch niemals erschien ihm die Stadt so schön wie heute, vom Wasser aus.

Auch in diesem Punkt sind wir uns einig und betrachten gemeinsam die abendlichen Spiegelungen im Fluss. An uns vorbei schwimmen mit festlich beleuchteten Decks die Ausflugsschiffe. Dort wird getrunken und getanzt. Manchmal hören wir an uns gerichtete Rufe, die wir leider nicht verstehen können. Einen Fremden würde diese Szene an den Schluss von Fellinis »Karibische Nächte« erinnern.

Eine halbe Stunde später kommt Angelika mit der Kamera. Die Filmaufnahmen stehen bei ihr wie immer an erster Stelle.

»Der erste Abend darf nicht fehlen!«, meint sie. »So viele Eindrücke!« Ed kümmert sich um die Beleuchtung, Angelika um die Kamera, ich nehme das Mikrofon, es geht los: »Wie wunderschön ist Moskau bei Nacht...«

In der Tat. Besonders vom Fluss aus. Weil man dann gleichzeitig zwei Städte sieht: die eine steinern und fest, während die andere sich mit dem Wasser bewegt. Moskau taucht in den schwarzen Fluss und hat keine Angst, in ihm unterzugehen. Weil es dort bereits in der Ewigkeit versinkt...

Sie. 24. Juni. Jetzt ist es doch passiert. Wir sind vom Inspektionsboot voll erwischt worden, als wir versuchten, an einem schwimmenden Hausponton Wasser zu übernehmen. Und natürlich haben die Beamten auf unserem Schiff alles Mögliche und Unmögliche gefunden, was gegen die Vorschrift ist. Wir besitzen unter anderem kein amtliches, korrekt geführtes Logbuch und keine Blitzlichter am Deckshaus, um den begegnenden Schiffen kenntlich zu machen, an welcher Seite passiert werden kann. Sascha und Ed verhandeln, holen immer wieder neue Dokumente aus den Fächern, um sie den stirnrunzelnden Inspektoren unter die Nase zu halten.

»Kann sein, dass alles ganz normal ist, aber man hat uns ein bisschen verhaftet!«, versucht Sascha zu beruhigen.

»Was heißt ein bisschen? Können wir mit SOLVEIG weiterfahren?«, will ich wissen.

» Sieht nicht so aus. Gerade haben sie uns ein Logbuch verkauft«, höre ich zu meinem Erstaunen, und mit dieser aussagekräftigen Nachricht verschwindet Sascha wieder im Behördenschiff, das neben uns festgemacht hat. Eine Stunde vergeht, bis Sascha und Ed erneut an Bord auftauchen.

»Wir müssen sofort Leinen loswerfen und dem Polizeiboot nachfahren!« Saschas Aufforderung klingt nicht gerade ermutigend, aber es bleibt uns nichts anderes übrig, als der Anweisung Folge zu leisten.

Laut heult neben uns ein Motor auf, die Inspektoren haben es plötzlich sehr eilig, loszubrausen.

»Ihr Tempo können wir nicht beibehalten – das schaffe ich mit meiner Maschine nicht!«, ruft Rollo. »Sag das über Funk, sonst bekommen wir noch mehr Ärger!«

Saschas Anruf bleibt ohne die erhoffte Wirkung. Im Gegenteil, sie kürzen sogar ab, ignorieren die Bojen, und prompt hat SOLVEIG nicht mehr genug Wasser unterm Kiel. Aufgeregt piept der Alarm vom Echolot – 0,7 ... 0,6 ... Bei 0,5 ist Schluss. In der Moskwa auf Grund zu laufen, das fehlte uns gerade noch.

»Fahr bitte weiter rechts – das hat doch so keinen Sinn«, flehe ich, »schließlich geht es auch um unser Schiff!«

»Aber dann glauben sie, wir folgen nicht ihren Anweisungen!« Rollos Sorge scheint berechtigt, doch wir riskieren dabei zu viel.

Inzwischen ist der Alarm verstummt – 1,60 Meter zeigt die elektronische Anzeige. Tief durchatmen, alles wird gut. Doch Sascha ist auffallend schweigsam geworden. Sicher hat er uns nicht alles übersetzt, worüber gesprochen wurde.

Wir nähern uns einer kleinen Einbuchtung, einer Werft, wie es aussieht. Die Anlage wirkt verfallen, viel Gerümpel und Rost, wohin das Auge blickt. Das Polizeiboot geht längsseit an ein Arbeitsschiff, wir sollen bei den Inspektoren festmachen. Sascha und Ed werden aufgefordert, an Bord zu kommen.

In den nächsten dreißig Minuten passiert nichts. Mit der kleinen Filmkamera versuche ich durch das Bullauge der Pantry Bilder und Gesprächsfetzen unserer Nachbarn aufzuschnappen, die sich im Führerhaus des Polizeibootes verschanzt haben. Wenn sie mich dabei erwischen, wird unsere Lage bestimmt nicht einfacher. Aber die Situation ist bereits so verfahren, dass es darauf auch nicht mehr ankommt. Schwierig, etwas an den Mienen abzulesen. Immer wieder fasst sich der Chefinspektor (vermute ich) an den Kopf, kratzt seine Stirn, als verberge sich dahinter die Lösung unseres Problems. Pro-forma-Kapitän Ed lächelt unentwegt, versucht wahrscheinlich gerade, eine lustige Bemerkung in die Verhandlung einzuwerfen. Plötzlich, wie auf ein geheimes Kommando, erhebt sich die Gruppe. Schnell verstecke ich meine Kamera. Sascha steigt langsam über die Reling der beiden Schiffe.

»Hast du gute Nachrichten?«, frage ich überflüssigerweise.

»Ja. Es sieht so aus, als sammeln sie Bilder von Peter dem Großen.«

»Sind sie an vielen Bildern interessiert?« Rollos Sorge um unsere Reisekasse ist nicht zu überhören.

»Na ja, sie bieten an, das Boot hier zu verstecken. Für einen bestimmten Betrag. Über die Höhe darf nichts an die Öffentlichkeit!«

»Welche Garantie haben wir, dass sie nicht morgen wiederkommen und mehr haben wollen?«, bohrt Rollo weiter.

»Eine Garantie gibt es nicht, aber ich glaube ihnen«, erwidert Sascha in festem Ton.

»Hoffen wir, dass du Recht behalten wirst, außerdem haben wir keine andere Wahl«, stellt Rollo resigniert fest.

Als wir Minuten später das Schiff an einen anderen Platz verholen sollen, um nicht entdeckt zu werden, wird uns erst richtig klar, in welche Falle wir hineingeraten sind. Von dieser Stelle aus – eingezwängt zwischen einem verfallenen Turm auf der rechten Seite und der Bordwand eines Schiffes, das gerade eben noch schwimmt – ist es unmöglich, schnell die Leinen loszuwerfen, um, wohin auch immer, zu fliehen. Mit SOLVEIGs Bug sitzen wir auf Grund, gleich daneben fließt Abwasser aus einem Rohr.

»Passt nur gut auf!«, ruft uns ein freundlicher Arbeiter zu, »überall auf der Welt gibt es Banditen, auch hier!«

Nach diesen aufbauenden Worten trinken wir erst einmal Tee und diskutieren unsere Situation. Dass in diesem Loch auch unsere Satellitenanlage keine Signale mehr empfangen oder senden kann, bemerken wir erst später. In Deutschland machen sich zur gleichen Zeit viele Internet-Freunde Gedanken über unser Wohlergehen, als sie folgende Nachricht auf ihren Bildschirmen lesen:

SOLVEIG VII antwortet nicht mehr!

»Der von Ihnen gewählte Inmarsat-Anschluss ist momentan nicht erreichbar, versuchen Sie es später noch einmal...«

Dies war die letzte Meldung der SOLVEIG VII-Satellitenanlage am 24.6., 16 Uhr. Seitdem herrscht Funkstille.

Grund: Boot und Mannschaft sind festgesetzt.

Das Boot wurde von der Moskauer Wasserschutzpolizei kontrolliert, die Tarnung als russische Motoryacht flog auf. Dies scheint auf den ersten Blick harmlos, für die Wolga-Expedition kann es jedoch das AUS bedeuten – Vergleiche mit Mathias Rust, dem weltbekannten Kreml-Flieger, liegen auf der Hand.

Zum Sachstand: Ausländischen Yachten ist es grundsätzlich verboten, russische Wasserstraßen zu benutzen. Ähnlich wie seinerzeit Mathias Rust mit seiner Cessna drang Rollo Gebhard widerrechtlich auf russisches Gebiet vor. Die SOLVEIG VII läuft zwar offiziell unter russischer Flagge, ist de facto aber ein deutsches Motorboot. Hinzu kommt: Um Kontakt mit der Redaktion zu halten, ist die SOLVEIG mit allerlei technischen Raffinessen inklusive einer kompletten Filmausrüstung ausgestattet, die ungläubige Beamte problemlos als Spionage-Equipment interpretieren könnten.

Aus den oben genannten Gründen entfallen vorübergehend die täglichen Reiseberichte von Bord. Stattdessen werden wir Sie aus der Redaktion auf dem Laufenden halten.

Stay tuned!

Über Handy erreiche ich endlich den Generaldirektor von Bosch-Siemens, Rainer Soltys. Er hatte uns durch Vermittlung unseres langjährigen Freundes Volker Kirchgeorg schon bei der Vorbereitung der Expedition sehr geholfen mit einem offiziellen Einladungsschreiben nach Russland. Trotz Perestroika ist es immer noch schwierig, Einreisevisa für mehrere Monate zu erhalten.

Aber Bosch-Siemens ist schon seit über einem Jahrhundert im ehemaligen Zarenreich heimisch, bereits 1853 wurde die erste Niederlassung in Sankt Petersburg gegründet und demnächst wird Siemens seine 150-jährige Repräsentanz in Russland feiern! Da hätten sich die russischen Behörden schon gewichtige Gründe einfallen lassen müssen, um den Antrag für uns abzulehnen. Als ich Rainer Soltys jetzt in kurzen Worten unsere missliche Lage schildere, höre ich erst einmal nichts am anderen Ende der Leitung.

»Können Sie mich verstehen?«

Erneutes Rauschen.

»Hallo?«

Knacken und Freizeichen. Die Verbindung ist unterbrochen.

Nur ruhig bleiben! Handys und ihre Netze sind auch sensibel. Wahlwiederholung drücken.

»Soltys am Apparat.«

Gott sei Dank.

»Ich rate Ihnen dringend, warten Sie erst einmal ab. Ihre Situation ist sehr undurchsichtig. Fallen Sie nicht auf. Wenn Sie eine Möglichkeit sehen, Ihr Problem direkt mit dem Kommissar ohne großes Aufsehen zu lösen, empfehle ich Ihnen, dies unbedingt zu tun!«

Rainer Soltys, einem dynamischen Manager im besten Alter, hat es natürlich nicht an Gelegenheiten gemangelt, Erfahrungen zu sammeln, wie man Probleme in interessante Herausforderungen verwandelt.

26. Mai. Unser Boot sitzt fest, wir aber sind frei. Sascha und ich fahren in die Innenstadt Moskaus für Film- und Fotoaufnahmen. Doch auch dabei wird uns das Leben nicht gerade leicht gemacht. Immer wieder werden wir von der Polizei gestoppt, am Drehen gehindert. In der Metro, wo ebenfalls an jeder Station die Miliz eine Wache samt einem vergitterten Raum als Arrestzelle zur Verfügung hat, um Probleme unbürokratisch zu klären, wurden wir gestern und heute allein dreimal aufgegriffen. Wegen der tschetschenischen Bombenanschläge ist man natürlich besonders nervös und nicht zuletzt des-

halb sind das Filmen und Fotografieren streng verboten. Also besorgen wir uns mit Hilfe eines Empfehlungsschreibens vom russischen Generalkonsul in München eine offizielle Dreherlaubnis in der Hauptverwaltung der Metro, die allerdings nur für wenige Stunden, nämlich von zwanzig Uhr bis vierundzwanzig Uhr, gültig ist.

Nur vier Stunden für das größte und längste Museum der Welt! Täglich besuchen es schätzungsweise sieben Millionen Menschen. Und der Eintritt kostet nicht viel, für viele Ausweisinhaber sogar nichts! Hier präsentiert sich auf dem Silbertablett Kultur im Vorübergehen, und es ist besser, auf den über hundert Stationen nicht im Gewühl nach Hause eilender Moskowiter mitzuschwimmen. Die Moskauer Metro ist ohne jede Übertreibung einzigartig in der Welt: Viele Bahnhöfe sind eine Kunstausstellung für sich. Und an teuren

Moskau, Metro: einzigartig auf der Welt.

Materialien wurde nicht gespart – Mosaiken, Kronleuchter, Stuck und immer wieder Marmor, wohin das Auge blickt.

Im ganzen Land waren Freiwillige angeworben worden, als man mit dem Projekt begann, um bei dem Aufbau des unterirdischen Palastes des Volkes zu helfen. Prächtig wie die Anwesen der Reichen sollte er sein und doch vom Volk genutzt werden. So wurden allein 70 000 Quadratmeter Marmor in den nach 1935 gebauten ersten vierzehn Stationen verwendet. Das ist mehr als in sämtlichen Schlössern der Romanows. Die Stationen sollten nicht nur funktional sein wie in London und Paris, sondern wahre Kunstwerke. Aus den kostbarsten Materialien gestalteten zeitgenössische Künstler ein gigantisches Museum der Stalin-Zeit.

Einen Vorteil haben wir bei den Filmarbeiten zu später Stunde: Nicht mehr ganz so viele Moskowiter strömen durch die Stationen, sodass unsere Ausrüstung die Aktion ohne Beschädigung überlebt, sieht man von einem Objektivdeckel ab, der von nun an wahrscheinlich viele tausend Kilometer in einem rasenden Zug mitfahren darf.

Kurz vor Mitternacht treffen wir eine ältere Frau, die gerade ihre Tasche zusammenpackt. Seit sechsunddreißig Jahren lebt sie mehr unter als über der Erde und ist stolz auf ihren Beruf.

»Ich habe in der Metro schon an allen Plätzen gearbeitet, auch an der Rolltreppe, da unten in dem Häuschen aus Glas«, erzählt sie. »Dort habe ich den ganzen Tag Passagiere beobachtet, die rauf und runter fahren. Besonders muss man auf die Kinder aufpassen und wenn eines fällt, sofort alles stoppen. Schnell drehe ich den Schlüssel auf ›Halt‹ und telefoniere mit dem Leiter. Einmal fuhr ein Mann mit Krücken und die gerieten zwischen die Stufen der Treppe. Er fiel um, die Treppe wurde im gleichen Augenblick angehalten. Wir zogen die Krücken heraus und setzten eine andere Rolltreppe in Bewegung.«

»Ist das nicht anstrengend, den ganzen Tag lang zu sitzen und zu kontrollieren?«, fragt Sascha.

»Ja, es gibt ein Problem an diesem Arbeitsplatz, man schläft leicht ein beim Sitzen. Meinen besten Job hatte ich als Kassiererin, dort im Kassenraum war es sehr angenehm zu arbeiten. Aber neben mir hockte eine so unangenehme Kollegin, dass ich dann doch alles zurückließ und weglief.«

»Und was machen Sie heute Nacht? Ist Ihre Arbeitszeit zu Ende?«

»Ich wohne nicht direkt in Moskau, sondern in einer Vorstadt. Nach ein Uhr wird alles abgeschlossen, dann gehen wir alle erst einmal Tee trinken. Etwa eine halbe Stunde, und dann, um halb zwei löschen wir die Lichter. Aber wer kann uns um halb zwei nach Hause bringen?« Fragend blickt sie Sascha und mich an, als hätten wir möglicherweise eine Lösung in der Hosentasche versteckt. Um die Spannung zu erhöhen, denkt sie zum Schein noch ein bisschen nach, präsentiert dann mit verschmitztem Lächeln die Lösung. »Wir haben speziell ein kleines Zimmerchen für uns und trinken noch einmal Tee. Dort bleiben wir bis zum Morgen. Wir sitzen, sprechen miteinander, lesen, legen unsere Füße hoch. Um halb sechs wird die Metro geöffnet, dann bleiben uns noch einmal zweieinhalb Stunden, in denen wir Tee trinken, und danach geht's nach Hause zum Schlafen.«

Als wir eine Minute nach Mitternacht unsere letzte Szene drehen, wird mein Sucher plötzlich schwarz – eine Hand verdeckt das Objektiv. »Guten Tag – das Filmen ist verboten!«

»Wir haben eine Erlaubnis!«

»Zeigen Sie! Zeigen Sie, zeigen Sie!«

Stolz präsentieren wir unser hart erkämpftes Dokument, die Hand dreht und wendet sie nach allen Seiten.

»Wir haben auf einen Polizisten gewartet, um ein Interview aufzunehmen – Gott sei Dank sind Sie gekommen!«, versucht Sascha sein Glück.

Der Polizist hört gar nicht zu. »Sofort Kamera aus! Kamera aus!« Finger von Hand eins zeigt auf Uhrzeiger am Arm zwei. »Bis wie viel steht dort? Bis vierundzwanzig Uhr. Und jetzt ist es schon nach vierundzwanzig Uhr!«

»Wir möchten kurz…«

»Nein, Kamera aus!«

»Ja, okay, das machen wir. Danke.« Immerhin bleibt uns der Gang ins Polizeiverlies erspart, und dafür sind wir wirklich dankbar!

Na gut, die Metro ist ein sensibler Ort – aber dass uns Gleiches am Roten Platz widerfährt, lässt selbst Sascha staunen. Es ist noch kühl um sechs Uhr früh, deshalb hat er seinen warmen Poncho aus Peru übergezogen. Ohne das Empfehlungsschreiben von der bayerischen Staatsregierung wäre es uns sehr schlecht ergangen! Als Edmund Stoiber damals von der Russland-Reise Kenntnis erhalten hatte, war er von dem Projekt so begeistert, dass er spontan Glück wünschte. Sein abschließender Satz: *»Ich bin überzeugt, dass dieses Unternehmen einen Beitrag zur Vertiefung der Beziehungen zwischen Russland und Deutschland, zwischen Russland und Bayern leisten kann, und hoffe, dass alle dazu erforderlichen Genehmigungen erteilt werden.*

Mit freundlichen Grüßen

Dr. Edmund Stoiber«

Der Brief hatte uns gefreut und auch Mut gemacht, das Risiko einzugehen, mit unserem eigenen Schiff unter russischer Flagge die hiesigen, nationalen Gewässer zu befahren. Doch dass wir ausgerechnet mitten in Moskau die eigentliche Bedeutung dieses Dokumentes zu spüren bekommen, ist nicht ohne weiteres zu verstehen. Es ist nicht zu fassen: Tausende von Touristen fotografieren und filmen hier während des Tages, aber um sechs Uhr am Morgen sieht die Welt offenbar anders aus, vor allem wenn man in einem exotischen Poncho und mit Stativ und professioneller Ausrüstung arbeitet und dabei von ehemaligen KGB-Leuten beobachtet wird.

Sascha weiß nicht, dass ich zufällig Stoibers Brief eingesteckt habe, als erneut eine schwarze Hand meinen Sucher verdeckt. Gott sei

Dank verfügt meine Filmweste über unendlich viele Taschen, was zwar auch zur Folge hat, dass ich immer lange suchen muss, doch diesmal befindet sich der wertvolle DIN A 4-Bogen wohl gehütet in einer Klarsichthülle im großen Rückenfach.

Während Sascha mit dem Offizier verhandelt, taste ich unauffällig nach dem Reißverschluss. Zipp, ein Griff und da ist unser wertvolles Stück! Mit betont ruhiger Stimme frage ich Sascha, ob er das Schreiben für sein Gespräch benötigt.

»Ja, gib es mir!« Er nimmt das leicht verknitterte Papier und zeigt es dem KGB-Mann.

Der wirft einen kurzen Blick darauf, sofort fällt sein Auge auf die Unterschrift. »Wer hat das unterschrieben?«, fragt er mit versteinerter Miene.

»Stoiber!«

»Und wer ist Stoiber?«

»Wie – wer??? Der Präsident!«

Der Kerl runzelt seine Augenbrauen, überlegt wahrscheinlich fieberhaft, um welchen Präsidenten es sich wohl handeln könne: BMW oder United States? Schließlich zieht er den Bogen aus der schützenden Hülle. Langsam gleiten seine Finger über das edle Papier wie bei der Prüfung eines Hundert-Dollar-Scheins. Das im Briefkopf eingestanzte Wappen des Bayerischen Löwen scheint bei unserem Gesprächspartner schon etwas mehr Respekt auszulösen und lässt ihn fühlen, dass dieses Dokument echt ist.

Er probiert einen neuen Angriff: »Aber das muss von unserem General bestätigt werden! Der Rote Platz gehört dem Kommandanten vom Kreml!«

»Wo haben Sie erlebt, dass ein Präsident seine Dokumente noch vom General bestätigt bekommen muss?«, kontert Sascha.

Auf eine derartige Frage ist offenbar im Kopf des Offiziers keine Antwort gespeichert. Vielleicht spazieren nicht so oft Leute im Poncho am frühen Morgen auf dem Roten Platz herum, mit solchen Papieren in der Tasche.

Schließlich erhalten wir unser kostbares Kleinod wieder zurück mit der Bemerkung: »Gut – ich gebe Ihnen noch fünf Minuten, aber bitte beeilen Sie sich!« Spricht's, macht auf dem Absatz kehrt und

»Wer hat das unterschrieben?«, fragt er mit versteinerter Miene.

verschwindet langsam, in tiefe Gedanken versunken, aus unseren Augen.

Sascha dreht sich zu mir, noch immer mit dem Mikrofon in der Hand, und sagt: »Mikro war an!«

»Kamera auch!«

Er. Mafia

Wer schaut schon regelmäßig durch den »Spion« seiner Tür, bevor er die Wohnung verlässt? Ich meine, wer prüft schon ständig nach, ob irgendjemand vor der Tür steht? Und wenn man nach Hause zurückkommt, wer fährt da an seinem Haus vorbei, um sein Auto in einer Nebenstraße zu parken und sich dann dem Haus durch den Garten oder Hinterhof zu nähern?

Seit einiger Zeit bin ich gezwungen, es genauso zu machen.

Dabei fühlte ich mich zunächst wie ein Gott, als ich die Wohnung in der Kutusowskij-Straße gekauft hatte. Das ist das nobelste Wohnviertel von ganz Moskau! Rechts befindet sich die Neue-Arbat-Straße, links das Haus von Brezhnew. Jeden Morgen bringen gepanzerte Karossen die Kreml-Bosse von ihren Wochenendhäusern zur Arbeit und am Abend zurück zu ihren Datschen.

Diese Prachtstraße ist gepflastert mit eleganten Edelboutiquen, die fast alle Erdgeschosse der Häuser in Stalin-Architektur besiedeln. Schon die Nähe zum Hotel ›Ukraina‹ ist von großem Vorteil. In diesem Bauwerk, das man mit Sicherheit als Höhepunkt der architektonischen Schöpfungskunst bezeichnen kann, sind nur dreißig Prozent Nutzfläche, den anderen Teil zieren Säulen!

Und genau gegenüber von diesen Säulen, nur hundert Meter entfernt, kaufte ich in einem neunstöckigen Haus eine Wohnung.

Zu diesem Zeitpunkt hatte ich weder von der organisierten Kriminalität noch von der Kriminalität als solcher eine Ahnung. Sicher wusste ich, dass es in Moskau Mordfälle gibt. Aber das sind doch verschiedene Mafia-Gruppierungen, die sich gegenseitig töten, dachte ich. Wir normalen Menschen haben damit nichts zu tun, dachte ich. Und so denken alle, so lange es sie nicht persönlich betrifft. Dass irgendwo jemand ermordet wurde, kann man jeden Tag im Radio hören. Das passiert eben »irgendwo« und »irgendjemandem«. So lange einem selbst die Kehle nicht mit einem Handtuch zugedrückt wird, glaubt man, dass Kriminalität von Journalisten erfunden wird und nur eines von vielen Themen für TV-Serien oder Hollywood-Filme ist.

So kam ich eines Tages von einem großen internationalen Festival – ich glaube aus Barcelona – nach Moskau, lud Gäste ein, feierte eine Party und fühlte mich glücklich, ohne zu wissen, was mich am nächsten Morgen erwarten würde. Da fand ich nämlich mein Auto von zwei »Wolgas« zugeparkt, so dass ich keine Chance hatte wegzufahren. In einem der »Wolgas« saßen vier Herren und warteten auf jemanden. Und dieser »Jemand« war ich.

»Unser Chef würde dich gerne sprechen!«

»Wieso?«

»Es gibt da ein Gerücht, dass die Dokumente für deine Wohnung gefälscht sind.«

Dass meine Gesprächspartner, sehr sportlich gebaute Herren, in einer Kampfart oder im Boxen gut trainiert waren, fiel mir gleich auf. So einfach konnte ich sie nicht überlisten. Allein die Gegenwart dieser vier wirkte bedrückend. Streitereien machten also keinen Sinn, doch sofort aufgeben wollte ich auch nicht. In ihr Auto einzusteigen wäre aber auf jeden Fall ein Fehler gewesen, weil uns dann meine Nachbarn nicht mehr hätten sehen können.

Was sollte ich nun tun? Sollte ich fliehen? Das wäre eine dumme Idee gewesen, denn die Kerle hätten mich schnell erwischt und halb tot geschlagen. Vermutlich blieb mir also nichts anderes übrig, als die Schenkungsurkunde für die Wohnung und für das Auto »freiwillig« zu unterschreiben. Unglücklicherweise trug ich auch noch in beiden Händen Koffer, weil ich meine Mutter in einer anderen Stadt besuchen wollte. Ich versuchte nachzudenken: Als Erstes könnte ich einwilligen, ihren gastfreundlichen Chef zu besuchen, doch vorher könnte ich sie bitten, mir zu helfen, das Gepäck zurück in die Wohnung zu bringen. Gesagt, getan.

Einer der »Sportler« nahm einen Koffer und begleitete mich nach oben. Wir fuhren mit dem Lift in den fünften Stock und betraten die Räume.

»Hör mal«, versuchte ich ruhig zu bleiben, obwohl eine zusätzliche Portion Adrenalin in meiner Brust ein Feuer gezündet hatte und das Sprechen fast unmöglich machte, »ich möchte, dass ein Freund von mir mitfährt. Er ist Spezialist für Wohnungsfragen.«

In Wirklichkeit rief ich bei einem Bekannten an, der als Bankwächter tätig war. Er hatte eine Pistole. Aber er war nicht zu Hause. Mein Begleiter stand am Eingang und hinderte mich merkwürdigerweise nicht an meinem Anruf. Ich wählte auch noch die Mobilfunknummer. Die nette Tonbandstimme riet mir, später anzurufen. Guter Rat!

Inzwischen wurde der »Sportler« aber doch unruhig.

»Warte noch einen Moment!« Ich blätterte in meinem Adressbuch. Irgendwo war doch die Nummer von unserer Polizeistation. Ja – hier! Die siebenstellige Zahl nahm kein Ende.

»Zweihundertachtundsechzigste Abteilung der Polizei, der diensthabende Oberleutnant Petrow am Apparat.«

»Ich wurde überfallen«, flüsterte ich leise. »In meiner Wohnung sind unbekannte Menschen.«

Zu meinem Glück fragte der diensthabende Leutnant nicht nach Einzelheiten und reagierte schnell: »Ihre Adresse! Versuchen Sie, Zeit zu gewinnen.«

Ich flüsterte die Adresse. Die war länger als zwei Unendlichkeiten.

»Kutusowskij-Straße, Haus sieben schräg fünf, Korpus drei, Wohnung zweihundertfünfundachtzig.«

In diesem Moment riss mir der »Sportler« den Hörer aus der Hand und rief: »Jetzt reicht's, wir fahren.«

»Ich habe meinen Freund noch nicht erreicht«, versuchte ich zu widersprechen.

»Ruf von unserem Office aus an. Unser Chef wartet nicht gerne.«

Ich stand auf. »Willst du was Starkes?«

Der Riese zupfte an seiner gebrochenen Nase herum und sagte: »Im Dienst trinke ich nicht.«

»Ach, komm schon, wir nehmen für deinen Chef auch etwas mit«, kämpfte ich um Zeit und ging an der Toilettentür vorbei in die Küche.

»Trinkt ihr gerne Wodka?«

»Ich sagte doch, wir sind Autofahrer«, kam es von der Tür.

»Na gut, ich muss noch schnell auf die Toilette.« Dort fand ich außer einer Klobürste nichts zu meiner Verteidigung Geeignetes. Noch vor einer Woche hatten hier ein Hammer und eine elektrische Bohrmaschine gelegen. Doch die Renovierungsarbeiten waren beendet und die Arbeiter hatten alles mitgenommen. Ich hörte ungeduldiges Klopfen an der Tür. »Einen Augenblick noch!« Ich zog an der Spülung und kam heraus.

Der »Sportler« machte die Eingangstür auf und wartete dort auf mich.

»Nein«, sagte ich und ging in die Küche. Auf dem Tisch stand ein großer Messerblock aus Holz. »Alleine will ich nicht fahren.«

Der »Sportler« blickte mich argwöhnisch an. Ohne seine Komplizen war er aber ziemlich verunsichert. Er ging raus, um sie zu holen.

In diesem Moment hörte ich im Flur knackende Geräusche und vor der Wohnungstür erschien ein Polizist. »Sind weitere Fremde in der Wohnung?«

»Keiner mehr…«

Der Polizist trat ein. Er war fast zwei Meter groß, trug eine kugelsichere Weste und war mit einer Kalaschnikow bewaffnet. In seiner Brusttasche brummte ein Funkgerät. In der linken Hand hielt er die Kette der Handschellen, welche jetzt die Handgelenke unseres Freundes, des »Sportlers«, schmückten. Der blickte zu Boden, versuchte gar nicht erst, sich zu wehren.

Der Polizist sprach in sein Funkgerät:
»Kolja, hast du unten den anderen festgenommen?«
»Na klar«, meldete sich sein Partner.
»Wie viele waren hier?«, fragte der Polizist dann mich.
»Vier Personen in zwei Autos.«
»Die Fahrer sind mit ihren Autos natürlich auf und davon!« Der Polizist riss an der Kette, an der jetzt der »Sportler« hing. »Diesen nehmen wir aber mit aufs Revier!«
Mich überkam eine Welle der Erleichterung. Tränen kullerten aus meinen Augen. Ich drehte mich weg, schämte mich für meine Hilflosigkeit. Doch wer weiß schon, was man in solchen Situationen machen soll! Auf dem Revier sprach mit mir ein Offizier, der mir abriet, diesen Überfall offiziell zu melden.
»Was können wir ihnen schon anhängen?«, fragte er mich. »Sie wollten ja nur mit Ihnen reden. Wenigstens wissen wir jetzt, für wen sie arbeiten, doch für ein Gerichtsprotokoll reicht es nicht. Ihre Wohnung liegt wohl zu nahe am Hotel ›Ukraina‹ …«
Erstaunt fragte ich: »Was hat das Hotel ›Ukraina‹ damit zu tun?«
»Das sollte besser ›Kaukasus‹ heißen. So viele Kaukasier wie dort findet man nirgends in Moskau! Bestimmt haben Sie davon gehört, dass in der Unterführung erst kürzlich jemand erschossen wurde. Sagen Sie bloß, Sie wissen das nicht.«
»Nein, keine Ahnung! Unter meinen Freunden sind auch Leute aus dem Kaukasus.«
»Das sind aber vermutlich andere Freunde!«, entgegnete er. »Wenn Sie eine Wohnung kaufen, überlegen Sie beim nächsten Mal etwas genauer!«
Nach diesem Vorfall vergaß ich nie, durch den »Spion« zu sehen, bevor ich die Tür öffnete. Und durch das Fenster im Treppenhaus beobachtete ich jedes Mal erst den Hauseingang. Und wenn ich nach Hause kam, fuhr ich immer erst in den sechsten Stock, schaute von dort nach unten, um mich zu vergewissern, dass vor meiner Tür keine unerwarteten Gäste standen. Später zog ich um. Aber auch in

dem neuen Etablissement blieb ich meiner Gewohnheit treu. Bis zum heutigen Tag hat sich mein System in einem Ritual verfestigt: Egal wie viele Sterne ein Hotel hat, zuerst kontrolliere ich Zimmer und Bad, bevor ich die Eingangstür schließe. Was, wenn dieser Horror sich wiederholt …

Sie. 27. Juni. Schlafen ist mal wieder oder immer noch ein Fremdwort für uns – wir sind ständig unterwegs. Da wir nicht wissen, was am Ende mit dem Boot geschehen wird, ob und wie wir wieder aus Moskau herauskommen werden, wollen wir so viel wie möglich aus unserer prekären Situation herausholen. Das kostet Nerven! Nicht vorstellbar, wenn wir tatsächlich mit SOLVEIG eingesperrt bleiben sollten. Unser vorläufiger Plan ist, die Stadt nachts zu verlassen, um so für weitere Inspektionsboote möglichst unsichtbar zu bleiben. Doch Gott sei Dank – noch sind wir in Moskau, in der faszinierenden Stadt der Kultur. Von zwanzig Metrobenutzern wird man zehn beim Lesen finden. Und wer bei uns zu Hause hat eine Bibliothek, die jährlich um rund 25 Bücher anwächst? In Moskau ist dies der Durchschnittswert! Hier lesen fast alle, nicht nur die Intellektuellen. Und so wundert es mich schon nicht mehr, als ich erfahre, dass es in Moskau 4000 Bibliotheken gibt, deren Buchbestand rund 400 Millionen Exemplare verschiedener Arten von Druckerzeugnissen umfasst.

Bildung wird in Russlands Metropole groß geschrieben, in mehr als 80 Hochschulen können Studenten in fast 400 verschiedenen Fachrichtungen ausgebildet werden. Heute fahren wir zur Hochschule für Film und Fernsehen, dem russischen Hollywood. Sascha will Alexei Batalov treffen, eine Legende des russischen Films.

Er. Wenn die Kraniche ziehen

Was der Eiserne Vorhang bedeutete, weiß heute nur noch die ältere Generation. Früher spürten wir sogar an den fröhlichsten Tagen, dass er zwischen uns und dem Rest der Welt hing. Egal wie laut die Lieder der Beatles klangen, wir hörten nur ihr Echo. Wir kopierten heimlich diese Musik von den seltenen Schallplatten, die nur durch das Wunder des russischen Zolls auf unser Territorium kamen. Aber die Musik allein zeigte uns kein Bild von der anderen Seite. Wir wollten die Welt SEHEN. Heute kommen Pink Floyd und Sting nach Russland, aber damals war jeder Auftritt von westlichen Künstlern eine Revolution.

Vielleicht hatte das sowjetische System etwas weniger Angst vor einem Künstler, der schweigt, und hatte deshalb die Genehmigung für einen Auftritt von Marcel Marceau erteilt. Es war ein Bombenerfolg. Nach seiner ersten Vorstellung in Moskau wollte ihn die gesamte künstlerische Elite Moskaus kennen lernen. Und nur die geballte Kraft der Wächter, Polizisten und KGB-Leute rettete Marceau davor, zerrissen zu werden. Das Glück, durch seine Garderobentür geschoben zu werden, hatten nur der Leiter des Kulturministeriums, populäre Schauspieler und Direktoren von Intershops.

Jeder versuchte Marceau die Hand drücken und ihm seine Visitenkarte auf den Schminktisch zu legen. Am Ende ertrank die Garderobe des Franzosen in Visitenkarten, Blumen und sowjetischem Champagner, so dass der Meister nicht mehr wusste: Wer ist wer? Wirklich – für Marcel Marceau waren alle, sogar die bekanntesten russischen Schauspieler, unbekannt, eben wegen des Eisernen Vorhangs.

Und plötzlich erschien in Marceaus Garderobe noch ein begeisterter Zuschauer. Er war jung, energisch und ein bisschen schüchtern.

»Wenn die Kraniche ziehen!«, rief Marceau und nahm den Gast herzlich in den Arm und versuchte, dessen Hemd nicht mit der weißen Schminke zu beschmutzen.

Jahre später hatte Marceau im berühmten Pariser »Olympia« einige Auftritte, zu denen er mich einlud. Wir saßen in einem kleinen Café, nicht weit von seiner Schule. Ein alter Araber brachte uns Tee in Gläsern mit zwei großen Pfefferminzblättern. Das Café war absolut leer. Nicht einmal der Lärm vom großen Paris war zu hören. Wir sprachen über verschiedene Themen.

»In meiner Schule studiert kein einziger Russe«, bemerkte der Meister betrübt, »in deinem Land sind schwierige Zeiten, es gibt kein Geld mehr für Kultur. In der Sowjetunion wurde wenigstens noch die Kunst staatlich gefördert. Und was hattet ihr für Schauspieler!« Dann verstummte er für eine Sekunde, sah in meine Augen und fragte plötzlich: »Lebt Batalov noch?«

Als ich bejahte, sagte er: »Finde ihn!«

Wenn ich das Wort Spielfilm höre, erscheint vor meinen Augen sofort die Kindheit, als es noch etwas Besonderes war, ins Kino zu gehen. Das geschah immer nur am Sonntag. Ein Festtag, aber nicht nur darum, weil sich die Schule von mir erholte, sondern weil wir zusammen mit Vater gefrühstückt haben. Er nahm immer aus dem kühlen Wandschrank ein Drei-Liter-Glas mit rotem Kaviar, einen großen Löffel und sprach jedes Mal die Worte: »In Russland isst man Kaviar mit dem Löffel!«

Nach dem Frühstück geschah endlich das Wunder: Wir besuchten das Kino. Eine andere Welt! Die Welt von Charly Chaplin, Louis de Funès, Sophia Loren und Marcello Mastroiani. Russische Filme, so erinnere ich mich heute, handelten oft vom Krieg: Kriege gegen Tataren, gegen die Weiße Armee, die deutsche Wehrmacht. Mein Vater war als Offizier davon überzeugt, dass seine Kinder die bittere Wahrheit des Lebens kennen lernen sollten.

Ich erinnerte mich sehr gut an den Film »Wenn die Kraniche ziehen«. Mama hat geweint und meine Augen schwammen auch in Tränen. Vielleicht war es für meinen Vater am schwierigsten: Auf der Leinwand flimmerte der Beginn des Krieges in Leningrad. In dieser Zeit war mein Vater Student an der Hochschule, die er damals aufgeben musste, ebenso wie die Idee, einen zivilen Beruf auszuüben. Er kam in die Militär-Akademie. Dieser Schwarz-Weiß-Film erinnerte ihn später natürlich an die Chronik des Krieges. Aber bei Soldaten sieht man keine Tränen.

Die Hauptrolle spielte Alexei Batalov. Damals sah ich diesen Künstler zum ersten Mal und liebte ihn sofort. Ich übertreibe nicht, wenn ich sage, dass die ganze Sowjetunion ihn liebte: Weißrussen, Ukrainer, Tataren. Ich glaube, zu dieser Zeit waren wir alle Russen. Die Helden auf der Leinwand waren aber keine Helden im eigentlichen Sinn des Wortes, eigentlich eher Antihelden: bescheiden, mit hohem Ehrbegriff. Und darin lag ihre Stärke. Interessant, dass Batalov übrigens im Alltagsleben genauso war wie in den ›Kranichen‹.

Als wir ihn in der Hochschule trafen, unterhielt ich mich mit ihm wie mit einem alten Bekannten, der sein Gespräch nur kurz unterbrochen hat. Ich fragte ihn, ob es nicht schwierig geworden sei, für die Kunst zu arbeiten.

Er erwiderte: »Und für wen und wo war das Leben einfach? Für Molière? Glaubst du, er hat aus einem bequemen Leben heraus auf der Bühne gespielt, wenn Blut aus seinen Lippen tropfte? Er hatte keine Alternative. Er musste seine Schulden bezahlen. Das ist alles.«

Batalov interessierte sich nicht für Reichtum, zeigte niemals, dass er berühmt war, und liebte nicht das Wort Erfolg. Außerdem gehörte er nicht zu den Leuten, die sich selbstgefällig von der Seite beobachten. Wenn er das bereits gedrehte Material sah, war er oft unzufrieden mit seiner Arbeit.

Die Stelle eines Professors an der Filmhochschule löste nicht unbedingt alle finanziellen Engpässe, aber als man ihm einmal Kontakt zu Business-Leuten anbot, sagte er nur: »Nein, ich befreunde mich nur mit Menschen, die ich schätze und liebe.« Jegliche Art von Werbung lehnte er ab, weil er Angst hatte, dass die Menschen dem Text glauben würden, den er sagen müsste, und dann wäre das Betrug.

»Nun, warum?«, hielt man ihm entgegen. »Alles verändert sich: Zeit, Meinungen, Menschen!«

»O nein«, erwiderte er, »hier bin ich anderer Meinung. Die Menschen verändern sich nicht. Zweitausend Jahre, fünfhundert Jahre, fünfzig Jahre zurück... Die Menschen und ihre Leidenschaften waren ähnlich: Ich bin absolut davon überzeugt, dass die Clique um Iwan den Schrecklichen die gleiche war wie die heute im Kreml. Dieselben Ambitionen. Dieselben Intrigen.«

Als ich ihn fragte, warum er nicht so oft im Kino zu sehen sei, überraschte er mich.

»Wer hat gesagt, dass man viel spielen muss? Natürlich ist es gut, wenn Rollen angeboten werden, aber man muss lernen, sie abzulehnen.«

Etwa zehn Jahre vorher war ein Film gedreht worden mit dem Titel »Moskau glaubt den Tränen nicht«. Und Batalov hatte man eine der Hauptrollen angeboten. Obwohl ihm das Buch gefiel, sagte er erst ab, weil er daran zweifelte, dass das Publikum den Helden sympathisch finden würde. Später erhielt dieser Streifen einen

Oscar als der beste ausländische Film des Jahres. Wie gut, dass Batalov vom Regisseur doch noch überredet worden war, die Rolle zu übernehmen.

Für die Besetzung von Krimiserien haben die Casting-Firmen wahrscheinlich die große Auswahl, aber einen bescheidenen Menschen mit reiner Seele darzustellen ist keine einfache Sache. Das Objektiv der Filmkamera heißt so, weil es objektiv die Realität überträgt. Batalovs Talent, glaube ich, besteht darin, dass er am Drehort immer er selbst bleibt. Er stammt aus einem Kreis Menschen, die niemals Kompromisse eingehen, wenn es um ihr Gewissen geht.

Das Gespräch mit Batalov war einfach. Er erzählte mir über Begegnungen mit Marceau in Leningrad und Paris.

»Ich habe viel bei ihm gelernt. Als Schauspieler weiß ich, dass es unglaublich schwierig ist, ohne Text auch nur eine Minute lang die

Zwei Freunde: Filmstar Alexei Batalov und Pantomime Marcel Marceau.

Aufmerksamkeit der Zuschauer zu fesseln. Und einen ganzen Abend ohne ein einziges Wort das Publikum in seinen Bann zu ziehen ist eine große Begabung.« In seinem Büro waren die Wände beklebt mit seinen Filmplakaten. In jeder Rolle blieb ein Stück von seinem Herzen. Es gab auch Zeichnungen, die Marcel Marceau gemalt hatte, sie hingen gleich neben seinem Schreibtisch. »Er ist hier. Hier neben mir.« Batalov berührte die Bilder mit Verehrung.

Bevor wir uns verabschiedeten, überreichte ich ihm die Vergrößerung einer Aufnahme von Marceau, die ich in Paris gemacht hatte.

Er blickte auf das Foto des Meisters und sagte nur ein Wort: »Lehrer.«

»Und ich habe den Film ›Wenn die Kraniche ziehen‹ noch nie gesehen«, sagte Angelika.

»Macht nichts!«, erwiderte ich. »Wir sind in Russland. Gehen wir und kaufen ihn.«

Sie. 27. Juni nachmittags. Wir schlendern durch die langen Gänge der Filmhochschule. Aus den halb geöffneten Türen fliegen Sprachsplitter und Gitarrenklänge. Ein Schüler versucht sich im Gesang mit Hilfe eines Studenten, der ihn auf einem verstimmten Klavier begleitet. Kostüme werden noch einmal zurechtgezupft, Fliegen gebunden, hinter der Bühne erzeugt ein Student mit zwei Hölzern das Geräusch von Pferdekutschen, fehlende Knöpfe werden in letzter Sekunde angenäht... Die Spannung der Prüflinge ist in jeder Ecke fühlbar.

Auf dem Gang begegnen wir einem ehemaligen Studienfreund Saschas. Viele Jahre sind vergangen, seit sie sich das letzte Mal gesehen haben. Slawa arbeitet inzwischen als Regisseur, und das mit großer Leidenschaft.

»Wollt ihr wissen, wie bei uns Regisseure, Schauspieler und Kameraleute ausgebildet werden?«, fragt er leicht provozierend und fährt, ohne eine Antwort abzuwarten, fort: »Zuerst machen wir aus unseren Regisseuren Schauspieler und dann nehmen wir sie auf. Und das ist absichtlich so, denn man sagt, wenn man mit professionellen Schauspielern arbeitet, ist es einfacher.«

Wir sind in einem kleinen Probenraum gelandet und haben uns auf der Bühnenkante niedergelassen. Um uns ein einziges Gerenne halb oder ganz kostümierter Schauspielschüler, am Fenster hocken zwei Mädchen auf einem Stuhl, nuckeln abwechselnd an einer nicht mehr ganz frischen Colaflasche. Plötzlich erscheint eine drahtige Endfünfzigerin mit hochgesteckten Haaren, die inzwischen erfolgreich versuchen, sich aus ihren Kämmen zu befreien.

Sie klatscht in die Hände: »Dawai... dawai – auf geht's!«

Drei Probanten springen auf, laufen hinter ihr aus dem Raum.

»Bis zum dritten Semester ist es überhaupt verboten, mit Schauspielern zu arbeiten«, erzählt Slawa ruhig weiter, ohne sich von der Hektik um ihn herum auch nur im Geringsten beeindrucken zu lassen, »wichtig ist, dass ich meine Idee zunächst mit ganz einfachen Leuten verwirklichen kann. Ich glaube, unser Meister Kastinienko ist hier einer der Besten, denn er hat sein eigenes System zu lehren. Er lehrt nicht, wie man als Regisseur sein muss, sondern wie man sein Instrumentarium einsetzt. Er stellt eine simple Aufgabe, zum Beispiel einen ganz kurzen Film über eine lange Zeitspanne zu drehen. In der Arbeit sollte Logik sein, aber die Zuschauer müssen die Länge der Zeit fühlen. Das Mittel dafür ist der Schnitt, und der Zuschauer soll spüren, dass es eine Ewigkeit dauert. Also wie man nach einem Messer greift, bevor man zusticht. Oder andere kleine Aufgaben, bei denen es eine Idee gibt, aber dafür kein Schnitt erlaubt ist. Und in dieser Ohne-Cut-Story muss die Geschichte passieren. Das ist ein Mikro-Theater-Stück.«

Dank Sascha habe ich inzwischen einige russische Filmproduktionen auf Video gesehen, bis jetzt leider nur in Originalsprache und mit Hilfe seiner Übersetzungen. Dennoch war ich immer wieder beeindruckt und fühlte die Tiefe und Poesie vieler Szenen. Hoffentlich kommt bald eine Zeit, in der mehr russische Filme über deutsche Bildschirme flimmern werden.

Er. 24 Stunden Moskau, 5.00 Uhr. Der Fluss Moskwa liegt da wie in einem Spiegel, der ins betonierte Ufer hineingeschoben wurde. Ein bisschen erzittert der Kreml mit seinen Kuppeln, die auf dem Kopf stehen, als ein einsamer Fischer seine Angel ins Wasser hält.

19/20
Ein Wunder russischer Holzarchitektur: die Türme von Kischi am Ladoga-See.

21

23

21 Nordrussland: das Kirchenensemble von Kischi.

22 Nicht ein einziger Nagel wurde verwendet.

23 Der alte Altar in der Winterkirche.

24 Vater Nicolai mit seinem Lieblings-samowar.

25 Eine alte Windmühle.

26

27

6 Russlands Metropole Moskau – vor der Kremlmauer.

7 Die neue Welt hält Einzug in Moskau: Blick von der Moskwa auf die Stadt.

28 Die letzte Schleuse vor Moskau.

29/30/31 Unterwegs auf dem Arbat. Fast alles kann man hier kaufen.

32

33

35

34

36

32 Käpten Rollo und Pro-forma-Käpten Ed illegal auf der Moskwa.

33 SOLVEIGS Versteck in Moskau.

34 Bayerische Tage in Moskau – Angelika trifft Delegierte der Wirtschaft: Dieter Würl, Geschäftsführer Bayern International, Volker Kirchgeorg, Geschäftsführer Santec, Bernd-Joachim Pantze, Ministerialrat im Bayerischen Wirtschaftsministerium (von links nach rechts).

35/36 Moskau bei Nacht.

37 *Bombenstimmung beim Russisch-Bayerischen Bierfest.*

38 *Mit SOLVEIG im Herzen der Hauptstadt.*

39 *Bayerische Blasmusik auf dem Bierfest.*

40 *Bier verbindet: Moskaus populärer Oberbürgermeister Luschkow zusammen mit Bayerns Wirtschaftsminister Dr. Otto Wiesheu sowie Wiggerl Hagn, Präsident des Bayerischen Hotel- und Gaststättenverbandes, und Dr. Michail Logwinow, russischer Generalkonsul a.D. (von rechts nach links).*

Der im Allgemeinen von Menschen überfüllte Rote Platz erholt sich von seinen Besuchern – niemand ist da. Unterhalb der riesigen Uhr des Spaski-Turms läuft ein Soldat der Staatssicherheit, in seinen Händen hält er kein Gewehr, sondern einen Besen.

5.30 Uhr. Im Eingang der Metro sammeln sich Leute. Aus den kleinen Fensterchen des Kiosks übergibt die Hand des unsichtbaren Verkäufers eine Schachtel Zigaretten oder ein Bier. Die erste Straßenbahn rumpelt über die Kommissariat-Brücke.

5.45 Uhr. Ein verschlafener Polizist erscheint aus seiner unterirdischen Station, um die Glastüren der Metrostation aufzuschließen. Passagiere laufen an den vergessenen Automaten aus den achtziger Jahren vorbei, kaufen ihre Magnetkarten an den Kassen und lassen sich vom unterirdischen Loch aufsaugen.

Den Bau der Metrostation ließ bereits Stalin beginnen. Bei seiner Vorliebe für Bunker baute er Bunker fürs ganze Volk. Dachte er über einen Atomkrieg nach? Wahrscheinlich nicht. Eher wollte er die Bevölkerung in einer überdimensionalen Baustelle beschäftigen. Der angeborene Drang des russischen Menschen zu den schönen Dingen brachte seine Früchte. Keine der Metrostationen ähnelt der anderen. Die Baustoffe, vorwiegend Marmor und Granit, wurden wegen des günstigen Preises aus dem Uralgebirge herbeigekarrt.

Die Moskauer Metro – das sind unterirdische Paläste aus Edelsteinen! Dort wurden sogar die Leuchterarme aus Kristallglas, die Lusterkörper aus Bronze und die Mosaiken aus echten Edelsteinen angefertigt. Kurz gesagt: ein Weltwunder!

6.00 Uhr. Das seit gestern Abend verstummte Radio ist erwacht und verströmt die Energien der Nationalhymne der Sowjetunion, die jetzt russische Hymne heißt. Der Effekt ist der gleiche: Wer kein Vertrauen zu seinem Wecker hat, wird von dem Dröhnen des Blasorchesters wach.

Die Rohre in den Wänden der Wohnhäuser beginnen zu stöhnen und informieren die noch schlafenden Nachbarn über den angebrochenen Tag. Wie immer langsam, ohne Hektik, machen die Menschen ihre Hauptstadt sauber, besonders neben Banken und Firmen, dort wird besser bezahlt. Autos mit frischem Brot öffnen ihre Seitentüren und übergeben alles den Bäckereien.

Ein roter, glänzender Coca-Cola-Transporter bremst neben dem Supermarkt.

7.00 Uhr. Woher kommen all die Leute, die gleichzeitig so viele Geschäfte und Metrozüge überfüllen? Wer es nicht mehr schafft, sich in den Wagen zu drücken, beginnt schon über das traurige Gespräch mit seinem Chef nachzugrübeln.

8.00 Uhr. Nach dem Schrillen der Glocken in den Schulklassen erscheinen die Lehrer: »Guten Morgen, Kinder!«

9.00 Uhr. Der Außenminister beginnt seinen Arbeitstag und wählt die Nummer seiner Sekretärin: »Ich komme um zwölf!« Der Landwirtschaftsminister schreitet das Weizenfeld der Kolchose ab, reißt eine Ähre ab, kostet und teilt seine Meinung den um ihn stehenden Bauern mit: »Es ist Zeit zum Ernten!«

10.00 Uhr. Im Juweliersalon finden sich die ersten Kunden ein.

Im Museum die ersten Besucher. Jedem das Seine. Im Puschkin-Museum dreht jemand am Lichtschalter und gleichzeitig erstrahlen hunderte von Bildern und anderen Exponaten. Der Dichter Alexander Puschkin hat keine Beziehung zum Museum, es trägt nur seinen Namen. Es sind auch Kopien des Pergamon-Altars ausgestellt, eine Kopie von Michelangelos David und Originale der Impressionisten sowie Bilder von Picasso, Gauguin und van Gogh.

11.00 Uhr. Die Stimme eines Sprechers im Radio ertönt: »Elf Uhr Moskau-Zeit!« In der Epoche der großen Diktatoren Chruschtschow, Brezhnew, Andropow und auch beim großen Demokraten Gorbatschow feierte um elf Uhr das ganze Land. In dieser Stunde begann offiziell der Verkauf von Wodka.

Wein durfte man ab sieben Uhr trinken, Bier, sobald es geliefert wurde (selten), und Wodka nur ab elf Uhr. Besonders Schlaue, die ihren Wodka am Vortag gekauft hatten, um vor elf Uhr ihr Business zu machen, waren Kandidaten für den Knast.

12.00 Uhr. Bevor die Uhr am Spaski-Turm ihre längsten Schläge beginnt, ertönen die Klänge der »Internationalen«. Irgendwann sang die Uhr eine andere Melodie: »Gott schütze den Zaren!« Lenins Idee, der Uhr die »Internationale« aufzudrücken, hat nur halb funktioniert. Sie spielt wirklich die richtigen Noten ab, aber so kunstvoll, dass selbst Kommunisten dabei ihre Hymne nicht mitsingen können.

13.00 Uhr. Mittagszeit. Die Arbeiter des Automobilwerkes häufen auf ihr Plastiktablett kalorienreiches Essen. In den Restaurants von Continental beginnt Business-Lunch, im Hotel ›Moskau‹ herrscht ein anderes Prinzip: Bezahl einmal und iss so viel, wie du kannst. Bei McDonald's erhöht sich die Tourenzahl, wenn amerikanische Hähnchenschenkel zu den Moskowiten eilen. McDonald's auf dem Puschkin-Platz war das erste Schnellrestaurant, das in Russland eröffnet wurde, doch es war nicht schnell genug. Auf der Nicolski Straße – gegenüber vom Kaufhaus »Gum« – erklingt mit großer Lautstärke Werbung für japanische Gerichte, und die Passanten versuchen, Sushi mit den Ohren zu essen.

In der Metro trifft man zahlreiche, mit Foto und Videoausrüstung ausgestattete ausländische Touristen und Jugendgruppen, die in den Tierpark oder zu einer Vorstellung ins Kindertheater eilen.

16.00 Uhr. Nichts passiert. In London ist Tea-time.

17.00 Uhr. Eine große Welle, nein, eine »Sunami« ergießt sich aus den geöffneten Toren der Textilfabrik Bolschewikin und überflutet die Straße zur Metrostation. Das Ende des Arbeitstages bedeutet fast das Ende der Welt. Seit den letzten fünfzehn Jahren herrscht babylonische Verwirrung. Alle sind immer unterwegs, alle haben es immer besonders eilig und keiner will dem anderen Vorrang gewähren. Autos verstopfen Bürgersteige, sogar Straßenbahnschienen, und keine Macht der Welt kann sie stoppen.

»Neue« Russen in ihren Nobelkarossen mit abgedunkelten Fensterscheiben kennen keine Regeln oder wollen sie nicht kennen. Sie fahren mit ihrem Mercedes, BMW oder Toyota, wo immer sie Platz finden, und verdrängen mit ihren massiven Kotflügeln entgegen kommende Fahrzeuge. Und trotzdem ist die allgemeine Geschwindigkeit im Zentrum kaum schneller als die einer Pferdefuhre, wenn das Pferd völlig erschöpft ist. Alle zehn Meter schalten die Fahrer auf Leerlauf und beklagen sich über ihr Schicksal. Plötzlich kommt für alle Richtungen eine überlange Rotphase. Alles steht still. Ein Regierungsauto nähert sich. Genauer gesagt: Es wird erwartet... Wenn so ein Auto anrauscht, dann denken Touristen immer, dass ein Regierungsbeamter darin Platz genommen hätte. Aber nein: Dort kann genauso die Ehefrau oder die Katze des Außenministers sitzen.

Rushhour: »Neue« Russen kennen keine Regeln ...

Vielleicht befindet sich in der Karosse gar niemand außer dem Chauffeur? Es gibt etliche Möglichkeiten. Es könnte zum Beispiel auch sein, dass ein Mann mit viel Geld und guten Beziehungen sich den Spezialalarm gekauft hat, um so den Arbeitsverkehr zu überlisten. Denn Rushhour dauert in Moskau den ganzen Tag. Da platzt einem das Hirn. Natürlich nur demjenigen, der überhaupt eines besitzt.

18.00 Uhr. Der Außenminister beendet seinen Arbeitstag. Er telefoniert mit seiner Sekretärin: »Ich komme morgen!«

18.45 Uhr. Das erste Klingeln. Schlange vor der Kasse des Theaters ›Taganka‹. Warum so viele Leute? Natürlich gibt es überall Bühnen. In St. Petersburg, in Wladiwostok, in Gelsenkirchen und in der ganzen Welt. Aber man kann sie nicht vergleichen mit ›Taganka‹. Schon zu Stanislawskis Zeiten wurde Moskau als Theatermekka bezeichnet. Da fällt mir eine Radiosendung der ›Stimme Amerikas‹ ein, die ich trotz der Störgeräusche des KGB empfangen konnte. Zwei amerikanische Kritiker erzählten ihre Eindrücke, als sie nach Moskau kamen, um Vorträge über Theater zu halten. Gleich am ersten Abend besuchten sie das Theater ›Sowremennik‹ (Zeitgenosse). Nach der Vorstellung sagte einer zum anderen: »Ich glaube, wir können zurück in die USA fliegen. Was könnten wir den Russen über Theater erzählen?«

18.55 Uhr. Es klingelt zum zweiten Mal.

Ich kam nach Moskau in den siebziger Jahren. Damals waren Theater so populär wie die Nachtclubs heute. Damals hütete aber die Regierung die Sitten des Volkes sehr streng und tat alles, damit die gesamte Bevölkerung um elf Uhr abends im Bett liegen sollte. Es wurde tatsächlich um diese Zeit bereits still. Ausnahme waren Bars und Restaurants für ausländische Touristen. Wahrscheinlich dachte unsere Regierung, dass es sinnlos wäre, die Ausländer umzuerziehen und außerdem »eine Hand voll Dollar« würde ja dem Vaterland nicht schaden.

Das begehrteste Theater war damals das ›MHAT‹-Theater, das noch von Stanislawski Ende des 19. Jahrhunderts gegründet wurde. Aber absoluter Favorit war das neue Theater ›Taganka‹. Und während es mit Mühe und Not möglich war, in eines der anderen Theater zu gelangen, so wurden die Karten für ›Taganka‹ mindestens für ein Jahr oder sogar für eine Ewigkeit im Voraus verkauft. Es war eigentlich überhaupt nicht bekannt, wie man an Karten gelangen konnte. Später erfuhr ich, dass es Warteschlangen gab, in denen man Tag und Nacht ausharrte. Wir Studenten der Theaterhochschulen durften mit den Studienausweisen die Theater umsonst besuchen. Vorausgesetzt, es gab freie Plätze. Es gab sie aber niemals! Für diese Fälle sprang die schauspielerische Kameradschaft ein. Wir gelangten in die Säle durch die unterirdischen Gänge, durch Notausgänge und über Feuertreppen. Heute kann man die Tickets ganz normal kaufen, wenn man will, aber sie sind teuer.

›Taganka‹ fasziniert mich! Ich habe den Eindruck, dass in diesem Theater keiner spielt. Es sieht immer so aus, als würde man durch Zufall in irgendeiner Geschichte landen. Bei den Inszenierungen von Regisseur Juri Ljubimow ist der Zuschauer Zeitgenosse von Hamlet oder er wird bei einer Fahrt im Militärfahrzeug selbst durchgeschüttelt oder er spürt, wie Pontius Pilatus in »einem blutrot gefütterten weißen Umhang« (in: »Der Meister und Margarita« von Bulgakow) an ihm vorbeistreift. Das ist ein anderes Theater als im Westen, ein Theater ohne Maske, ein Theater, das alle durch das kommunistische Regime aufgestellten Grenzen sprengt und den Zuschauer in die poetischen Höhen mitnimmt, deren Ursprung jedoch im Alltäglichen liegt. Außerdem war und ist ›Taganka‹ durch seinen Humor bekannt. Nicht der Humor von Anekdoten, sondern durch die Betonung der Texte. Klassische Werke klingen im Mund der Schauspieler in vielen Fällen wie aktuelle Satire.

In der Brezhnew-Zeit musste Juri Ljubimow für seinen Mut einen hohen Preis bezahlen. Er hat eine originelle Strafe bekommen: Als er nach England fuhr, um dort in einer Oper Regie zu führen, durfte er nicht mehr zurückkommen.

19.00 Uhr. Alle Geräusche im Saal verstummen. Die Bühne erstrahlt und es erscheint Hamlet. In meiner Erinnerung sehe ich noch heute alle Szenen, Pausen und das mittelalterliche Schwert, das im Zentrum der Bühne steckte. Man kann die Inszenierung im Video bewundern, aber das ist nichts. Man muss sie selbst erleben. Die Kunst des Theaters verträgt keine Konservierung.

21.00 Uhr. Die unterirdischen Metrosäle beginnen zu atmen. Zwischen Säulen und normalen Passagieren bewegen sich stark geschminkte Objekte: Frauen in tief dekolletierten Kleidern; Wintervariante: in bodenlangen Nerzmänteln. Die käuflichen Damen fahren zu ihren Arbeitsplätzen.

2.00 Uhr. Eine lange Reihe brennender Laternen leuchtet auf dem Arbat. Arbat ist wahrscheinlich die älteste Straße in Moskau. Sie ist so alt, dass keiner genau weiß, was der Name bedeutet. Er klingt ähnlich wie »Alte Kutsche«. Diese Straße führt zum Kreml. Wohin sie heute führt, ist schwer zu sagen, denn sie ist Fußgängerzone geworden. Früher standen hier ganz normale Wohnhäuser und heute findet man dort überall Boutiquen, Restaurants, Cafés, Souvenirstände. Man kann Samowars kaufen, Matrioschkas, T-Shirts mit Bildern von Lenin oder Anzüge für Astronauten. Wer eine Fahne der Sowjetunion kaufen will, für den ist Arbat die richtige Adresse. Wer sich für das Privatleben seiner Nachbarn interessiert, kann hier aus russischen Militärbeständen ein Nachtsichtgerät besorgen. Als ich Angelika diesen Platz gezeigt habe, interessierte sie sich besonders für die schönen Ölbilder, die dort ausgestellt waren. Ihr Blick fiel auf ein Gemälde mit der Wolga im Winter:

Eine Pferdekutsche sucht ihren Weg durch den Schneesturm. Winter auf der Wolga, das ist das Einzige, was meine Freunde auf dieser Reise nicht mehr erleben können. Weder Winter noch Schneesturm noch Meteliza…

Meteliza – was für ein wunderschönes Wort! Es bedeutet fast das Gleiche wie Schneesturm, nur eben in Koseform. Alexander Puschkin nannte so eine seiner romantischen Erzählungen. »Meteliza« wurde verfilmt und mit der genialen, speziell für diesen Film geschriebenen Musik von Georgi Swiridow unterlegt. Wenn man diese Musik hört, verweht einen der Schnee, immer weiter und weiter und weiter… Vielleicht wurde deswegen eines der noblen Nachtlokale in Zentrum Moskaus ›Meteliza‹ genannt: Dort verweht es einen ganz bestimmt. Es liegt an der Neue-Arbat-Straße, die parallel zum Alten Arbat verläuft, aber zehnmal breiter ist. Dort ist das neue Zentrum von Moskau.

Manchmal ging ich dorthin, um die Übertragung der Pferderennen aus England anzusehen und einen »Schraubenzieher« zu trinken: Wodka und Tonic. Warum »Schraubenzieher«? Vielleicht weil bei der richtigen Dosierung den Kunden Arme und Beine abgeschraubt werden?

Im ›Sportland‹ des Nachtclubs.

Die Pferdenarren versammelten sich im ›Sportland‹, so nennt man das Untergeschoss vom ›Meteliza‹. Obwohl dieser Sport nicht so viele Fans hat wie der Fußball, trifft man dort interessante Gesellschaft. Fußballnarren verfolgen nur das Spiel, doch die Pferdenarren sind selbst im Rennen.

Sie setzen auf ihre Favoriten, notieren die Namen der Sieger, trinken Cognac und rauchen Zigarren. Wenn es aber in London neblig war und man anstatt der Pferde nur graue Schatten gesehen hat, nahm ich einen Satz Golfbälle, schließlich hatte ich mit dem Golfsport in Oxford Bekanntschaft geschlossen, und bewegte mich in die hinterste Ecke des ›Sportlandes‹.

Dort befand sich ein großzügig gestalteter Raum mit einer elektronischen Trainingsanlage für Golf, dazu zwei Sets Schläger für die rechte und linke Hand.

Über mir im großen Saal suchten Gäste an den Roulettetischen ihr Glück im Spiel. Alle waren wir in unserer Jugend »dostojewskikrank«. Dieser in der ganzen Welt geachtete Schriftsteller, der noch dazu ein ausgezeichneter Psychologe war, infizierte die Russen, mit dem Feuer zu spielen – obwohl die Russen vor Dostojewski auch schon sehr risikofreudig waren. Nicht umsonst haben sie das Russische Roulette erfunden!

Viele junge Leute haben den »Spieler« gelesen und bekamen anschließend Lust, nach Monte Carlo zu fahren und dort ihr gesamtes Stipendium zu verjubeln oder eine Million zu gewinnen. In der Regel gelang weder das eine noch das andere. Als ›Meteliza‹ mit Roulettetischen ausgestattet wurde und ganz Moskau am Spieltisch saß, konnten Russen endlich ihre Träume verwirklichen oder umgekehrt. Frei nach dem Motto: »Wer nichts riskiert, trinkt auch keinen Champagner!«

An diesem Spielsaal versuchte ich vorbeizugehen, aber manchmal bin ich geblieben, um zu beobachten, wie Leute ihr Geld auf eine Karte setzten, hoffentlich nicht das letzte. Ein fast unmerkliches Zucken der Augenbrauen und das unkontrollierte Zittern ihrer Finger verraten, welches Feuer in der Seele des Spielers brennt. Sogar wenn die rotierende Kugel die richtige Zahl erreicht, bleibt das Gesicht des Gewinners cool. Und wenn der letzte Jeton vom Tisch gezogen wird, muss man Mut haben, seine Enttäuschung zu unterdrücken und den Saal würdevoll zu verlassen.

Um sich zu beruhigen, gibt es eine Etage, zu der eine vergoldete Treppe führt. Dort oben herrscht ausgelassene Stimmung. Als ich zum ersten Mal dort war, fühlte ich, dass nicht zufällig der Name ›Meteliza‹ mit einem Schneesturm verbunden ist. Alles drehte sich, als man mich auf die Bühne zerrte, damit ich an einem lustigen Wettbewerb teilnehmen sollte. Seit dem Pioniersalter hatte ich einen solchen Unsinn nicht mehr gemacht. Neun Personen – Männer und Frauen – kämpften gegeneinander. So lange es ums Singen und Tanzen ging, machte ich gute Figur und begeisterte das Publikum mit meinem Vortrag der russischen Volkslieder und Gassenhauer. Auch die Fragen über die Zahl der plastischen Operationen von Michael Jackson haben mich nicht in die Sackgasse getrieben. Die Schläge der Stepptänzer habe ich sogar nicht geraten, sondern gezählt, weil ich das selbst kann, denn es gehört zur modernen Ballettausbildung. Doch dann wurde es immer schwieriger. Gegen Ende blieben wir nur zu dritt übrig. Beim nächsten Wettkampf mussten wir fünf Gläser mit Champagner austrinken, der vor den Augen der Zuschauer in die Gläser verteilt wurde. Gegen mich kämpften zwei junge Mädchen, die natürlich keine Konkurrenz sein konnten. Eine war etwa zwanzig und die andere auch nicht viel älter. Als ich das erste Glas mit dem schäumenden Champagner geleert hatte, wunderte ich mich, dass eine meiner Konkurrentin-

Wer hätte gedacht, dass sich die Trinktechnik so schnell weiterentwickelt?

nen bereits mit dem dritten begann und ihre Nachbarin das vierte beendete, weil sie aus zweien gleichzeitig trank!

Ich habe verloren. Wer hätte gedacht, dass sich die Trinktechnik so schnell weiterentwickelt? Ich erhielt den Trostpreis – einen Teddybären, den ich gleich einem hübschen Mädchen aus der ersten Reihe geschenkt habe.

24.00 Uhr. Die Bühne liegt in Dunkelheit und wird kurz darauf mit Laser beleuchtet. Die Show geht los. Das Ballett ist herrlich! Die schlanken durchtrainierten Körper fliegen über die Bühne, ohne Behinderung durch die Anziehungskraft der Erde. Die Beine der Tänzerinnen gleiten vertikal zur Decke und strecken sich in einem Spagat auf dem glänzenden Boden.

Wer neben dem Podium sitzt, fühlt, wie die Energie der Artisten auf ihn überspringt. Man kann verstehen, wenn viele die Show ohne große Erwartung besuchen: Der Nachtclub ist kein ›Bolschoi‹-Theater. Aber vielleicht gerade deswegen werden sie begeistert sein! Das Kaleidoskop der Show feuert die Fantasie der Zuschauer an und endet mit dem Auftritt einer Sängerin. Vielleicht kennt man ihren Namen nicht, aber das macht nichts.

Wie von einem anderen Stern erscheint sie im blauen Licht. In ihrem halb durchsichtigen Kleid mit Applikationen aus glitzerndem Samt, das ihren zarten, bebenden Körper nur leicht bedeckt, sieht sie aus wie die Schwester vom kleinen Prinzen. Hals und Hände sind entblößt. Ihr ganzes Wesen ein einziges Kunstwerk. Alles an ihr ist im Gleichgewicht und unterstreicht unaufdringlich ihre Schönheit und Jugend. Aber ein Kleid macht aus einer Frau natürlich noch keine Sängerin. Der Job ist nicht einfach, aber man sieht es nicht. Wie bei einem Vogel. Wenn er fliegt, fragen wir uns nicht, ob das schwierig ist...

Natürlich ist es gut, dass Russen in den Weltraum vorstoßen. Es ist fantastisch, dass sie viele Goldmedaillen gewinnen. Aber ich fühle mich immer am glücklichsten, wenn ich sehe, wie gut wir tanzen können.

1.00 Uhr. Die Metro schläft ein. Alle Rolltreppen stoppen, aber die Passagiere rennen noch, in der Hoffnung, die letzten Züge zu erwischen.

5.00 Uhr. Über Moskau goldene Wölkchen. Es ist so still wie in einem Dorf. Ein einsamer Passant kreuzt den Roten Platz, überquert die Brücke und biegt beim ›Kempinski‹-Hotel auf die Promenade ab. Dieser Passant bin ich. Nein, ich betreibe kein Jogging. Heute bin ich früh aufgestanden, um den gespiegelten Kreml im Fluss zu sehen und die letzten Sätze dieses Artikels zu schreiben.

Sie. 28. Juni. Eigentlich erlebe ich unseren Aufenthalt in Russlands Hauptstadt wie einen spannenden Film, dessen Ende ich nicht kenne.

Moskau ist eine wunderbare Stadt. Irgendwo auch chaotisch. Gegensätze prallen aufeinander wie kaum anderswo. Nichts scheint wirklich zusammenzupassen, und gerade in dieser Unmittelbarkeit liegt für mich der Reiz.

Die Menschen, die ich treffe, scheinen überzuströmen von Energie, Aufbauwillen, Lust und der Kraft zum Arbeiten, um etwas Neues zu schaffen. In allen Farben blinkende Schilder mit der Zahl 24 signalisieren den vorbeieilenden Passanten: In unserem Laden ist rund um die Uhr geöffnet.

Die neue Zeit – in Moskau hat sie längst begonnen. Baustellen überall, moderne Hochhäuser schießen wie Pilze aus dem Boden, die Straßen sind verstopft von teuren Autos. Immer mehr Luxushotels entstehen mit Zimmer- und Getränkepreisen, die selbst erfahrene Weltreisende zusammenzucken lassen.

Apropos Preise. Auch für einen guten Haarschnitt kann man, wenn man will, einen ziemlich tiefen Griff in die Portokasse wagen. Das erfahren wir, als Sascha sich von seiner Untermieterin einen Haarschnitt im Beauty-Salon verpassen lässt. Er erhält sein neues Outfit am Kopf zwar zum Nulltarif, doch als wir beim sehr attraktiven Starfrisör mal nachfragen, was seine vorwiegend weiblichen Kundinnen bei ihm bezahlen, bin ich doch überrascht und verschiebe meine diesbezüglichen Pläne lieber auf meine Rückkehr an den Tegernsee. Vor dem Salon parkt ein Mercedes.

»Ich liebe es, wenn die Leute auf mich schauen«, sagt Sergei und strahlt in die Kamera, »irgendwann werde ich auf der Bühne singen! Ich habe zehn Jahre klassischen Gesang studiert, aber jetzt interessiere ich mich für Pop, ich möchte einmal etwas ganz anderes machen.«

»Gefällt Ihnen Ihre Arbeit im Beauty-Salon?«, will ich wissen.

»Ja, sehr – man sagt, dass ich ungewöhnlich gut arbeite. Zu mir kommen Leute aus dem Show-Business, Tänzer, Sänger. Trotzdem ist es schwieriger, bekannten Leuten die Haare zu schneiden als Reichen. Promis benehmen sich einfach schrecklich. Reiche Leute dagegen haben großes Vertrauen – sie sitzen im Stuhl, und ich kann auf ihrem Kopf machen, was ich will.«

»Haben Sie feste Preise?«

»Nein, es gibt keine Preisliste. Ich bestimme jeweils, wie teuer die Frisur wird. Ich sehe mir einfach die Menschen an und sage: Das kostet fünfzig oder hundert Dollar. Es ist noch nie vorgekommen, dass jemand das Geld nicht hatte. Seit vier Jahren kenne ich meinen Kundenkreis.«

Wie Sergei mich wohl eingeschätzt hätte? Das Ergebnis eines Tests erspare ich mir und ihm lieber, stattdessen gönnen Sascha und ich uns einen ausgiebigen Rundgang auf Moskaus berühmtestem Platz. Niemand stört uns diesmal bei den Filmaufnahmen. Am späten Nachmittag gehört diese Tätigkeit bei den tausenden von Touristen, die über den Roten Platz strömen, zum Urlaub.

Übrigens hat der Rote Platz, wie ich bisher annahm, seinen Namen nicht zu Ehren der Bolschewiki und ihrer roten Fahne erhalten, sondern war bereits im 17. Jahrhundert nach dem russischen Wort »krassnyi«, was damals nicht nur »rot«, sondern auch »schön« bedeutete, benannt worden. In der »krassnyi«-Ecke des Hauses hingen die Heiligenbilder, von der »krassnyi«-Treppe aus begrüßte man Ehrengäste, auch schöne Mädchen nannte man »krassnaja dewiza«. Für das alte Moskau war dieser Platz von ebenso großer Bedeutung wie das so genannte Forum für das antike Rom. Schon früh am Morgen strömten täglich geschäftige, aber auch müßige Menschen. Sie tauschten den neuesten Ratsch aus, aßen und tranken, hörten sich an, was die Regierenden ihnen verkündeten, studierten die zum Kauf angebotenen Waren und beteten in den kleinen Holzkirchen, die längs des mit Wasser gefüllten Grabens vor der Kremlmauer standen.

Durch das Haupttor des Kremls durfte man nach altem Brauch nur mit unbedecktem Kopf gehen. Auf der Brücke trafen sich üblicherweise stellungslose Geistliche in der Hoffnung, dass ein reicher Kaufmann sie für einen Gottesdienst in der Hauskirche engagierte. Ein Vorläufer des modernen Arbeitsamtes vielleicht? Die alte Festung, die vor über 850 Jahren auf einem hohen Hügel errichtet worden ist, bildete den Kern der russischen Hauptstadt und wurde schnell ein Anziehungspunkt für Dörfler und Städter. Wie Sonnenstrahlen führen die Wege vom Kreml aus in alle Stadt- und Landesteile.

Unser Weg führt über das Wasser. Über die Moskwa. Ob wir SOLVEIGs unfreiwilliges Versteck ohne Aufsehen wieder verlassen können? Unsere Nerven sind gespannt. Morgen, am Abend, wollen wir aufbrechen. Zu diesem Termin rät uns jener Inspektor, dem wir unseren geheimen Platz zu »verdanken« haben.

* * *

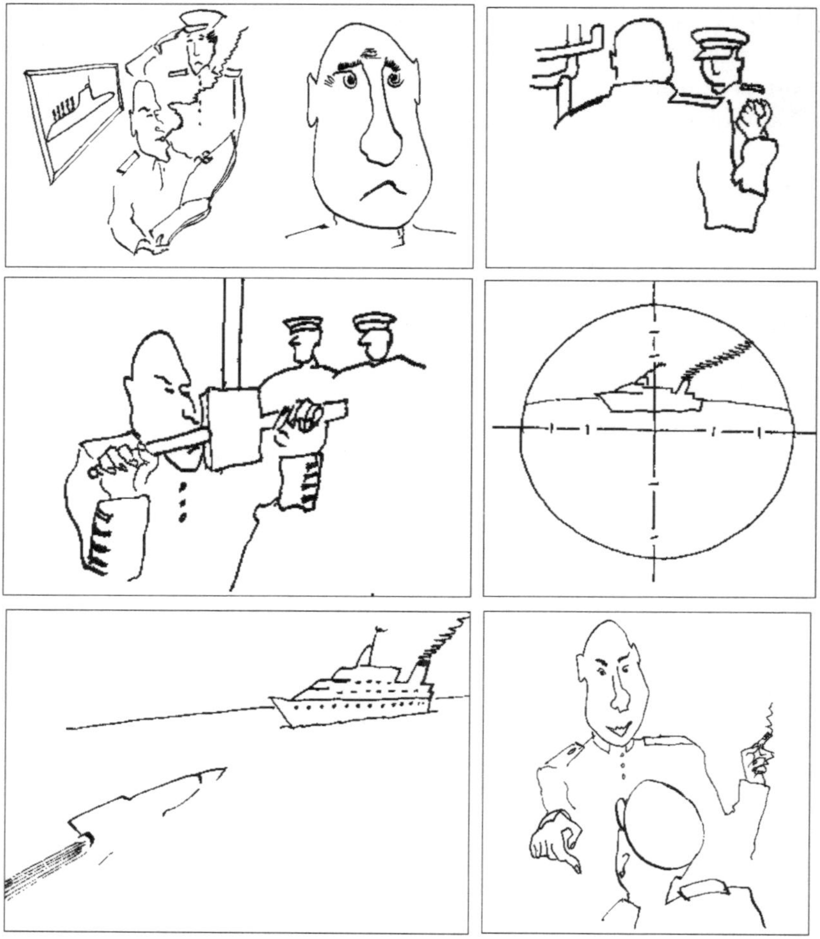

Ein russisches U-Boot ist unterwegs.
Aus der Zentrale an den Funker: »Senden Sie uns Ihre Position!«
Funker geht zum Kapitän: »Was soll ich machen? Ich weiß nicht, wo wir sind.«
Kapitän: »Schlechte Arbeit. Periskop nach oben!«
Er sieht nur den Horizont. Doch plötzlich ein Kreuzfahrtschiff.
Kapitän: »Erster Torpedo bereit?«
Torpedo startet.
Kapitän zum Funker: »Jetzt kommt SOS. Schreib Position auf!«

Zauber der Wolga

Sie. 29. Juni. Pünktlich um zwanzig Uhr verlassen wir unser finsteres Versteck. Bereits nach fünf Minuten begleiten uns zwei Boote. Unser geheimnisvoller Inspektor rät, wir sollen schneller fahren. Sind nervös und aufgeregt, haben trotz warmer Abendsonne kaum Muße, die prächtigen Gebäude an der Moskwa zu bewundern. Wir wollen nur eins: unser Boot sicher aus Moskau herausbringen!

Nach etwa einer Stunde dreht die Polizeieskorte ab, ihr Revier ist hier zu Ende. Ab jetzt können uns nur noch Glück und die Nacht helfen. Um diese Zeit sind normalerweise keine besonderen Kontrollen an den Schleusen zu erwarten, meint der Inspektor.

2 Uhr früh. Die erste Doppelschleuse haben wir geschafft. Durch die Dunkelheit sieht man die Länge unseres Schiffs nicht und auch nicht, dass wir ein Sportboot sind. Möglicherweise war es ein Fehler, dass wir SOLVEIGs Namen nicht in kyrillischen Buchstaben aufs Heck geschrieben haben, meint Sascha, der mit dem Inspektor länger verhandelt hatte.

3 Uhr. Seit einer Stunde ankern wir vor der nächsten Schleuse, Ed hält Funkkontakt. Mache für alle heißen Tee, Brote mit Confitüre. Wir sind erschöpft und müde. Nachts durch die Vororte Moskaus zu steuern ist nicht das reinste Vergnügen und in unserer besonderen Situation schon gar nicht.

8 Uhr. Am Nordhafen. Wollen ankern, doch Ed ruft aufgeregt: »Njet – njet! Milizia! Nein – nein! Polizei!« Zu gefährlich. Also noch weiter.

Es ist zwanzig Grad warm, trotzdem schlottern wir vor Kälte. Im Boot läuft die Heizung. Irgendwo müssen wir heute Sascha an Land setzen, da er seine Kinder aus Lipetzk abholen muss, um sie nach

Moskau zum Flughafen zu bringen. Es sind Schulferien, die sie in Deutschland und Frankreich verbringen wollen. Bis Sascha wieder an Bord kommen wird, werden wir wohl alle vorhandenen Hände und Füße zum Verständigen mit Ed benötigen.

13 Uhr. Sascha ist ausgestiegen, danach haben wir drei Stunden geschlafen, bis uns der Lärm der unzähligen Motorflitzer weckt, die gerade SOLVEIGs Ankerplatz als Zielhafen auserwählen. Heiß ist es außerdem geworden: dreißig Grad.

Ganz Moskau ist am Wochenende auf den Beinen und, wie es scheint, vorwiegend in der Moskwa schwimmend oder auf den zahllosen Ausflugsschiffen unterwegs. Noch sind wir mit unserem Boot nicht ganz raus aus dem gesperrten Gebiet, dennoch wächst jetzt stündlich unser Optimismus.

16.30 Uhr. Meine – unsere armen Nerven. An Schleuse Sieben (ausgerechnet! Ist eigentlich Rollos Glückszahl.) auf einmal Fragen über Fragen. Ohne Sascha als Dolmetscher. Ed ist im Dauerlauf unterwegs mit Dokumenten, Wodka und Schokolade, um die Schleusendame zufrieden zu stellen, die offenbar alle Zeit dieser Welt zur Verfügung hat. Die Schleuse ist offen, ein großes Schiff wartet bereits.

17.30 Uhr. Ed kommt angerannt. Berichtet aufgeregt, dass die Schleusendame den Direktor in Moskau angerufen hat, um zu erfragen, ob wir weiterfahren dürfen. Offenbar war der Direktor gut gelaunt – ist ja auch schönes Wetter – und er hat eine Genehmigung erteilt. Gott sei Dank! Armer Ed, an Gewicht zunehmen wird er auf unserer Wolga-Expedition bestimmt nicht! Übrigens, Wodka und Schokolade brachte Ed wieder zurück. Seit Putin haben sich wohl – zumindest an den Schleusen – einige Sitten geändert…

23 Uhr. Noch immer bewegen wir uns auf dem Kanal. Komme mir fast schon vor wie der Fliegende Holländer in Russland. Aber wir befinden uns im Kielwasser zweier großer Berufsschiffe, die gute Kontakte zu den Schleusen pflegen. Und so »rutschen« wir ganz unauffällig mit durch. Also durchhalten und dankbar sein, so lange wir von niemandem gestoppt werden.

3 Uhr früh. SOLVEIGs Anker fällt – am Ende einer endlosen Kanalstrecke. Einunddreißig Stunden Fahrt liegen hinter uns.

1. Juli. Ein neuer Tag – ein neues Problem. Schon wieder die Gästetoilette. Ed kommt einfach nicht klar damit. Armer Rollo. Eigentlich müsste er einen Bericht für die Zeitschrift »Boote« schreiben, stattdessen schlägt er sich jetzt mit Eds Sch... herum. Nach wie vor heiß – dreißig Grad. Wir warten vor einer Schleuse. Viele Badende im Kanal. Offenbar leben sie nach der Devise: besser im dreckigen Wasser schwimmen als gar nicht. Am Nachmittag werden wir geschleust und wir atmen auf. Aus dem kritischen Bereich sind wir heraus – danke an alle, die an uns gedacht und Daumen gehalten haben!

Wir lassen es uns gut gehen, speisen draußen im Cockpit ganz vornehm und stoßen mit Wein an. Später geht es weniger vornehm weiter: zusammen mit Ed das Deck schrubben. Eine Stunde Arbeit, bis sich der Staub Moskaus im Flusswasser endgültig auflöst...

Apropos Moskau. Ich kann es kaum erwarten, diese faszinierende Stadt wieder zu erleben. Administration ist die eine Seite – aber die Menschen, die Kultur, die unglaubliche Lebenskraft, die uns aus jeder Ecke mit geballter Wucht entgegenschlugen, waren wohl ziemlich einmalig. Niemals habe ich das Wort »Problem« gehört. Herausforderungen werden angenommen und mit Ideen, Kreativität und Improvisation gemeistert. Theater, Filmfestival, Karneval, Open-Air-Events: vierundzwanzig Stunden täglich pulsierendes Leben. Normal ist, viel zu können, noch mehr zu wissen und zu feiern, wann immer sich eine Gelegenheit bietet.

Sicher ist Saschas Freundeskreis nicht repräsentativ für die Bevölkerung Moskaus, aber auch die spontanen Begegnungen auf der Straße zeigten mir ein anderes Bild der Stadt, als ich es erwartet hatte. Gleich neben dem bekannten »Grab des unbekannten Soldaten« hinter dem Kreml lagen Pärchen in der Wiese, tranken Coca-Cola, aßen Pizza, Kinder spielten im Wasser des großen Springbrunnens, kletterten auf die steinernen Pferde.

In den zahlreichen Kneipen und Restaurants fanden wir kaum mehr Platz und in der Metrostation wurden wir von Vivaldis »Vier Jahreszeiten« empfangen. Ich dachte, da läuft eine CD und traute meinen Augen kaum, als ich ein kleines Kammerorchester entdeckte, das live spielte: zehn Musiker aus vier verschiedenen Ensembles. Sie hatten Theaterferien und polierten ihr schmales

Gehalt auf. Jeden Tag geben sie ein mehrstündiges Konzert unterhalb des Kremls zum Besten.

Welch inniges Verhältnis Russen zu »ihrem« Moskau haben, zu ihrer Fussgängerzone, dem Arbat, zeigt auch der Text von dem bekannten Liedermacher Bulat Okudjawa:

Liedchen über Arbat

Du fließt wie ein Fluss.
Komischer Name.
Und dein Asphalt ist durchsichtig
Wie im Fluss das Wasser.
Ach Arbat, mein Arbat,
Du bist meine Berufung,
Du bist meine Freude,
Und du bist mein Unglück.
Deine Passanten sind keine berühmten Leute.
Sie klopfen mit ihren Absätzen,
Eilen zu ihren Geschäften.

Ach Arbat, mein Arbat,
Du bist meine Religion.
Pflastersteine liegen unter mir.
Und von deiner Liebe kann ich mich nicht heilen,
Obwohl man noch vierzigtausend andere Straßen lieben kann.
Ach Arbat, mein Arbat, du bist mein Vaterland,
Niemals kann ich dein Ende erreichen, wenn ich gehe.

2. Juli. Ed und seine linken Hände... Ob SOLVEIG diese Reise überleben wird?

Es gibt Tage wie heute, da sind wir mehr damit beschäftigt, Ed am Arbeiten zu hindern, als mit irgend etwas anderem. Er schüttelt die Tischsets aus, sie fallen ins Wasser; er verknotet die teuren Filter des Watermakers, um sie im Heckwasser zu säubern, beide (!) Knoten lösen sich – Filter ade; er gießt ohne Vorwarnung einen Eimer Wasser über SOLVEIGs Decksaufbau – natürlich bei offenen Fenstern.

Wasser landet auf Rollos Karten und in der Elektronik des Navigationszentrums. Unter diesen Umständen frage ich mich inzwischen, welches Risiko, dass der Expedition auf der Wolga ein vorzeitiges Ende droht, höher ist: Lotse Ed mit seinen linken Händen oder die Unsicherheiten bezüglich der russischen Administration.

Und eben passiert Panne Nummer vier – Ed donnert mit voller Fahrt auf das Wehr der Schleuse zu, als Rollo den Kurs einmal nicht kontrolliert. In letzter Minute verhindert Rollo ein Unglück. Gegen dreiundzwanzig Uhr fällt SOLVEIGs Anker vor dem Ribynsker Stausee.

3. Juli. Ab heute sind wir wieder auf unserer Wolga-Route. Abstecher Moskau ist hiermit abgeschlossen. Eben passiert ein Wachboot, ändert seinen Kurs, hält auf uns zu – Ed wird blass, ruft Rollo ans Steuer, schaltet das Funkgerät ein. Schweigen. Nach wenigen Minuten dreht das Boot ab. Wir steuern weiter unseren Kurs. Kräftige Gewitter und starker Wind begleiten die Fahrt.

Gegen 21 Uhr ankern wir nur zehn Kilometer nordwestlich von Jaroslawl vor dem Strand eines Kinderferienlagers. Rollo misst die Wassertemperatur der Wolga: zweiundzwanzig Grad – drei Grad kälter als in Moskau, verkündet er. Abendessen findet heute im Schutz der Kajüte statt.

4. Juli. Bei strahlendem Sonnenschein und kühlem Nordwind geht's weiter Wolga abwärts. Dank der Strömung schaffen wir rund zwölf Kilometer in der Stunde. Wälder, Hügel, Sandstrände ziehen an SOLVEIGs Seiten vorbei.

Ed verwöhnt mich mit Milchbrei – viel fehlt nicht mehr zum Paradies. Abgesehen von ein paar Berufsschiffen sind wir allein unterwegs auf dem längsten und größten Strom Europas. Fantastisch! Sauge die Wolga-Luft in mich hinein, genieße die unvergleichliche Atmosphäre, die Weite. Betrachte den in der Sonne liegenden Strom mit seinen abertausend glitzernden Kristallen, folge den weitgeschwungenen Biegungen des Flusses, die vom satten Grün der Wälder umsäumt werden.

Jaroslawl – Russlands älteste Stadt an der Wolga! Ihre Entstehung verdankt die Stadt dem Flusslauf. Ein Fürst namens Jaroslawl hat sie an der Mündung des Kotorosl in die Wolga angesiedelt. Die

Legende erzählt, dass der Fürst an der spitzen Landzunge mit bloßen Händen eine Bärin erlegt hätte. Heute schmückt sie als heiliges Tier das Stadtwappen und die Landzunge heißt Bärenwinkel.

Mit SOLVEIGs Liegeplatz haben wir Glück. Wir haben festgemacht an einem schwimmenden Restaurant, das gerade renoviert wird. Direkt unterhalb der Brücke über den Kotorosl. Rollo und Ed sind mit Fotokamera, Einkaufstasche und Wörterbuch unterwegs, während ich auf dem Boot »die Stellung halte«.

5. Juli. Wie so oft kommt es mal wieder anders als gedacht. Saschas Rückkehr verspätet sich, denn am Flughafen in Moskau gab es Ärger – seine Kinder Sanjok und Alica durften nicht ohne Begleitung eines Elternteils fliegen. Immerhin ist sein Sohn fünfzehn Jahre alt! Die Grenzpolizei verlangte eine beglaubigte Bescheinigung, dass beide Eltern damit einverstanden sind. Laufereien in Moskau ohne Ende, bis Sascha das gewünschte Dokument in Händen hält, auf dem dann doch seine Unterschrift und die eines Rechtsanwaltes als Legitimation für den Flug seiner Kinder ausreichten!

Außerdem scheint es ein Unternehmen der besonderen Art zu sein, per Bahn von A nach B zu gelangen. Obwohl die Bahnhöfe in Ausstattung und Sauberkeit vom Feinsten sind und keine Wünsche offen lassen, verkehren Züge meist nur zweimal am Tag in die gewünschte Richtung und benötigen für eine Strecke von zweihundertfünfzig Kilometern bis zu sechs Stunden. SOLVEIG ist zwar noch langsamer, hat dafür aber inzwischen ihre Fahrt nach Kostroma fortgesetzt. Dort hoffen wir Sascha zu treffen. Er will mit dem Zug aus Moskau kommen: Abfahrt 22 Uhr – Ankunft 5 Uhr – Entfernung 350 Kilometer. Bin mit Ed per Bus zum Bahnhof gefahren, um die Ankunftszeit zu checken. Ein modernes Gebäude mit fast schon steriler Sauberkeit, Leuchtanzeigen und ohne Warteschlangen vor den Schaltern. Man sitzt in bequemen Stühlen, ein Buch oder eine Zeitung lesend, bis die Nummer als Leuchtschrift erscheint.

Die Stadt Kostroma ist auf den ersten Blick nicht so gepflegt wie Jaroslawl. Hübsch aber die Architektur aus der Zeit von Katharina der Großen mit den vielen Arkaden, in denen sich kleine Geschäfte verstecken. Im Innenhof der offene Markt mit Gemüse, Früchten, Milchprodukten, Fisch, Fleisch, Getränken. Ein Hochgenuss, hier einzukaufen. Für SOLVEIGs Budget sehr günstig: 1 Kilo herrliche, bereits geputzte Pfifferlinge kosten gerade mal einen Euro. Kostroma ist fast die einzige russische Stadt, in der die architektonische Gestaltung des 18./19. Jahrhunderts in ihrer ursprünglichen Form erhalten geblieben ist. Wir finden noch viele alte Handels- und Wohnhäuser im klassizistischen Stil. Aus allen Gegenden des Landes zogen damals Kaufleute hierher und hofften, Reichtum und Wohlstand zu gewinnen.

Abends spaziere ich auf der breiten, baumbestandenen Wolga-Promenade, eine der vielen großzügig gestalteten Grünanlagen dieser alten Handelsstadt. Viele junge Pärchen sind unterwegs, sitzen, liegen, stehen oder laufen in den Wiesen herum, mit Bierflaschen und Zigaretten in den Händen. Reger Betrieb auch in den kleinen Bars. Beim Filmen werde ich oft angesprochen und manch einer radebrecht in Englisch, während ich mein Glück mit drei russischen Wörtern versuche. Jedes Mal ist die Freude groß, wenn sie hören, dass ich aus Deutschland stamme. Als ich »München« sage, meint ein Typ: »Bier gut« – na, wenn das nicht das Herz der Brauereien höher schlagen lässt!

6. Juli. Irgendwie, irgendwann tappte heute Morgen gegen sechs Uhr Sascha an Bord, nachdem er alle Frühaufsteher von Kostroma gefragt hatte, ob sie vielleicht eine 12-Meter-Yacht gesehen hätten. Und obwohl wir gut versteckt liegen, hinter einer schwimmenden Bar, wurde er bald fündig. Offenbar hatte sich unsere Anwesenheit schnell herumgesprochen. Nach einem späten Frühstück treffen wir Anatoli, den Besitzer des schwimmenden Etablissements, an dem SOLVEIG festgemacht hat. Er ist Tatare und strotzt vor Kraft und Energie. »Neuer« Russe ist er wohl auch. Nicht gerade schlecht genährt, und wenn er lacht – das passiert oft –, dann funkeln seine fünf Goldzähne hinter den schwulstigen Lippen. Ein paar Brocken Deutsch hat er noch in Erinnerung, früher war er beruflich in der ehemaligen DDR unterwegs.

Zusammen mit seinem Sohn betreibt er jetzt die Bar und das kleine Hotel auf dem Schwimmponton im ersten Stock. Sein ganzer Stolz. Fast alles hat er mit eigenen Händen gezimmert. Nur Gäste sehen wir keine.

»Nach der Revolution hat sich alles verändert«, sagt er nachdenklich. »Alles ist enteignet worden, erst jetzt kann ich mir ein kleines Hotel leisten und eine Bar. Aber was hier steht, ist nicht geerbt, ich habe mir alles selbst verdient mit meinen Händen und meinem Rücken. Manches braucht eine Renovierung, hier ist es nicht so wie in Deutschland.«

»Wieso, was meinst du damit?« Für mich ist es interessant zu hören, wie Deutschland im Ausland wahrgenommen wird.

»In Deutschland ist immer alles sehr, sehr ordentlich, sauber, schön und praktisch. Das gefällt mir besonders gut. Uns Russen fehlt das. Bei uns könnte es auch so sein, aber uns stören tausende von Inspektionen, Kommissionen und der KGB. Die Steuer hat uns fast erwürgt.«

»Was ist für dich deutscher Charakter und was ist russischer Charakter?«, hake ich noch einmal nach und bitte Sascha zu übersetzen.

Anatoli antwortet nicht sofort. Nach einer Weile sagt er: »Russische Leute sind einfacher, freundlicher und gastfrei. Ich erinnere mich an einen Deutschen, der baute ein Haus mit einer Fensterbank aus Stein. Ich fragte ihn: Warum verwendest du Stein? Und er sagte: Ich möchte, dass noch etwas für meine Enkel bleibt. Sein Haus wurde wie ein altes Schloss, das hundert Jahre stehen bleiben soll. Holzhäuser halten nur zwanzig bis dreißig Jahre. Er aber wollte alles für seine Kinder und Enkel aufheben.« Inzwischen hat uns Anatoli ins Speisezimmer geführt, dessen Möbel aus sibirischen Nadelbäumen gezimmert sind.

»Besuchen auch ausländische Gäste dein Hotel?«, fragt Sascha.

»Manchmal. Einmal sind zwei Deutsche zum Jagen gekommen und mit vielen Trophäen nach Hause zurückgefahren. Sie haben hier gewohnt, gegessen, sich erholt und am Schluss sagten sie, dass sie eine so schöne Zeit noch nie erlebt haben. Den ganzen Frühling blieben sie hier. Fasziniert lauschten sie den unglaublichen Geräuschen, als das Eis auf der Wolga brach. Beim Eisgang sollte man bei offener Tür schlafen und hören, wie die Wellen gegen den Ponton schlagen.«

»Reichen denn die Einnahmen aus der Vermietung zum Leben?« Saschas Frage bringt Anatoli wieder in die Realität des Alltags zurück.

»Ja, für Brot und Butter reicht es«, erwidert er kurz, ohne auf Details einzugehen.

Anatoli lädt uns später ein zu sich nach Hause und dort geraten wir noch mehr ins Staunen. Da steht ein vornehmer, solider Einfamilienbungalow, der genauso in Deutschland hätte gebaut werden können. Ein Teil der Fassade ist aus ganzen massiven Baumstämmen gebaut worden. Natürlich hat Anatoli alles selbst gezimmert. Offenbar lässt es sich gut leben in der kleinen Stadt, die für mich altes und neues Russland gleichermaßen symbolisiert. Wir lassen uns im Zentrum absetzen für ein paar Einkäufe. Es ist Rushhour, an den Haltestellen warten Arbeiter und Angestellte auf Busse oder Straßenbahnen, die sie nach Hause bringen sollen. Wir sprechen zwei gepflegte, junge Frauen an – Natascha und Vera – und fragen sie nach ihren Jobs. Natascha, die attraktivere von beiden, mit schulterlangen, braunen Haaren und endlos langen, sorgfältig rot lackierten Fingernägeln, erzählt, dass sie erst vor wenigen Wochen die Universität beendet hat.

»Ich arbeite in einer privaten, nicht großen Firma. Es ist relativ schwierig, Arbeit zu finden, besonders in einer so kleinen Stadt wie Kostroma. Bei uns sagt man, es ist nicht wichtig, was du kannst, sondern wen du kennst. Meistens bekommt man alle Jobs durch Beziehungen. Ich weiß auch noch nicht, wo ich wohnen werde, denn bislang bin ich bei meiner Freundin untergekommen. Jetzt aber suche ich meine eigene Bleibe. Die kostet zwar relativ viel. Aber ich werde es bestimmt schaffen, unabhängig von meinen Eltern zu werden und mich selbstständig um Wohnung und Essen zu kümmern.«

Auch Veras Perspektive klingt optimistisch. Ihr figurbetontes enges Sommerkleid zieht manchen Blick auf sich. Vor fünf Monaten hat sie ihre Ausbildung beendet und jetzt arbeitet sie nach ihrer eigenen Einschätzung in einer »soliden« Firma.

»Mein Gehalt ist im Augenblick noch bescheiden, aber ich stehe erst am Anfang. Ich sammle meine Erfahrungen.«

»Welchen Beruf haben Sie?«, frage ich neugierig.

»Ich arbeite als Managerin im Marketing-Service. Meine Aufgabe ist es, den Kontakt mit anderen Firmen zu pflegen. Ich biete unseren Service an, telefoniere oder wende mich über das Internet an die

Kunden. Unsere Firma hat auch schon politische Umfragen organisiert, deren Antworten ich gesammelt und ausgewertet habe.«

Dann kommt der Bus, auf den sie warten.

»Alles Gute, viel Erfolg!«, rufen wir den beiden nach und suchen ein Taxi, das uns und vor allem die schweren Einkaufstüten zur SOLVEIG bringen soll. Morgen ist Rollos Geburtstag und den wollen wir mit russischen Köstlichkeiten würdig feiern.

Unser Taxifahrer sieht aus, wie man sich einen Zehnkämpfer vorstellt: drahtige, athletische Figur, hohe Stirn, wenige, kurze Haare, seine muskulösen Oberarme sind phantasievoll tätowiert. »Sind Sie immer Taxi gefahren?«, fragen wir, nachdem wir unsere Taschen und Kameras endlich verstaut haben. Denn wie ein Taxifahrer kommt er mir nun wirklich nicht vor.

»Sie werden es nicht glauben, aber ich bin pensioniert!«

»Wieso? Sind Sie plötzlich krank geworden?«

»Aber nein – ich war Polizist. Und als Polizist muss man mindestens zwanzig Jahre lang Dienst schieben, um eine Pension zu erhalten. Trotzdem arbeite ich noch weiter und fahre Taxi.«

Serioscha ist höchstens Ende dreißig. Ich verstehe nicht alles, was Sascha übersetzt. Aber ich will nun doch wissen, welchen Sport der Mann treibt. Irgendwie scheint das nicht ganz zusammenzupassen.

»Sport?«, wiederholt er und zieht dabei seine Augenbrauen hoch, als habe er das Wort zum ersten Mal in seinem Leben gehört. »Ich habe niemals in meinem Leben Sport getrieben! Meine freie Zeit verbringe ich im Garten und pflanze dort Obst und Gemüse an, so viel wir brauchen.« »Du bist verheiratet?«

»Ja, meine Frau arbeitet als Krankenschwester, außerdem haben wir zwei Kinder – sie sind dreizehn und fünfzehn Jahre alt.«

Im Grunde führt Serioscha also ein solides Familien- und Berufsleben – er sieht nur nicht danach aus. Das ist alles.

7. Juli. Rollos Geburtstag, und wie es sich gehört, strahlende Sonne und blauer Himmel! Wir frühstücken wie »neue« Russen mit Champagner aus Moskau, Kaviar aus Finnland und Kuchen aus Kostroma, während SOLVEIG über die Wolga gleitet. Mittags ankern wir vor einem Dorf, »Schöne der Wolga«, so sein poetischer Name. Ed rudert uns mit dem Zodiac an Land.

Der Weg führt über einen langen Damm, und als wir uns der Ansiedlung nähern, sind wir doch etwas enttäuscht – so schön finden wir das Dorf leider nicht. Aber die Kirche ist sehenswert. Sie wurde von Boris Godunov gestiftet und wird seit neun Jahren unter der Regie des ansässigen Priesters renoviert.

Zusammen mit ihm besteigen wir den Glockenturm und er lässt es sich nicht nehmen, die Glocken mit Hilfe der langen Seile, an denen sie aufgehängt sind, zum Klingen zu bringen. Auf dem Rückweg entdecken wir ein kleines Holzhäuschen. Die Tür steht offen und im Haus ist ein Paar gerade damit beschäftigt, unter dem strömenden Quellwasser die Bettwäsche zu waschen. Mit Bürste und Seife und der Mann hilft kräftig mit. Zwischendurch kommt immer wieder jemand herein, um seinen Durst mit dem klaren Quellwasser zu löschen.

Weiter geht die Fahrt Wolga abwärts und SOLVEIGs Anker fällt am Abend vor dem bisher hübschesten alten Dorf unserer Reise. Vom Boot aus sind die Häuser nicht zu erkennen. Sie verstecken sich hinter einem kleinen Hügel, unterhalb mündet ein kleines Flüsschen.

Alle Häuser sind aus massiven Holzstämmen errichtet, die Fensterrahmen mit handgeschnitzten, farbigen Verzierungen geschmückt. Mit wieviel Sorgfalt und handwerklichem Geschick haben die Menschen aus einfachen Rahmen einzigartige Kunstwerke geschaffen! Vor einem dieser Kleinode bleiben wir stehen. Ein älterer Mann sitzt auf seinem schmalen Holzbänkchen und genießt die Abendstimmung auf seine Weise.

»Gefällt Ihnen meine Schnitzerei?«, begrüßt er uns freundlich.

»Haben Sie von Ihrem Vater das Schnitzen gelernt?«, fragt Sascha. Auch er hat so schöne Fensterrahmen bis jetzt noch nicht gesehen.

»Mein Vater hat sich wenig damit beschäftigt, aber mein Großvater und mein Urgroßvater waren Schnitzer.«

Alle Menschen im Dorf kennen Nicolai Pawlowitsch und lassen bei ihm ihre Rahmen gestalten. Wir kommen uns vor wie in einem Freilichtmuseum, mit dem kleinen, aber entscheidenden Unterschied, dass sich in diesem »Museum« intaktes Dorfleben abspielt, in dem die Zeit stehen zu bleiben scheint.

»Warum schnitzen Sie? So ein Kunstwerk braucht viel Zeit.«

Nicolai nickt. Seine knochigen, wettergegerbten Hände zittern ein wenig. »Ja, es ist schwierig für meine Augen geworden. Ich weiß nicht, warum ich es noch mache. Aber ich liebe meine Arbeit.«

»Gibt es junge Leute, die Sie ausgebildet haben und die diese Kunst weiterpflegen?«

»Die Jungen, die bei mir lernten, sind zum Militär und nicht mehr zurückgekommen. Es war ihnen zu mühsam, sie haben eine Arbeit gefunden, die weniger anstrengend ist.«

Hoffentlich hat Nicolai Pawlowitsch noch ein langes Leben vor sich, um vielleicht doch noch eines Tages seine Kunst einem Nachfolger weiterzuvermitteln.

Inzwischen haben sich immer mehr Kinder um uns geschart. »Wo kommt ihr her?«, wollen sie wissen. »Was – mit einem Boot seid ihr unterwegs? Wo ist euer Boot?«

Fragen über Fragen, die Sascha geduldig beantwortet. Ausgelassene Fröhlichkeit schlägt uns entgegen. Es ist Wochenende und viele Häuser werden als Datschen genutzt. In einem der Gärten wird gerade zu Abend gegessen. Als sie uns mit der Kinderschar aus dem Dorf entdeckt, unterbricht eine Hausfrau sofort das Essen, und ehe wir uns versehen, sitzen wir mitten in einer feucht-fröhlichen Runde. Immer mehr Nachbarn strömen herbei, immer mehr Köstlichkeiten werden aufgetischt. Selbst gebrannter Schnaps – natürlich illegal –, Salate, Tomaten, Gurken aus eigenem Anbau, gegrilltes Hähnchen – auch Hühner laufen in den Wiesen frei herum –, Erdbeeren aus dem Garten, Kuchen, Kekse, Schokolade und viel Wein. Als wir uns verabschieden, um am Abend auf unserem Schiff Rollos Geburtstag ausklingen zu lassen, versprechen alle, uns morgen zu besuchen…

Er. Russische Banja

Der Name des Dorfes Otrada stammt vom Wort »radowatj« und bedeutet Freude. Otrada, das ist etwas, das die Menschen erfreuen kann: ein schöner Ort, das geliebte Kind, eine Frau.

Wir erfreuten uns an diesem Ort, weil er klein und niedlich war. Dort fanden wir kein einziges steinernes Haus, alle zehn Häuser waren aus Holz und mit prachtvoll geschnitzten Fensterläden geschmückt, die unseren Blick erfreuten. Alle, die uns über den Weg liefen, waren sehr gastfreundlich. Auf unsere Frage, ob wir eine Banja, also eine russische Sauna besuchen könnten, antworteten sie: Wird sofort gemacht.

Wer nie in einer russischen Sauna war, kann die russische Seele nicht verstehen, die sich in der Sauna reinigt. In Russland heißt sie Banja, denn sie ist keine finnische Sauna, wo das Volk schwitzt; auch kein römisches Bad, wo Patrizier im Stress debattierten; und ebenso wenig ein türkisches Bad, wo die Leute im Dampf nicht kommunizieren können und stumm sitzend die Worte des Korans wiederholen. Ich bekomme sogar Gänsehaut, wenn ich mir vorstelle, wie sie versuchen, ihre Seife zu finden.

In der russischen Banja ist alles so organisiert, dass man sich waschen kann. Dazu braucht man viel Wasser, am besten vom Himmel, also Regenwasser, das der liebe Gott den ganzen Sommer lang schenkt. Jeder nimmt so viel Wasser, wie er mag. Einen Teil, um ihn im Ofen zum Kochen zu bringen, der andere Teil bleibt kalt, um ihn später mit dem heißen Wasser mischen zu können. In Russland gibt es verschiedene Arten von Banja – die weiße Banja und die schwarze Banja. In der weißen Banja ist ein Abzugsrohr und in der schwarzen nur ein Ofen, der erst drei Stunden die ganze Hütte erhitzt, dann wird das Feuer gelöscht und eine Stunde lang muss alles durchziehen. Die Steine aber bleiben lange Zeit heiß und dampfen vom Abend bis in die späte Nacht.

An diesem Abend haben wir zum Glück eine ganz saubere Banja gefunden, die nicht nur ein Abzugsrohr hat, sondern auch eine sehr nette Besitzerin, Jelena Wasiljewna, die uns sogar ihre Badetücher anbietet und alles, was zur Sauna gehört: Seife, Rückenkratzer und Peitsche, gebunden aus Birkenzweigen. Auf Deutsch klingt das alles ein bisschen masochistisch, aber in russischer Sprache sind das absolut liebe Worte. Rückenkratzer heißt Matschalka und Peitsche heißt Wenik, was so viel bedeutet wie Besen aus jungen Zweigen. Trotzdem – etwas Masochismus kommt später doch ins Spiel, nachdem man sich in einem Vorraum ausgezogen hat und in den erhitzten Raum eingetreten ist.

Das ist ein fantastischer Augenblick – das erste Mal in einer rus-

sischen Banja. Platz in diesem Häuschen ist für die ganze Familie. Zärtliche Wärme umfängt den Gast und gibt ihn nicht mehr frei bis zum Ende der Prozedur, die man prosaisch »waschen« nennt, die aber in Wirklichkeit viel mehr bedeutet: rituelle Reinigung, Beichte, göttliche Vergebung.

Aus kleinen Fensterchen, die in das massive Holz eingelassen sind, schimmern schwach Strahlen des abendlichen Lichts. Man sucht sich seinen Platz auf einer warmen Bank, die aber den Körper nicht verbrennen wird. Am Anfang muss man einfach sitzen, sich und seine Seele wärmen, die auch eine ganze Woche viel zu tun hatte. Banja gibt es immer samstags.

Einen Schuss kochendes Wasser auf die Bank – und schon ist sie desinfiziert. Keine dummen Handtücher, die um Gottes willen verhindern sollen, dass ein Tropfen Schweiß auf das finnische Holz kommt. Hier sind die Körper nass und alles andere auch. Es ist egal, wie lange man so sitzt in diesem wärmenden Genuss im Kreis der nackten Familie, die darauf wartet, dass der Neuankömmling Seife und Rückenkratzer nimmt, um sich zu waschen.

Die Arbeit brauche ich nicht zu beschreiben. Auch Russen haben einen Kopf, zwei Hände und zwei Beine. Fertig? Dann Pause.

In der Banja gibt es eine Vor-Banja, in der es große Freude macht, sich zu erholen. Besonders im Winter, wenn hinter der Tür Schnee liegt.

Zweiter Gang: Parilka (vom Wort »par«, das bedeutet: Dampf). Mehrere Schüsse heißes Wasser aus dem Ofen auf die Steine, die Teil des Ofens sind, und schon versinkt man in einem wunderbaren Dampf, von dem Türken nicht einmal träumen können. Jetzt findet man nicht nur seine Seife, sondern auch seine Familie nicht mehr. Aber wie in einer guten Mannschaft auf dem Schiff kennt jeder seinen Platz: Vater sitzt auf der oberen Holzbank, Familie unten. Mutter sitzt ganz nah beim Vater, weil sie einige Sekunden später die Peitsche aus Birkenzweigen nimmt, und nun beginnt der sadomasochistische Teil in russischer Variante. Sie schlägt den Rücken ihres Mannes, passt aber ein bisschen auf, damit sie, wenn die Zeit der Revanche kommt, am Leben bleibt.

Zum Schluss, wenn die ganze Familie glänzt und kraftlos vor der Banja liegt und dann langsam warme Wäsche anzieht, trinken alle

Quass. Diese braune Flüssigkeit ist schon vor Coca-Cola entwickelt worden und besteht aus altem Brot. Und was hat die Seele gereinigt? Nicht Seife, nicht heißes Wasser – einfach die Atmosphäre in diesem Holzhaus an der Wolga.

Sie. 8. Juli. Stellen Sie sich vor, Sie kommen in ein fremdes Dorf, eine Bäuerin begrüßt Sie freundlich, und lädt Sie in ihre Sauna ein. Genauso erging es uns mit Jelena Wasiljewna.

Jelena ist keine einfache Bauersfrau. Sie ist vielleicht Ende Fünfzig, schlank, ihre langen blondgrauen Haare hat sie zu einem Zopf nach hinten zusammengebunden. Eines Tages, als Jelena noch in der Stadt wohnte, beschloss sie, ihr Leben zu ändern. Der hektische Alltag missfiel ihr und so zog sie mit ihrer Familie aufs Land. Sie kauften ein Häuschen und ab diesem Augenblick begann für Jelena das eigentliche Leben. Endlich fühlte sie sich auf dem richtigen Platz. Aber ihr Ehemann wollte zurück. Zurück in die Stadt, zurück in das chemische Werk, in dem er gearbeitet hatte. Jelena ließ ihn ziehen und blieb im Dorf.

»Alle Schwierigkeiten, die es im Dorfleben gibt, habe ich durchgestanden«, erzählt sie uns und ihre warmherzigen blauen Augen leuchten, »ich habe geschaufelt und gepflanzt. Die Menschen sind so gut, hier kann sich die Seele erholen. Wenn ich meine Ziege auf der Wiese irgendwo festbinde, sehe ich überall Blumen, ich bleibe dort stehen und möchte nicht weggehen, so schön ist es, die Natur zu betrachten.«

»Wo sind Ihre Kinder jetzt?«, fragt Sascha.

»Inzwischen sind meine Kinder erwachsen, sie arbeiten in der Stadt. Meine Nichte kommt oft. Immer wenn sie müde und erschöpft ist, besucht sie mich. Sie geht spazieren, schwimmt in der Wolga, sie erholt sich in der Sauna, wir unterhalten uns und dann fährt sie als neuer Mensch zurück in die Stadt.«

»Haben Sie Ihren Entschluss wirklich nie bereut?«

Seit ihre Kinder erwachsen sind, verbringt Jelena die meiste Zeit allein in Haus und Garten. Ihre gütigen Augen blicken uns an. »Wissen Sie, ich habe das Gefühl, als ob ich schon immer hier gewesen wäre. Das Entscheidendste ist doch, eine lebendige Seele zu haben.

Es ist nicht wichtig, wie ein Mensch angezogen ist, wie er aussieht, was er isst – wichtig ist, dass in ihm eine lebendige Seele wohnt!«, wiederholt Jelena noch einmal.

Ihre bildschöne Siamkatze streicht um unsere Beine mit hoch erhobenem Schwanz. Sascha krault ein bisschen ihr weiches Fell, woraufhin sie sofort zu schnurren beginnt.

»Man muss lernen, mit anderen Menschen mitzufühlen, sie zu verstehen, man muss anderen Menschen Freude bereiten – das habe ich erst hier verstanden.« Jelena entschuldigt sich für einen Augenblick und kommt nach wenigen Minuten mit einem weißen Plastiktöpfchen zurück. In dieses Töpfchen hat sie ein kleines grünes Gewächs eingepflanzt. Drei zarte Blättchen sprießen neugierig aus der schwarzen Erde heraus. »Nehmen Sie es mit nach Hause!«, sagt sie und drückt mir das Töpfchen in die Hand. »Es braucht nur ab und zu ein bisschen Wasser, das ist alles. Die Blätter haben heilende Wirkung.«

Vorsichtig trage ich meinen kostbaren Schatz zur SOLVEIG, auf der normalerweise Blumen und Pflanzen streng tabu sind, denn bekanntlich, nach altem Seemannsglauben, bringen sie Unglück. Aber das gilt bestimmt nur für reifere Gewächse. Dieses junge, zarte Pflänzchen wird mir nur Glück bringen, da bin ich sicher…

Er. Sportler Ed

Ich hatte friedlich geschlafen, als ich spürte, dass mich jemand am Arm zog: »Sascha, Sascha!«

Das war nicht Ed, der mich meistens weckt, weil er kein Deutsch kann und mich als Übersetzer braucht. Dieses Mal war es Rollo, der kein Russisch spricht.

Heute ist die Quantität in Qualität übergegangen. Ed war in der Klemme! Gestern Abend steuerte er zu nah an einer Boje vorbei und hätte beinahe die Bootslackierung beschädigt. Er ist ehemaliger Sportler! Ihm liegt es im Blut, möglichst nahe an der Boje vorbei zu brausen, um eine Sekunde zu sparen, die früher einen Sieg für ihn bedeutet hätte. Jetzt könnte diese gesparte Sekunde eine Katastrophe verursachen. Das war auch Rollo aufgefallen.

Heute hat Ed das Steuerrad verlassen, um seine Jacke zu holen.

Rollos Lautstärke grenzte fast an Geschrei: »Verschwinde!« und er ließ Ed nicht mehr ans Ruder.

Mit beleidigtem Gesicht versuchte Ed, seinen alten Platz zu verteidigen. »Nur eine Sekunde«, brummte er vor sich hin und meinte, dass er für nur eine Sekunde nach unten gegangen sei.

»Zehn Sekunden!!!«, parierte Rollo, »zehn!«

»Sascha«, hörte ich Eds beleidigte Stimme, »erkläre ihm, dass ich ein erwachsener Mann bin.« Später, als Ed an mir vorbei ging, fragte er: »Warum hat er mich so angeschrien? «

Ich war ja der Einzige, mit dem Ed sich verständlich machen konnte, und als er schließlich begriff, dass Rollo ihn heute um keinen Preis wieder ans Steuer lassen würde, brummte er vor sich hin: »Ich packe meine Sachen und fahre nach Hause!«

Natürlich ist er nicht gefahren. Als er doch wieder ans Steuer durfte, wagte er nicht mehr, diesen Platz zu verlassen. Und wenn ihm abends kalt wurde, ertrug er es stillschweigend und zog es vor, so lange zu frieren, bis jemand von uns es bemerkte und ihm Jacke und Hose brachte. Ed gehört eben zu den Menschen, die das unvermeidliche Leiden akzeptieren und stillschweigend ertragen.

Sie. 9. Juli. Viele Wochen schon sind wir im Herzen Russlands unterwegs mit dem eigenen Schiff und unter russischer Flagge. Seit Moskau wurden unsere Dokumente nicht kontrolliert. Ich fühle mich schon nicht mehr wie in einem fremden Land, vor allem, wenn wir auf der großen, weiten Wolga schwimmen. Meistens sehen wir nur eine Uferseite, wenn das Fahrwasser schmal ist.

Wir ziehen an Sandstränden, kleinen Inseln, grünen Hügellandschaften mit Wäldern und Wiesen vorbei. Täglich steigt das Thermometer noch ein bisschen höher, täglich bewegen sich SOLVEIGS Crewmitglieder noch ein bisschen langsamer, um nicht mehr Schweiß als unbedingt nötig aus dem Körper entweichen zu lassen.

Allabendlich die lebensentscheidenden Diskussionen, wo wir essen sollen: Draußen im Cockpit ist es am kühlsten, doch ab achtzehn Uhr ist dies der bevorzugte Treffpunkt aller fliegenden Kleinsttierchen, sprich Insekten. Und auch sie sind immer sehr hungrig.

Nächste Variante fürs abendliche Mahl: unten neben der Pantry. Vorteil: großer Tisch und Nähe zur Küche. Nachteil: Dieser Tisch ist gleichzeitig auch Navigationstisch, Computertisch, Zeichentisch, und meistens liegen die entsprechenden Accessoires mehr oder weniger liebevoll verstreut auf der Arbeitsfläche. Weitere Nachteile: kein Blick in die untergehende Sonne und beträchtliche Hitze, da nur drei kleine Bullaugen als Lüftung dienen.

Bleibt noch der Salon, oberhalb der Pantry: kleinerer Tisch, dafür große Fenster mit Aussicht. Deshalb heißt die ideale Lösung: weniger essen und dafür Landschaft genießen…

Er. Anti-Moskito-Gemüse

Am Abend lagen wir irgendwo an der Wolga vor Anker und genossen unser Dinner unter freiem Himmel. Doch die arme Angelika, die bereits durch einen stark anschwellenden Stich etwas betrübt war, wurde pausenlos von Mücken geärgert. Sie kaute, aber ihre Gedanken waren ganz woanders.

Als wir das Essen fast beendet hatten, meldete sie sich plötzlich: »Und was, wenn wir eine Spezialkleidung gegen Moskitos erfinden? Dann braucht man sich nicht mehr mit Insektencreme einzureiben…«

Alle blickten sie an in voller Überzeugung, dass sie nur Witze macht.

»Also ich gehe jetzt runter in den Salon«, sagte plötzlich Rollo, »die Mücken sind so lästig und stechen sogar durch die Hose.« Er nahm die Wasserflaschen mit und verzog sich nach unten.

Ed und ich aßen weiter. Denn obwohl wir beide nur kurze Hosen anhatten, wollte uns niemand stechen. Wahrscheinlich akzeptierten uns die Insekten als ihresgleichen.

»Weißt du, Angelika«, sagte ich, »du hast da ein ernstes Thema angesprochen. Warum nur die Kleidung? Lass uns das ausweiten. Vielleicht könnte man auch Möbel gegen Moskitos erfinden. Stell dir vor, du kaufst dir einen Tisch, auf den sich nicht mal Fliegen setzen! Wäre doch was? Doch man könnte das Problem direkt bei der Wurzel anpacken. Welche Verkehrsmittel bevorzugen Menschen, um sich in die Natur zu begeben? Autos, Boote… Vielleicht wäre es noch besser Anti-Mücken-Autos und Anti-Mücken-Boote zu erfinden?« Angelika schenkte uns ihr Hollywoodlächeln und fing an, den Tisch abzudecken. Sie verschwand für einige Minuten im Salon, um das gesammelte Besteck abzulegen, und kam dann wieder.

»Während du weg warst«, sagte ich lächelnd, »löste ich das Problem im vollen Umfang. Autos und Boote ... das bringt nichts. Stell dir vor, wenn es Anti-Moskito-Gemüse geben würde! Du isst zum Beispiel eine Tomate und die Mücken trauen sich nicht mal, an dir vorbeizufliegen! Das wäre genial!«

Angelika lachte, weil sie wahrscheinlich meinen Vorschlag gut fand. Sie sammelte das restliche Geschirr und ging wieder runter. Ed fragte, warum wir lachten.

Als ich ihm erzählte, dass ich gerade Anti-Moskito-Tomaten erfunden hatte, begann er, mit mir zu schimpfen: »Was hast du eigentlich gegen Mückencreme? Sie ist doch für die Gesundheit völlig unbedenklich. Und deine Tomaten – das ist Gift! Und niemand wird sie essen!«

»Meinst du?« In meinem Gesicht zeigte sich Verwunderung. »Dann lass uns lieber bei der üblichen Mückencreme bleiben.«

Sie. 12. Juli. Unser nächstes Ziel, Nischni Nowgorod, taucht am frühen Abend unter den Strahlen einer goldenen Sonne vor uns auf. Zwei mächtige Flüsse, Wolga und Oka, vereinen sich bei einer der bedeutendsten Städte des russischen Nordostens. Mit fast 1,5 Millionen Einwohnern ist Nischni Nowgorod die größte Stadt an der Wolga. Die Silhouette ist so faszinierend, dass Rollo einige Ehrenrunden fährt, um den Anblick der prächtigen Gebäude ausgiebig zu genießen, die sich uns im warmen, sich langsam rötlich färbenden Licht des Abends von ihrer schönsten Seite präsentieren.

Diese Stadt ist am Wasser gebaut! Vor allem ihre Kirchen: Alexander-Nevskij-Kirche an SOLVEIGs Steuerbordseite, Mariä-Verkündigungs-Kloster zur Linken, nur wenige Meter von unserem Liegeplatz entfernt, den wir im Oka-Fluss an einem Schwimmponton finden. Das Ufer ist befestigt mit einer massiven Mauer aus Beton, die in einem 45°-Winkel ansteigt. Also ein bisschen Klettern ist jedes

Mal angesagt, bevor wir zur Uferstraße gelangen, um dort ein Auto zu stoppen, das uns in die Innenstadt mitnimmt. Die Methode funktioniert immer noch ganz gut, allerdings halten inzwischen weit weniger Autos als vor ein paar Jahren bei unserer ersten Russlandreise. Offenbar sind mittlerweile nicht mehr so viele Menschen darauf angewiesen, ihre Autofahrten durch private Chauffeurdienste mitzufinanzieren.

Es ist schon spät am Abend, als wir zum ersten Ausflug ins Zentrum starten. Vorbei an den wuchtigen Backsteintürmen des Kremls geht es steil bergauf bis zur Bolsaja Pokrowskaja, die auch kurz vor Mitternacht mit lebhaftem Treiben erfüllt ist. Allmählich glaube ich, in Russland schläft nie jemand! Importierte langstielige Rosen aus der ganzen Welt werden an zahlreichen Ständen angeboten und gekauft! Teure Limousinen stoppen immer wieder, je nach Lage der Dinge steigt ein Chauffeur oder der Besitzer des edlen Vehikels aus, um die längste und schönste der Königin der Blumen für die Freundin des heutigen Abends zu erwerben.

Sascha und ich treffen bei unseren Filmaufnahmen auf eine Gruppe junger Typen, die mit ihren schweren Motorrädern gerade dabei sind, eine Spritztour durch die Innenstadt zu unternehmen. Ausgerüstet mit den teuersten Maschinen mit frisch poliertem Chrom, mit Klamotten vom Feinsten – hautengen Lederanzügen, dunklen Sonnenbrillen. Sascha kommt mit einem aus der Clique ins Gespräch. Andrey heißt er.

»Leider ist dieses Motorrad nicht aus einheimischer Produktion, aber ich besitze auch Maschinen aus Russland. Die sind natürlich nicht so stark wie diese!«, meint er bedauernd und lässt zur Bestätigung mal kurz den Motor aufheulen.

»Also ganz billig ist diese Yamaha wohl nicht«, tastet Sascha sich vor.

»Klar, das Motorrad ist natürlich sehr teuer. Ich betreibe eine eigene Fahrschule und verdiene damit meinen Lebensunterhalt. Aber vor der Wende hatte ich noch ein anderes Geschäft. Das Geld aus dieser Zeit habe ich in Motorräder investiert.«

Andrey sieht eigentlich nicht so aus, als läge ein langes Berufsleben hinter ihm. Ich schätze ihn auf Ende Zwanzig oder höchstens

Mitte Dreißig, schlanke Figur, dunkelblonde Haare, Typ großer Junge.

»Interessierst du dich für Politik?«, wollen wir wissen.

»Politik? O nein. Das Geschäft ist zu schmutzig. In einer Woche wird hier der Bürgermeister gewählt. Im Fernsehen wird so viel Dreck gesendet, unsere ganze Kultur geht abwärts. Könnt ihr euch vorstellen, dass unser Fernsehen eine Reportage gebracht hat über eine Zeitschrift, die männliche Models mit der Größe XXL sucht, die im Gefängnis sitzen? Im Gefängnis, wo Mörder und Vergewaltiger eingesperrt sind? Sie haben dort zwei Wochen gefilmt und fotografiert und jetzt wird ein Mann ausgewählt fürs Titelblatt. Sind das unsere heutigen Helden? Was kann man solchem Schrott entgegenhalten?«

Ich bin ehrlich gesagt ziemlich überrascht, solche Meinungen aus Andreys Mund zu hören. Nach dem ersten Augenschein hätte ich nicht unbedingt vermutet, dass ihm an Erhaltung von Kultur, was immer er darunter auch verstehen mag, besonders gelegen ist. Offenbar hat er meine Gedanken aufgeschnappt.

»Wir mit unserer Clique versuchen etwas dagegen zu tun. Letztes Jahr haben wir ein großes Rennen und ein Festival organisiert. Unsere Devise hieß Bikes gegen Drogen. Es gab viele Zeitungsberichte, doch die Presse sagte, unser Image sei so, als ob Bienen gegen den Honig kämpfen. Leider haben die Biker immer noch den Ruf, dass sie mit Waffen und Drogen handeln. Doch bei unserem Festival konnten wir beweisen, dass wir ganz anders sind. Es ist nicht unser Ziel, Motorrad zu fahren und Leute zu erschrecken«, meint er abschließend und lädt mich prompt ein, auf seinem heißen Schlitten Platz zu nehmen.

Ehe ich mich versehe, fliegen wir mit Vollgas über die breiten Straßen Nischnis in Richtung Fußgängerzone. Beide ohne Helm. Andrey, erfahre ich später, hat seinen erst kürzlich bei einem schweren Unfall verloren.

Ich sehe nichts mehr, höre nichts mehr, plötzlich macht die Maschine einen großen Satz – und nur auf dem Hinterrad schießen wir weiter. Alles ist Schicksal, denke ich noch ein letztes Mal, mein Gehirn wird sowieso gerade im Sog weggeblasen. Nur festhalten,

Nur festhalten, genieße diesen Wahnsinn!

genieße diesen Wahnsinn! Wieder auf zwei Rädern, neuer Durchstart und noch mal mit Schwung auf dem Hinterrad weiter, weil's so schön war!

Andrey ist wie im Rausch, alles will er zeigen. Er ist Profi – muss ein Profi sein. Vollbremsung – die Scheinwerfer beleuchten Sascha, der plötzlich wie ein Geist aus der Dunkelheit der Nacht vor uns auftaucht.

14. Juli. 10 Uhr am Vormittag. Aus den Bonnies und Clydes der Nacht sind ganz seriöse Geschäftsleute geworden. Die knallengen Lederklamotten wurden mit Anzügen, weißen Hemden und Krawatten vertauscht. Wir sitzen im Büro von Arthur, der in Nischni Nowgorod als Generaldirektor seiner Firma unter anderem die Automarke Wolga vertritt. Fast erkenne ich ihn nicht wieder, so vornehm sieht er aus. Statt der dunklen Motorradbrille trägt er jetzt eine zum Lesen seiner Korrespondenz.

»Vor sechs Jahren haben wir angefangen, Autos zu verkaufen«, erzählt er, »inzwischen konnten wir unsere Firma erweitern, konzentrieren uns nicht mehr ausschließlich auf die Fabrik. Wir handeln jetzt auch mit Chemikalien und Baustoffen, um flexibel zu bleiben und uns nach den politischen Strömungen und der Gesamtlage richten zu können. Es gibt einen Spruch: Lege nicht ein Ei ins Nest und pass darauf auf. Wenn eine Firma stirbt, müssen wir zwei andere Firmen haben, mit denen wir etwas Neues aufbauen können.«

Eine weise Erkenntnis, deren Umsetzung sicher nicht nur im Russland nach der Wende angebracht scheint.

Arthur lädt uns ein, die ganze Motorradclique nachmittags im Club zu treffen. Für dieses Meeting stellt er eines seiner Autos samt Chauffeur zur Verfügung, aber es kommt noch besser. Die Clubanlage, an einem Seitenarm der Wolga gelegen, gehört einem Mann deutscher Abstammung, dem nachgesagt wird, er besäße mehr als fünfzehn Prozent aller Immobilien in der Stadt. Anatoli Jordan sein Name.

Anatoli verkörpert auf den ersten und eigentlich auch auf den zweiten Blick so alles, was ich mir immer unter einem »neuen« Russen vorgestellt habe: äußerlich nicht besonders attraktiv und mit dem Volumen des Wohlstandsbauches ausgestattet. Aus einem Schneidezahn funkelt ein Diamant. Er weiß nicht, wie viele Leute für ihn arbeiten. »Vielleicht zweihundert«, sagt er achselzuckend,

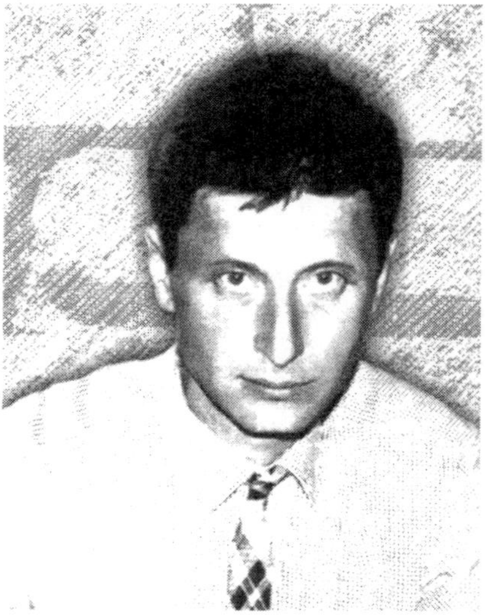

Anatoli damals als Poet

Anatoli heute als Playboy

»ich selbst genieße mein Leben und dazu gehören in erster Linie schöne Frauen mit großen Brüsten«, erzählt er uns strahlend in einem seiner Luxusappartements beim Club. Stolz deutet er auf ein Poster an der Wand, auf dem unser Held inmitten von entsprechend ausgerüsteten Damen abgebildet ist. »Aber privat habe ich nur eine Frau!«, versichert er.

Vor der Perestroika war er drei Jahre im Gefängnis. Grund: Er sah zu Hause erotische Filme und man fand in seiner Geldbörse einen Hundertdollarschein. Er zeigte uns ein Foto, das kurz nach der Entlassung aufgenommen worden ist. Da ist ein sehr gut aussehender, schlanker, dunkelhaariger junger Mann abgebildet, mit verträumten Augen, die in die Ferne blicken. In dieser Zeit hat er Gedichte geschrieben. Zum Abschied schenkt er uns ein kleines Buch, in dem seine Verse abgedruckt sind, und schreibt auf die erste Seite: »Für russische Deutsche und deutsche Russen von der russischen Seele eines Deutschen...Anatoli Jordan.«

Er. Lieben Sie Jeans?

In allen Republiken – Entschuldigung, souveränen Ländern – ist es Mode geworden, reich zu sein. Das ist die wichtigste Veränderung in den Köpfen der Menschen nach der Perestroika. Früher, wenn ein Bürger der Sowjetunion nach seinem Verdienst gefragt wurde, antwortete er: »Ich arbeite nicht des Geldes wegen!« Weil damals alle »zum Wohle des Vaterlandes« gearbeitet haben. Es ist übrigens wahr. Die Propaganda war so stark, dass die Bevölkerung bis in die achtziger Jahre so patriotisch eingestimmt war. Besonders die Arbeiter.

Auch der größte Teil der Intelligenzia spürte die Zugehörigkeit zum Volk. Die Einzigen, die nie zum Volk zählen wollten, waren Direktoren der »Second-Hand«-Läden. Sie fühlten sich privilegiert, weil nur sie das Recht hatten, aus dem Ausland mitgebrachte Waren zu verkaufen. Und obwohl Kapitalismus in der Sowjetunion als »größte Gefahr für die Menschheit« propagiert wurde, haben die von dort importierten Artikel ein Schweinegeld gekostet. Die Artikel aus kapitalistischen Ländern waren wesentlich robuster und modischer als die im eigenen Land hergestellten Waren. Doch kaufen konnte man sie nur in »Second-Hand«-Geschäften oder auf den Wochenmärkten.

Solche Märkte wurden meistens irgendwo am Rande einer Stadt veranstaltet und es gab weder Theken noch Kioske. Ein solch feierliches Ereignis fand meistens nur einmal in der Woche, und zwar am Sonntag statt. Offiziell durfte man dort nur sowjetische Produkte verkaufen. Für den Verkauf von Jeans konnte man sich saftige Strafen einhandeln. Die Behörden machten oft spontane Kontrollen, um die so genannten »Waren der Kontra-Propaganda« aufzuspüren. Dabei erscheint es sehr merkwürdig, dass nur der Verkauf von Jeans verfolgt wurde, für das Tragen der Jeans gab es keinerlei Strafen. Ganz im Gegenteil: Der jeweilige Eigentümer fühlte sich »wie ein Kaiser«. Er besaß ein begehrtes Kleidungsstück, das nach Abenteuer »roch«. Denn alle wussten, wie er zu diesem Kleidungsstück gekommen war. Manch einem Jeansbesitzer konnte mitten auf der Straße zugeflüstert werden: »Verzeihen Sie bitte, hätten Sie nicht zufällig eine übrig?« Es wurde nicht mal konkretisiert, was der Betroffene übrig haben sollte.

Und wenn – o Himmel! – der Gefragte bestätigend mit dem Kopf nickte, wollte man vorher wenigstens schnell anprobieren. Es war für den sowjetischen Bürger doch zu gefährlich, seinen ganzen Monatslohn auf einmal loszuwerden. Zum Glück wurden damals die Treppenhäuser noch nicht abgesperrt. (Ausnahmen machten nur die von Parteifunktionären bewohnten Häuser.) Der Käufer zog also in der Dunkelheit des Ganges seine eigene Hose aus und die amerikanische an. Spiegel gab es keinen, es musste also nach Gefühl entschieden werden. Und wenn die Entscheidung positiv ausfiel, so wurde das bereits erwähnte Schweinegeld bezahlt und die Geschäftspartner sahen sich nie wieder…

Jetzt ist in Russland vieles ähnlich wie in Europa geworden. Es gibt sie nicht mehr, diese Begeisterung über den erworbenen Gegenstand, als noch statt des Wortes »kaufen« das Wort »beschaffen« verwendet wurde. Jetzt kann man alles kaufen. Ich finde es ein bisschen traurig. Was gibt es noch Deprimierenderes? Früher musste man Jeans verändern, vernähen, neu kreieren. Irgendwoher einen Jeansstoff herbeizuschaffen war unmöglich. Die Leidenschaft für Jeans überstieg alle vorstellbaren Grenzen. Alle wollten Jeans kaufen, Jeans tragen, über Jeans sprechen, Witze über Jeans hören…

Was mich betrifft, so war ich finanziell nicht darauf angewiesen, Jeans zu verkaufen. Warum hat mich der Markt dann trotzdem angezogen? War es der Wunsch, am verbotenen Business teilzunehmen? Nein, ich hatte kein Lager für die fertigen Produkte von Levis Strauss. Manchmal hatte ich Gelegenheit, abgetragene Jeans zu bekommen, von meinen Freunden, die ins Ausland gereist waren. Sie haben mir oft nicht gepasst, denn ich kaufte, ohne zu probieren. Dieser Vorgang des Anprobierens in irgendwelchen schummrigen Ecken hätte mich erniedrigt. Ich kaufte und verkaufte in der Regel zum gleichen Preis. Was hatte ich davon? Nichts. Aber ich fühlte mich gut, wenn ich irgendwo in Sibirien auf dem riesigen improvisierten Markt stand und alle mich fragten: »Wieviel kostet sie?«

Der Preis schockierte 99,9 Prozent der Fragenden. Aber sie nahmen die Jeans in ihre Hand, studierten die Etiketten mit ausländischen Schriftzeichen und das nur, um abends bei den Freunden ein bisschen anzugeben: »Ach, ich habe heute SOLCHE Jeans gesehen!!!«

Einmal kam ich während einer Tournee nach Tomsk und nach kurzem Aufenthalt im Hotel fuhr ich sofort auf den Markt. Es war Sonntag! Diesmal hatte ich fantastische Jeans: dunkelblaue Farbe, schöne Etiketten, aus elastischem amerikanischem Stoff. Das einzige Minus – sie war furchtbar eng. Meine Kraft reichte nicht aus,

Jeans – Objekte der Begierde in der Sowjetunion.

mich hineinzupressen. Ich hatte nur die Wahl, sie einzurahmen oder sie wieder zu verkaufen. Ich wählte die zweite Variante.

Wie immer fragten Leute nach dem Preis, atmeten tief und gingen weiter.

Und dann kamen sie, ein Schulmädchen mit seiner Mama. Als Mama »nein« sagte, kullerten aus den schönen Augen des Mädchens große Tränen. Mama schluchzte beinahe selbst und versuchte zu erklären, dass die Familie sich einen solchen Schatz nicht leisten könne. Das Mädchen schlug die Augen nicht nieder, sondern starrte weiter auf die blaue Reliquie, wie ein Astronom, der soeben einen Stern entdeckt hat.

»Mama«, schniefte sie, »morgen ist in der Schule Diskothek!« Sie sagte es leise und ohne irgendwelche Hoffnung. Sie wusste, dass keiner ihr helfen konnte. Nur ein Wunder. In diesem Alter glaubt man noch an Wunder.

»Gibt es nicht eine Billigere?«, fragte mich die Mutter des Mädchens. »Vielleicht finden Sie eine?«

Ich hatte im Hotel noch ein paar alte Jeans, die ich eigentlich gar nicht verkaufen wollte. Aber jetzt fühlte ich, dass ich damit etwas Gutes tun konnte.

»Okay!«, sagte ich, »fahren wir zu meinem Hotel.«

Ich ließ sie unten zurück, weil es während des Militärsystems streng verboten war, Gäste auf den Zimmern zu empfangen. Nicht wegen Terrorismus, sondern aus Gründen der Sitte. Ich ging also allein in mein Appartement und kam sofort zurück mit den Jeans, eingewickelt in Zeitungspapier. Das Mädchen fing erneut an zu weinen, dieses Mal vor Glück. Vielleicht stellte sie sich bereits vor, wie sich alle in der Diskothek nach ihr umdrehen werden und flüstern: »Schau – da ist Iwanowa in blauen Jeans!«

»Ich schenk sie dir!«, sagte ich.

»Nein, nein, wir bezahlen!«, rief die Mutter.

Aber ich war schon unterwegs zum Lift, um nicht mehr debattieren zu müssen. Ja, es war schwierig, Jeans zu kaufen, aber die Gefühle, die ich in diesem Augenblick hatte, sind überhaupt unbezahlbar.

Beim Jeanshandel aber gab es auch eine kriminelle Seite. Einmal wurde ich fast getötet, als ich für mich Jeans besorgen wollte. Das war in Baku. Wie konnte ich nur so blind sein, nicht sofort zu begreifen, dass die zwei jungen Leute Banditen waren? Auf ihr »Möchten Sie Jeans?«, sagte ich automatisch »ja«, obwohl mich dieses ungewöhnliche Angebot hätte warnen sollen. Verkaufen von Jeans ist kein Problem – das Problem ist, sie zu kaufen. Und hier wurden sie einfach auf der Straße angeboten.

Ich war im fremden Land, oder besser, in einer anderen so genannten brüderlichen Republik. Vielleicht hat mich das desorientiert.

Wir gingen Richtung Promenade, entfernten uns weiter und weiter vom Zentrum, wo ich die »Verkäufer« getroffen hatte. Endlich erreichten wir ein wenig attraktives Etagenhaus auf einem einsamen Platz, umrahmt von Bäumen.

Wenn sie mich auffordern einzutreten, dachte ich, sage ich ab.

Aber Banditen kennen die Psychologie ihrer Opfer besser als Freud. Sie hatten alles bis ins letzte Detail vorausberechnet. Nicht weil sie selbst so klug waren, sondern weil dieses Wissen weitergegeben wird von Generation zu Generation.

»Es ist besser, wenn du nicht mitgehst!«, sagte ein Bandit, »der Besitzer bringt sie selbst.«

Dieser Satz vermindert das Gefühl der Gefahr und erhöht das Vertrauen.

Nächster Schritt. Der »Verkäufer« kommt aus dem Haus zurück und sagt: » Nein, er kann nicht raus, er muss auf sein Kind aufpassen. Gehen wir zu ihm.«

Das klingt spontan. Die Situation schnell zu ändern, ist das Opfer nicht bereit. Das Wort »Kind« ist nicht zufällig gewählt und gibt dem Geschäft einen unschuldigen Charakter. Vor den Augen eines Kindes werden sie mich nicht töten, denkt der Käufer.

Welch ein naiver Gedanke!

Auch ich war darauf nicht vorbereitet, weil ich meinen ursprünglichen Entschluss selbst geändert hatte. Also sagte ich zu. Schon im Flur fühlte ich eine seltsame Vorahnung. Auf der steilen Holztreppe stiegen wir nach oben. Neben mir ging der größere der beiden, der kleinere blieb unten. Das war ein gewichtiger Grund, an den edlen Absichten meiner Freunde zu zweifeln. Normalerweise arbeitet der Chef mit einem Partner, der irgendwo zurückbleibt, um die Situation zu beobachten und notfalls zu Hilfe zu kommen. Ich merkte das zu spät und ging weiter nach oben. Eigentlich war ich schon in der Gewalt der beiden »Business-Männer«.

»Oh«, sagte der Chef, »du hast eine schöne Brille!«

Zack – in meinem Kopf fügten sich plötzlich alle Segmente zu einem Bild zusammen. Ich war in einen Hinterhalt geraten. Es war sein Fehler, über meine Brille zu sprechen. Leute, die ausländische Waren verkauften, hatten alles: Levis-Jeans, Wrangler-Gürtel und natürlich so eine amerikanische Brille wie ich… Solche Leute bewunderten nichts.

Ich blickte nach oben. Keine Geräusche im ganzen Haus – unbewohnt!

Jetzt bringen sie mich rauf, schlagen mir eins über den Schädel, nehmen aus meiner Tasche alles Geld, die Uhr und die Brille, denke ich.

Ich fühlte, wie plötzlich Adrenalin in mein Blut schoss, ich begann zu frösteln. Jetzt nur nicht zeigen, dass ich alles begriffen habe. Bei ihnen läuft alles glatt – das könnte meine Chance sein. Meine Gedanken wirbelten im Kopf wie wahnsinnig und in meiner Brust begann ein schwermütiger Marsch zu klingen.

Mein Freund unternahm den nächsten Schritt. Er hatte einen ausgereiften Plan.

»Hast du Geld mit?«, fragte er in scheinbar unbeteiligtem Tonfall.

Obwohl mein Herz so laut klopfte, dass ich meine eigene Stimme nicht hörte, versuchte ich in ebenso unbeteiligtem Tonfall zu antworten: »Nein, ich wollte nur sehen…«

»Wie!«, baute er sich vor mir auf. »Ich habe gesagt, dass Jeans hier sind! Das heißt, man muss sie sofort kaufen!«

Ich wusste, warum er so aggressiv wurde, das war die Vorbereitung zum Schlagen: Das Opfer soll sich schuldig fühlen. Nur erfahrene Killer schlagen zu ohne laute Drohung. Zack! Und du bist tot. Dieser tötete wahrscheinlich nicht so oft.

Bis zum Ende der Treppe fehlten drei – vier Stufen. Ich merkte, wie der »Verkäufer« begann, sein linkes Bein in meine Richtung zu drehen, um mich mit dem rechten ins Knockout zu schicken. Die Szene lief ab wie in Zeitlupe. Das kann nicht mit mir passieren...

Ich weiß nicht, woher ich so viel Kraft hatte, diesen muskulösen Freund wegzustoßen. Als ich sah, dass mein Gegner mit dem Kopf gegen die Wand fiel, drehte ich mich um hundertachtzig Grad, stieß mich vom Treppengeländer ab und flog über alle Stufen nach unten.

Ich weiß nicht, woher ich die Kraft hatte, diesen muskulösen Freund wegzustoßen.

Sein zu Hilfe eilender Partner sah plötzlich die Sohlen meiner Schuhe, Größe 43, vor seiner Nase und schaffte es gerade noch, auf die Treppe zu fallen, während ich über ihn hinwegflog. Ich fühlte keinen Schmerz beim Aufprall. Dann hieß es laufen! Ich stürzte aus der Abdeckung der Bäume, erreichte die breite, sechsspurige Straße und rannte blindlings durch den starken Verkehr. Bremsen quietschten, aber ich lief schon auf dem Mittelstreifen – links und rechts strömten Autos an mir vorbei. Ich fühlte keine Angst. Meine Freunde verfolgten mich auf dem Trottoir. Keine Chance. Die frische Luft des Kaspischen Meeres breitete meine Flügel aus. Nicht vergebens spiele ich auf der Bühne Ikarus!

Nicht vergebens spiele ich auf der Bühne Ikarus!

Sie. 15. Juli. Wenn man heute durch die Gassen Nischni Nowgorods streift, erinnert kaum etwas daran, dass die Stadt wegen der Rüstungsindustrie zur Sowjetzeit vollständig geschlossen war. Nischni hieß früher Gorki, doch seine weltweite Berühmtheit erlangte Gorki nicht als Geburtsort des bekannten Schriftstellers, sondern als Verbannungsort des Physikers, Dissidenten und Nobelpreisträgers Andrej Sacharow. Die damals gesperrte Stadt erschien den Parteiobersten als idealer Ort zur Ruhigstellung unliebsamer Regimegegner. Diese wiederum entfalteten gerade hier eine rege kulturelle Tätigkeit, soweit das unter ihren stark eingeschränkten Lebensumständen überhaupt möglich war.

»Was in Moskau nicht gedacht werden darf, denkt man in Gorki«, lautete geraume Zeit eine sowjetische Devise.

Ich wollte wissen, was heute junge Leute über Sacharow zu sagen haben, ob sie ihn überhaupt noch kennen.

»Sacharow interessiert mich nicht. Er ist nicht mehr aktuell!«, antwortet ein Bandleader, der gerade in einem mehr als knappen Tangaslip vom Schwimmen kommt.

Wir haben uns mit Arthurs Kompagnon in einem kleinen Restaurant verabredet, das an einem Seitenarm der Wolga gelegen ist. Ein beliebter Ausflugs- und Badeplatz.

»Früher schimpften alle immer über ihn, das habe ich in den Zeitungen gelesen!«, fügt er noch hinzu, und damit ist das Thema für ihn erschöpft.

»Warum wollt ihr das überhaupt wissen? Für mich wäre ein aktuelles Thema, dass nicht so viel vom Budget der Politiker in die eigenen Taschen gesteckt und weniger Korruption sein wird.« Und mit dieser abschließenden Bemerkung steigt er auf sein Fahrrad und sucht das Weite.

Probieren wir es mit dem schönen Geschlecht. Vielleicht ein Mädchen mit Brille?

»Hallo, wie heißen Sie?«

»Sweta.«

»Wissen Sie etwas über Sacharow?«

»Sacharow? Nie gehört. Kenne ich nicht.«

Das war wohl nichts. Besonders begabt für Umfragen sind wir

offenbar nicht. Noch ein Versuch. Eine junge Frau mit hochgesteckten roten Haaren.

Sascha ganz vorsichtig: »Hallo – das ist eine tolle Frisur. Sind Sie Friseuse?«

»Nein, man kann so etwas ganz einfach mit der Spange fixieren.«

»Erzählen Sie mir etwas über Ihre berufliche Tätigkeit?«

»Ich arbeite im Tourismus und studiere nebenbei Pädagogik.«

Nun, das ist schon besser, denke ich und bin gespannt, wann Sascha endlich mit unserem Anliegen herausrückt.

»Wir haben eine politische Frage. Hier hat Sacharow gewohnt. Wissen Sie etwas darüber?«

Die Freude unserer Pädagogik-Studentin, etwas zu erzählen, erlischt plötzlich wie eine Kerze, die wir gerade ausgeblasen haben.

»Dazu will ich nichts sagen!«

»Auch das ist eine Antwort«, verabschiedet sich Sascha freundlich.

Das war's. Weitere Vorstöße in Sachen Zeitgeschichte unterbleiben, denn inzwischen ist Bikefahrer Alex, Arthurs Geschäftspartner, zusammen mit Rollo aufgetaucht, um mit uns Sacharows ehemalige Wohnung aufzusuchen.

Nach zwanzig Minuten Autofahrt stoppt Alex auf einem Parkplatz mitten in einer Plattenbau-Wohnsiedlung.

»Hier, glaube ich, muss es sein«, sagt Alex, nachdem er unterwegs immer wieder angehalten hat, um nach dem Weg zu fragen.

Sascha fragt einen Jungen, der gerade seinen Fußball an die Hauswand kickt. Nur ein Achselzucken. Niemand sonst ist unterwegs, doch da – auf der anderen Straßenseite – läuft eine Frau mit Plastiktüten in der Hand. Diesmal hat Sascha Glück. Die Frau deutet auf eines der mehrstöckigen Mietshäuser.

Freund Alex zieht es vor, bei seinem Wagen zu bleiben, während Rollo, Sascha und ich uns anschicken, endlich den Platz der Verbannung Sacharows aufzusuchen. Kein Schild verweist auf seine Wohnung. Der Eingang zum Hausflur ist geöffnet. Unser Weg führt an vielen hellgrauen Briefkästen vorbei, ein paar Stufen bringen uns nach oben ins Erdgeschoss. Links zweigt ein schmaler Gang ab, dem wir folgen. Wir bleiben schließlich vor einer dick gepolsterten Tür stehen. Verbirgt sich dahinter ein Tonstudio?

»Hier müsste eigentlich das Museum sein!«, vermutet Sascha und drückt den Klingelknopf.

Tatsächlich öffnet sich die Tür, eine junge Frau lässt uns eintreten.

»In einer Viertelstunde schließen wir«, weist sie uns freundlich, aber bestimmt hin.

Sascha weiß, wie sehr mir an dem Besuch dieses besonderen Ortes der Zeitgeschichte gelegen ist, und beginnt mit der Museumswärterin sofort ein Gespräch, das sie von dem unbarmherzig weiter fortschreitenden Uhrzeiger ablenkt. Das kleine, aber feine Museum, das gleich neben Sacharows Wohnung eröffnet wurde, informiert den Besucher mit Fotos und Zeitdokumenten nicht nur über das wechselvolle Leben des Atomphysikers, der führend an der Entwicklung der sowjetischen Wasserstoffbombe beteiligt war. Es zeigt auch detailliert in verschiedenen Grafiken, mit welchen Methoden Sacharows Wohnung überwacht wurde. Und alles in englischer Sprache: »Isolation of Apartment 3, 214 Gagarin Street, Gorky«, lautet die Überschrift zu dem ausgestellten Überwachungsschema.

Nichts wird beschönigt oder unter den Tisch gekehrt. Auch Briefe und Gesuche aus dem Ausland wurden aufgehoben und ausgestellt.

Sacharow hatte sich damals als Mitglied der Sowjetischen Akademie der Wissenschaften schon bald öffentlich gegen die ideologische Teilung der Welt gewandt, ein Komitee für Menschenrechte gegründet und war für die Demokratisierung der sowjetischen Gesellschaft eingetreten. 1975 erhielt er den Nobelpreis.

Die sowjetische Führung verbannte fünf Jahre später den unbequemen Bürgerrechtler nach Gorki. Sechs Jahre lang war das Ehepaar in dieser bescheidenen Dreizimmerwohnung, in der ich mich jetzt befinde, praktisch eingesperrt.

Die kleine Wohnung hatte man natürlich im Erdgeschoss eingerichtet, was die Kontrolle von außen erleichtert hat. Jeder Spaziergang, jeder Einkauf wurde überwacht, alle Briefe wurden geöffnet, Telefonate abgehört. Dass es Sacharow trotz der Verfolgung durch das KGB dennoch gelang, seine Aktivitäten fortzusetzen, erscheint mir wie ein Wunder.

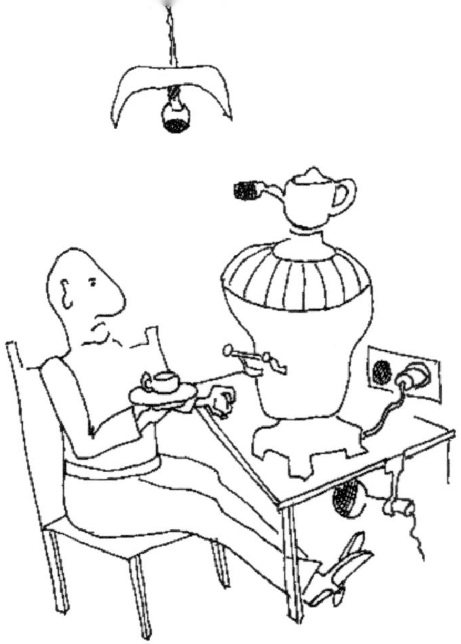

Sacharows Wohnung – die totale Überwachung.

Die Möbel in der Wohnung hat man wohl so belassen, wie sie waren.

Sie sind nichts Besonderes: eine Couch und eine einfache, lackierte Vitrine aus dunklem lackiertem Holz im Wohnzimmer, liebevoll dekoriert mit zwei Kaffeetassen, einer Kanne und Zuckerdose – alles in rosarotem Rosenmuster. In der Ecke steht noch ein kleiner Tisch aus dem gleichen Holz, darauf ein Fernseher.

Durch das vergitterte Schlafzimmerfenster blickte Sacharow direkt auf das Haus, in dem die Leute vom KGB abwechselnd ihrem Dienst nachgingen. Das Schlafzimmer ist mit ockergelber Blümchentapete ausgestattet, an der Wand hängt jetzt ein Ölportrait von Sacharow. Doppelbett mit Nachtkästchen auf der linken, ein Stuhl auf der rechten Seite und ein lackierter, dunkelbrauner Schrank auf vier kurzen dünnen Beinen – das ist alles. Auf dem Boden liegt ein gemusterter Teppich.

Am bescheidensten wirkt Sacharows Arbeitszimmer. Nur ein schmaler unbehandelter Holztisch und ein einfacher Stuhl aus Holz. Statt eines Teppichs ein schwarz-weiß gemusterter, kachelähnlicher Bodenbelag. Auf dem Tisch ließ man ein paar alte Original-Zeitungsausschnitte zurück. Winzig sind auch Toilette und Bad, hellblau gekachelt und mit zwei Feuerlöschern ausgestattet.

Fehlt noch die Küche. An den Wänden kleben grüne, längs gestreifte Tapeten. Grün ist auch der verbeulte Heizofen, der neben dem großen Kühlschrank steht. Ein kleines Waschbecken und ein dreiflammiger Gasherd samt Backofen. Und auf der weißen Anrichte entdecke ich einen kleinen Samowar, darüber einen Hängeschrank fürs Geschirr.

Sascha und die Museumsdame unterhalten sich noch angeregt. Die Atmosphäre der Räume, die mich wie ein dicker Mantel umhüllt, den man nicht so leicht abstreifen kann, nimmt mich gefangen. Ein schwierig zu beschreibendes Gefühl, plötzlich in den privaten Räumen eines Mannes zu stehen, die jahrelang sein Gefängnis waren. In denen jeder Satz, den er mit seiner Frau sprach, abgehört, jeder Radiosender, den er versuchte zu empfangen, gestört wurde, in denen Kameras Tag und Nacht sein Tun beobachteten.

Wie viel Energie und Kraft steckten in diesem Wissenschaftler!

Im Zuge der Reformpolitik Gorbatschows konnte Sacharow schließlich 1986 nach Moskau zurückkehren. Doch ihm waren nur mehr drei Jahre geblieben. Am 14. Dezember 1989 starb er mit 68 Jahren.

Draußen im kleinen Park, nur wenige Meter von Sacharows Wohnung entfernt, begegnen wir einer etwa siebzigjährigen Frau. Sie wirkt unscheinbar, trägt ihre grauen Haare kurz geschnitten. Sascha setzt sich zu ihr auf die Bank und fragt, ob sie Sacharow hier getroffen hat.

»O ja, ich habe ihn kennen gelernt!«, erwidert sie lächelnd.

Sascha: »Wie heißen Sie?«

Frau: »Lydia Iwanowna.«

Sascha: »Was für ein Mann war Sacharow?«

Lydia: » Er war ein ruhiger Mann, gut und offen, sogar sehr offen. Wir alle haben zum Beispiel umsonst sein Grundstück neben unserem Haus gesäubert und Bäume eingepflanzt auf der anderen Seite dieses Hauses. Er hat immer bei allem teilgenommen; auch wenn wir Geld gesammelt haben, gab er uns jedes Mal etwas. Hier bei unserem Haus stand sein Auto.«

Sascha: »Konnte er denn einfach mit seinem Auto wegfahren?«

Lydia: »Nun, natürlich ist in dem Augenblick auch ein anderes

Auto gestartet und hat ihn verfolgt. Diese Leute haben ihn hier in dem Haus observiert. Auf der Rückseite des Nebenhauses saßen auch KGB-Leute, um ihn durch das Fenster zu beobachten. Das Auto vom KGB stand ebenfalls hier vor dem Eingang, ein weiteres auf der anderen Seite und noch eines auf der Straße – also zwei, drei Autos parkten ständig hier, damit er niemals allein irgendwohin gehen konnte.«

Sascha: »Haben Sie auch seine Frau kennen gelernt?«

Lydia: »An seine Frau denke ich lieber nicht, über sie möchte ich gar nicht sprechen, auf sie reagiere ich bereits allergisch. Von ihr ist keine positive Erinnerung geblieben. Nicht eine gute Erinnerung! Und sie hat an keinem Gemeinschaftsleben teilgenommen – er ja, aber sie nie!«

Sascha: »Warum, was hat sie getan?«

Lydia: » Nun, ich habe gesehen, wie sie Cognac einkaufte, hier war früher ein spezieller Kiosk für Spirituosen aufgestellt, ja, sie ging und nahm die Flasche, saß da und betrank sich.«

Sascha erstaunt: »Durften Sie denn die Familie Sacharow besuchen?«

Lydia lächelt: » Was mich betrifft, konnte ich zu ihnen gehen, weil ich mit dem KGB zusammengearbeitet habe.«

Sascha versucht, sich seine Überraschung nicht anmerken zu lassen. »Ah, ich verstehe. Der KGB hat Sie und die anderen Bewohner vielleicht nach Sacharow gefragt, damit Sie etwas über Ihre Kontakte mit ihm erzählen?«

Lydia lächelt immer noch. » Nein, ich hatte vom KGB den Auftrag, Sacharow zu beobachten. Zum Beispiel, wenn die Wache vom KGB essen gehen wollte oder auf die Toilette, dann habe ich sie abgelöst.«

Sascha: »War die Arbeit schwierig?«

Lydia: »Nein, aber ich musste viel aufschreiben. Wenn mein Chef kam, habe ich ihm sofort alles berichtet und Schluss.«

Sascha: »Und war Sacharow sauer auf Sie? Er ahnte wahrscheinlich, dass Sie vom KGB sind?«

Lydia: »Ja – er hat es gewusst. Aber trotzdem kam er zu mir nach Hause und wir haben zusammen Cognac und Kaffee getrunken.

»Meine ganze Familie hat beim KGB gearbeitet.«

Wenn er aus seiner Wohnung ging, fragte ihn die Wache: ›Wohin gehen Sie, Andrei Dimitriewitsch‹ , und er antwortete: ›Ich gehe zu Lydia Iwanowna.‹ Und sofort riefen mich die Jungs an: ›Er geht zu dir!‹ Ich erwiderte: ›Sehr gut.‹«

Sascha: »Wie kam es, dass Sie zusammen mit dem KGB gearbeitet haben? Sind Sie gezwungen worden?«

Lydia: »Aber nein, ich hatte schon vorher gute Kontakte. Mein Onkel ist KGB-Offizier gewesen. Das ist Tradition in unserer Familie, deshalb habe ich mich beim KGB beworben.«

Sascha: »Haben Sie auch wegen Sacharow angefangen, dort zu arbeiten?«

Lydia: »Ja, klar, die vom KGB fragten: ›Hilfst du uns?‹ Und selbstverständlich half ich. Sehen Sie, diese Jungs neben seiner Tür mussten doch mal irgendwie weg. Wenn jemand mal plötzlich Pipi muss, dann kann er das nicht in den Eimer machen. Er ruft mich an, ich komme nach unten und ich löse ihn ab und sitze an seiner Stelle. Oder sie gingen auch mal zum Essen gegenüber ins Lebensmittelgeschäft.«

Sascha: »Wenn beide Sacharows einen Spaziergang unternahmen, haben Sie die Wohnung dann abgeschlossen?«

Lydia: »Ja, aber der KGB hatte natürlich seinen eigenen Schlüssel!«

Sascha: »Und wie erinnern Sie sich heute an jene Tage?«

Lydia: »Nun, wie schon? Mir tut Sacharow Leid. Der Mensch tut mir Leid, er war gut.«

Sascha: »Feiern Sie seinen Geburtstag oder Todestag?«

Lydia: » Ja, es kommt immer eine Abordnung aus der Stadt – am 21. Mai war sein Geburtstag, vor ein paar Wochen besuchte sogar Bürgermeister Lebediew das Museum. Wir haben Sacharow nicht vergessen.«

Inzwischen bezieht Lydia Rente. Für sie war die Arbeit beim KGB ein Job wie jeder andere, und ich spüre, dass sie gerne an die Zeit denkt.

Ob ihr jemals wirklich bewusst geworden ist, in welch seelischer Verfassung sich der berühmte Physiker damals tatsächlich befunden hat? Für Lydia gibt es keine guten oder schlechten Jobs, sondern nur Aufgaben, die erfüllt werden müssen. Zum Wohle von wem auch immer…

Den letzten Abend im schönen Nischni feiern wir mit unseren neuen Freunden. Ein ganz besonderes Lokal wollen sie uns zeigen. Es bedarf einiger Überredungskunst, Käpten Rollo zum Verlassen seiner geliebten SOLVEIG zu bewegen, doch schließlich sitzen wir alle in Arthurs Auto, der es sich aber nicht nehmen lässt, uns vorher noch »sein« Nischni zu präsentieren. Arthur kennt jeden Stein, so scheint es.

Vom Bau des Kreml weiß er zu berichten, dass die Wände eines Turmes mit dem bezeichnenden Namen Tragejoch immer wieder einstürzten, bis die verzweifelten Handwerker schließlich einen Weisen um Rat baten. Der Legende nach empfahl ihnen der Weise, am darauf folgenden Morgen zu der Baustelle zu gehen und die erste Person, die ihnen über den Weg laufen würde, in die Wand einzumauern. Das Schicksal wollte es, dass ihnen die Frau eines der Handwerker begegnete, die mit dem so genannten Tragejoch und den daran hängenden Eimern zum Fluss wollte. Schweren Herzens folgten die Männer dem grausamen Rat und mauerten die Frau ein. Mit dem Erfolg, dass der Turm bis zum heutigen Tag stehen blieb.

Besondere Bedeutung hatte auch der Uhrturm, der gleichzeitig auch der Hauptwachturm war. Im 17. Jahrhundert stand neben dem Turm noch das Häuschen des Uhrmeisters, der täglich die Stufen hinaufstieg und das Uhrwerk aufzog. Seine Arbeit war mühsam, denn nach altrussischer Zeitrechnung wurden die Stunden damals nach Tag- und Nachtstunden unterschieden und waren stärker am Lauf der Sonne orientiert.

In jenen Tagen richtete sich die Mehrzahl der Menschen sowieso nach den Gestirnen, denn es gab nur zwei Uhren in der ganzen Stadt: eine im Kreml und eine im Mariä-Verkündigungs-Kloster, gleich bei SOLVEIGs Liegeplatz. Glückliche Tage!

Und von vergangenen Zeiten in russischen Dörfern erzählt auch ein Freilichtmuseum der Holzbaukunst, bei dem Arthur anhält.

»Ihr seid doch so begeistert von Kischi gewesen,« sagt er, »in unserem Museum findet ihr die gesamte altrussische Holzarchitektur der Völker um Nischni Nowgorod.«

Es ist acht Uhr abends, natürlich hat das Museum längst geschlossen. Aufgeregt springt ein Schäferhund an dem Holzgatter hoch, bellt nach Leibeskräften, wie es sich für einen ordentlichen Wachhund ziemt.

»Kommt, lasst uns gehen, sonst bekommt der arme Hund noch Stress!« Mein tierliebendes Herz schlägt mal wieder heftig.

Aber Arthur macht sich bereits auf den Weg am Zaun entlang bis zu einem kleinen Hüttchen, pfeift zweimal kurz durch die Zähne. Eine etwas verschlafene, zahnlose Gestalt kriecht heraus und nach kurzem Wortwechsel erscheint sie wenige Minuten später mit einem riesigen Schlüssel, der langsam und geräuschvoll das Schloss ins andere Jahrhundert für uns öffnet.

Das Gelände ist naturbelassen geblieben und hat sicher länger keine Sense gesehen. Wir stapfen durch hohes Gras und dichten Wald, der einen Abhang hinunter bis zu einem kleinen Bach führt. Wo sind wir? Doch nicht im Museum. Vielleicht in einem Dorf, dessen Bewohner aus unerfindlichen Gründen ihre Häuser plötzlich verlassen mussten? Altes Arbeitsgerät liegt herum, wir sehen wundervoll gebaute und vor allem mit kunstvollen Dekorationen ausgestattete Bauernhäuser.

»Sie haben alle eine praktische bauliche Bedeutung«, erklärt Arthur, »denn sie sollen nicht die Form als Ganzes stören.«

Auf einer Lichtung steht eine Kirche, ganz aus Holz gebaut. Von weitem besticht auch sie durch ihre klassische Strenge. Steht man vor ihr, entdeckt man immer wieder hübsche Verzierungen, die wie

Bayerisches Bier und bayerische Russinnen in Nischni Nowgorod.

Vignetten am Ende eines Textes das Bauwerk zart unterstreichen. Arthurs Extratour durch Nischni ist wirklich vom Feinsten. Er spürt unsere Begeisterung und verkündet strahlend: »Und jetzt fahren wir zu meinem Lieblingslokal!«

Sicher etwas ganz typisch Russisches, hoffe ich, Rollo und Sascha vermuten Ähnliches. Unser Freund hüllt sich in Schweigen. Nach einer Viertelstunde Fahrt durch die Millionenstadt stoppt sein Auto vor den angestrahlten Fensternischen eines Restaurants.

»Sieht gemütlich aus!«

Die Mägen von SOLVEIGs Crew sind inzwischen gewaltig auf »Empfang« geschaltet, auch Arthur hat es plötzlich ziemlich eilig hineinzukommen. Sicherlich warten auch schon seine Freunde auf uns.

»Das gibt es doch nicht!«, stottere ich wenig geistreich, als wir das Lokal betreten.

Auch Rollo wischt einmal mehr seine Augen, als vor ihm eine junge Kellnerin im bayerischen Dirndl vorbeihuscht, in ihren zarten Händen Maßkrüge mit weißschäumendem Bier tragend.

»Alles ist möglich bei uns!«, kommentiert Sascha strahlend. »Bayerisches Bier und bayerische Würstl in Nischni Nowgorod, warum auch nicht?«

Überflüssig zu erwähnen, dass Rollo beim Anblick der schönen Russinnen im Trachtenlook fast das Essen vergisst, und ebenso überflüssig zu erwähnen, dass wir erst spät nach Mitternacht auf unser Schiff zurückkehren…

Er. Woher stammen Russen?

Es ging damit los, dass ein Bekannter mir die richtige Teezubereitung beibrachte. Erst wärmte er die Teekanne mit kochendem Wasser auf, kippte dieses Wasser wieder aus und streute dann die Teeblätter in die Kanne. Dann füllte er sie zu einem Drittel mit Wasser und wartete drei Minuten, bis er den Rest eingoss. Das alles wäre nicht so wichtig, wenn nicht eines Tages so eine Tee-Runde die fundamentalen wissenschaftlichen Erkenntnisse über die Entstehung des russischen Volkes völlig verändert hätte.

Mein Kumpel Borja war eigentlich ein seriöser Wissenschaftler, doch im Alltag ein richtiger Spaßvogel. Er liebte lustige Cliquen, lud gerne Gäste ein und brachte allen »die richtige« Teezubereitung bei.

Als ich ihn an diesem kalten Herbstabend besuchte, tippte Borja auf seiner deutschen Schreibmaschine ›Adler‹ irgendein Referat. Er machte mir die Tür auf und bat mich, Tee zu kochen. Ich füllte den Kessel mit Wasser aus dem völlig verrosteten Hahn, stellte ihn auf den ebenfalls verrosteten Herd und setzte mich auf die alte, schäbige Küchencouch. Um mir die Zeit zu vertreiben, blätterte ich in einem Lexikon, das sich zufällig in der Nähe befand. Und in diesem Lexikon entdeckte ich hochinteressante Berichte. Ich erfuhr unter anderem, dass »das russische Volk etwa 1000 Jahre nach Christi Geburt ›entstanden‹ sei«.

Ziemlich spät, dachte ich, bei den Römern wechselten da schon die Kaiser einander ab, in Griechenland hatte Sokrates bereits gesagt: »Ich weiß, dass ich nichts weiß«, und Jesus Christus hatte schon vor tausend Jahren die Erde verlassen. Nur wir sollten gerade erst »entstanden« sein?

Dieser Bericht beleidigte mich, und ich beschloss nachzusehen, wann die anderen Völker »entstanden« sind. Ich tauchte wieder in die Tiefen des Lexikons, dieses Mal Richtung Byzanz. Doch unterwegs dorthin stolperte ich über die Ägypter. Ich erfuhr, dass die Ägypter eine außergewöhnliche Zivilisation erschaffen haben. Und ein halbes Jahrhundert vor Christi Geburt sind sie verschwunden.

Das wiederum beruhigte mich, denn später zu entstehen ist sicher besser, als für immer ausgelöscht zu werden.

Inzwischen kochte das Wasser, ich bereitete den Tee, so gut ich konnte, und rief nach dem Hausherrn, der immer noch auf seiner ›Adler‹ tippte und mit einem lustlosen »Gleich« antwortete. Ich schob die Tasse zu mir, das weiß ich noch genau, doch zum Trinken bin ich nicht mehr gekommen. Ein Volk war also verschwunden, quälten mich die gerade erworbenen Erkenntnisse, das andere war aber wie vom heiteren Himmel gefallen. Konnte es sein, dass es hier eine Verbindung gab? Dieser Gedanke verdarb mir den Appetit.

Als Borja endlich kam, fragte ich ihn: »Hör mal, was ist eigentlich aus den alten Ägyptern geworden?«

»Schwierig zu sagen«, schwankte Borja, »die Araber haben sie verdrängt.«

»Wohin?«

»Weiß Gott wohin. Da müsste man Ausgrabungen durchführen oder die ägyptische Sprache mit den Sprachen anderer Völker vergleichen. Alles spiegelt sich in der Sprache wider, und geschichtliche Ereignisse werden in der Sprache verewigt. Das wichtigste Wort der Ägypter, wenn du dich schon so für sie interessierst, war RA. So nannten sie ihren Gott. RA bedeutet Sonne. Und aus diesem RA sind bei den Ägyptern viele Wörter gebildet worden.

So viele kenne ich nicht, aber ›die Sonne geht auf‹ heißt auf ägyptisch ›RA NU‹. Früher waren fast alle Wörter kurz, einsilbig.«

»Wie bitte«, fragte ich erstaunt, »hast du ›RA NU‹ gesagt? Das klingt doch dem russischen ›RANO‹ (früh) verdammt ähnlich! Findest du nicht?«

Wir blickten uns an, tranken unseren Tee weiter und suchten nebenbei russische Wörter, die mit »RA« anfangen. Zu unserem Erstaunen waren es sehr viele, darunter einige sehr wichtige:

RA-dostj	(Freude)
RA-bota	(Arbeit)
RA-b	(Sklave)
b-RA-t	(Bruder)
RA-tj	(Königliche Armee)
RA-duga	(Regenbogen)

Das letzte Wort versetzte uns in regelrechte Euphorie. Der unverständliche Begriff bekam durch den Vergleich mit dem Ägyptischen einen sehr konkreten Inhalt: Wenn »RA« Gott bedeutet, und »DUGA« Bogen, dann heißt das doch Sonnenbogen oder Göttlicher Bogen! In der Tat, ist der Regenbogen nicht ein Wunder aus göttlichen Wurzeln?!

Das mussten wir begießen. Borja holte aus dem Küchenschrank eine Flasche Wodka und sagte voller Ernst: »Auf die Ägypter!«

Scheinbar hat der Wodka auf unsere Hirnzellen sehr positiv gewirkt, weil uns kurz darauf das Schlüsselwort für unsere Theorie einfiel.

Was bedeutet Paradies? Das Haus Gottes. Also ein wichtiges Wort. Und wie heißt es auf Russisch? RAJ! »RA« und ein winziger Buchstabe dazu. Das setzte einen Schlussstrich unter unsere Beweiskette.

Wir wollten nicht einfach auf dieses Wort anstoßen, wir beschlossen stehend zu trinken. Und da Borja älter ist als ich und immerhin

Neue Erkenntnisse – Ägypten: Heimat des russischen Volkes ...

ein Wissenschaftler, übernahm er die Verkündung des Trinkspruches:

»Lieber Alexander«, begann er feierlich, »wir stehen kurz vor einer wichtigen Entdeckung. Genauer gesagt, haben wir diese bereits getätigt. Jetzt sind die Wissenschaftler aus der ganzen Welt an der Reihe. Mal sehen, ob sie unsere Theorie unterstützen werden. So lass uns auf unser Volk trinken, das Volk, das trotz der Auswanderung nach Osteuropa und Sibirien die Wurzeln zu seiner Heimat, Ägypten, nicht abgebrochen hat!«

Wir leerten die Gläser und setzten uns wieder. Unmöglich, über noch etwas anderes zu sprechen. Alle weiteren Themen waren für uns gestorben. Wir konnten sogar nicht einmal über die Frauen reden, an die sich Borja normalerweise bei jeder Tee-Runde erinnert.

Obwohl es schon halb zwölf nachts war, klingelte jemand an der Tür. Borja ging, um den unerwarteten Gast zu empfangen. In Moskau sind Besuche zu dieser späten Stunde nicht selten, eigentlich sind sie schon fast Tradition. In Borjas Abwesenheit konnte ich auch dieses Phänomen klären. Es liegt bestimmt daran, überlegte ich, dass Menschen nach einer kosmischen Uhr leben. Während hier in Moskau schon Nacht ist, geht in Ägypten erst die Sonne unter. Und irgendwo in uns, vielleicht im Knochenmark, ist noch die Zeit unserer alten »Ägyptischen Heimat« einprogrammiert. Deswegen erscheinen uns diese späten Besuche gar nicht so spät …

Borja kehrte mit einem Gast zurück. Es war sein Nachbar, der eine Flasche Wein »777« mitgebracht hatte. Doch Borja lehnte den Wein ab, um die beiden Getränke nicht miteinander zu vermischen, und erklärte seinem Bekannten den Grund unseres Festes.

Eduard, der Literat, reagierte auf unsere Entdeckung auf seine Weise. Er zitierte stets viel und sehr gerne die berühmten Schriftsteller. Dieses Mal fiel ihm ein besonderes Zitat von Turgenew ein. Er soll die folgenden Worte bei der Besichtigung einer aus Ägypten nach St. Petersburg mitgebrachten Sphinx gesagt haben. Sie lauteten etwa so: »Von der Sphinx wird uns erzählt, dass sie aus Ägypten stammt. Doch schauen Sie in ihr Gesicht – das ist das typische Gesicht eines russischen Bauern mit dem breiten Kinn.«

Nach dieser Aussage wechselten wir doch noch zum Wein »777«, immerhin werden solche Entdeckungen nicht oft gemacht. Etwa um drei in der Nacht begannen wir, mit Freunden und Bekannten zu telefonieren, um ihnen die freudige Nachricht über die seelische und genetische Verwandtschaft mit Ägypten zu unterbreiten.

Leider haben wir bis heute nicht erfahren, was europäische Wissenschaftler zu unserer Entdeckung sagen würden. Weil Borja in diesem Herbst mit seinem Referat beschäftigt war und keine Zeit hatte, alles ordentlich zu formulieren. Und im Winter erhielt er die Stelle des Abteilungsleiters an der Uni und hatte keine Zeit mehr für Blödsinn. Eduard trank noch mehr als sonst und gab aus Langeweile das Buch »Trinksprüche und Glückwünsche« heraus. Die Tatsache, dass unser Volk gerne trinkt, vorher aber genau so gerne redet, bescherte dem Buch gute Verkaufsquoten. Ägypten erwähnte er in diesem Buch mit keinem Wort.

Und doch werde ich diese Nacht nicht vergessen.

Natürlich habe ich meinen Beruf nicht gewechselt. Doch tief in mir wärmt mich diese neu erworbene Erkenntnis. Sicherlich fühlte sich Giordano Bruno, der wusste, dass die Welt unendlich ist, ähnlich. Unsere Schicksale unterschieden sich nur dadurch, dass ich nicht der Inquisition übergeben wurde.

Natürlich träumte ich nun nicht Tag und Nacht von Ägypten. Doch durch Zufälle erfahre ich immer wieder etwas über dieses Thema. Genauso war es, als ich mich auf diese Reise vorbereitet habe.

Ich traf einen Musikerfreund, der mich fragte: »Kennst du den alten Namen der Wolga?«

»Nein«, sagte ich, »gab's etwa einen anderen Namen?«

»RA«, antwortete er.

* * *

Von Tschuwaschen, Tataren und Bayerischen Tagen

Sie. Gute Freunde bleiben zurück, als wir Nischni am nächsten Morgen verlassen. Aber für mich steht bereits fest, irgendwann möchte ich wiederkommen.

SOLVEIG sucht sich ihren Weg über den weiten Strom, auf dessen ferne Uferlinien Wälder und Hügel gezeichnet sind. Groß und selbstbewusst schiebt die Wolga ihre Wassermassen dem fernen Meer entgegen: Acht Millionen Liter sind es immerhin pro Sekunde.

Heiß ist es, sehr heiß.

Prophet: »Das Denken wurde den Menschen abgewöhnt.«

Vor einer großen Klosteranlage fällt SOLVEIGs Anker. Wir rudern mit dem Zodiac an Land, um uns ein bisschen umzusehen. Saschas Begeisterung für alte Kirchen lässt auch mich die tropische Schwüle fast vergessen, die das Atmen schwer macht. Der mit Steinen gepflasterte Weg unterhalb einer hohen Festungsmauer scheint niemals zu enden. Nur keine unüberlegte Bewegung, sonst hängen T-Shirts und Shorts gleich als wasserdurchtränkte Stofffetzen an unseren Körpern.

Er. Die Vorsteherin des Frauenklosters ist an diesem Tag nicht da. Sie ist am Morgen nach Nischni Nowgorod gefahren, und ohne ihren Segen hat niemand das Recht, mit uns zu sprechen, geschweige denn Videoaufnahmen zu gestatten. Ihre Vertreterin, deren Alter wir wegen der sehr strengen Nonnenhaube nicht festzustellen vermögen, benimmt sich so stark und unerschütterlich wie ein Wächter neben dem Lenin-Mausoleum.

Auf alle meine »Darf ich ... ?« antwortet sie mit »Sie dürfen nicht!«

Am Ende unserer Unterhaltung bekomme ich Zweifel, ob sie überhaupt eine Nonne ist. Vielleicht ist sie ein verkleideter Soldat der Preußischen Armee aus den Zeiten Bismarcks? Aber eigentlich darf man ihr nicht böse sein, denn ein russisches Sprichwort besagt: »Im fremden Kloster handelt man nicht nach eigenen Regeln.«

Wir verabschieden uns höflich und schleppen uns entlang der Klostermauer Richtung Ausgang. Meine Freunde kehren zurück zum Boot, ich aber kaufe im Kiosk ein billiges Büchlein über dieses Kloster und setze mich in den Schatten, um einige Seiten durchzublättern.

Das Schriftstück, das aus unerklärlichen Gründen in einer französischen Kooperation herausgegeben wurde, informiert über die Gründung des Klosters, über die tatar-mongolischen Angriffe und vor allem über die »prachtvollen Kirchtürme«, in deren Schatten ich gerade sitze. Unwillkürlich blicke ich nach oben. Na ja – prachtvoll? Auf jeden Fall kein Moskauer Kreml.

Danach folgt die Beschreibung der weißen Kathedrale, die »mit ihrer nördlichen Schönheit jeden Besucher beeindruckt«. Meine

Augen wandern noch einmal nach oben, um mich beeindrucken zu lassen. Doch statt der »Herrlichkeit« und der »Pracht« begeistern mich die Ruhe und die Schlichtheit der Klosteranlage.

Das Kirchenhaus, in dem die Nonnen untergebracht sind, »glänzt« mit seinem schäbigen Putz und sieht einem billigen Nachtasyl aus Maxim Gorkis Zeiten ähnlich. Die zwei weiß gekalkten Kirchen, die bestimmt seit hundert Jahren die Stimme eines Priesters nicht mehr gehört haben, wärmen sich wie zwei Waisenkinder in der Sonne. Ich wage nicht, auf die Klosteruhr zu sehen, vor lauter Angst, dass sie bestimmt fünfhundert Jahre nachgeht.

Die Babuschka aus dem Souvenirkiosk zählt in ihrer Hand den Tagesumsatz aus dem Verkauf von Kreuzen, Ikonen und Souvenirs und geht langsam zum Speisesaal. Das Mittagsmahl ist bereits zu Ende. Die Schwestern arbeiten nun im Garten, der die größte Fläche des Klostergrundes einnimmt. Von Gebeten wird man schließlich nicht satt. Und auch sonst ist das Leben ziemlich hart: So dürfen die Frauen nur sechs Stunden täglich schlafen! Der Tag beginnt um fünf Uhr morgens. Es folgt ein kurzes Frühstück, das von der Lesung des Neuen Testamentes begleitet wird, danach werden von der Vorsteherin die Tagesaufgaben verteilt. Und an Arbeit, die zum Teil sehr schwer ist, mangelt es nie. Alles, von der Durchführung der Messe und Betätigung der Kirchenglocken bis hin zur Renovierung der Klosterzellen, müssen die Nonnen selbst übernehmen.

Sie bauen auch Kartoffeln, Tomaten und Gurken an, um im Winter auf die eigenen Vorräte zurückgreifen zu können, wenn die Verbindung zur Außenwelt aufgrund der gefrorenen Wolga erschwert wird.

Im Augenblick bewegt sich die gleißende Sonne in Richtung Horizont und beleuchtet den Turm einer kleinen Kirche, in der die Reliquien eines Heiligen aufbewahrt werden, denen der Besucher nur selten seine Aufmerksamkeit schenkt. Auf dem Platz breitet sich eine Stille aus, in der das Quietschen der Wetterfahne auf dem Turm nicht zu überhören ist. Zwei Nonnen verabschieden sich neben dem Tor von ihrer jungen Freundin. Wahrscheinlich waren sie nur für kurze Zeit und besuchsweise gekommen, um bei den Gartenarbeiten zu helfen. Nach orthodoxer Sitte geben sie sich gegenseitig drei

Küsse und rennen dann eilig zur Anlegestelle, wo ein Passagierdampfer jeden Moment ablegen wird.

Ich habe mich gerade entschlossen, zur SOLVEIG zurückzukehren, als ich plötzlich einen Mann mit kurzem krausem Bart wahrnehme. Vielleicht kann er mir etwas Interessantes erzählen, also verlasse ich meinen gemütlichen Platz auf dem Baumstamm. Doch da ist der Mann bereits hinter der Kirchentür verschwunden. Ich betrete die Kirche. Mit einem Schlichthobel bearbeitet der Krausbart die Holzbretter. Der Fußboden ist mit frischen Spänen bedeckt, es duftet nach Harz.

»Guten Tag«, lenke ich ihn ab.

»Guten Tag«, der Mann streckt sich. Er ist fast zwei Meter groß, hat breite Schultern, sein Gesicht strahlt unerschütterliche Ruhe aus. Er trägt eine alte, mit Kalkmörtel beschmutzte Hose. Aus seinem verblassten Hemd ragt ein kräftiger Hals.

»Sind Sie Mönch?«, frage ich.

»Wie soll das gehen?«, erwidert er mit Bassstimme. »Hier steht ein Frauenkloster! Haben Sie eine Zigarette?«

»Nein, ich bin Nichtraucher«, sage ich, aber im selben Augenblick fällt mir ein, dass in meiner Fototasche eine Schachtel Marlboro »für alle Fälle« liegt. »Nehmen Sie diese hier.«

Der Krausbart heißt Igor und er wird hin und wieder ins Kloster geholt, um Schreinerarbeiten zu erledigen.

»Rauchpause!«, sagt der Schreiner und nimmt die Marlboro-Schachtel.

»Gehen wir raus. Es ist nicht richtig, in der Kathedrale zu rauchen. Ich hoffe, das stört dich nicht?«

»Schon okay.«

Er wirft einen neugierigen Blick auf meine Nikon. »Ich zeige dir gleich etwas.«

Wir gehen durch einen schmalen Hof und treten durch die in der dicken Klostermauer eingebaute Tür. Über eine Wendeltreppe steigen wir aufwärts und landen auf einem Aussichtsplatz direkt über der Wolga.

»Na? Und?« Igor bleibt stehen und sieht mich erwartungsvoll an.

»Was und?«, frage ich verwirrt.

41/42/43/44
Immer wieder finden wir in kleinen russischen Dörfern wunderschön geschnitzte Fensterrahmen.

45 Diese Bauernhäuser sind über hundert Jahre alt.

41

42

43

44

46

48

46 *Überflutete Wolga: Der Kirchenturm blieb stehen.*

47 *Russische* TITANIC *an der Wolga, hier haben wir festgemacht!*

48 *Manchmal wirkt die Landschaft wie abgeschnitten.*

49 *Waschen wie zu Großmutters Zeiten.*

50 *Jelena, Bäuerin aus Liebe, lädt uns in ihre Sauna ein.*

51

52

53

54

55

51 Solveig besucht Nischni Nowgorod.
52 Am Tag Business, abends Harley Davidson.

53/54 Schiffswrack – alles, was noch irgendwie verwendbar scheint, wird abmontiert.
55 Bizarre Felslandschaft am Wolga-Ufer.

56

57

58

59

56 Sascha singt Stenjika Rasin: »…in des freien Flusses Wellen gleiten Stenjikas schön bemalte Boote…«

57 SOLVEIG zieht an faszinierenden Landschaften vorbei – Angelika am Ruder.

58/59 Samara - im 36 Meter tiefen Stalin-Bunker.

60 SOLVEIG ankert vor einem Nonnenkloster.

61 Brücke bei Uljanowsk, hier passierte vor vielen Jahren ein dramatisches Schiffsunglück, weil der Kapitän die Höhe falsch einschätzte.

60

61

62

62 *Altes Russland: Begegnung auf der Wolga.*

63 *Waisenkinder sollen nach traditionellen Vorbildern erzogen werden.*

64 *Unser Ankerplatz beim »Survivallager«.*

63

64

»Ist das nicht schön?« Ohne sich umzudrehen, macht Igor einen kräftigen Atemzug.

Doch – an dieser Stelle ist die Wolga wirklich prachtvoll. Das Kloster ist an drei Seiten von Wasser umgeben, hier fühlt man sich wie auf einer Insel. Igor zündet eine Zigarette an und steckt das gebrauchte Zündholz wieder in die Schachtel.

»Sie sind also Schreiner?« Ich setze mich auf einen der von der Sonne erwärmten Ziegelsteine.

»Schreiner... eigentlich bin ich Lehrer. In der Schule wird fast nichts bezahlt, so muss ich auch hier arbeiten. Wie lange nur soll dieser elende Zustand noch andauern? Schauen wir mal...«

»Lehrer in welchem Fach?«

»Geschichte.« Mein Gesprächspartner macht noch einen Zug.

»Ist das deine Yacht?«, fragt er und blickt in Richtung SOLVEIG, die direkt neben dem Klostereingang vor Anker liegt.

»Nein. Sie gehört meinen deutschen Freunden. Sie sind Weltumsegler.«

»Und du?«

»Ich bin ein Russe.«

»Dass du kein Tatar bist, sehe ich selbst.«

»Sind Tataren hier unbeliebt? Ich hörte, dass sie dieses Kloster mal niedergebrannt haben sollen.«

»Was du nicht sagst!«, bemerkt der Schreiner ironisch.

»Ich habe das in diesem Buch gelesen«, und ich zeige Igor das Büchlein. »Hier steht, dass während der tatar-mongolischen Eroberung...«

»Alexander«, unterbricht mich mein Gesprächspartner, »ich muss dir etwas sagen: Die Existenz der verschiedenen Völker ist gleichzeitig der Kampf dieser Völker. Kein Volk darf sagen, wir leben hier schon immer, weil vor diesem Volk immer schon ein anderes dort gelebt hat. Und vor dem anderen wieder andere.«

»Also«, versuche ich den angefangenen Satz weiterzulesen: »Während der tatar-mongolischen Besetzung...«

»Sei so nett, verschon mich mit diesem Unsinn.« Er dreht sich zu mir und lächelt herablassend, als ob ich sein Erstklässler wäre.

»Wieso denn?«, gebe ich keine Ruhe.

»Weil es gar keine tatar-mongolische Besetzung gab!«

In seiner Stimme spüre ich die absolute Sicherheit.

»Als das Moskauer Zarenreich die Wege zum Schwarzen Meer suchte, mussten die südlichen Ländereien erobert werden. Und später, als die russische Geschichte geschrieben wurde, nannte man es Befreiung von der tatar-mongolischen Besetzung. Welche Befreiung? Wenn Tataren dort geblieben wären, wen hätte es gestört? Der beste und leichteste Weg, etwas zu beweisen, ist, einfach die Chronologie zu verändern. Die Tataren wohnen aber hier seit Jahrhunderten. Das ist Politik, mein lieber Alexander! So machen es übrigens alle. Warum, glaubst du, genießt der Papst eine besondere Achtung seiner Person? Weil er das Oberhaupt der Kirche ist, die ihren Ursprung vom Apostel Petrus nimmt. Alles hat vor zweitausend Jahren stattgefunden. Das Römische Reich aber ist noch älter. Ist das Alter etwa nicht das wichtigste Argument im Streit um die Überlegenheit einer Nation? Klar doch! Wie kann Alter bewiesen werden? Mit alten Büchern. Aber so alte Bücher gibt es nicht, uns werden nur Kopien gezeigt. Die Originale sind verschollen. Nur Wenige aber lesen die Bücher. Dafür werden Kinofilme von Millionen angesehen.

Da fällt mir ein herrlicher Film ein: »Kleopatra«. Das ist wirklich ein faszinierender Streifen: Kleopatra – eine Schönheit, Antonius auch ein Prachtbursche. Trotzdem kann ich das nicht mehr ansehen. Ich platze vor Lachen, wenn ich Antonius und Cäsar und die Goldmünzen mit seinem Profil und die Paradewagen ansehe.«

»Was soll denn mit den Paradewagen nicht stimmen?«

»Eigentlich alles, denn zu dieser Zeit gab es überhaupt kein Rad! Das Rad – das ist eine Erfindung etwa im sechsten Jahrhundert nach Christi Geburt. Der zweite Fehlgriff: Es wurden noch keine Pferde gezüchtet. Jetzt verstehst du, warum es zumindest lustig ist. Und wenn die Römische Armee gezeigt wird, dann ist das wirklich eine Komödie. Die Kämpfer sind in prächtige Rüstungen gekleidet, die Helme glänzen, Kupfer funkelt!«

»Na und?«

»Kein ›na und‹ – die erste Kunstschmiede wurde erst tausend Jahre später eröffnet! Und womit sollten sie diese Münzen mit einem gestochen scharfen Profil von Cäsar geprägt haben? Das wurde doch erst im fünfzehnten Jahrhundert möglich.«

»Wieso erst im fünfzehnten?«

»Weil Stahl erst im vierzehnten erfunden wurde! Man darf doch die Entwicklung der Wissenschaft nicht einfach ignorieren! Die gesamte antike Zivilisation ist nur ein Gerede. Und zwar ein politisch profitables Gerede. Und auf dem Staatsniveau geschieht das genauso: ›Wir sind eine Weltzivilisation‹, sagen sie, ›Rom wurde 700 vor Christi Geburt gebaut‹! Mag ja sein, aber warum ist dann eurer Kolosseum aus Beton? Interessante Frage, nicht wahr? Und wie kann es sein, dass in der Antike die Kirchtürme mit Gold überzogen wurden und in den darauf folgenden 500 Jahren nicht mehr? War etwa das Gold verschwunden? Wie kann es geschehen, dass aus Marmor wunderbare Statuen geschaffen wurden und dann kam eine tausend Jahre lange Pause? Das liegt doch auf der Hand: Der Verkauf antiker Gegenstände brachte immer eine Menge Geld. Darum haben sie zu Lebzeiten der großen Bildhauer während der Renaissance ›zufällig‹ die Kunstschätze aus Marmor ausgegraben. Und die größten Sammler und Verkäufer waren der Vatikan und die Päpste. Laokoon wurde unter den Trümmern einer alten Kathedrale gefunden, wo er angeblich Jahrhunderte verbracht hatte und dabei keinen einzigen Kratzer abbekommen hat! Klar hatte er keinen Kratzer, wieso sollte Michelangelo sein eigenes Werk zerkratzen! Im zwanzigsten Jahrhundert sind sie dann auf die Idee gekommen, dieser Statue die Arme abzubrechen, damit es glaubwürdiger wird.«

All das erzählt Igor so unerschütterlich ruhig, als ob es für ihn selbstverständlich sei, mal eben die Weltgeschichte auf den Kopf zu stellen.

»Na gut«, versuche ich zu widersprechen, »was ist dann mit der Literatur der Antike? Ihr Wert ist doch unumstritten, oder?«

»Natürlich, das sind Meisterwerke. Aber auch sie wurden ›zufällig‹ während der Renaissance entdeckt. Vorher fand man nie etwas. Das mit der Antike, das ist überhaupt eine Sache für sich. Hast du Philosophie studiert?«

»Ja, so könnte man sagen.«

»Dann müsstest du wissen, dass sich das Rad der Geschichte nur in eine Richtung dreht. Alles verändert sich und wiederholt sich auf einer neuen Ebene. Man kann die Zeit nicht zurückdrehen. Wenn die Menschen etwas erfunden haben, dann kann es nicht nachher irgendwo verschwinden. Denn jedes andere Volk entwickelt weiter, was seine Vorgänger begannen.

Warum also will Rom, dass die ganze Welt an sein Alter glaubt, dass angeblich alles antik ist, dass Städte verbrannt und vernichtet wurden und dass dann die Zivilisation neu begann? Weil die Welt dann an seine Religion glaubt! Weil die Basis für die Macht des Vatikans sich auf eine alte Geschichte stützen muss. Wenn sich der Vatikan seiner Sache so sicher ist, dann bitte sollen sie für uns ihre Bibliothek öffnen! Ich werde zu Fuß nach Rom pilgern!

Gerechterweise muss ich zugeben, dass alle Völker solche Sünden begangen haben, um ihre Geschichte zu verlängern, so datieren die Chinesen ihre Erfindung des Papiers bereits auf das erste Jahrhundert nach Christus. Unsinn. Und auch die Chinesische Mauer ist erst im Mittelalter gebaut worden.«

»Woher weißt du das alles, Igor?«, frage ich und versuche, Humor in seinen Augen zu entdecken. Aber sie strahlen Überzeugung aus.

»Jeder Mensch hat das Recht, auf seine Weise über Inhalte der Bücher nachzudenken, über Ausstellungen in Museen und archäologische Funde.

Ich beobachte die Welt und denke nach. Weißt du, was für unsere Zeit typisch ist? Das Denken wurde den Menschen abgewöhnt. Wenn du eine Frage hast – schau im Lexikon oder im Internet nach. In unserer Gesellschaft ist es nicht üblich, eine eigene Meinung zu haben, die von der Auffassung der Allgemeinheit abweicht.«

»Wie soll man denn eine persönliche Meinung über die Alte Welt haben?«, widerspreche ich. »Was soll ich über die ägyptischen Pyramiden denken, wenn ich nicht das Buch eines kompetenten Autors lese?«

»Du musst dir selbst die gleichen Fragen stellen, wie die so genannten kompetenten Autoren es tun, und selbst nachdenken. Wie kann es zum Beispiel möglich sein, dass all die großen Steine für die Pyramiden aus einem Felsen gehauen und über hunderte von Kilometern transportiert wurden? Das wird uns doch eingetrichtert, nicht wahr? Wie soll das funktionieren, wenn das Rad noch nicht erfunden war? Aber auch mit dem Rad auf dem Sand wäre dieser Transport kaum denkbar gewesen. Und der größte Unsinn ist, zu behaupten, dass es möglich war, die tonnenschweren Steine nur mit Muskelkraft auf die Höhe von hundertvierzig Metern zu bringen.

Die Pyramiden sind aber da. Sollen Außerirdische sie gebaut haben?

Ja, sie stehen. Und sie wurden genau auf diesem Platz errichtet, weil diese Stelle nicht vom Nil überschwemmt wurde. Das Wasser kam aber sehr nahe nach Gizeh. Genau das hat den Ägyptern geholfen. Sie haben aus dem Wasserschlamm eine Art Beton hergestellt. Warum sollten sie riesige Steine schleppen, wenn es möglich war, sie auf der endgültigen Position anzufertigen? Genau deswegen liegen alle Teile so dicht beieinander.« Igor schweigt einen Moment und sagt schließlich: »Wir haben keine wahrheitsgetreue Geschichte. In der Schule wurden uns zum Teil sehr lustige Lügen erzählt. Was für einen Sinn hat es, über die Geschichte der Antike zu sprechen, wenn schon die Geschichte der Gegenwart so verdreht wird. Als noch genügend Zeugen der Oktoberrevolution von 1917 am Leben waren, ließ Stalin ein Lehrbuch der Geschichte herausgeben, das alles vollständig umgedreht hat. Geschichte – das ist auch ein Instrument. In deinem Alter, Alexander, solltest du das wissen.«

Igor blickt über die Wolga, atmet noch einmal den Wolgawind und wir beginnen die Wendeltreppe hinabzusteigen.

»Hilf mir, bitte«, sagt er vor der Kirche und wir treten ein. »Das Baugerüst ist zu schwer, um es allein zu tragen.« Als wir es gemeinsam nach oben geschafft haben, sagt Igor: »Okay, jetzt kann man hier arbeiten.«

Ich will den Historiker eigentlich fragen, ob er an Gott glaubt oder nicht, aber mir ist nicht ganz wohl dabei. Also frage ich ihn: »Und wie ist es mit Jesus Christus?«

»Denke an Gott nicht in Eile!«, zitiert er frei aus der Bibel. Vor dem Hintergrund der Fresken wirkt Igor wie ein echter Prophet.

Ich verstehe diese Worte wie eine Verabschiedung, täusche mich aber. Der Prophet will mir noch etwas sagen.

»Ich glaube, Christus ist im Jahre 1054 geboren. Denn in diesem Jahr ist im Sternbild des Steinbocks ein neuer Superstern aufgegangen. Genannt in der Bibel der Stern von Bethlehem. Christus lebte in der Stadt, die viele Namen hatte: Troja, Jerusalem, Konstantinopel. Also, ich meine das heutige Istanbul, die erste Hauptstadt im Imperium. Tatsächlich befindet sich die Stadt an der Kreuzung der Handelswege. Fast auf allen mittelalterlichen Landkarten war Jerusalem dort eingezeichnet, wo alle drei Kontinente zusammentreffen.

Wie du siehst, alles ist ein bisschen anders und etwas jünger als in Wirklichkeit. Aber es stört mich nicht, wenn ein kluger Mann erst tausend Jahre später gesagt hat: ›Du sollst nicht töten!‹ Bis heute haben wir dieses Gebot noch nicht begriffen.«

Gegen 18 Uhr abends lichtet SOLVEIG den Anker, im nächsten Augenblick stößt die riesige verrostete Fähre mit ihrer stumpfen Nase ans Ufer: das einzige laute Geschehen des Tages. In meiner Seele stürzt eine ganze Welt ein, aber das hat keiner gehört.

Die im Sonnenlicht glänzenden Kuppeln der Dreifaltigkeitskirche sehen aus wie vergoldet. Auf dem schlichten Hintergrund der Wolgalandschaft erscheinen sie mir mit einem Mal nicht nur majestätisch – sie wirken einfach grandios. Ich versuche mir vorzustellen, wie sich wohl ein Reisender gefühlt haben muss, der hier vor zweihundert Jahren vorbeigefahren ist. Dieses über dem Wasser ragende »Taj Mahal« muss ihm wie ein Wunder erschienen sein. Ein fantastisches Wunder, das die Hände eines russischen Bauern geschaffen haben.

Sie. Die Unendlichkeit der Flusslandschaft ist nicht leer und ohne Spannung. Ich spüre den ungeheuren Raum um mich herum, fühle die Wölbung des Himmels über mir.

An Tagen wie heute, wenn wir mutterseelenallein in unserem kleinen Schiff auf der breiten Wolga schwimmen, glaube ich, den Atem des gewaltigen Wassers zu spüren, das träge seinen Weg sucht – an solchen Tagen fühle ich, welch magische Kraft in dieser Landschaft liegt.

Höhepunkte der Tage sind die Abende, an denen die Sonne verschwenderisch ihre goldenen Strahlen aussendet, um sie im Wasser wie ein Meer funkelnder Diamanten aufleuchten zu lassen. Unmöglich, auch nur einen der Milliarden Glitzersteine zu erhaschen, sofort wird er von der nächsten Welle verschluckt, neue Sterne blitzen auf, verschwinden in dem Augenblick, in denen sie mein Blick festzuhalten droht.

Fedor Tjutschew hat die Stimmung der hereinbrechenden Nacht wunderschön beschrieben:

Wie vom Ozean rings der Erdkreis umspült,
Ist der irdische Tag vom Traum umfangen:
Die Nacht beginnt und, die längst du gefühlt,
Klingende Wogen zum Strömen gelangen.

Vernimm ihr Raunen voll Zwang und Bitten.
Am Ufer wartet Zauberfracht im Kahn,
Uns zu entführen. Mit der Flut entglitten
Ist bald er in die unbegrenzte Bahn.

Und brennend von dem Ruhm der Sterne
Wölbt sich der Himmel, den die Tiefe spiegelt,
Wir gleiten hin, umgeben von entflammter Ferne,
Von Dunkel, von Geheimnis tief versiegelt.

An der mittleren Wolga, wie es so sachlich im Lexikon heißt, liegt Tscheboksary, die Hauptstadt der Republik Tschuwaschien. Schon mal davon gehört? Ich jedenfalls nicht. Auch nicht vom Volk der Tschuwaschen, die dort leben sollen. Grund genug für uns, diese Bildungslücke zu schließen. Hübsch sieht er aus, der kleine schmucke Halbmillionen-Ort am Tschuwaschien-Stausee, aber leider finden wir für SOLVEIG keinen Liegeplatz. Rollo schlägt vor, das Schiff treiben zu lassen, damit zumindest Sascha und ich ein paar Eindrücke aus dem Ort einfangen können. Ed in der Zeit alleine das Boot anzuvertrauen, dieses Risiko ist dem Käpten zu hoch, und Ed selbst hätte wohl auch nicht mitgespielt.

»Eine Stunde Zeit habt ihr«, ruft Rollo, während Ed uns eiligst ans Ufer rudert, an dem sich hunderte von Badenden tummeln. »Wir müssen vor Einbruch der Dunkelheit einen Ankerplatz finden!«

Sechzig Minuten, um ein Volk kennen zu lernen, von dessen Existenz ich gestern noch nichts wusste, ist eine echte Herausforderung. Aber Sascha, den man nicht so schnell aus der Ruhe bringen kann, sieht man von seinen Diskussionen mit Ed einmal ab, meint: »Die Zeit reicht aus.«

Und er behält Recht. Das Glück will es, dass kurz nachdem wir unsere Füße auf dieses besondere Fleckchen Erde gesetzt haben, eine Fähre festmacht, die mit einem Schlag dutzende Passagiere aus ihrem vollen Bauch ausspuckt. Sascha lässt mit geübtem Kennerblick die meisten an sich vorüberziehen, ich beginne schon nervös zu werden, auch ohne auf die Uhr zu sehen, als er plötzlich einen bildhübschen, jungen Mann mit dunkelblonden, schulterlangen Haaren fixiert, der es offenbar nicht ganz so eilig hat wie die anderen. Er ist zusammen mit einem Freund unterwegs. Student wahrscheinlich. Intellektueller Look mit schwarzen, gescheitelten, kurzen Haaren und schwarz geränderter Brille.

»Hi – wir sind mit dem Boot aus Deutschland angereist«, beginnt Sascha, und bevor er seinen Satz zu Ende bringen kann, verbeugt sich sein Gegenüber schon grinsend.

»Herzlich willkommen auf unserem heiligen Tschuwaschen-Boden!«

Nick ist ein echter Tschuwasche, etwa Anfang Zwanzig und lernt in der Tourismusbranche.

»Sie sprechen fließend Russisch«, wundert sich Sascha, »und was ist mit der Nationalsprache?«

»Kein Problem«, und sofort begrüßen uns Nick und sein Freund Andrey im Tschuwaschen-Dialekt. Zumindest klingt es so.

»Wir haben unsere eigene Regierung und einen eigenen Präsidenten. Bis jetzt sind die meisten zufrieden mit seiner Arbeit. Übrigens leben bei uns verschiedene Nationalitäten, zum Beispiel viele Tataren. Und ohne Probleme, alles ist friedlich.«

Nicks Ausführungen klingen für mich ein bisschen so wie aus Tausendundeiner Nacht, trotzdem tut es gut, das zu hören.

»Gilt es auch für die Religionszugehörigkeit?«, frage ich Nick, der auch Englisch versteht.

»Jeder wählt seinen eigenen Glauben, aber alle besuchen die gleiche Schule: Muslime, Juden und Russisch-Orthodoxe. Doch die orthodoxe Kirche ist sehr verbreitet. Ich selbst bin erst vor einem halben Jahr getauft worden, weil ich es so wollte. Trotzdem trage ich mein buddhistisches Abzeichen, denn in Wirklichkeit gibt es keinen Unterschied zwischen den Religionen. Das Volk braucht einen Glauben, deshalb lassen sich auch immer mehr Menschen taufen.«

Auf dem langen Damm spazieren wir Richtung City. Zum neuen Zentrum, denn das historische Tscheboksary wurde überflutet. Aus der Mitte des Stausees schießen riesige Fontänen eines großzügig angelegten Springbrunnens in die Höhe.

»Hier standen einst kleine schöne Häuser, auch Verkaufsmessen haben stattgefunden. Reiche Kaufleute wohnten in unserer Stadt, vier waren sogar so reich, dass sie zu den wohlhabendsten Geschäftsmännern Russlands gehörten!«

Wenn man Nick sprechen hört, könnte man glauben, er selbst sei direkter Nachfahre eines dieser vier Glückspilze. Die Tschuwaschen sind in der Tat ein sehr altes Volk. Äußerlich fallen sie auf durch ihre geschlitzten Augen. Es ist gar nicht lange her, da sorgten noch die Ammen durch Manipulationen an den Auglidern der Babys dafür, dass die Augen schmal blieben. In der Regel wurden die Tschuwaschen nicht besonders groß.

Von Andrey erfahren wir, dass dieses Volk aus drei verschiedenen Gruppen bestand: so genannte hohe, mittlere und niedrige Tschuwaschen.

»Sie hatten sogar andere Traditionen beim Tanzen, in der Liebe und selbst in der Sprache. Diejenigen, die nahe bei der Stadt lebten, waren stärker von den Russen beeinflusst, während die Niedrigen alte Traditionen aus dem Volk behalten haben und zum Beispiel Worte verwenden, die auch ich nicht kenne. Wenn mein Großvater mir manchmal etwas erzählt, verstehe ich nicht alles.«

»Wenn wir Glück haben, treffen wir eine Frau in echter Tracht«, mischt sich Nick in unser Gespräch ein, »sie steht fast jeden Tag mit ihrem Stand am Ende der kleinen Fußgängerzone.«

Wir beschleunigen unseren Schritt noch einmal, obgleich das fast nicht mehr möglich ist, und werden prompt für unsere sportliche Einlage belohnt. An besagter Stelle finden wir eine klein gewachsene, aber sehr selbstbewusste Frau in Landestracht. Sie trägt ein weißes Kostüm mit vielen, vielen Silbermünzen verziert.

»Wenn eine Frau heiratet, kleidet sie sich so. Je reicher sie ist, desto mehr silberne Münzen sind auf ihr Kostüm gestickt!«, erklärt sie uns stolz.

Etwa ein halbes Dutzend Bücher liegen auf dem Klapptisch, darunter ein wunderschön illustriertes Märchenbuch. Die schwarzweißen Zeichnungen sind so fantasievoll, dass sie sofort meine Neugierde wecken, welche Götter und Fabelwesen bei den Tschuwaschen heimisch sind und vor allem, welche Geschichten sich mit ihnen verbinden. Eine besonders anrührende Erzählung habe ich mit nach Hause gebracht.

Der stahläugige Kirimeti

Viele Töchter und Söhne besitzen der große Tangar und die goldhaarige Göttin Pülekhse. Doch ihre größte Liebe gilt dem erstgeborenen stahläugigen Ki.

Der Krone tragende Vater gab ihm ein großes Schicksal – den Menschen, die sich seit der Herrschaft des großen Tangar vermehrt haben, das Glück auszuteilen.

Seit seiner Kindheit liebte Ki zu toben und auf seinem Schimmelhengst durch den Himmel zu reiten. Im ganzen Weltall gab es keinen Hengst, der an Schönheit und Kraft es mit dem Schimmel des erstgeborenen Tangars aufnehmen könnte.

Da begann sich Kirimeti als erstgeborener Mann auf den Abstieg zur Erde vorzubereiten, um an die Menschen Glück zu verteilen und sie vor Übel und Mühsal zu schützen. Zur selben Zeit gelang es der bösen, immer argwöhnischen Frau des Khevel Kasjikhi-Schuzm die Pforten von Leschtenche zu öffnen und dem Unterweltherrscher Schuitan Austritt zu ermöglichen. Doch der älteste Sohn von Kasjikhi-Schuzm, der nicht so recht an den Sieg über die Göttin glaubte, beschloss, die Menschen zu seinen Verbündeten zu machen. Und als Ki aus den smaragdnen Schlössern seines Vaters herausfuhr, seine strah-

lende Kutsche lenkend, gezogen von seinem geliebten Schimmel, um unter den Menschen sein Glück zu verteilen – fing Schuitan an, unter den Menschen Groll zu entfachen.

»Nur dann werdet ihr Glück erfahren, wenn ihr Ki seinen Schimmel entwendet«, lehrte er.« Nur auf seinem Schimmel könnt ihr in den Himmel aufsteigen und gleich den unsterblichen Göttern werden. Dann wärt ihr frei und nicht mehr Tangar und anderen Göttern untertan...«

Zur selben Zeit erschien der junge Gott auf der Erde, den Menschen zum Verwechseln ähnlich. Groß, schlank, schön. Nur der Bart und die Schnurrbarthaare waren weiß und seine Augen brannten wie zwei Lichter.

Wie der Wind sauste er über die Erde auf seiner vom geliebten Schimmel gezogenen Kutsche. In seiner Rechten hielt er die Zügel, in der Linken eine enorme Truhe, gefüllt mit Unmengen Glücks. Genug für alle, für jeden Sterblichen.

Die Menschen versammelten sich auf einem weiten Feld in Erwartung des Gottes Ki. Unter ihnen befand sich auch Schuitan.

»Passt auf, versäumt nicht die Gelegenheit. Sobald er stehen bleibt, packt ihn und tötet ihn. Dann nehmt sein Ross und die Truhe in Besitz«, flüsterte er ihnen ein.

Und die Menschen schenkten dem Uzal Glauben. Auf dem Feld näherten sie sich heuchlerisch Tangars Erstgeborenem und töteten ihn. Aber das Ross konnten sie nicht fangen. Es wieherte entrüstet, schlug die Menschen mit den Hufen und flog auf seinen Flügeln gen Himmel. Dann versammelten sich die Menschen um die Truhe, die Ki getragen hatte. Sie wollten sie packen, aber sie entschlüpfte ihnen und flog aufwärts.

»Entwichen!«, schrien die Menschen.

Sie warfen sich auf den Platz, wo der Uzal gestanden hatte.

»Schuitan, Schuitan! Hilf uns! Hol uns die Truhe!«, schrien sie.

Aber keine Spur von ihm...

Und erst jetzt begriffen die Menschen, dass sie betrogen worden waren.

»O du böser Schuitan«, sagten sie bitter. »Sei verflucht mit all deinen Uzalen!«

Aber die Tat war vollbracht. Sie hatten auf den Uzal gehört und hinterrücks den Gott überfallen und getötet. Die Menschen bereuten, aber es war zu spät.

»Lasst uns verbergen die Missetat«, rieten die Dummen.

»Nun lasst uns den großen Tangan um Vergebung bitten. Das Eingeständnis unserer Schuld wird unser Los erleichtern«, lehrten die Klügeren.

Doch die Menschen hörten auf die Dummen. Sie beschlossen, die Untat zu verbergen, verbrannten den Körper des jungen Gottes und ließen die Asche vom Winde verwehen.

Doch die Götter sind unsterblich. Wo die Asche hinfiel, erwuchsen Bäume. Eichen, Linden, Espen, und in jedem von ihnen nahm sich die Seele des jungen Gottes Ki, der den Menschen Glück schenken wollte, ihre Wohnung ...

Ob wir Menschen jemals die Geschenke der Götter begreifen?

Das moderne Tscheboksary ist recht hübsch anzusehen. Gleich an der Uferpromenade steht das Opernhaus mit seinen dekorativen Säulen. Fünf Theater nennt das Städtchen an der Wolga sein Eigen. Inzwischen leider auch die erste McDonald's-Filiale als amerikanischen Kulturimport.

»Zur Zeit ist es große Mode, mit einem Karton und Becher von McDonald's in der Hand spazieren zu gehen«, erkärt Andrey, als uns drei Mädchen in schwindelerregenden Stöckelschuhen und den »Hamburger«-Accessoires entgegenstolzieren.

Aber die größte Attraktion der Stadt, will man Nick glauben, hat leider geschlossen. Es ist das Biermuseum! Nick ist untröstlich.

»Sie haben so viele alte Bierfässer dort gesammelt, und man kann die gesamte Technologie des Brauens besichtigen. Es gibt sogar ein Biertheater, denn Bier ist unser ältestes Volksgetränk: Alle Hochzeiten, alle Beerdigungen werden mit Bier gefeiert. Man kann sagen, Bier war ein heiliges Getränk!«

Diese weise Erkenntnis unseres jungen Tschuwaschen kann sicher jeder echte Bayer sofort nachvollziehen.

Viel zu schnell ist die Stunde vergangen, aber so viel Zeit muss noch sein, um wenigstens die Adressen auszutauschen – denn wer kann schon von sich erzählen, dass er mit einem echten Tschuwaschen in E-Mail-Kontakt steht? Ich bin mal neugierig, ob er sich melden wird ...

Er. Mutter Wolga

»Wolga – Wolga, Mutter Wolga...« Dieses Lied heißt Stenjka Rasin und ist wohl das bekannteste Lied über die Wolga. Soll ich es vorsingen? Ta-ta- taata, ta-ta-taata... und so weiter. Auf dem Klavier klingt es so:

Gut. Es klingt noch besser auf der Harfe: göttliche Musik! Obwohl die Noten die gleichen bleiben. Das war ein Scherz.

Das Volk nennt dieses Lied »Stenjika«, ein Kosename von Stepan. Und es ist ein sehr beliebtes Tafellied. Es erklingt immer dann, wenn die Stimmen durch eine entsprechende Portion »Hochprozentigen« aufgewärmt werden. Normalerweise stimmt einer die ersten Takte an und prompt fällt die ganze Gesellschaft ein. Dieses Lied wird sehr langsam und nachdenklich gesungen. Diejenigen, die hervortreten möchten, schießen dann eine ordentliche Portion Leidenschaft hinzu, bis der Hals platzt.

Eigentlich ist es ein Chorlied. Und weil es eine Art Ballade ist, die sich aus unendlich vielen Strophen zusammensetzt, entsteht meistens nach der zweiten Strophe eine gewisse Unruhe: Was kommt jetzt... Gesungen wird dann, was sinngemäß passt. Als Erstes schwimmt Stenjika »hervor« mit seinen Schiffen, dann passiert alles Weitere.

Der Anfang lautet:

»An der Insel vorbei
In des freien Flusses Wellen,
Gleiten Stenjikas schön bemalte Boote ...«

Wovon handelt das Lied? Kurz gesagt, von der Hochzeit des Don-Kosaken Stenjika Rasin. Er schwimmt in seinem schönen Boot mit seinen Freunden, umarmt die Braut und erfreut sich des Lebens.

Auf dem ersten Boot sitzt Rasin,
Umarmt eine Fürstin,
Er feiert neue Hochzeit
Und ist lustig und betrunken...

Eigentlich ein ganz einfacher Inhalt. Doch nur wenn man singt. Wenn man aber den Text liest, dann zwingen einige Worte zum Nachdenken.

Das erste Problem, das bis heute ungeklärt blieb: Warum heiratet ein gewöhnlicher Kosak eine Fürstin? Aber wenn das Volk singt, dann ist es ja mit seinen Stimmen beschäftigt. Zu Sowjetzeiten ehrte das Volk Rasin, weil er gegen den Zaren war, und ein solcher Held kann aus kommunistischer Sicht jede Braut haben. Über dieses Thema wurde nie gesprochen, obwohl es sicherlich sinnvoller gewesen wäre, Stepan mit einer Bäuerin oder mit einer Arbeiterin zu vermählen. Aber das Sprichwort sagt: »Man kann nicht den Text vom Lied trennen.«

Übrigens feiert Stepan keine »neue« Hochzeit. Vielleicht auch nicht die letzte... Über eine kirchliche Trauung verliert man im Text kein Wort, das ganze Zeremoniell wird also ziemlich verkürzt. Das Einzige, was als volles Programm abläuft, ist das Feiern. Darum ist unser Bräutigam ein bisschen betrunken, wie das Lied nachsichtig seinen Zustand beschreibt. Man sieht es fast nicht, aber man kann es riechen.

Warum zum Teufel sitzt ihr so bedrückt?
Weil du uns für ein Weib verraten!

Weiter geschehen im Lied nicht ganz lustige Sachen. Stepan spürt, dass seine Kosaken-Freunde sich über seine Hochzeit nicht besonders freuen. Anscheinend empfinden sie diese Vermählung als Verrat ihres Führers oder sie nehmen das Geschehen nicht ernst. Wenn

... und schmeißt sie über Bord in die sich brechenden Wellen ...

der Priester in der Kirche über den Köpfen der Vermählten ein »Halleluja, für immer und ewig, bis der Tod euch scheidet...« gesungen hätte, würden sie sich nicht trauen, ihre Enttäuschung zu zeigen. Und als Stenjika das bemerkt, vollbringt er das absolut Unmögliche. Er nimmt seine Braut in den Arm, und ... es fällt mir schwer, das aufzuschreiben, das kann man nur singen:

...Und schmeißt sie über Bord
in die sich brechenden Wellen ...

So werden also in Russland die Probleme gelöst.

Den Text dieser brutalen Strophe kennt jeder, und wenn es so weit ist, singen alle Anwesenden mit. Das Lied erscheint so pathetisch und patriotisch, weil die Wolga hier als »Mutter Wolga« angesprochen wird.

»Wolga – Wolga, Mutter – Wolga,
Russischer geliebter Fluss.
Hast du mein Geschenk gesehen,
ein Geschenk vom Don-Kosak?«

Mit dem Geschenk versteht jetzt jeder, was er meint, und wenigstens klingt es nicht mehr so brutal.

Hier kann man einen Punkt machen, aber natürlich gibt es noch Fragen.

Zum Beispiel, wie es möglich ist, dass Don-Kosaken mit ihrem Boot auf der Wolga unterwegs sind? Don und Wolga sind ja zwei verschiedene Flüsse, die sich nicht einmal kreuzen, und der Wolga-Don-Kanal wurde erst viel später gebaut.

Die Antwort ist einfach. An dem Punkt, wo die beiden Flüsse sich am nächsten kommen, haben die Kosaken ihre Boote im Trockenen durchgezogen. Was suchten sie dort, außer Bräuten? Kosaken waren süchtig nach Gold, das von Persien nach Europa verschifft wurde.

Und jetzt lösen wir das letzte Rätsel. Wie gelang es einem einfachen Kosaken, eine Fürstin zu heiraten? Da gibt es nur zwei Wege: entführen oder der Bräutigam wird selbst ein Fürst, aus dem nur die Legende einen einfachen Kosaken macht.

Aber warum wurde dieser Song über einen Räuber zum bekanntesten Wolga-Lied? Bis jetzt hat noch niemand diese Frage beantwortet.

Vielleicht wurde er deshalb so berühmt, weil der Name RA-SIN wörtlich übersetzt, Sohn von RA bedeutet. Und RA ist der Name der Wolga in ganz alter Zeit. Darum können wir sagen, dass die Legende über Rasin eine der ältesten Legenden der Wolga ist. Und die beliebteste.

Sie. 15. Juli. Nur noch wenige Flusskilometer trennen uns vom östlichsten Punkt unserer Wolga-Expedition: Kasan, Hauptstadt der Tataren.

Abwechslungsreiche Landschaften öffnen sich am rechten Ufer, grün bewachsene Tafelberge, tief eingeschnittene Täler, wir sehen immer wieder viele neu gebaute Häuser, die sich harmonisch in die Natur einfügen. Bizarre, hohe Felsen unterbrechen die Hügelketten, die mit ihren geometrisch geraden Linien wie abgeschnitten wirken.

In der Ebene weidet eine große Kuhherde neben einem rostigen Wrack, von dem es augenscheinlich nicht mehr viel zu holen gibt. Ein kleiner heller Lieferwagen parkt im Schatten des Schiffbugs, vielleicht haben seine drei Insassen gerade die letzten verwendbaren Schrauben und Kleinteile in ihr Auto geladen.

Aus den Bergen entstehen plötzlich grüne Pyramiden, bei denen man sich fragen muss, wer sie so dekorativ in die Landschaft gesetzt hat. Ungewöhnliche Formationen der Natur an den Ufern, dann wird die Landschaft wieder eben und flach. Im Gegenlicht der gleißenden Sonne tauchen kleine Inselchen auf. Sind wir auf dem Meer?

Abends. SOLVEIG hat in der Hauptstadt der Tataren festgemacht. Im Yachtclub, nicht weit vom Bahnhof. Neugierig machen wir uns gleich auf den Weg in die Stadt. Wie sieht wohl ein echter Tatare aus? Ein bisschen wild vielleicht? Dunkle Haare doch auf jeden Fall.

Am Beginn der Fußgängerzone wird Sascha fündig: »Dort drüben bei der Bushaltestelle, den fragen wir.« Und Sascha nicht faul: »Entschuldigen Sie bitte, welche Nationalität haben Sie?«

Der junge Mann mit schwarzen Haaren sieht Sascha erstaunt an und antwortet nach einer kleinen Pause lächelnd: »Ich komme aus Pakistan und arbeite in der elektronischen Datenverarbeitung.«

Das war wohl nichts. Also weiter, nächster Versuch. Eine Bar. Holztische und Holzbänke, Tresen, Bier vom Fass. Wir erkundigen uns nach dem Chef. Nach zwei Minuten erscheint er in dem kleinen Durchgang neben dem Tresen. Dichte, dunkle Haare, braune Augen, buschige Augenbrauen.

»Wir suchen für unseren Film echte Tataren«, beginnt Sascha, »sind Sie aus Kasan und haben Sie Zeit für ein kurzes Interview?«

»Ja, gerne – aber ich bin Türke!«

Und echte türkische Gastfreundschaft genießen wir während der nächsten Stunde. Er lädt uns ein zu Tee, Würstchen und Salat und erzählt, dass es sich in Kasan gut leben lässt. Eine multikulturelle Stadt, in der nach offiziellen Angaben etwa fünzig Prozent Tataren und siebenundvierzig Prozent Russen wohnen.

Aber wann ist man eigentlich »echter« Tatare oder echter Russe?

Wir verabreden uns telefonisch mit Alexej, einem einheimischen Journalisten, der vor wenigen Tagen übers Internet Kontakt mit uns aufgenommen und seine Hilfe angeboten hat. Vielleicht haben wir bei ihm Glück? Als ich ihn kurze Zeit später sehe, sinken meine Hoffnungen. Er könnte auch aus Köln stammen.

»In meinen Adern fließt ein Viertel tatarisches Blut!«, erfahren wir zu unserer Überraschung. Das ist doch immerhin etwas. Vorerst geben wir unsere Suche nach »echten« Tataren auf, sich mit Alexej zu unterhalten ist sowieso spannender.

Er ist ausgebildeter HNO-Arzt, verdiente aber zu wenig für seinen Lebensunterhalt. So ging er als Redakteur und Kameramann zum Fernsehen, später verbrachte er mehrere Monate als Journalist in der Schweiz in Winterthur, um dort für den »Stadtbeobachter« Kolumnen zu schreiben. Dies tat er so erfolgreich, dass er prompt mit dem Schweizer Journalistenpreis ausgezeichnet wurde. Zur Zeit arbeitet er wieder in Kasan als freier Journalist und ist bestens informiert über die Hintergründe der Stadtgeschichte.

Kasan befindet sich in einer regelrechten Aufbruchstimmung: 2005 wird die Stadt ihr tausendjähriges Bestehen feiern. Überall wird gehämmert, gestrichen, renoviert, neu gebaut. Besonders aktiv dabei: der Sohn des Präsidenten. Im Kreml entsteht gleich eine vollständig neue Moschee mit vier Minaretten. Trotz »Multikulti« sind die Moslems eifrig darin, mit Hilfe der Gelder aus den reich fließenden Ölquellen der fernen Wüste die Stadt mit immer mehr Moscheen zu beglücken. Wichtigstes Anliegen dabei ist, so hoch zu bauen, dass die Türme der russisch-orthodoxen Kirchen überragt werden.

»Tataren sind Muslime«, sagt uns Alexej, »aber nur wenige leben nach ihrem Glauben. Bei den Orthodoxen ist es genauso.«

Dennoch setzt man alles daran, um nach außen die Symbole der eigenen Identität und Macht zu zeigen. Das fällt den Muslimen in Kasan auch nicht schwer, denn in der Administration arbeiten heute über achtzig Prozent Tataren. In den Schulen ist Tatarisch Pflichtfach neben Russisch, es gibt einen eigenen Fernsehsender und reiches Kulturleben. Viele Werbeplakate sind zweisprachig. Sascha versteht kein einziges Wort davon, manche Laute erinnern mich etwas an die finnische Sprache.

Alexej erinnert sich noch sehr gut an das Jahr 1991, als riesige Volksmassen auf dem zentralen Platz der Stadt laut: »Asatlik!« (»Freiheit« auf Tatarisch) schrien. Alte Tatarinnen schlugen mit Stöcken auf den russischen Abgeordneten des republikanischen Parlamentes, aber die Miliz griff nicht ein. Zu der Zeit gab es noch achtzehn Organisationen, die sich für die Unabhängigkeit einsetzten, inzwischen ist ihre Zahl auf zwei oder drei geschrumpft. Warum?

»Das ist eine lange Geschichte«, sagt Alexej, »aber im Grunde haben wir es dem geschickten Taktieren unseres Präsidenten Schajmijew zu verdanken, der einerseits politische Demonstrationen der Tataren nicht verbot, die nach inoffiziellen Quellen sowieso bezahlt und organisiert waren, und gleichzeitig in Moskau seine ökonomischen und politischen Ziele durchsetzte.«

So gesehen können die Tataren zufrieden sein. Oder träumen sie immer noch von der staatlichen Unabhängigkeit, die sie vor etwa 450 Jahren nach der Eroberung durch Iwan den Schrecklichen verloren haben?

»Bei den Führern der nationalen Bewegung schwindet die Hoffnung nicht«, meint Alexej, »der erste Vorsitzende sagte mir erst kürzlich: ›Falls sich unser Volk wirklich vereinigt und seine Unabhängigkeit fordert, wird uns das Nichtvorhandensein eines unabhängigen Grenzstaates nicht aufhalten können. Schließlich haben wir den Fluss Wolga und der mündet ins Kaspische Meer. Wir können die Grenze den Flussboden entlangziehen.‹«

Das sind starke Worte. Alexej sieht dem gelassen entgegen: »Der Vorsitzende hat Recht. Die Wolga mündet wirklich ins Kaspische Meer. Das weiß in Russland jeder Schüler. Sie fließt dorthin schon annähernd dreißigtausend Jahre seit der letzten Eiszeit. Was sind schon vierhundertfünfzig Jahre im Vergleich dazu? Die Hoffnung wird ewig leben.«

Am Ende unseres kleinen Stadtbummels treffen wir schließlich doch noch einen richtigen Tataren. Klein gewachsen, mit langem, weißem Gewand, schmalen Lippen, wenigen Zähnen und schmalen Augen. Er bietet traditionelle, bestickte Kopfbedeckungen zum Verkauf an. Als Sascha seine Ware fotografiert, höre ich: »Pjat rubels! Fünf Rubel!«

»Kein Zweifel«, urteilt Sascha, »der ist echt!«

16. Juli. Ein Spaziergang durch die Fußgängerzone Kasans ist durchaus anregend, vorausgesetzt, man verfügt über ein strapazierfähiges Trommelfell. Sonst empfehle ich, bei sensiblen Ohren Stöp-

sel oder Watte hineinzustecken. Wir haben beides nicht dabei und der ungefilterte Lärm, der aus den bis zum Anschlag aufgedrehten Verstärkern uns entgegenschlägt, lässt jeden zaghaften Versuch einer Unterhaltung schon beim Gedanken daran im Keim ersticken. Viele Open-Air-Diskjockeys wetteifern offenbar um die absolut phonstärkste Beschallung der Innenstadt.

Karaoke ist immer noch ein gefragtes Freizeitvergnügen, und die vorwiegend weiblichen Probanten halten ihr Mikrofon so vorsichtig zwischen ihren Händen mit in allen Farben lackierten Fingernägeln wie eine dünne chinesische Vase, die zu zerbrechen droht. Die Texte und Bilder, die über den Bildschirm flimmern, sind seit unserer letzten Russland-Reise vor zwei Jahren die gleichen geblieben. Oder kommt es mir nur so vor?

Verändert haben sich ohne Zweifel die Läden. Würden die typisch orthodoxen Türme der Peter-und-Paul-Kathedrale fehlen, könnte man glauben, auf irgendeiner Fußgängerzone einer mittleren Kleinstadt in Deutschland unterwegs zu sein. Westliche Zigarettenwerbung, Coca-Cola, westliche Mode – nur die Schriftzüge auf den Plakaten sind (noch) in kyrillischen Buchstaben verfasst.

Der Name der Straße: Uliza Baumana – zu deutsch: Baumannstraße. Und jener Nikolaus Baumann war tatsächlich ein Deutscher. Ein Wolga-Deutscher. Er kam 1873 in Kasan auf die Welt und war echter Bolschewik!

Zwar studierte er Tiermedizin, interessierte sich aber schon während des Studiums mehr für die Lehren des Marxismus. Seine politischen Aktivitäten führten schließlich zur Verhaftung in der Peter-und-Paul-Festung, wo er zweiundzwanzig Monate in Einzelhaft verbringen musste. Später floh er in die Schweiz, wo er gemeinsam mit Lenin die Zeitschrift »Der Funke« herausbrachte. In dieser Zeitschrift entwickelte Lenin zum ersten Mal sein Konzept einer revolutionären Kaderpartei, das 1903 die Spaltung der russischen Sozialdemokratie und die von ihm geführten Bolschewiken hervorrief.

Immer wieder wurde Baumann wegen seiner illegalen politischen Tätigkeiten verhaftet, konnte aber zweimal aus dem Gefängnis fliehen. Er wurde nur zweiunddreißig Jahre alt. 1905 fiel er dem Mordanschlag einer national-extremistischen Organisation zum Opfer. Seine Beerdigung war gleichzeitig der Beginn riesiger Demonstrationen der Bolschewiken für die Gründung der so genannten Kampf-Brigaden und der Vorbereitung des Aufstandes. Bis zum heutigen Tag tragen Straßen und Plätze in Moskau und St. Petersburg den Namen des deutschen Revolutionärs.

Nicht weit von der Uliza Baumana steht der Kasaner Kreml, der im 16. Jahrhundert auf Betreiben Iwans VI. errichtet wurde. Fünf Meter dick sind seine weißen Kalksteinmauern um den historischen Stadtkern, und von immerhin dreizehn Türmen aus konnte die Stadt verteidigt werden.

Ein aus Ziegelstein gemauerter Turm mit dem unaussprechlichen Namen Sjüjümbike-Turm ist schief und gilt als Wahrzeichen Kasans. Sjüjümbike ist der Name einer tatarischen Fürstin, die, will man der Legende glauben, so außerordentlich schön war, dass Iwan der Schreckliche sich unsterblich verliebte und sie heiraten wollte. Die schöne Fürstin aber verlangte ihrerseits nach einem Turm, der höher als die Moscheen Kasans sein sollte.

Um der Fürstin zu gefallen, baute der Herrscher tatsächlich binnen sieben Tagen einen siebenundfünfzig Meter hohen Turm. Doch als Sjüjümbike den Turm zum ersten Mal betrat und über ihr großes Land blickte, entschied sie sich, niemals Kasan zu verlassen und stürzte sich in den Tod.

Nur einen Steinwurf von jenem Turm entfernt steht das Haus des Gouverneurs, in dem heute der Präsident von Tatarstan residiert. Schade, dass der schönen Fürstin dieser Blick in die Zukunft verwehrt blieb.

19. Juli. Unsere Reise geht weiter – in die jüngere Zeitgeschichte: Uljanowsk, Lenins Geburtsstadt, wollen wir besuchen. Vor allem aber planen Sascha und ich, von dort aus nach Moskau zu fliegen, um die Eröffnung der Bayerischen Tage vor Ort mitzuerleben. Rollo und Ed werden in dieser Zeit nicht nur SOLVEIG wieder mit Diesel voll tanken, sondern sich auch um die Wartung der Süßwasser-Aufbereitungsanlage kümmern.

In meinen Unterlagen steht, dass im Unterschied zu den anderen Städten Russlands, wo nach Auflösung der Sowjetunion die Lenin-

Denkmäler fielen und viele Plätze und Straßen wieder ihren ursprünglichen Namen erhielten, Uljanowsk noch ganz im Bann des großen Revolutionärs stünde.

Mit Rucksack und Kameras bepackt, verlassen wir unser schönes Schiff, das an einer kleinen Betonmauer beim Yachtclub am Rande der Stadt festgemacht ist.

Per Autostopp fahren wir zum kleinen Flughafen, doch der einzige Flug des Tages ist ausgebucht. Also versuchen wir es mit einem Bahnticket. Eine mehr als Schweiß treibende Aktion im überfüllten Bahnhof der nicht gerade attraktiven Stadt. Zum ersten Mal auf unserer Wolga-Fahrt befällt mich so ein Gefühl, als ob hier die Zeit stehen geblieben sei. Schlange stehen mit Gepäck, nach zwei Stunden der große Augenblick am Schalter: Ja, so eine Fahrkarte kauft man nicht einfach anonym – weit gefehlt –, jedes einzelne Ticket wird individuell auf den Namen des Kunden ausgestellt. Und dazu muss man auch seinen Pass zeigen, damit die Daten mit gespitzter Feder übertragen werden können. Dies geschieht ohne Hast, mit Ruhe und Sorgfalt, eine Eigenschaft, um die ich immer wieder Beamte auf der ganzen Welt beneide. Langsam verstehe ich auch, warum viele Russen eine so schöne Handschrift haben...

Diese liebevolle Behandlung jedes Zugfahrscheins hat ihren Grund. Datenermittlung? Aber nein! Die Zeiten sind (hoffentlich!) vorbei. Man will verhindern, dass Tickets auf dem Schwarzmarkt zu überhöhten Preisen verkauft werden.

Bis zur Abfahrt am Abend bleibt noch ein bisschen Zeit. Wir lassen unsere Rucksäcke in der Gepäckaufbewahrung zurück und sehen uns in Lenins Heimatstadt ein bisschen um. Welche Einstellung haben die Menschen heute gegenüber Lenin?

Wladimir Iljitsch Uljanow war der eigentliche Name des Begründers der Sowjetunion, bevor er mit einundreißig Jahren nach seinem Exil an der Lena in Sibirien seinen politischen Decknamen verwendete: Wladimir Lenin.

Lenin studierte an der Universität in Kasan und Samara Jura und nahm bereits während des Studiums wie seinerzeit Nikolaus Baumann Verbindung zur revolutionären Bewegung auf. Nur kurz arbeitete er als Rechtsanwalt, dann organisierte er zusammen mit seiner engen Mitarbeiterin und späteren Frau N.K. Krupskaja den »Kampfbund zur Befreiung der Arbeiterklasse«.

Auf der Hauptstraße treffen wir zwei Mädchen, Mitte Zwanzig vielleicht. Sie verkaufen bespielte Videokassetten. Lena und Olja heißen sie. Olja mit ihren roten Haaren, die sie zu zwei lustigen Zöpfen zusammengeflochten hat, könnte jederzeit in einem Film als ältere Schwester von Pippi Langstrumpf auftreten. Astrid Lindgren hätte sicher ihren Spaß daran gehabt. Ob allerdings Lenin sich gefreut hätte über unser Interview mit den beiden, bleibt noch abzuwarten. Vielleicht, falls er im Jenseits etwas Humor behalten hat.

Sascha: »Was wissen Sie über Lenin?«

Olja: »Lenin?« Sie schüttelt den Kopf.

Sascha: »Lena, haben Sie über ihn etwas in der Schule gelernt?«

Verlegenes Lachen der beiden Hübschen.

Sascha: »Was haben Sie über ihn gehört? Hat er etwas mit Revolution zu tun?«

Lena (alias Pippi Langstrumpf) lächelt und schüttelt den Kopf.

Sascha: »Fragen wir Olja.«

Olja: »Ja, er war der Kopf einer Partei.«

Sascha: »Und in welchem Jahr war das?«

Olja: »Das war... ich weiß nicht...«

Sascha: »Nun ungefähr.«

Olja: »Das war ...vielleicht 1876... ungefähr so.«

Sascha: »Und war er verheiratet?«

Olja: »So viel ich weiß, hatte er keine Ehefrau.«

Sascha: »Und wer ist Krupskaja?«

Olja: »Krupskaja?«

Sascha: »Haben Sie den Namen nie gehört?«

Olja: »Doch, schon. Man sagt, dass sie eine sehr gute Bekannte von ihm war, aber ich habe keine Information, dass sie geheiratet haben.«

Sascha: »Wie viele Sprachen hat er gesprochen?«

Olja: »Nun, was soll ich sagen: Er war Revolutionär!«

Sascha: »Nein, ich wollte wissen, welche Fremdsprachen er gesprochen hat.«

Olja: »Ich weiß nicht genau, vielleicht Englisch?«

Sascha: »Welche Nationalität hatte er?«

Olja: »Ich glaube, er war Russe.«

Sascha: »Was denken Sie, Lena?«

Lena: »Ja, ich denke auch, dass er Russe war.«

Und mit dieser neuen Erkenntnis verabschieden wir uns von den netten Mädchen und setzen unseren kleinen Stadtbummel fort. Offenbar ist Lenin auch in seiner Geburtstadt kein zentrales Thema mehr.

Dennoch besuchen wir den siebenundvierzig Meter hohen Obelisken, auf dessen Spitze sich ein riesiger Sowjet-Stern erhebt. Der Platz ist fast leer, auch liegen keine Blumen am Sockel des Denkmals. Ein vielleicht zwölfjähriger Junge dreht mit seinem Fahrrad ein paar Runden und weiß auf Saschas Quizfragen zum Thema Lenin weit mehr zu berichten als seine Vorgängerinnen. Abgesehen davon verdient er in den Sommerferien Geld mit Straßenfegen und spart die 300 Rubel, die er pro Monat erhält, für ein größeres Fahrrad. Der Weg zum Bahnhof führt uns am Gymnasium Nr. 1 vorbei, wo Lenin seine Schulzeit verbracht hat. Es heißt, dass er ein ausgezeichneter Schüler gewesen sein soll.

Auf meine erste Bahnfahrt in einem russischen Zug bin ich sehr neugierig. Wie gut, dass der Flug ausgebucht war! Der Zug ist in der DDR gebaut, wie sich an der Wagenaufschrift unschwer ablesen lässt, und romantisch eingerichtet mit Rüschenvorhängen, rotem Teppich, künstlichem Efeu, der sich um die Fenster rankt. Wie im Flugzeug serviert der Schaffner persönlich das Essen, einschließlich heißem Tee, wenn man ein etwas teureres Ticket gekauft hat. Vierzig Euro für dreizehn Stunden Bahnvergnügen mitten durch Russland leisteten wir uns gerne.

In den Stationen bieten Dorfbewohner frisch geerntete Früchte aus ihrem Garten für wenige Rubel zum Verkauf an, so vervollständigen wir unser fürstliches Menü mit herrlichen, reifen Aprikosen, nicht ganz so reifen Stachelbeeren und Blaubeeren. Das ist Reisen wie zu Großmutters Zeiten! Da stört es auch nicht, wenn der Zug ein wenig rumpelt über Gleisanlagen, die auf Erneuerung warten.

Das war der erholsame Teil unseres Ausflugs zu Russlands Metropole! In Moskau empfängt uns brütende Hitze – achtunddreißig Grad – und ein volles Programm. Langsam schlurfen wir mit dem schweren Gepäck zur Metro, werden von den Menschenmassen, die das gleiche Ziel haben, immer wieder nach vorne geschoben.

Mittags treffen wir Freund Volker Kirchgeorg aus München im klimatisierten Luxushotel und trinken den wohl teuersten Orangensaft unseres Lebens in der Cafeteria. Kirchgeorg wurde als einer der Wirtschaftsdelegierten für drei Tage nach Moskau eingeladen anlässlich der Eröffnungsfeierlichkeiten der Bayerischen Tage. Ein Event der besonderen Art, das schon Tradition hat.

Moskaus beliebter Bürgermeister Juri M. Luschkow und der nicht minder populäre Ministerpräsident Dr. Edmund Stoiber pflegen seit vielen Jahren enge partnerschaftliche Beziehungen, die immer mehr Lebensbereiche umfassen: Kultur, Wirtschaft, Wissenschaft und High-Tech-Entwicklung. Ausdruck dieser freundschaftlichen Beziehungen sind Großveranstaltungen wie die Moskauer Tage in Bayern und die Bayerischen Tage in Moskau.

Das Veranstaltungsprogramm soll das breite Spektrum bayerischer Kultur widerspiegeln, angefangen von klassischer Musik, Ballet und Jazz, über die darstellende zeitgenössische Kunst bis hin zum Gegenwartsfilm und zur Literatur. Daneben präsentiert sich die Industrie Bayerns in Ausstellungen, um neben ihrer Kompetenz in Schlüsselgebieten der technologischen Entwicklung wie Luft- und Raumfahrt oder Medizintechnik auch die Bereiche Energieeinsparung und ökologischer Städtebau zu demonstrieren.

Mitgestaltet wird das reiche kulturelle Angebot auch von dem Verein MIR e.V., der nunmehr seit 1991 unter der engagierten Führung von Tatjana Lukina in München geleitet wird. Ich kenne Tatjana seit vielen Jahren und bewundere ihren unermüdlichen Einsatz, die kulturelle Brücke zwischen Deutschland und Russland durch eine Vielzahl interessanter und kurzweiliger Veranstaltungen zu intensivieren. Vor wenigen Jahren inszenierte sie mit großem Erfolg ein russisch-bayerisches Kulturfestival unter dem Titel »Moskau an der Isar«, und so ist es kein Wunder, dass sie nun von der Staatsregierung anlässlich der Bayerischen Tage in Moskau für zwei Abende engagiert wurde.

»Mit Puschkin in Bayern unterwegs – Eine szenische Lesung mit Gedichten, Musik und Liedern«, lautet die viel versprechende

Ankündigung. Idee und Konzept: Tatiana Lukina. Eine charmantere Botschafterin russischer Kultur ist kaum vorstellbar. In ihrem Programmtext liest man:

»Puschkins Musen« wurde den Frauen gewidmet, die den großen Dichter zur Schöpfung seiner faszinierenden Lyrik inspirierten. Eine von ihnen war eine Münchnerin – die schöne Amalie Krüdener. Der Legende nach brachte sie 1836 Puschkin ein paar Dutzend Gedichte eines russischen Diplomaten aus München. Unverzüglich druckte er sie in seiner literarischen Zeitschrift »Sowremennik« mit der Überschrift »Gedichte aus Deutschland«. Es handelte sich um die Gedichte von Fedor Tjutschew...

Das Programm »Mit Puschkin in Bayern unterwegs« führt die Moskauer auch in die Geschichte der bayerisch-russischen Beziehungen ein. In dieser einmaligen Performance gelingt es den MIR-Künstlern, einen eigenen ›bayerisch-russischen‹ Puschkin zu schaffen, mit Originalmusik, mit neuen Liedern und Romanzen zu seiner unsterblichen Lyrik, mit Gedichten in Deutsch und sogar mit echt zigeunerischem Temperament, das Puschkin in seinen Poemen so begeistert schilderte.

Gerne würden wir die eine oder andere der abwechslungsreichen Veranstaltungen besuchen, doch so lange können wir SOLVEIGs Käpten in Uljanowsk nicht warten lassen. Nach dem teuren Fruchtsaftgenuss im Nobelhotel lädt uns Volker in seinem herrlich kühlen Zimmer zum Duschen ein. Unsere nächtliche Eisenbahnfahrt durch Russland hat offenbar deutliche Spuren hinterlassen... Stunden, nein, Tage hätte ich unter den sprudelnden Wasserstrahlen der Dusche verbringen können. So perfekt gesäubert sind wir schließlich fit für den Empfang des Moskauer Bürgermeisters im neu eröffneten Restaurant ›Zarenhof‹.

Alles was Rang und Namen hat, ist erschienen, neue gemeinsame Projekte werden feierlich unterzeichnet, wie zum Beispiel die Erneuerung der gesamten Beleuchtung der Moskauer Metro mit Hilfe von Investitionen bayerischer Firmen. Auch der Bau einer Schokoladenfabrik ist geplant. Ehrlich gesagt, schmeckt mir Moskauer Schokolade so gut, dass ich mir deutsche Konkurrenz kaum vorstellen kann.

Wir treffen auch unseren guten Freund Michail Logwinow wieder, der in seiner Eigenschaft als russischer Generalkonsul in München bei der Vorbereitung unserer Wolga-Expedition sehr viel geholfen hat. Tatsächlich ist er von dem Projekt so begeistert, dass er auch Bürgermeister Luschkow und dem bayerischen Wirtschaftsminister Wiesheu davon berichtete. Und plötzlich befinde ich mich mitten in der Politprominenz im abgetrennten Raum neben dem offiziellen Empfang.

Michail Logwinow hat übrigens zwei Tage zuvor den bayerischen Verdienstorden verliehen bekommen und wird in Zukunft als offizieller Beauftragter des Freistaates Bayern in Russland wirken. Er war es auch, der Moskaus Bürgermeister zum Oktoberfest nach München eingeladen und später die Idee hatte, bayerisches Brauchtum in Moskau lebendig werden zu lassen. So feiern Moskauer Bürger nun schon zum dritten Mal ein bayerisches Bierfest.

Beim offiziellen Anzapfen im riesigen Luzhniki-Park ist die Stimmung kaum mehr steigerungsfähig! Luschkow in russischer Tracht, Wiesheu ganz bayerisch, ebenso Logwinow – und es dauert nicht lange, bis sich alle auf der Tanzfläche unter bayerisch-russischen und russisch-bayerischen Klängen wieder treffen.

Ja, ich gebe es zu, dieses Moskauer Bierfest geht mir unter die Haut. Wenn so überall Politik gemacht würde, gäbe es wohl weniger Missverständnisse. Und die freundschaftlichen Bande haben schließlich mit dazu beigetragen, dass über fünfzig Prozent der deutschen Firmen, die in Russland investieren, aus Bayern stammen. Oder ist es am Ende doch die ausgeprägte beiderseitige Freude am Feiern und Bier trinken?

Als wir nach unserem Moskau-Ausflug wieder auf der SOLVEIG eintreffen, empfängt uns ein strahlender Käpten. Auch hier ist inzwischen kräftig gefeiert worden. Die Schönen und Hübschen aus der Stadt Lenins haben die Männer an Bord besucht und in ihren knappen Bikinis zu Techno-Klängen, die von der nahe gelegenen Strand-Disco zur SOLVEIG herüberschallten, getanzt. Männern, die gerade auf ehrlicher Suche nach einer Lebensgefährtin sind, kann ich einen Besuch Russlands nur wärmstens empfehlen, und dies meine ich ganz ernst.

Er. Hitze

Russische Kälte ist immer ein Gesprächsthema von Ausländern – wie langweilig. Ja, es ist kalt bei uns. Na und? Man muss sich eben wärmer anziehen. Lasst uns mal über die andere Seite der Medaille reden – über die russische Hitze.

Komischerweise meidet man im Westen dieses Thema. Wahrscheinlich denkt man dort, dass der Sommer in Russland dem bayerischen Frühling ähnlich ist: Der Schnee ist zwar geschmolzen, doch es ist besser, den Pullover noch anzubehalten. Nein, meine Herrschaften, die Sache sieht etwas anders aus. Wer den heißen russischen Sommer nicht erlebt hat, der kennt Russland nicht.

Die erste Hitzewelle kommt dort meistens Ende Mai: 27 bis 28 Grad am Tag und um die 18 Grad in der Nacht. Nach wenigen Tagen hört dieses erschreckende Erlebnis auf. Den ganzen Juni bleiben dann die Temperaturen um 25 Grad erhalten, wobei in den nächtlichen Stunden die Steine auf der Promenade wieder richtig kalt werden. Danach aber beginnt eine üble Geschichte. Im Juli werden die meist hinterm Küchenfenster oder auf dem Balkon des Hochhauses hängenden Thermometer bis auf 30 Grad erhitzt. Sodass die Hausbewohner beim Schlafen auf noch so leichte Decken gerne verzichten und sich nur mit dünnen Bettlaken abdecken. Diese sind dann auch zu warm und man findet sie beim Aufstehen zerknittert auf dem Boden.

Die Wettervorhersage in der Früh klingt wie eine Verurteilung: »Erheben Sie sich, meine Herrschaften! Das Hohe Gericht kommt! Heute wird die Temperatur den Rahmen des Erlaubten überschreiten und 32 Grad erreichen! Der Verurteilung kann nicht widersprochen werden!«

Tagsüber telefoniert die leidende Bevölkerung mit Freunden und Verwandten, in der Hoffnung, dass die Klagen anderer das eigene Leid mindern. Draußen, im Büro, im Bus, in der Metro, im Taxi – überall wird geschwitzt. Wie das Manna vom Himmel wird die Nacht erwartet. Doch dies ist ein Irrtum, weil die Nacht während einer Hitzewelle das Ganze nur verschlimmert. Denn während die Tagesbeschäftigungen ablenkend wirken, vollzieht sich in der Nacht das Jüngste Gericht. Und zwar genau jenes, das Michelangelo in der

Sixtinischen Kapelle so lebhaft dargestellt hat. Aber im Gegensatz zum biblischen Gericht werden hier Fromme und Sünder gleichermaßen bestraft, denn vor der Hitze sind alle gleich, Sünder und Fromme.

Es gibt natürlich einige Mittel, um die Qualen etwas zu lindern. Man kann, zum Beispiel, eine kalte Dusche nehmen. Aber unter der Dusche zu schlafen wäre undenkbar und irgendwann geht man raus. Doch kaum ist die Haut vom Wasser getrocknet, ist sie sofort wieder nass vom Schweiß.

Die zweite Möglichkeit wäre, sich auf eine weiche Unterlage auf den Boden zu legen. Die ersten Sekunden wirken befriedigend, doch nach einigen Minuten beginnt es am Rücken zu ziehen und man möchte sich auf die Seite drehen. Und genau in diesem Moment bemerkt man, dass breite Schultern kein Vorteil, sondern ein Nachteil sind. Noch eine Minute später wird klar, dass nicht breite Schultern, sondern Schultern überhaupt von großem Nachteil sind. Denn der Körper wurde zu lange trainiert, im weichen Bett zu schlafen. Und wer kein Yogaspezialist ist, der erleidet zu der Hitzebestrafung auch noch die Strafe durch den harten Boden.

Und so steigert sich die Qual von Tag zu Tag. Die Bücher behaupten zwar, dass ein »Leben nach dem Tod« beginnt, nach einer schlaflosen Nacht aber gibt es kein Leben!

Was soll man tun? Die Strände sind überfüllt. Umsätze durch Wasser und Saftverkauf haben Rekordhöhen erreicht. Coca-Cola erlebt seine größte Krise: kein Platz mehr, um Geld zu lagern! Alle verfügbaren Safes sind randvoll. Mineralwasserquellen, die sowieso in voller Stärke gearbeitet haben, beginnen ab sofort die doppelte Menge Wasser auszuspucken. Ein Naturwunder! Aber dieses Phänomen wird in der Presse nicht erwähnt. In diesem Fall öffnen russische Wasserhersteller ihre Hähne und bestellen Etiketten mit dem Bild der schneebedeckten Alpen. Ehrlich gesagt, in der Hitze schmeckt alles gleich.

Die während des Tages erwärmten »steinernen Dschungel« geben ihre Wärme in der Nacht ab. Das ist unerträglich! SOS! Wenn schon unsere Seelen nicht gerettet werden können, dann doch wenigstens unsere Körper! Aber wer soll diesen Notruf empfangen? Beim

»Schwimmen« durch die Hitze sinken alle ab. Moskauer Hitze – das ist die Apokalypse.

Was aber in Moskau und Nischni Nowgorod als Hitze bezeichnet wird, ist auf der SOLVEIG die Sommerfrische. Als auf der SOLVEIG die Hitzewelle begann, fingen unsere Gehirne an zu schmelzen. Ich war das erste Opfer dieser Tragödie. Denn nach Auskunft der Ärzte hatte ich sehr dünne Knochen, und als ich klein war, gab mir meine Mutter regelmäßig zerkleinerte Eierschalen zu essen. Anscheinend hat das nichts gebracht. Meine Schädelknochen blieben dünn. Und um mir und meiner Schwester das Leiden zu lindern, wurden wir immer in die Natur zur Datscha gebracht.

Dieses Jahr nun erwischte mich die Hitzewelle auf der SOLVEIG. Das war vorauszusehen, denn jeder vierte Sommer fällt, genau wie jeder vierte Winter, in Russland besonders schlimm aus. Zu unserem großen Pech war die SOLVEIG schwarz lackiert. Mag sein, dass es schön ist. Aber wer schon einmal im Sommer in einem schwarzen Auto gefahren ist, kann sich den gleichen Effekt vorstellen, wobei nicht eine halbe Tonne, sondern fünfundzwanzig Tonnen schwarzen Metalls erwärmt werden! Dieser Panzer, der versehentlich den Namen SOLVEIG bekam, blieb in der Nacht genau so heiß wie am Tage.

Als Erstes verzichtete ich auf eine Decke, dann auf die dünne Tagesdecke und schließlich auch auf das Leintuch. Als es nichts mehr zum Ausziehen gab, musste ich mein Schicksal akzeptieren: Ich muss leiden. »Wofür?«, wollte ich fragen. Aber wen?

Als die nächtlichen Temperaturen fünfunddreißig Grad erreichten, beschloss ich, nackt zu schlafen. Ich hoffte, dass Eduard, der mit mir die Kajüte teilte, ein normal orientierter Mann war und mich nicht falsch verstehen würde. Zum Glück schlief er tief, was mich sehr wunderte. In seinem geliebten T-Shirt und in seinem nicht weniger geliebten Slip und noch dazu mit einer Decke über sich schnaufte er friedlich. Schon früher fiel mir auf, dass Ed einem Marsmännchen ähnlich sieht. Jetzt aber hatte ich den Beweis: Ed kam wirklich vom Mars, denn die Erdbewohner können bei solchen Temperaturen nicht überleben!

Es fällt schwer zu glauben, dass hier, wo wir uns jetzt befinden, der

Marsmännchen Ed: Mücken haben an ihm nichts zu saugen.

tiefe Winterfrost den Fluss vollständig einfrieren lässt und die Menschen sich nur mit Hasenpelzmänteln wärmen können. Jetzt jedenfalls konnten wir nicht einmal die Luken öffnen. Warum? Weil dann zu den Hitzequalen auch noch die Peinigung durch die Mücken gekommen wäre. Die arme Angelika wurde so gestochen, dass sie tagelang leiden musste. Doch der wahrhafte Held im Kampf gegen die Mücken war Rollo. Sie stachen ihn pausenlos. Der Einzige, der von Mücken verschont blieb, war Ed. Ich sagte doch: Er ist sicher ein Marsmännchen.

Wir konnten uns davon überzeugen, als er völlig stichfrei zum Frühstück kam, während wir uns gegenseitig die neuen Mückenstiche vorzählten. Kein Wunder, dass Mücken an ihm nichts zu saugen haben: Nein, er stammt nicht vom Sonnensystem. Viel schlimmer. Aber was gibt es noch Schlimmeres als die Sonne?

Witz über die russischen Ostfriesen:
Warum kaufen Tschuktschen Kühlschränke? Draußen sind -20 °C, im Kühlschrank -5 °C. Sie sitzen im Kühlschrank und wärmen sich.

Altes Russland

Sie. Die Wasseroberfläche liegt da wie Blei und ist mit dem Horizont zu einem unendlichen Nichts verschwommen. Kuttergetakelte Segelboote begegnen uns, und fasziniert beobachten wir, wie sie elegant mit ihren braunen Segeln auf dem großen Wolgastrom gleiten, als würden sie schweben. Wir selbst spüren nicht den leisesten Windhauch und doch scheinen sie von einer unsichtbaren Kraft getrieben – ein Bild wie vor über hundert Jahren. Die Zeit ist stehen geblieben.

Etwa hundert Kilometer südlich von Uljanowsk finden wir einen Sandstrand, der von zwei Hügeln malerisch eingerahmt wird. Am Ufer ziehen Jugendliche ihre Oldtimer-Segelboote hoch. Sascha und ich steigen ins Zodiac, um uns ein bisschen umzusehen.

Wir staunen nicht schlecht, als wir an Land etwa dreißig Jungen im Alter zwischen neun und vierzehn Jahren treffen, eifrig damit beschäftigt, Zelte, Kochgeschirr und Vorräte aus den Booten an Land zu transportieren. Niemand sagt ihnen, was sie tun sollen, alles läuft ganz selbstverständlich, ja routinemäßig ab. Auch kein Geschrei ist zu hören, offenbar hat jeder seine Aufgabe, die er ausfüllt. Nach einiger Zeit entdeckt Sascha den ebenfalls noch sehr jungen Leiter, der sich an einer Feuerstelle zu schaffen macht.

»Ist das hier ein Pionierlager?«, fragen wir neugierig.

»Oh nein!«, winkt Slawa lachend ab. »Wir sind eine private Gruppe und nennen uns ›Altes Russland‹. Uns interessiert, wie die Menschen früher gelebt haben. Wir wollen das selbst nachempfinden.«

Nach kurzer Zeit schon lodert ein Feuer zwischen zwei riesigen

Survivalcamp mit Fisch aus der Dose.

Baumstämmen. Ein paar Jungs holen einen riesigen Blechtopf, der wohl fünfundzwanzig Liter fasst, und füllen ihn mit Wasser.

»Was steht denn heute bei euch auf der Speisekarte?«, will ich wissen.

»Fischsuppe! Ihr seid eingeladen!«

Slawa verschwindet hinter einem Gebüsch und kommt mit den entsprechenden Zutaten wieder zurück. Jede Menge Reis sehe ich und Grünzeug, aber wo bleibt der Fisch?

»Angelt ihr unterwegs?«

Statt einer Antwort zieht Slawa grinsend vier große Konservendosen aus seiner Tasche, öffnet sie und wirft den Inhalt in den Topf mit kochendem Reiswasser.

Am Ufer des größten Stromes von Europa in einem Survivalcamp Fisch aus der Dose zu verspeisen – das hätte ich mir nicht träumen lassen. Aber so reich gesegnet ist die gute, alte Wolga mit Fischen längst nicht mehr. Chemieabwässer, Staudämme haben sie so verschmutzt, dass sich auf weiten Flächen riesige grüne Algenwiesen gebildet haben, die in den verschiedensten Grünschattierungen in der Sonne glänzen. Zum Schwimmen lädt das Wasser längst nicht mehr ein, obwohl einige russische Urlauber sich daran offenbar wenig stören oder sich inzwischen mit den Gegebenheiten abgefunden haben. Bei uns an Bord ist es jedenfalls nur Ed, der sich ab und an in die trägen Fluten stürzt.

»Warum seid ihr in diese Bucht gekommen?«, will Sascha wissen.

Slawa bearbeitet gerade die fünfte Fischkonserve mit einem kräftigen Schraubenzieher, um nichts von ihrem kostbaren Inhalt zu verlieren. »Wir sind gezwungen, hier eine Notreparatur an unserem Boot auszuführen«, sagt er und kratzt den letzten Fischrest aus der Dose. »Es war Sturm, wir sind zu nahe an das Ufer getrieben und auf Grund gelaufen.«

»Wie oft stürmt es hier?« Unser Abenteuergeist, einmal einen echten Wolga-Sturm zu erleben, ist derzeit nicht sehr ausgeprägt.

»Stürme sind selten, aber gefährlich. Wir stehen hier am breitesten Teil der Wolga. Sie können sehr hohe Geschwindigkeiten erreichen und werden oft verglichen mit Stürmen auf dem Meer.«

Slawa ist kein Aufschneider – im Gegenteil. Er wirkt in sich zurückgezogen und eher nachdenklich. Genießt wie wir die knisternde Glut der glimmenden Holzscheite, die vor allem auch die Moskitos fernhalten, vorausgesetzt, man bleibt nahe genug an der Feuerstelle.

»Wohin geht eure Reise?«

»Wir fahren zu einem Platz, der heißt Alt-Russland. Das wäre auch etwas für euch«, antwortet Slawa, »einige Leute wollen dort nach traditionellen Plänen ein altes russisches Dorf wieder aufbauen. Wir werden jedenfalls an einem anderen Schiff längsseits gehen und unser Boot schleppen lassen. Morgen früh starten wir.«

Als der Abend weiter fortschreitet, folgt noch eine echte Survivalnachspeise: warmes Obstkompott, frisch zubereitet im großen Topf, in dem zuvor die Fischsuppe kochte. Und die Aprikosen sind selbst geerntet aus Babuschkas Datscha. Den Schöpflöffel hat übrigens einer der Jungen aus einer leeren Sardinenbüchse gebastelt, die er mit Hilfe von Hammer und Nagel am Ende eines Holzsteckens eingeschlagen hat.

Da können auch Sascha und ich nicht widerstehen und probieren die warme, süße Suppe. Ein bisschen gewöhnungsbedürftig ist sie schon, aber unter dem unendlichen Himmelszelt mit funkelnden Diamanten schmeckt eigentlich alles.

Sascha packt seine Gitarre aus, stimmt bekannte russische Lieder an. Großes Staunen, Schweigen ringsum. Aufmerksam lauschen die Jungen seinen Weisen, aber niemand kennt auch nur eine einzige. Leben wie zu Babuschkas Zeiten, aber vielleicht doch lieber mit Techno? In Russland kommt eben (fast) immer alles anders, als man denkt.

24. Juli. Ganz früh am Morgen hieven wir SOLVEIGs Anker, um den von Slawa empfohlenen Platz aufzusuchen. Auch am Strand ist bereits reges Treiben, ein paar Jungen haben auf den Schutz der kleinen Zelte lieber verzichtet und fest eingepackt in ihre Schlafsäcke am Strand übernachtet. Wir drehen noch eine Ehrenrunde zum Winken, bevor SOLVEIGs wuchtiger Bug sich seinen Weg durch die noch unberührte, glatte Wasseroberfläche sucht. Nach etwa zehn Kilometern mündet ein Nebenfluss. Wir biegen in die Einmündung und halten uns so nahe wie möglich am linken Ufer. In einer kleinen Bucht soll dann nach ungefähr zwei Kilometern angeblich ein nachgebautes Wikingerschiff liegen. Abwechselnd blicken wir durch die Ferngläser, grün bewaldete Hügel ziehen vorbei, doch kein Schiff ist zu sehen.

»Ich fahre noch drei Kilometer«, höre ich neben mir die Stimme des Kapitäns.

Vielleicht ist Slawas Beschreibung doch zu vage gewesen?

»Da ist etwas Rotes!« Sascha gibt mir das Fernglas, aber viel mehr als er kann ich bis jetzt auch nicht ausmachen.

Nach fünf Minuten zeichnen sich bereits deutlichere Konturen ab, doch nach einem Schiff sieht es eigentlich nicht aus. Vielleicht eine Hütte? Rollo dreht am Ruder und hält jetzt genau darauf zu.

»Das muss es sein!«, ruft Rollo, ohne das Fernglas von den Augen zu nehmen, »da liegt ein großes Schiff, aber ich glaube, es steht an Land.«

Als wir uns auf wenige Meter angenähert haben, finden wir tatsächlich in einem flachen Flüsschen ein vielleicht zwanzig Meter langes, aus langen Holzstämmen gebautes Wikingerschiff. Es steht auf Grund. Das obere Drittel der Bordwand ist rot angestrichen, vorne liebevoll angebrachte ausgeschnitzte Holzbuchstaben zeigen: ›Alt-Russland‹, der romantische Name des Nachbaus. Ebenso sorgfältig geschnitzt der Holzsteven am Bug als Pferdekopf.

Ein kurzer steiler Anstieg auf dem schmalen Schotterweg und vor uns breitet sich eine große Wiese aus. Wo sind wir hingeraten? Offenbar in eine alte Festungsanlage. Oder doch nicht alt? Eine jüngere Frau kommt uns entgegen, in langem Gewand, ihre Haare hält sie unter einem weißen Kopftuch versteckt, das sie nach hinten zusammengebunden hat. Sie begrüßt uns so warmherzig und selbstverständlich, als würden wir uns seit vielen Jahren kennen.

»Wollen Sie unser Museum sehen?«, fragt sie schließlich, als Sascha ihr erzählt, woher wir kommen.

Welch eine Frage!

Das »Museum« besteht eigentlich aus zwei kleinen Räumen eines winzigen Holzhauses, in das man über eine kurze Treppe gelangt. Natascha zieht ihre Schuhe aus, um ja keinen Dreck hineinzutragen. Wir folgen ihrem Beispiel, obwohl sie versucht, uns daran zu hindern. Doch als ich ihr meine Schuhsohlen zeige, gibt sie sofort auf. Ein paar Kinder haben sich zu uns gesellt. Auch sie lassen ihre Schlappen am Eingang, ohne dass jemand sie dazu aufgefordert hat.

In dem vielleicht zwei mal zwei Meter großen Zimmer am Ende einer schmalen Diele hängen, auf zehn Glasrahmen verteilt, die Pläne für das neue – alte Dorf, welches genau hier wieder aufgebaut werden soll. Sauber gezeichnet jedes einzelne Detail der Anlage.

Natascha erzählt begeistert über ihr großes Projekt: »Vater Fiaktist hat diese Vision seit seiner Jugend. Damals wollte er alles über die russische Kultur wissen und so kam er schon mit sechzehn Jahren in eine Kunstakademie bei Moskau und lernte Holzschnitzerei. Anschließend ging er ins Kloster und wurde Mönch. Seine Ideen aber vergaß er nie. Er will russische Kinder in alter Tradition erziehen nach dem Vorbild unserer Fürsten. Um diese Ziele zu verwirklichen, muss man eine Festung bauen nach den alten Originalplänen, denn wenn Kinder nach traditionellen Leitbildern aufwachsen sollen, kann das nur in einer Umgebung geschehen, die damals auch unsere Fürsten geprägt hat.«

Ein ungewöhnlicher Plan, über den es sicher viel zu diskutieren gäbe. Tatsache aber ist, dass er sich der Waisenkinder annehmen will, um gerade ihnen eine besonders gute Erziehung zu vermitteln.

Natascha deutet auf eine andere gerahmte Zeichnung. »Hier wird eine orthodoxe Schule entstehen von der ersten bis zehnten Klasse. Die Kinder werden im Internat untergebracht und neben der theoretischen Ausbildung lernen sie mit Holz umzugehen, zu säen und zu pflanzen, aber auch zu singen, und sie sollen mit Tieren leben. Die Natur an diesem Platz ist einmalig, einer der schönsten Plätze an der Wolga!« Sie sieht uns an, ihre Augen leuchten. »Wir wollen ein kleines, unabhängiges Land unser Eigen nennen, und Gott hat Vater Fiaktist seinen Segen gegeben, um alles zu verwirklichen!«

Seit zwei Jahren bauen sie schon, der Wachturm ihrer Festung steht bereits.

»In der Schule ist Platz für zweihundertzwanzig Jungen und erst wenn alles gut organisiert ist, nehmen wir auch Mädchen auf. Aber sie sollen hier ganz anders erzogen werden als anderswo. Sie lernen Goldstickerei und vor allem erhalten sie geistige Ausbildung.«

»Und welches Ziel verfolgen Sie mit dieser Erziehung?«, frage ich. Wenn ich daran denke, dass ich als Kind immer versucht habe, das Fach Handarbeiten (gab es damals noch!) zu schwänzen, und nahe daran war, deshalb aus der Schule verwiesen zu werden, beneide ich die kleinen Mädchen nicht unbedingt um diese Form der speziellen Unterweisung.

Natascha sieht das natürlich ein bisschen anders. »Wir wollen die alten Traditionen pflegen. So wie es einmal war, so soll es bleiben. Nur so bekommen die Kinder Gottes Kraft, etwas Gutes für ihr Vaterland zu leisten. Eine Kraft, welche sie ihrem Vaterland einmal weitergeben, auch um es zu verteidigen.«

Um uns das gleich einmal zu demonstrieren, geht sie mit uns in den zweiten kleinen Raum, in dem wir Rüstungen aus Eisen dekorativ an der Wand aufgehängt finden.

»Freunde haben das für uns gemacht, genau nach den alten Mustern!«, erzählt sie begeistert.

Ihre vier Waisenschützlinge, die während der Unterhaltung keinen Meter von uns gewichen sind, machen sich jetzt zusammen mit ihr eifrig an den schweren Rüstungen zu schaffen, um sie über ihre

Altes Russland soll wieder lebendig werden.

kleinen Köpfe zu stülpen. Als mir Natascha einen weiteren massiven Helm zur Anprobe reicht, gelingt es mir nicht einmal, ihn aus eigener Kraft aufzusetzen, geschweige denn, ihn zu tragen, ohne dass ich ihn mit meinen Händen abstütze.

Da vertausche ich die Ritterrüstung doch lieber mit meiner Videokamera, um zusammen mit Sascha die jungen mittelalterlichen Heereshelden zu filmen. Kampfesmutig schreiten sie am Wachturm vorbei über die weite Wiese, begleitet durch den Widerhall der vielen Eisenteile, die bei jedem Schritt lärmend gegeneinander schlagen.

Eine Ziege hält beim Kauen inne und blickt den kleinen Jungen verwundert nach. Tapfer sind sie wirklich: bei Temperaturen von knapp vierzig Grad sich freiwillig in den schweren Panzer der Rüstung zu zwängen, dazu gehört schon eine Menge Begeisterung!

Wer weiß – wenn sich die Visionen von Vater Fiaktist tatsächlich verwirklichen lassen, vielleicht werden unsere vier jungen Waisenkinder eines Tages die Kultfiguren einer neuen alten Welt am Ufer der Wolga?

Er. Blinder Regen

Auf dem Weg zur SOLVEIG erwischte uns ein »blinder Regen«. Warum er bei uns »blind« genannt wird? Weiß ich nicht, niemand weiß es. Schließlich wird man ja nicht weniger nass wie bei normalem Regen. Das Lustige an diesem Regen ist, dass er immer dann kommt, wenn die Sonne scheint und große schwarze Schatten die Erde bedecken. Vielleicht nennt man ihn »blind«, weil er die Sonne nicht sieht? Alle sehen sie, nur er nicht. Die Kinder lieben ihn und kommen immer mit den Rufen »blinder Regen... blinder Regen«, um sich unter seinen Tropfen zu erfrischen.

Angelika und ich versteckten uns unter einer üppig wachsenden Weide und warteten, bis diese Naturkapriolen vorübergingen. Und in unserer Nähe kreisten unter den Regentropfen zwei lachende Mädchen, als ob nichts passiert wäre.

Ich beobachtete sie und dachte über meine veränderte Einstellung zu diesem herrlichen Naturereignis nach. Denn vor vielen Jahren, als Kind, rannte ich auch immer hinaus, um unter den Tropfen umherzuspringen. Doch heute hängt an meinem Hals eine teure Nikon und diese ausländische Fotomaschine würde sich wohl kaum über diese alte russische Sitte freuen.

Und da wäre noch die Frage, ob ich diesen Apparat gegen einen Ausflug in meine Kindheit tauschen würde?

Ich weiß nicht, ob ich mich in dieser Kindheit noch zurecht finden würde. Sie ist so weit weggeflogen und eigenartig geworden wie der Name dieses »blinden Regens«.

Sie. 25. Juli. Unsere Reise durch das Land der Überraschungen geht weiter – nach Samara.

Fast sechzig Jahre lang war die Stadt nach einem Parteigenossen benannt und hieß Kuibyschew, bevor sie anlässlich der Perestroika wieder ihren ursprünglichen Namen zurückerhielt. Sie liegt an einem 6500 Quadratmeter großen Stausee und bezieht ihre Energie aus einem der vielen Wasserkraftwerke an der Wolga. Mit ihren rund 1,17 Millionen Einwohnern ist Samara neben Nischni Nowgorod die größte Stadt des Wolgagebietes und gleichzeitig das Kultur-, Wirtschafts- und Verkehrszentrum. An immerhin fünf Universitäten wird gelehrt, es gibt mehrere Hochschulen, eine Akademie für Geisteswissenschaften, daneben ein Theater, die Philharmonie und etliche Museen.

Wieder einmal haben wir Glück: SOLVEIG wird vom Yachtclub auf das Wärmste empfangen und wir dürfen mit Buganker und Heckleine am Steg des Clubs festmachen. Wohlvertraute Düfte steigen in meine Nase und tatsächlich – nur wenige Meter entfernt erhebt sich stolz ein roter, mehrstöckiger Gebäudekomplex, den Rollo zunächst für ein Gefängnis hält.

Als Sascha und ich unseren ersten Gang an Land unternehmen, stoßen wir auf eine lange Menschenschlange vor dem imposanten Gebäude. Jung und Alt warten geduldig mit leeren Plastikflaschen in ihren Händen – auf was eigentlich?

»Hier gibt's bestimmt etwas umsonst! Das ist das erste Mal, dass ich eine Warteschlange vor einem Laden sehe!«, überlege ich laut.

»Sie warten auf frisches Bier, direkt von der Brauerei – dieses Bier ist einmalig in der ganzen Welt!«, klärt Sascha mich auf. »Man muss es sofort trinken, nach einem Tag schon schmeckt es nicht mehr.«

Also eine Art Federweißer als Gerstensaft. Klingt interessant.

»Dazu muss man getrockneten Fisch essen – das eine schmeckt nicht ohne das andere!«

Und so ist es auch kein Zufall, dass gleich mehrere kleine Stände mit einer Vielzahl größerer und kleinerer Dörrfische sich vor dem Hof der Brauerei aufgebaut haben. Sie bieten nicht nur getrocknete Fische an, sondern auch leere Plastikflaschen für das frische Fassbier. Die Fische sind dekorativ aufgehängt unter Pepsi-Sonnenschirmen, Sascha läuft bereits das Wasser im Mund zusammen.

Meine Neugierde allerdings beschränkt sich zunächst nur auf russischen Gerstensaft. Doch als ich an einem Stand rosarote Wolgakrebse entdecke, kann auch ich nicht widerstehen und wir decken uns fürs Abendessen reichlich ein.

Am Stand treffen wir ein Pärchen – Rucksacktouristen. Auf der Schulter des jungen Mannes schläft eine junge, graue Katze.

»Sind Sie zufällig mit einer Katze unterwegs?«, fragen wir ihn.

»O nein«, lacht er, »wir reisen immer miteinander.«

»Woher kommen Sie?«

»Aus Sibirien, aus Tomsk«, erwidert er in einem Tonfall, als sei auch das so normal wie die vierbeinige Reisebegleitung auf seiner Schulter.

»Reisen ist unser Hobby«, mischt sich das Mädchen jetzt ein. »Wir sind per Anhalter gekommen, weil das Geld nicht reicht, um selbst mit dem Auto zu fahren. Aber auf diese Weise bleibt schon mal genug Geld übrig zum Bierkaufen.«

»Reisen Sie immer zusammen?«, fragt Sascha neugierig.

»Seit gestern«, erwidert sie und grinst, »normalerweise bin ich allein.«

»Man kann sagen, wir reisen jetzt zu dritt«, fügt der junge Mann noch hinzu.

»Haben Sie schon mal etwas über Deutschland gehört?«, wechselt Sascha das Thema.

»O ja, ich habe vor, nach Deutschland zu fahren, dann werde ich alles über das Land wissen«, erwidert sie und ihr Begleiter ergänzt: »Ich habe gehört, dass die Menschen dort sehr gut leben, aber es ist langweilig und uninteressant.«

Mit dieser abschließenden Bemerkung über meine ferne Heimat bringen wir unsere Fisch- und Bier-Einkäufe zum Boot zurück. Als ich später von einem in der Schlange wartenden Studenten auch noch zu hören bekomme, dass Samara-Bier viel besser schmecke als der berühmte bayerische Gerstensaft, bitte ich Sascha, bei der Brauerei um Filmerlaubnis zu fragen.

Doch wir erhalten eine freundliche, aber bestimmte Absage: »Wie man Bier braut, bleibt unser großes Geheimnis – also njet!«

Wesentlich mehr Glück haben wir dagegen mit einem immer noch voller Rätsel steckenden, tief unter der Erde vergrabenen Haus. Es wurde 1942 im Krieg gebaut – angeblich für Diktator Stalin als Bomben – und Gasschutzkammer. Bis 1990 wusste praktisch niemand von diesem Versteck, seit 1991 aber sind Teile des Bunkers für Besucher geöffnet. Normalerweise sind Filmaufnahmen und Fotos untersagt. Doch nachts sind auch Bunkerkatzen etwas grauer als sonst, vor allem wenn man sie mit kleinen Aufmerksamkeiten erfreut.

Und so tauchen Sascha, Rollo und ich zusammen mit einem ehemaligen Marinemann, der jetzt die unterirdischen Labyrinthe beaufsichtigt, ab in die verwirrenden Geheimnisse unter den Straßen Samaras. Aber was heißt hier unter den Strassen – der tiefste Punkt liegt unterhalb eines Stausees! Sechsunddreißig Meter! Vergraben so tief in der Erde wie ein Zwölf-Etagen-Haus. Unvorstellbar. Aber damit nicht genug.

Drei Meter dicke Betonwände sollten die hohen Herren vor Bomben und Gas schützen. Über 10 000 Tonnen Beton wurden von 600 Metro-Bauexperten in nur neun Monaten gemischt und alles in Handarbeit! Niemand durfte von dem Versteck erfahren, deshalb wurden keine Maschinen eingesetzt. Siebzig Meter vom Eingang entfernt, kann man den einzigen Notausgang entdecken, eine unauffällige Autogarage aus Beton. Stalins Zimmer liegt am tiefsten Punkt, darunter befindet sich nur noch der Fäkalientank. Gleich neben seinem Zimmer ein größerer Versammlungsraum für das Verteidigungskomitee.

Dieser Bunker ist bis zum heutigen Tag voll funktionsfähig und wird regelmäßig für Übungszwecke genutzt. Die Vorstellung, hier mehrere Tage oder gar Wochen verbringen zu müssen, gleicht einem einzigen Albtraum.

Als wir kurz nach Mitternacht aus der Grabeskälte, die uns für Stunden umfangen hielt, wieder auftauchen in den lauen, wohl riechenden Duft der schlafenden Stadt, fühle ich mich mit einem Mal wieder leicht und frei. Ein leiser Lufthauch lässt die Blätter des kleinen Parks neben dem Dramentheater sanft erzittern, ich atme ganz tief ein und wieder aus. Wir sprechen wenig, erst auf dem Boot löst sich endgültig unsere Spannung. Mit Heißhunger stürzen wir uns auf Fisch vom Nachmittagsmarkt und Bier vom Fass – garantiert nicht aus Stalins Bunkervorräten....

27. Juli Meine Gelüste auf Wolgakrebse werden wohl für längere Zeit eine Pause einlegen! Nach unserem mitternächtlichen Schmaus in Samara musste ich traditionsgemäß kräftig büßen. Abwechselnd wurde mir heiß und kalt, ich bekam Fieber, hielt mich nur unter stärkster Willensanstrengung auf den Füßen. Sobald wir am nächsten Tag die Leinen losgeworfen hatten und SOLVEIG ihre Wolga-Reise Richtung Saratow fortsetzte, verabschiedete ich mich von der

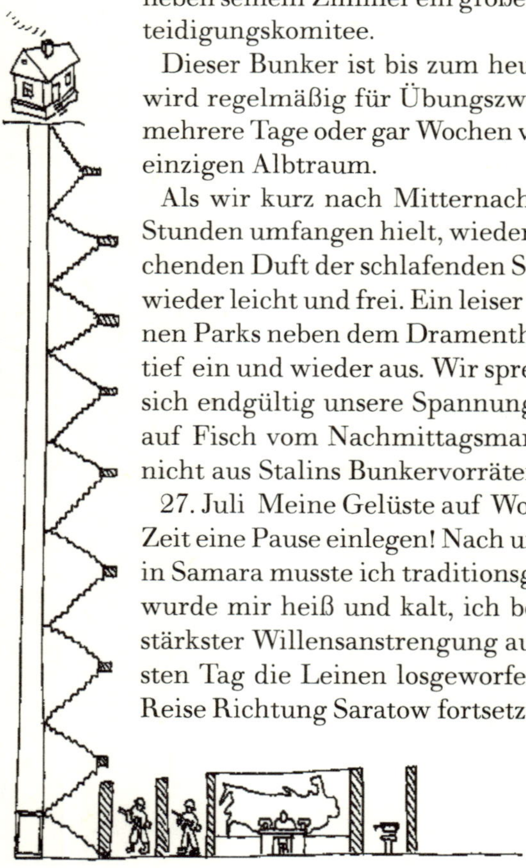

übrigen – beneidenswert fitten – SOLVEIG-Besatzung und verzog mich in meine Koje. Nur schlafen, nichts denken müssen, nichts organisieren und nichts filmen. Alles war mir egal – auch nicht die spektakulärste Landschaft hätte mich von meinem Lager locken können.

Am frühen Abend fällt SOLVEIGs Anker vor einer Feriensiedlung, einem Sanatorium vielleicht? Die Anlage sieht neu aus.

»Komm – schauen wir, was dort los ist!«, animiert Sascha.

Neugierde siegt einmal mehr über Vernunft, und kurze Zeit später binden wir unser Dingi an dem neuen Holzanleger fest und stapfen den breiten Sandstrand hoch zu einem blauen Glasgebäude, ganz in futuristischem Design erbaut.

In der großzügigen Empfangshalle treffen wir eine sportliche, nicht uncharmante Dame in Shorts und Turnschuhen mit Kurzhaarschnitt, die uns bereitwillig Auskunft gibt.

»Ja, das ist finnisches Design – vor sieben Jahren wurde dieses Kurhotel gebaut. Die Besitzer wechselten – letztes Jahr hat eine große Ölgesellschaft aus Sibirien alles gekauft!«

›Sibur‹ steht unübersehbar in großen Lettern überall geschrieben. Teuerste Fitnessgeräte aus dem Westen, auch Deutschland ist vertreten, sowie Sauna, Swimmingpool, Tischtennis, Billard, Fernseher von Sony und LG, ein russischer Multi, dessen penetrante Werbung uns seit Petersburg verfolgt. Von Lokomotiven bis zur kleinsten Schraube scheint dieser Gigant alles unter seinen breiten Armen vereinigt zu haben. Jeder Haushalt in Russland besitzt etwas von LG, ob er will oder nicht.

»Wir werden einen noch größeren Swimmingpool bauen – außerdem wollen wir in Zukunft auch bestimmte therapeutische Maßnahmen anbieten im Bereich der Zahn- und Körperpflege«, erzählt die sportliche Direktorin. »Morgen kommt eine Gruppe, die für drei Tage unser Kurhotel gemietet hat.«

Ich hätte im Augenblick auch nichts dagegen, ein paar Tage nur zu schlafen, zu saunen und zu schwimmen. 700 Rubel ohne Essen ist der Zimmerpreis, die Miete eines Bungalows pro Tag liegt bei 1500 Rubel für zwei Zimmer mit Küche und Bad – also rund 50 Euro.

Für uns auf jeden Fall zu teuer. Wir tuckern mit dem Zodiac lieber zurück zur SOLVEIG, wo der Käpten sofort den Anker hochnimmt, um zum gegenüberliegenden Dorf zu fahren, dessen Kirchenruine in der Abendsonne sich malerisch in die Hügellandschaft einfügt. Er drückt den Gashebel nach vorn – plötzlich ein metallenes Geräusch, ein Rumpeln, dunkler Rauch steigt am Heck auf.

»Stopp – stopp!«, rufe ich überflüssigerweise.

Rollo nimmt den Gang raus und SOLVEIGs Anker fällt auf zwei Meter Tiefe.

Betretene Gesichter – Ed versucht, unter Wasser die Schraube zu fühlen, aber seine Nachrichten klingen nicht gut: »Metall, Metall!«, ruft er.

Mit Bordmitteln können wir hier nichts mehr machen, wir müssen einen Taucher holen. Alle Diskussionen finden ohne mich statt, mir geht es inzwischen so schlecht, dass nur einzelne Wortfetzen an mein Ohr dringen. Hoffentlich bleibt es uns erspart, abgeschleppt zu werden – das wäre bitter für unseren engen Zeitplan. Von einer möglichen Beschädigung des Propellers gar nicht zu reden. Wir haben für diesen Typ keinen Ersatz an Bord.

Sascha und Ed fahren mit dem Zodiac zurück zum Kurhotel und telefonieren. Über Walkie-Talkie die ersten Nachrichten: Vor morgen früh ist nichts zu machen. Niemand zu erreichen.

Der nächste Tag. Träume ich? Unter mir Gluckern, Stimmen, die durcheinander schreien. Vorsichtig blinzele ich durch mein kleines Bullauge. Ein weißer Motorflitzer schaukelt neben der SOLVEIG. Im Wasser ist bereits ein Taucher damit beschäftigt, SOLVEIGs Schraube zu untersuchen.

»Er hat nicht genug Sauerstoff in seiner Flasche!«, höre ich Saschas Übersetzung. »Sie wollen das Boot in flacheres Wasser schieben, um Sauerstoff zu sparen!«

Auch das noch! Ich verkrieche mich trotz großer Hitze noch tiefer unter meine Decke, rede mir selbst zu. »Alles wird gut, du selbst kannst jetzt gar nichts machen, entspanne dich, warte ab.«

Aufgeregt piepst das Echolot, unter lautem Rasseln läuft SOLVEIGs Ankerkette über die Winde, bis ich irgendwann ein »choroscho« vernehme.

Fünf Männer diskutieren inzwischen in verschiedenen Sprachen, am lautesten ist Ed zu vernehmen. Doch nach vielleicht zwei Stunden Hämmern, Klopfen, Ziehen und Argumentieren geschieht das Wunder, welches mich auf der Stelle wieder gesunden lässt: SOLVEIGs Heck- und Bugschraube sind frei! Ein Gewirr von Drähten, Kabeln, Netzen und Angelleinen hatte sich herumgewickelt.

Die gute alte Wolga ist teilweise ein großer Entsorgungsplatz für alles Überflüssige im Zeitalter der Wegwerfgesellschaft geworden. Und die Quittung bekommen wir Menschen gleich selbst zu spüren. So gesehen, geschieht es uns ganz recht...

28. Juli. SOLVEIGs entwirrter Propeller bringt uns in das nahe gelegene Dorf Winnowka, dessen malerische Kirchenruine wir bereits gestern bewunderten. Von Winnowka werden auch die Gäste des Kurhotels immer mit dem Schiff abgeholt. Als wir SOLVEIGs Leinen an der breiten Anlege festmachen, warten dort bereits Passagiere voll bepackt mit Rucksäcken, Koffern und fest verschnürten Plastiktüten.

»In zehn Minuten legt die SPUTNIC hier an«, die russische Variante eines Tragflächenbootes , erfahren wir von einem der wartenden Passagiere, dem das exotische Boot aus den fernen Niederlanden sofort aufgefallen ist und der Sascha nach unserem »Woher und Wohin« bereits ausgiebig befragt hat. »Wenn das Schiff abgelegt hat, könnt ihr bestimmt hier festmachen!«

Eine Frau ohne Gepäck gesellt sich dazu – sie ist verantwortlich für den Ponton.

»Herzlich willkommen«, begrüßt sie uns, »bleiben Sie hier, Winnowka wird Ihnen gefallen!«

Eine Stunde später sitzen wir zusammen mit ihr und einer Menge Familienmitglieder einschließlich lallendem Baby bei selbst gemachtem Apfelkuchen und Kaffee im Cockpit. Viel wird erzählt, noch mehr gelacht und am Ende erfährt Sascha zufällig, dass in dem kleinen Nest eine ehemalige Kollegin vom Theater Urlaub macht in ihrer Datscha, nur dreißig Meter von der Anlege entfernt. Kleine Welt – selbst im großen Russland!

Die Datscha steht auf einer kleinen Anhöhe mit unverbautem Blick zum Meer – zum Wolgameer. Auch hier ist der gewaltige

Strom so breit, dass man das gegenüberliegende Ufer mit bloßem Auge nicht erkennen kann.

»Ihr müsst unbedingt meine Freundin kennen lernen«, begrüßt Lena uns gut gelaunt, »sie wohnt ganz allein in dem Haus gleich neben der Kirche und ist die älteste Einwohnerin in Winnowka.«

Vielleicht fünfzig Häuser, fast alle aus Holz gebaut, stehen in dem hübschen Dorf. Ein schmaler Pfad führt uns an blühenden Blumenwiesen und reich tragenden Obstbäumen vorbei.

»Hallo, probiert mal, wie gut die Früchte schmecken!«

Immer wieder werden wir von den Besitzern der Datschen angesprochen und in ihre mit Obst und Gemüse reich gesegneten Gärten eingeladen. Im Garten der Greisin picken Hühner im Gras, ein aufgeregter Hahn flattert auf, um das Treiben seiner Gespielinnen nicht aus den Augen zu verlieren. Eng an die ausgetretenen Latschen der Greisin gekuschelt, die auf einer schmalen Holzbank vor ihrem Holzhaus sitzt, eine schnurrende Katze, die mir aus ihren halb geöffneten, verschlafenen Augen zublinzelt.

Sascha fragt die Greisin nach der Kirchenruine hinter ihrem Haus.

»Früher haben die Leute dort gebetet, auch meine Großmutter hat mich an ihrer Hand dorthin geführt. Aber als die Kolchosen gegründet wurden, sind alle Kirchen zerstört worden, auch diese.«

»Waren Sie auch in einer Kolchose?«

»Aber ja, natürlich. Mein Vater war Fischer. Auch ich bin die ganze Zeit mit meinem Boot auf der Wolga gefahren. Jetzt bin ich krank und mein Boot hängt da unten im Wasser allein an einer Boje.«

Lena rollt zusammen mit Sascha einen langen Wasserschlauch auf, um sein Ende in das große, mit Regenwasser gefüllte Fass zu stecken. Nachbarschaftshilfe ist ohne viele Worte selbstverständlich, und Lena erzählt, dass sie sich täglich um das Wohlergehen der alten Frau kümmert.

Die Greisin zeigt uns ihre kleine Küche mit Gasherd, der auch noch funktioniert, als sie ihn anzündet, um eine Kanne Wasser aufzusetzen. Im etwas düster anmutenden Wohnzimmer ist ein für viele alte Häuser typischer Kamin eingebaut, der so raffiniert konstruiert ist, dass gleichzeitig zwei Räume damit beheizt werden können. An den Wänden hängen Fotos der Nachkommen.

»Gott hat mir eine große Familie geschenkt, elf Kinder. Als mein letztes Baby auf die Welt kommen sollte, war ich bereits vierundvierzig Jahre alt. Diesmal befahlen mir die Ärzte, dass ich ins Krankenhaus ging nach Sasnowka. Als ich dort lag, hörte ich, wie sie miteinander sprachen. ›Wir müssen aufschneiden und die Mutter retten, das Kind hat keine Chance!‹ Doch ich flehte: ›Rufen Sie in der Stadt an und fragen Sie andere Ärzte!‹« Sie hält inne und nimmt das gerahmte Foto von der Wand, auf dem eine junge, hübsche Frau abgebildet ist.

»Und was geschah dann?«, fragt Sascha leise.

»Die Ärzte aus der Stadt sagten: Retten Sie Mutter und Kind – und so habe ich meine Nadja auf die Welt gebracht. Sehen Sie, hier ist der letzte Brief von ihr.«

Sascha nimmt einen verknüllten und inzwischen leicht vergilbten Zettel, der offensichtlich aus einem Schulheft herausgerissen worden ist, und liest:

Guten Tag, Mama. Alles ist gut. Pascha hat uns getroffen. Morgen fahren die Kinder nach Uljanowsk. Eine Ampulle für deine Spritze kostet neunundsechzig Rubel. Ich habe sie nicht gekauft.

Nadja.

»Haben Sie von Ihrer Familie noch immer keine Ampulle bekommen?«

»Nadja hat meinem Sohn nach Wladiwostok ein Telegramm geschickt«, weicht sie Saschas Frage aus, aber er lässt nicht locker.

»Warum schreibt er Ihnen nicht selbst? Hat er keine Zeit?«

»Ich weiß nicht, vielleicht will er nicht, er ist pensioniert.«

Elf Kinder hat sie großgezogen, sie sind inzwischen erwachsen geworden, haben einen Beruf und eigene Familien gegründet. Aber eine Ampulle für ihre kranke Mama zu besorgen, ist offenbar eine Aufgabe, die sie nicht lösen können.

»Besitzen Sie einen Fernseher?«, wechselt Sascha das wenig erfreuliche Thema.

»Ja«, erwidert sie und lupft eine hübsche Spitzendecke, unter der drei altmodische Geräte verborgen sind, »ich habe jede Menge davon, aber keiner funktioniert! Mir macht es nichts aus, aber wenn Gäste kommen, tut es mir Leid.«

In einer Ecke entdecke ich ein altes Spinnrad und zeige es Sascha.

»Das ist schon seit zwei Jahren kaputt, alle Saiten sind verdreht – was meine Enkel bei mir finden, schrauben sie auseinander«, erzählt sie ohne Bedauern in ihrer Stimme.

»Ärgern Sie sich nicht über so viel Unachtsamkeit?«, wundert sich Sascha.

»Aber nein, ich war auch einmal Kind und habe auch Unsinn getrieben. Soll ich sie deswegen schlagen?«

»Haben Sie noch Geschwister?«, wollen wir wissen.

»Bis jetzt sind wir noch zu fünft und ich bin die Älteste«, verrät sie uns.

»Darf ich fragen, wie alt Sie sind?«

»Das sage ich nicht. Ich bin noch jung!«

»Dass Sie jung sind, sehen wir!« Sascha lächelt die liebenswerte Greisin dabei so charmant an, dass sie ihm sein Kompliment bestimmt glaubt.

Wir verabschieden uns, um noch ein bisschen im Dorf zu bummeln.

Sascha läuft voraus – ihn interessiert die Ruine der Kirche, während ich noch ein paar Filmszenen in der Umgebung aufnehme. Auf einmal höre ich Sascha rufen und schreien: »Das ist eine Unverschämtheit – so etwas habe ich noch nie erlebt!«

Solche Ausbrüche sind bei Sascha selten und verwundert laufe ich in Richtung Kirche. Fassungslos steht er vor dem offenen Eingangsportal.

»Du wirst es nicht glauben, was ich dir jetzt zeige. Komm mit und filme alles! Oder nein – ich gehe besser allein hinein und du wartest hier draußen ab, was passiert!«

Bei aller Fantasie, ich habe nicht die leiseste Idee, was mich erwartet.

Sascha verschwindet in der Kirche. Alles bleibt ruhig. Heiß brennt die Sonne vom wolkenlosen Himmel, ich suche Schutz unter dem einzigen Baum in der Nähe der Ruine. Plötzlich Geräusche: Jemand klatscht in die Hände, wieder und wieder und immer schneller. Wortfetzen dringen an mein Ohr.

Durch die Öffnung des Portals erkenne ich etwas Dunkles, das sich

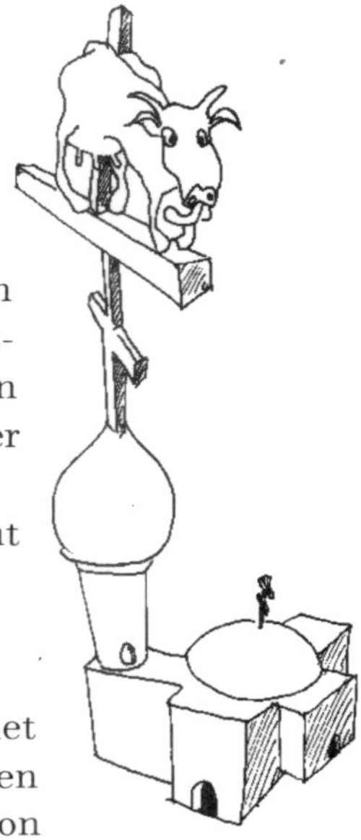

Winnowka – Kühe und Kirche.

bewegt. Erstaunt reibe ich meine vom gleißenden Gegenlicht geblendeten Augen, setze die Sonnenbrille auf. Und jetzt endlich sehe ich den Urheber von Saschas Zorn: Eine Kuh trabt in aller Seelenruhe, die den Rindviechern nun mal Eigen ist, aus der Kirchentür, bleibt stehen, sieht sich nach dem Störenfried um, blickt ihn dabei an, als wolle sie sagen: »Und wo finde ich jetzt ein schattiges Plätzchen?«

Doch jener fühlt kein Mitleid, verschwindet stattdessen erneut hinter dem großen dunklen Loch. Sekunden später traben, angefeuert von Saschas zornigem Rufen und Klatschen, weitere Rindviecher aus den heiligen Gemäuern.

Gelangweilt bleiben sie stehen, warten wohl erst einmal ab, was geschehen wird.

»Komm und hilf mir!«, ruft Sascha voller Ärger.

Auch ich frage mich, welche Ideen er inzwischen ausgebrütet hat, aber die Antwort lässt nicht lange auf sich warten. Sascha ist bereits eifrig damit beschäftigt, herumliegende Bretter durch den Kirchenraum zu ziehen, um sie als provisorische Sperre vor dem Portal einzusetzen. Ich unterstütze ihn bei seiner Aktion, so gut ich kann, obgleich ich Zweifel hege, wie lange diese Tür wohl halten wird.

Auf unserem Bummel durch Winnowka fragt Sascha den erstbesten Mann, der ihm über den Weg läuft, warum sich die Dörfler so wenig um ihre Kirche kümmern. »Wissen Sie eigentlich, wie berühmt Ihre Kirche ist?«, hält er ihm vor. »In der Tretyakov-Galerie hängt ein Bild von ihr! Warum lasst ihr eure Kühe dort rein?«

Der etwa sechzigjährige Mann wehrt Saschas Vorhaltungen ab. »Erstens gehören die Kühe nicht mir und außerdem habe ich selbst schon versucht, die Tür zu verrammeln, aber Kinder haben sie aufgebrochen. Hier kommen im Sommer viele junge Leute her, um ihre

Großeltern zu besuchen. Die Kirche ist so eine Art Treffpunkt für sie geworden. Sie machen dort Feuer, hören Musik und rauchen. Es ist der einzige Platz, wo sie sich verabreden können. Früher gab es hier einen Club für sie, doch der wurde abgerissen.«

»Ich habe nichts gegen junge Leute«, wirft Sascha ein, »aber ein solcher Anblick tut weh.«

»Man hatte begonnen, die Kirche zu renovieren, Holz und Material wurden angeliefert, aber kein Arbeiter erschien. So wurde nach und nach alles geklaut«, erfahren wir zum Schluss noch.

Als wir gegen Mitternacht unseren Liegeplatz verlassen, um ihn für SPUTNIC zu räumen, die morgens früh neue Passagiere aufnehmen wird, sehen wir den rötlichen Schein eines Lagerfeuers vor den dunklen Umrissen der Kirche. Techno-Bässe werden immer wieder von den Schallwellen auf der großen Wolga getragen.

Vor wenigen Stunden noch war für mich die Kirchenruine ein wunderschöner Anblick, der sich harmonisch in die Hügellandschaft einfügt. Und jetzt vor meinen Augen die züngelnden Flammen bei den heiligen Gemäuern als Symbol einer untergehenden Epoche? Ich hoffe nicht...

Er. Die russische Flagge

Dass die russische Flagge »Andreas-Flagge« genannt wird, ist auf den Namen eines Zaren zurückzuführen. Ehrlich gesagt, gefällt mir an der russischen Flagge nur der Name, nicht das Bild. Eine Flagge, die wie ein Dutzend andere aussieht, kann doch keine Freude machen. Wenn die Flagge des eigenen Landes nicht von weitem erkennbar ist, gibt es einem zu denken. Aber auch aus nächster Nähe kann ich nicht sofort herausfinden, ob das nun Frankreich oder Holland ist.

Früher waren wir stolz auf unsere Flagge, weil sie rot war. Nach dem Motto »Alle genialen Dinge sind einfach«: kräftige rote Farbe mit Hammer und Sichel darauf. Diese Symbole haben sich übrigens nicht die Russen ausgedacht, obwohl sie wirklich sehr gut zu dem Staat der Arbeiter passten. Und die UdSSR war ein Staat, wo die Arbeiter manchmal geehrt wurden. Meistens war es leider nur Gerede. Manche wurden gelobt, bezahlt wurden alle gleich.

Hammer und Sichel: Das waren edle und aussagekräftige Symbole. Was gibt es denn Schöneres als Symbole der Arbeit? Aber man kann Symbole nicht ungeachtet des allgemeinen Designs betrachten. Es muss ja alles miteinander harmonieren. Etwas ungünstig wirkten zum Beispiel irgendwelche Messgeräte auf der Flagge der ehemaligen DDR. Design, Stil, Kultur. Wie kann man, ohne sie zu beachten, einen schönen Gegenstand schaffen? Dabei spielt es keine Rolle, ob es ein Bügeleisen oder das Wappen eines Landes werden soll.

Als die Mauer fiel und Deutschland vereint wurde, war ich auf der Durchreise. In einem Möbelgeschäft in Berlin sah ich ein Sofa mit der Flagge der ehemaligen DDR bezogen. Das sah toll aus! Es war einfach Klasse! Da fiel mir plötzlich ein, was der DDR-Flagge fehlte: das Sofa!

Die sowjetische Flagge gab dem Designer prinzipiell sehr wenig Spielraum – nur rote Farbe. Aber für einen Meister war das kein Hindernis. Denn das Höchste in der Designerkunst ist ja bekanntlich, auf einem weißen Fleck einen weißen und auf einem roten Fleck einen roten unterzubringen.

Die Worte »schön« und »rot« hören sich im Russischen sehr ähnlich an.

Früher war es überhaupt ein Wort. Alle schönen Dinge wurden im alten Russland »rot« genannt. Hübsche Mädchen wurden »rote Mädchen« genannt, sogar der wichtigste Platz in Moskau wurde »Roter Platz« genannt. Und diesen Namen gaben ihm nicht die Kommunisten, sondern die Zaren! Das geschah noch im Mittelalter.

Das Schöne gewinnt unsere Aufmerksamkeit, nur weil es schön ist.

So kehrte in unser Leben auch die wunderschöne Hymne zurück, was Empörung in der westlichen Presse auslöste. Klar doch! Sie ist einfach zu gut. Zwischen Hymnen gibt es auch Konkurrenz. Jeder möchte die beste haben! Ich übrigens würde diese Hymne nicht sowjetisch nennen, wie sie früher genannt wurde; und russisch, wie sie jetzt genannt wird, ist sie auch nicht. Sie ist (inter)national! Unter dieser Hymne stehen Russen, Tataren, Dagestaner...

Mich erfüllte eine unbeschreibliche Freude, als ich diese mit großer Liebe komponierte Hymne wieder hörte. Sie wurde zu jener Zeit erstellt, als das Pathos der Brüderlichkeit und der Gemeinsamkeit das Land erfüllte. Ja, sie wurde zu Stalins Zeiten komponiert. Doch mit ihr wurden Eroberer des Weltalls, Teilnehmer der arktischen Expeditionen und olympische Champions begrüßt.

Wir erkannten sie vom ersten Ton an. Kann man sich überhaupt die Gefühle der Menschen während der Perestroika vorstellen, als das Land seinen Führer verlor, als das ganze Leben umgekrempelt wurde und der Stolz auf das Vaterland verloren ging? Die Leute konnten sich nicht mehr in die Augen sehen. Die Feiertage schienen unangebracht. Es war unangebracht, sich zum Siegestag über den Faschismus, am 9. Mai, zu gratulieren.

Und nun kommt der Stolz auf das eigene Vaterland wieder. Das betrifft Flagge und Hymne gleichermaßen. Vor kurzem las ich in einem Journal einen Artikel. Ein Designer beschrieb die Flagge, die er für Russland entwerfen würde. Nach seiner Meinung sollte es ein grünes Quadrat mit einem Hirschen darauf werden, weil wir ein nördliches Land sind.

Mag sein, dass der Designer ein Genie ist, aber trotzdem produziert der Geniekopf dumme Gedanken. Ich denke, nach der nächsten Revolution wird man damit nicht einmal ein Sofa beziehen. Wer weiß, vielleicht werden sie die Flagge dann als Badewannenvorleger verkaufen. Wieso nicht?

Vielleicht werden sie die Flagge dann als Badewannenvorleger verkaufen?

Nach vorne sollte man sehen. Damit dort, wo wir uns mit der ganzen Menschheit hinbewegen, wenigstens die Badezimmer bleiben!

Sie. 29. Juli. Weit ist es nicht mehr bis Saratow. Inzwischen ist es Hochsommer geworden und dazu einer von den außergewöhnlich heißen, wie wir überall erfahren. Jede noch so kleinste Tätigkeit an Bord raubt unsere Kraft und verursacht Schweißausbrüche. Im Zweifelsfall siegt derzeit unsere Trägheit und alle nicht ganz eiligen Arbeiten werden verschoben. Nach anderthalb Tagen Flussfahrt Wolga abwärts machen wir mittags hinter einer breiten Straßenbrücke an einem altgedienten Fischdampfer fest.

»Der Käpten schläft gerade!«, erfahren wir von seiner Crew. »Er hat sicher nichts dagegen, wenn ihr bei uns anlegt!«

Vom Fluss aus wirkt Saratow nicht gerade spektakulär, doch auf unserem ersten Bummel durch die Fußgängerzone entfaltet es durchaus einen gewissen Charme. Auch hier ist es wie anderswo nicht ganz einfach, einen Straßenplan zu zeichnen, denn offenbar lieben es die Stadtväter, je nach aktueller politischer Entwicklung oder Gesinnung, Straßennamen zu ändern.

So hieß die Fußgängerzone ursprünglich Deutsche Straße. Zu Zeiten der Sowjetunion wurde sie in Kirow Prospekt umbenannt, und wenn ich Saschas Beteuerungen glauben will, dann hatte sie noch vor zwei Jahren ihren alten deutschen Namen zurückerhalten. Doch jetzt stehen wir vor einem wiederum neuen Schild mit der Aufschrift: Kirow-Prospekt! Mangelndes Gedächtnistraining ist sicher nicht das Hauptproblem der Einwohner...

Deutsche Firmenschilder fallen auf, ›Burda‹ und ›Otto‹ lassen grüßen.

Sascha ist die Stadt wohl vertraut, denn hierhin fährt er jedes Jahr mindestens einmal, um für den Ferienaufenthalt seiner Kinder in Deutschland die nötigen Visa zu besorgen.

Er. Die Klagen von Saratow

»Es ist uns nicht vergönnt zu ahnen,
was unser Wort bewirken kann…«
F. Tjutschew

»Saratowskije Stradanija – Saratow Klagen« nennt man unsere melancholischen Volkslieder. Sie klingen wirklich sehr traurig. Früher, zur Zarenzeit, konnte sich das Volk bestenfalls bei seinem Fürsten beschweren. Doch jener war immer weit weg in Petersburg oder Moskau und in seinem Fürstenreich ließ er sich selten blicken. Also haben die Bauern unter sich über ihr schweres Leben geklagt.

Über meine lange Geschichte im Kampf, Visa zu erhalten, könnte ich einen ganzen Liederband herausgeben. Bei einigen Konsulaten muss man seine Abstammung von Adam und Eva beweisen, andere sind unzufrieden mit meinem Journalistenausweis, weil dieser Beruf grundsätzlich in bestimmten Regionen unerwünscht ist, und wieder andere halten meinen Pass mit dem Wappen der Sowjetunion für ungültig.

Das Konsulat in Saratow gab mir auch Material für einige neue Lieder, aber dort herrschte wenigstens deutsche Ordnung. Ich habe sogar nette Leute kennen gelernt, die mir in schwierigen Situationen geholfen haben. Eines weiß ich genau: Man fragt besser im Konsulat nach Hilfe als bei den benachbarten Privatagenturen.

Ein kleiner Tipp: Wenn Sie nach Deutschland wollen, um Ihre kleine Schwester zu besuchen, werden Sie gefragt: »Und was unternehmen Sie dort?« Die Antwort, »Ich möchte ihr beim Umzug helfen«, ist falsch. »Ich werde ihre Wäsche bügeln«, ist falsch. »Ich werde ihre Kinder von der Schule abholen«, ist falsch. »Ich werde Briefmarken kleben«, ist falsch. Warum? In Deutschland dürfen Ausländer nicht arbeiten!

Tipp zwei: Man kann mit einer russischen Airline direkt von Saratow nach Deutschland fliegen. Oder man benutzt den täglichen Service einer deutschen Busfirma. Und hier gibt es eigentlich keinen Grund zur Klage. Oder doch!?

Eines Tages fühlte sich ein Rentner, ein gewisser Herr Ivanow, der den ganzen Tag aus dem Fenster seiner Wohnung starrt, von den gegenüber haltenden Bussen belästigt. Das waren keine gewöhnlichen Vehikel, sondern ausländische Busse. Sie verursachten Lärm und Auspuffgase, die einfach unerträglich waren. Auf jeden Fall störten sie ihn. Außerdem versammelten sich dort eine Menge Reisende sowie deren Begleitpersonen. Also hat sich Herr Ivanow beschwert. Sein Ansuchen wurde von den Behörden akzeptiert, das Halten der Busse neben seinem Fenster wurde verboten.

Das heißt aber nicht, dass es das Ende für die Reiseunternehmen bedeutete. Für die Busse, die eine Verbindung von Russland nach Deutschland schufen, wurde ein anderer Platz gefunden. Wie aber das Sprichwort sagt, »bleibt ein gesegneter Platz nicht leer«, und so zog in die leeren Räumlichkeiten gegenüber des Hauses vom Genossen Ivanow eine andere Firma ein. Zuerst veränderten die neuen Mieter die Fassadenfarbe, die Ivanows Blick erfreute. Schließlich schaute er ja jeden Tag aus dem Fenster.

Als die Fassaden renoviert waren, wurde nun die erste Ware angeliefert, die in ihrem Klarlack glänzte. Aber dieses Bild hat dem Herrn Ivanow komischerweise nicht gefallen! Was ja auch verständlich ist. Denn vor den Augen des Rentners wurde der Service ›Die ewige Ruhe‹ eröffnet, in dessen Schaufenstern die lackierten Särge aus-

Vor den Augen des Rentners wurde der Service ›Die ewige Ruhe‹ eröffnet.

gestellt waren. Wenn Ivanow früher die nach Deutschland abreisenden Menschen ansehen musste, so war er jetzt Zeuge der Abfahrt zu einer viel längeren Reise.

Sollte Ivanow noch einmal klagen? Aber wie könnte er das jetzt begründen?

Särge haben keinen lauten Auspuff, und vor den Fenstern gibt es keine Hektik.

Tjutschew hat Recht: »Es ist uns nicht vergönnt, zu ahnen, was unser Wort bewirken kann.«

Sie. Gegenüber von Saratow liegt Engels, die ehemalige Hauptstadt der Wolga-Deutschen mit ihrer mehr als wechselvollen Geschichte. Engels hieß vor Oktober 1931 noch Pokrowsk.

Markus Forster, Konsul der deutschen Vertretung in Saratow, der für unseren Film geduldig eine Stunde lang Fragen zum leidigen Thema Visum-Beschaffung beantwortet hat, vermittelt einen Termin mit der Direktorin des Staatsarchivs. Jerina Jelisaweta ist eine nicht nur hochintelligente, sondern auch sehr charmante Dame, die sich bereits seit den Zeiten der Sowjetunion mit akribischer Genauigkeit um objektive Aufbereitung der wertvollen Dokumente verdient macht.

1930 befand sich in den heutigen Archivräumen noch eine Getreidekammer. Sie war in sehr schlechtem Zustand, was aber engagierte Mitarbeiter des Archivs nicht daran hinderte, alle Energie und Kraft einzusetzen, auch mit Hilfe privater Mittel diese Räume zu renovieren.

Jerina kennt die Geschichte der Wolga-Deutschen wie kaum jemand und sie hat in etlichen Schriften und Aufsätzen viele Themen aufbereitet. Die Wahrheitsfindung ist ihr größtes Anliegen und so bedauert sie, dass auch noch nach der Perestroika das Archiv nicht unabhängig von der Obrigkeit in Saratow arbeiten kann.

In einem ihrer Aufsätze mit dem Titel »Wie Pokrowsk (Engels) um seine Unabhängigkeit kämpfte« kritisiert Jerina offen zwei Bücher zu diesem Thema mit der Bemerkung, dass der Autor, ein Heimatkundewissenschaftler, sein Buch im Jahre 1971 veröffentlichte und es allein schon deshalb »Nachteile hat, die mit der strengen Zensur der sowjetischen Periode, dem Einfluss der Ideologie ausschließlich einer Partei im Zusammenhang stehen«. Über das zweite Buch mit dem Titel »Stadt Engels« schreibt sie lapidar, dass die Autoren lediglich die sowjetische Periode des Stadtlebens darstellen, ohne die Zeit von 1922-1941 zu beleuchten, als Engels die Hauptstadt der deutschen Autonomie an der Wolga war.

Nicht weit von den Räumen des Archivs entfernt befindet sich das Haus des Deutschen Kulturinstituts, das sich um die Erhaltung und Pflege deutschen Kulturgutes bemüht. Dort treffen wir den nicht minder aktiven Vorsitzenden der sowjetisch-deutschen Gesellschaft »Wiedergeburt«. Welch ein Name! Und ihr umtriebiger Chef heißt Artur Heinrichowitsch Karl! Auch nicht schlecht! Seit 1990 leitet er die Geschicke der Gesellschaft. Stolz erzählt er uns, dass er, obwohl er bereits sechzig Arbeitsjahre hinter sich hat, davon träumt, noch mindestens zwanzig Jahre arbeiten zu dürfen.

In einem der Räume finden wir liebevoll dekorierte Vitrinen mit Gastgeschenken deutscher Besucher sowie Fotos und Urkunden verschiedener Trachten-, Schauspiel- und Gesangsgruppen mit den romantischen Namen »Wolga-Heimat«, »Traum« oder »Veilchen«. Das deutsche Alphabet hängt an der Wand, »Spiegel«, »Focus« und der »Stern« liegen auf und jede Menge deutsche Literatur steht in den Regalen. In den Gängen hängen, sorgfältig gerahmt, Stiche berühmter Deutscher.

Als ich ein paar Souvenirstücke, die in der Glasvitrine ausgestellt sind, filmen will, traue ich meinen Augen kaum, als ich plötzlich einen echten Miesbacher Bierkrug entdecke. Kleine Welt – Miesbach ist der Landkreis, in dem ich wohne!

»Wer hat denn diesen Maßkrug mitgebracht?«, frage ich neugierig.

»Am 9. Juni fand im Zentrum der deutschen Kultur in Krasnyi Jar das Konzert des Bayerischen Dreigesangs statt. Und dort sind die Blutenburger Sängerinnen aus München und die Tumblinger Seitlpfeiferinnen aufgetreten. Sie sangen und spielten bayerische und österreichische Volkslieder. Es war ein großes Ereignis in unserem Dorf!«, erzählt uns Herr Karl strahlend, »und ich finde es großartig, dass es noch einfache Menschen gibt, die kostenlos den anderen ihre bayerischen Volkslieder, die Kultur ihres Landes nahe bringen können.«

Er verschwindet kurz in seinem Büro und kommt mit einer Zeitung zurück. »Unser Wort – Unabhängige Zeitung für Kultur« heißt sie. Die Zeitung ist zweisprachig gedruckt und gleich auf der Titelseite zeigt er mir ein Foto der Blutenburger Sängerinnen sowie eine vierspaltige, begeisterte Kritik über das Konzert.

Was gibt es Überzeugenderes, um die Freundschaft zweier Völker zu pflegen, als den lebendigen Kulturaustausch zwischen den Menschen? Dass so etwas möglich ist auch ohne staatliche Unterstützung, zeigt einmal mehr, dass das Bedürfnis, fremde Kulturen kennen zu lernen, für viele Menschen ein echtes Herzensanliegen bedeutet. Deshalb, meine ich, sollte der Staat gerade auf diesem Gebiet großzügig fördern – als Beitrag zum Frieden unter den Völkern, der auf beiden Seiten immer wieder ungeahnte, positive Kräfte wecken kann.

* * *

Zum Kaspischen Meer

Sie. 2.August. Und wieder präsentiert sich die Wolga, als wir Saratow verlassen, in neuem Gewand: Steppenlandschaft, wenige Wälder, dazwischen tauchen Hügel auf, die an die Kreideküste Rügens erinnern.

In einer hübschen Bucht mit hellem Sandstrand unterhalb einer kleinen Anhöhe verweilen wir ein paar Stunden, um Filmaufnahmen vom Boot zu drehen. Dieser Platz bietet für uns optisch alles, was das Fotografenherz erfreut: Sobald SOLVEIG ihre Nase in den kleinen Naturhafen hineinsteckt, öffnen sich grüne Schilfgürtel an beiden Ufern, dahinter erheben sich sanfte Wiesenhügel, die leicht zu besteigen sind und uns die Möglichkeit bieten, Aufnahmen von oben zu drehen.

Danach wollen wir endlich einmal schwimmen gehen, doch leider dreht der Wind, Algen treiben um das Boot, sodass uns die Lust auf Abkühlung sofort vergeht. Immer wieder sehen wir Fische, die mit aufgeblähtem Körper knapp unter der Wasseroberfläche treiben und nach Luft schnappen. Arme Wolga, ihr wurde und wird übel mitgespielt.

Am Spätnachmittag holen wir den Anker hoch. Plötzlich verstärkt sich der Wind bis Sturmstärke. Brecher schießen über das Deck. Ed kommt vom Kurs ab, findet das Fahrwasser nicht mehr. Wir geraten auf Untiefen: 0,5... 0,3... Unentwegt piept der Alarm vom Echolot, ein dumpfes Geräusch in der Schraube. Rollo manövriert das Boot aus der Untiefe, doch der Alarm bleibt. Wir sind außerhalb der markierten Route.

Langsam bricht die Dämmerung herein. Angestrengt versuchen wir, durch das Fernglas eine Boje auszumachen, doch wir können nichts erkennen. Unsere Geschwindigkeit ist um einen Knoten verlangsamt, da sich etwas im Propeller verfangen hat.

In der Kajüte fliegt alles, aber auch alles durcheinander, trotzdem ist das jetzt unsere geringste Sorge. Wie schnell sich aus ölglattem Wasser ein zorniges, aufgewühltes Meer entwickeln kann! Würde ich es nicht selbst erleben, es fiele mir schwer, entsprechenden Berichten zu glauben, zumal in der Erinnerung die meisten Kapitäne dazu neigen, alle Wellen höher und alle Stürme stärker werden zu lassen. Ab sofort aber vertraue ich wieder jedem Orkanbericht, von wem auch immer...

Trotz Ölzeug werden wir von oben bis unten klatschnass gespritzt. Am fernen, allzu fernen Ufer fällt es schwer, irgendeine Landmarke auszumachen. Doch da – eine Kirche – den Priestern sei Dank. Rollo kann sie in der Karte identifizieren. Drei Kilometer davor soll sich eine kleine Bucht befinden, wir versuchen sie anzusteuern.

Der Sturm nimmt weiter zu, aber ein übergroßer, strahlender Vollmond hilft uns, die rettende Bucht zu finden. Kurz vor Mitternacht fällt SOLVEIGs Anker auf drei Meter Tiefe und ihre völlig erschöpfte Crew endlich in entspannten Schlaf.

3. August. Immer irrealer erscheint die Landschaft, die sich uns heute Morgen öffnet. Bilder vom Mond könnten hier aufgenommen worden sein. Auf der anderen Seite spüre ich auch, wie stark der Mensch hier eingebrochen ist mit dem Bau der gigantischen Staumeere. In geometrischen Formen abgeschnitten, die Erhebungen am Ufer abgetrennt, wie gemalte moderne Kunst wirken die geologischen Schichten, die sich unseren Blicken präsentieren.

Wir fahren weiter, ohne dass Ed taucht, um den Propeller zu überprüfen. Rollo ist nervös wegen unseres Zeitplans und glaubt, eine Verschiebung der Aktion verantworten zu können. Immer noch bläst es kräftig, Gott sei Dank aber von achtern, also für uns günstig. Wenigstens ist es jetzt nicht mehr so heiß.

16.00 Uhr. Ein harter Rums – schon wieder Vibration! Wir stoppen, Ed taucht. Erste Trophäe: eine Plastikflasche, die sich um den Propeller gewickelt hat. Zweiter Fund: jede Menge Algen! Das war's. Und weiter geht die Fahrt.

19.00 Uhr. Im kleinen Hafen der Stadt Kamyschin, am Wolgograder Stausee gelegen, machen wir fest. Sie ist nur eine kleine Provinzstadt mit rund 130 000 Einwohnern.

Als Sascha und ich uns mit Film- und Fotokamera auf den Weg machen, sind wir schnell von Neugierigen umringt, werden ständig angesprochen. Filmen ist hier noch eine echte Sensation! Allerdings auch die Angst davor, besonders bei Restaurantmanagern und -besitzern. Sie bleiben lieber im Verborgenen, verraten natürlich auch nicht, wann, wie und mit welchen Mitteln sie ihr feines Etablissement gebaut haben. Ansonsten ist dieses Städtchen mal wieder ein Paradies für Männer. Wegen der Baumwollfabrik herrscht hoffnungsloser oder besser hoffnungsvoller Mädchenüberschuss, wohin das Auge blickt. Für uns eine günstige Gelegenheit, mit ihnen in Kontakt zu kommen, um zu erfahren, wie es heute im neuen Russland aussieht mit der Frauenemanzipation.

Russische Frauen werden in der Literatur oft beschrieben und noch mehr bewundert: wegen ihrer sehr weiblichen Schönheit, Wärme und Herzlichkeit, Charakterstärke und Mut, wegen ihrer körperlichen und seelischen Ausdauer und ihrer unermüdlichen Schaffenskraft. Im Laufe der Jahrhunderte hat sich dieses Bild der russischen Frau geformt als Spiegel der gesellschaftlichen Entwicklung. Diese Eigenschaften setzten die Frauen früher überwiegend im häuslichen Umfeld ein, doch mit der Revolution der Bolschewiken von 1917 verlagerten sich die Gewichte. Der Staat übernahm mehr und mehr Aufgaben an Stelle der Familie, um so gleichzeitig die ideologische Unterweisung besser kontrollieren zu können.

Gleichzeitig aber wurde die Gleichberechtigung von Mann und Frau in der Verfassung festgeschrieben, und Frauen erhielten den vollen Anteil am Arbeitsleben außer Haus. In der weiteren Entwicklung zeigte es sich jedoch, dass zwar nach außen die Frage der Emanzipation als gelöst betrachtet wurde, tatsächlich aber viele Frauen in den Berufen arbeiteten, die Männer nicht ausüben wollten, aus welchen Gründen auch immer. Dazu kam die Mehrfachbelastung mit Kindern, die ja auch bei uns im Westen nach wie vor aktuelles Thema ist. Hier wie dort wird immer noch erwartet, dass Frauen neben ihrer Berufstätigkeit auch die übrigen Aufgaben im Haushalt allein erfüllen sollen. Allerdings steigt inzwischen parallel zum Grad der Ausbildung offenbar auch die Bereitschaft der Männer, an diesen Arbeiten mitzuwirken.

Hoch ist die Scheidungsrate – in Moskau hält nur jede zweite Ehe und in etwa zwei Dritteln aller Fälle geht das Scheidungsbegehren von der Frau aus. Hier in der Provinz aber denken die Mädchen über die Beziehungen zwischen Männern und Frauen vielleicht noch anders.

»Ein Junge muss ein Junge bleiben, er soll stark sein, sich nicht schwach zeigen. Mädchen müssen sich ihres Wertes bewusst sein, stolz sein, sich nicht herumtreiben mit Jungen und sich etwas höher stellen als sie«, antwortet eine fünfzehnjährige Schülerin im tief ausgeschnittenen Blümchenkleid auf unsere Frage nach Emanzipation und nimmt einen großen Schluck Bier aus der Flasche. Zusammen mit ihrer Freundin hat sie es sich auf der Bank vor einem Springbrunnen gemütlich gemacht.

»Ja, und ich erwarte auch, dass Jungen die Tür aufhalten und mir in die Jacke helfen!«, mischt sich ihre Freundin ein.

»Willst du einmal heiraten und Kinder bekommen?«, fragt Sascha.

»Mal sehen, vielleicht schon. Aber heute muss eine Frau in einem bestimmten Alter nicht mehr unbedingt heiraten, um dann zu arbeiten und ihren Mann zu versorgen. Wenn ich irgendwann Familie haben sollte, dann wird es bestimmt nicht so sein, dass ich alles für meinen Mann mache und er nichts tut. Schließlich hat ein Mann auch Hände!«

Punktum. Kamyschin, doch kein Männerparadies? Zumindest nicht für Paschas, wie es scheint.

Bei unserem nächsten Vorstoß treffen wir eine etwa vierzigjährige Frau aus Moskau, die hier ihre Verwandten besucht. Sie meint zu dem Thema: »Heute steht doch die ganze Welt unter männlicher Herrschaft. Wissen Sie, was ich denke? Im Grunde würde ich nicht wollen, dass wir zu einer Welt der Frauenherrschaft übergingen, obwohl Frauen die Männer sehr gut beherrschen können. Ich denke sogar, wenn zwei Armeen miteinander kämpfen würden, eine männliche und eine weibliche, dann würde selbstverständlich die weibliche siegen.«

»Warum?«

»Weil Frauen nicht saufen und die bessere Disziplin besitzen! Für mich ist es keine Frage, welches Geschlecht stärker ist: Am Ende sind diejenigen stärker, die überleben – es überleben aber die Frauen. Das ist wahrscheinlich so, weil wir psychisch stärker sind. Deshalb hat Gott wohl den Frauen das Kinderkriegen auferlegt. Aber sollen die Männer doch mit ihrer Macht herumspielen, die noch übrig geblieben ist. Nur sollte das alles irgendwie geregelt werden, damit es etwas zivilisierter abläuft. Meinetwegen mag der Planet der Männer bleiben, wenn es auf ihm noch einen gemütlichen Ort für Frauen gibt.«

Ein gemütlicher Ort für Frauen? Na, ich weiß nicht. In Kamyschin befindet er sich vielleicht in der Disko?

Mit einer Vertreterin des schönen Geschlechts haben wir uns am Abend dort verabredet und auch sie stöhnt nur, als wir das Thema auf die Emanzipation lenken: »Die Jungs hier sind viel zu verwöhnt!«

So ist auch die Tanzfläche voller attraktiver Girls in hautengen Sexyklamotten, die alles betonen, was möglicherweise auch noch abgebrühteste Männerherzen erfreuen könnte.

Unsere Begleiterin hatte uns von sich aus am Nachmittag bei Dreharbeiten auf der Straße angesprochen. Ihr Vater ist Kameramann und sie selbst voller Pläne und Hoffnungen, einmal selbst viele Reisen zu unternehmen. Vorerst jobbt sie als Bedienung bis spät in der Nacht, um ihre ehrgeizigen Träume von der weiten Welt eines Tages verwirklichen zu können.

Die Diskothek scheint übrigens besser bewacht als manches Gefängnis und hineingelassen wird man auch nicht so ohne weiteres. Vier Bodyguards, die auch so aussehen, und ein nicht minder kräftiger Türsteher sind ausschließlich auf den Schutz und das Wohl ihrer Gäste bedacht...

Und was gibt es noch Erwähnenswertes über Kamyschin zu berichten? Glaubt man dem Lexikon, wurde der Ort 1668 als Festung gegründet und darf sich seit 1780 als Stadt bezeichnen...

Er. Peters Städte

O Gott, wie viele Städte sind stolz darauf, nur weil Peter der Große sie erbaut haben soll! In jedem noch so abgelegenen Nest hört man immer das Gleiche: »Auch unsere Stadt wurde von Peter dem Großen gegründet!«

Und darin zeigt sich die russische Mentalität. Es ist nicht so wichtig, ob die Geschäftsregale leer sind und die Arbeitslöhne Monate lang nicht bezahlt werden: Wichtig sind die monarchischen Wurzeln. Die Einheimischen sind begeistert, wenn die Legende berichtet, dass im Schatten einer großen Eiche der Monarch sich den Schweiß von der Stirn gewischt hat oder im Dorf die Kutsche des Zaren irgendwann ein Rad verloren hat.

Und wenn es keinen Grund mehr für Stolz und Freude gibt, sind die Russen trotzdem stolz, einer großen Nation anzugehören. Und wenn auch das fad wird, sind sie stolz, Teil der großen Geschichte zu sein.

Anscheinend ist es ein besonderes Gefühl, eine von Peter dem Großen gegründete Stadt zu bewohnen. In der Zeit, in der Politiker Millionen rauben und die Kriminalität wie ein Hefeteig steigt, pflegt das Volk die Erinnerung an den Besuch des eigenmächtigen Monarchen, der vor dreihundert Jahren stattfand. Nun gut, das sollen die Bewohner unter sich ausmachen, welche Legende sie für sich auswählen. Wenn es Peter sein soll, dann bitte schön. Ich freue mich, wenn sie sich freuen. Ich habe ein Dorf besucht, das hieß »Pferd-Brunnen«. Weil das Pferd Peters des Großen hier in einen Brunnen gefallen sein soll. Zum Glück brach sich nur das arme Pferd seine Beine, sonst hätte sich das Dorf bestimmt »Peter-Brunnen« genannt.

Doch im Ernst: Je öfter ich durch Russland reise, um so mehr zweifle ich an der Behauptung, dass Peter der Große in einem solchen Ausmaß gründen konnte. Obwohl das Volk genau das behauptet. Demnach müsste aber sein ganzes Leben nur aus Städtegründungen bestanden haben. Man denke an die Zeit, in der Umstürze

68

65 Kasan – Stadt der Tataren.

66 Über 800 Sorten Wodka werden in Russland verkauft.

67 Getrockneter Fisch, eine Delikatesse für viele Russen.

68 Wovon sie wohl träumen mag?

69

70

71

69/70/71
Wolgograd – ehemals Stalingrad. Am Fuße von »Mutter Heimat«. Das gigantische Memorial zum Gedenken an die legendäre Schlacht im Zweiten Weltkrieg ist mit seinen 85 Metern Höhe die größte Statue Europas. Wir fragen die Soldaten nach ihren Gefühlen gegenüber Deutschland.

72

73

74

72 Am unteren Don – Wladimirs privater Anlegesteg.

73 Niemals zuvor habe ich größere Wassermelonen gesehen…

74 Mühevolle Störzucht im Kraftwerk von Wolgograd.

75 Wladimir und sein Freund – Helfer in der Not.

76 Intakte Natur am Wolgadelta: Lotusblüten.

76

77 *Unterer Don: Kurs Asowsches Meer.*

78 *Ed bei seiner Lieblingsbeschäftigung: Smalltalk am Liegeplatz.*

79 *Denkmal der Don-Kosaken.*

79

80

80 *Wohin wir kamen, empfing uns wärmste russ sche Gastfreundschaft.*

81 *Zauber der Wolgalandschaft…*

82 *SOLVEIGs Crew im letzt russischen Hafen: Taganr*

83 *Das dreihundertjährige Zarenwappen erstrahlt no immer in altem Glanz, s sozialistisches Fundament bröckelt…*

81

82

83

zum Alltag gehörten. Die Hauptstadt zu verlassen war ein enormes Risiko, die Macht zu verlieren. Darum wäre es absurd gewesen, lange, gefährliche Fahrten zu unternehmen, um den ersten Stein in die Erde zu legen irgendwo zwischen Saratow und Zarizyn. So ein Unsinn!

Dass die Untertanen auf Befehl des Zaren an einem bestimmten Ort z.B. eine Kanonenfabrik errichten sollten, ist bekannt. Doch das ist keine Stadtgründung! Sonst hat am Ende Peter der Große Süd-Alaska entdeckt und nicht Bering. Und Katharina die Zweite hätte dann Odessa gegründet und nicht Graf Deriba.

Kamyschin, wo die Bewohner ihren Stammbaum auch seit jenem Tag pflegen, an dem Zar Peter persönlich zwecks Gründung anwesend gewesen sein soll, ist ein besonders komischer Fall. So wird es amüsant schon beim Lesen des Namens der Kreisstadt. Zumal »Kamyschin« von »Kamysch« stammt, was wiederum ein im Sumpf wachsendes Gras ist. Wie konnte Peter der Große auf die Idee kommen, eine seiner Städte nach einem Sumpfgras zu benennen! Und wenn schon, dann wäre es sicher »Rio de Kamyschin« oder »Sankt Kamyschin« geworden.

Die Legende ist eben stärker als die Wahrheit. Und die Legende wird vom Volk erfunden. Bestimmt hat Peters Tochter, Zarin Elisabeth, auch etwas gebaut. Aber das Volk schweigt darüber. Katharina die Zweite – eine ganze Epoche in der russischen Geschichte – aber wer sagt, dass seine Stadt von Katharina der Zweiten errichtet wurde? Kaum jemand.

In der Brezhnew-Zeit entstand eines der gigantischsten Projekte: die zweite transsibirische Eisenbahnlinie mit dutzenden von Dörfern und Städten. Nur ein Irrer wird sich heute noch freiwillig an den ehemaligen Ersten Sekretär der kommunistischen Partei erinnern! Bestimmt werden alle nach hundert Jahren sagen: »Unsere Stadt ist von Peter dem Großen gebaut!« Und doch muss ich zugeben, dass die Erwähnung des großen Namens Peter eine zusätzliche Dosis Adrenalin in das russische Blut schießen lässt. Und in der Tat wünschen sich die Stadtbewohner ein Fest für die Seele. Für eine Seele, die sich immer wieder der unerklärlichsten Dinge erfreut: sei es die »ruhmvolle Geschichte« oder die »freudebringende Zukunft«.

Paradox: In den so genannten »Peter-Städten« sprechen die Bewohner über Peter den Großen wie über einen Onkel, der in Amerika lebt. Doch keine Spuren sind zurückgeblieben. Kein Denkmal, keine Tafel. Kein verdammtes Rad, das sich von der Kutsche gelöst hat. Nur sein viel benutzter Name.

In der Stadt, die tatsächlich vom großen Imperator am Finnischen Meerbusen erbaut worden ist, lebt Peter der Große heute noch wie ein Zeitgenosse. Fast kann man sehen, wie er gerade aus seinem Palast zur Admiralität läuft – wie immer mit seinen wahnsinnigen Plänen...

Sie. 4. August. Wolga... Wolga ohne Ende, wie es scheint... Die Größe und Ausdehnung Russlands auf dem Wasser zu fühlen ist beeindruckend.

Endlich ist es etwas kühler geworden, endlich ein Tag ohne Mücken – vorerst. Wir passieren kleine Buchten, an deren Stränden Holzhüttchen stehen mit kleinen, originellen Anlagen, die das Wolgawasser hochpumpen für die Bewässerung der Gärten.

20.00 Uhr. Vor der letzten Wolga-Schleuse – danach erwartet uns die echte, unverbaute, frei strömende Original-Wolga: eine Wolga, ohne menschliche Eingriffe, ohne Fesseln. In einem Vorbecken liegen vielleicht zwei Dutzend rostige Kähne bereit zum Abwracken. Gleich gegenüber befindet sich auch der Yachtclub von Wolgograd.

Ed hofft, hier einen Freund zu treffen, der ihm helfen soll, für uns Diesel zu organisieren. Eine mehr als mühsame Aktion ist das jedes Mal, und ich beneide die beiden SOLVEIG-Kapitäne nicht um diesen anstrengenden Job. Wir haben geankert und mit Heckleine am Steg festgemacht. Der halbe Yachtclub hat sich versammelt, alle helfen mit den Leinen und Sascha berichtet über ... na, was wohl?... Die Inhalte unserer seglerischen Laufbahn hat er inzwischen besser im Kopf als die eigentlich Betroffenen. Jedenfalls benötigt er längst keine Souffleuse mehr. Das ist der einfache Teil des Abends. Danach beginnt der Albtraum der Diesel-Beschaffung.

Aus irgendeinem für mich bis jetzt nicht nachvollziehbaren Grund glaubt Ed, noch heute Nacht den Tank auffüllen zu müssen. Er bittet seine Freunde, ihm dabei zu helfen. So weit, so gut. Oder auch nicht, denn zunächst lässt sich ein nicht mehr ganz nüchterner Typ, milde ausgedrückt, häuslich im Cockpit der SOLVEIG nieder und berichtet in einer Mischung aus Russisch und Englisch (?) ohne Pause über einen Motorradfreund aus Hamburg. Keine Chance, ihn loszuwerden, Sascha und ich kümmern uns abwechselnd um ihn.

Unser Magen hängt bereits bis zu den Füßen, aber zum Essen einladen wollen wir diesen unangenehmen Zeitgenossen schon gar nicht. Ed habe ich vorher noch ein paar Brote geschmiert, die er auf dem Weg zur Tankstelle im Dauerlauf in sich hineinstopfte.

Inzwischen ist die Nacht hereingebrochen und auf einen Schlag fliegen Milliarden aller nur erdenklichen Mückenarten zu ein und demselben Ziel: zu unserem taghell erleuchteten Boot! Das Licht brauchen wir aber, um den Diesel aus den Kanistern in den Tank zu gießen. Und da auch die Technik der 12-Volt-Pumpe genutzt werden soll, bleibt sogar noch die Tür zum Salon offen, damit die Kabelverbindung nicht unterbrochen wird.

Das totale Horrorszenario – zumindest stelle ich es mir so vor – nimmt daraufhin sowohl optisch als auch akustisch auf der SOLVEIG seinen Lauf. Ein einziges helles Summen und Schwirren abertausender kleiner Vampire, die aufgeregt über, neben und unter unseren Köpfen schwirren. Ein Teil ertrinkt sofort im Diesel des voll gefüllten Trichters, wie viele den Weg zum Tank nach unten gefunden haben, werden wir wohl erst später erfahren.

Nach zwei Stunden erfolglosen Kampfes und angesichts des mit Diesel getränkten Teakdecks brechen wir die unglückselige Aktion ab, schließen alle Türen und lassen bewährte Chemie zum Einsatz kommen. Alle verfügbaren Spraydosen werden aktiviert – wir befinden uns wie in Trance, wahrscheinlich verhilft vor allem der Inhalt jener Dosen zu dem eben beschriebenen Geisteszustand. Unsere stechenden Zeitgenossen jedenfalls zeigen sich vorerst noch wenig beeindruckt.

SOLVEIGs Crew flieht für die nächsten zehn Minuten in ihre noch von Mücken freien, dunklen Kajüten. Es ist nach Mitternacht und gegessen haben wir noch immer nichts, denn auch die Pantry befindet sich leider im Moskito-Revier. Mit zugehaltener Nase wage ich schließlich wieder erste Schritte in die chemieverseuchte Zone, lösche alle Lichter und reiße eine der Türen auf, nicht ohne gleichzeitig das von Ed gezimmerte Moskitonetz im Holzrahmen einzusetzen. Nach dieser Heldentat stürze ich erneut in unsere Kajüte, um tief Luft zu holen.

Gegen ein Uhr endlich öffnen sich langsam und vorsichtig die Türen der mückenlosen Räume und die nicht mehr ganz taufrischen SOLVEIG-»Kindertreffen« sich bei Wein und Brot im Salon wieder.

5. August. Mit gemischten Gefühlen steuert der deutschsprachige Teil der Schiffsbesatzung auf Wolgograd zu, nachdem die letzte große Schleuse ihre gewaltigen Tore hinter sich wieder geschlossen hat. Wolgograd hieß ganz früher einmal Zarizyn, doch das traurigste Kapitel ihrer Geschichte erlebte die Stadt, während sie den Namen Stalingrad trug.

Die legendäre Schlacht um Stalingrad wurde damals zum Wendepunkt des Zweiten Weltkrieges an der Ostfront. Nachdem die deutsche Armee den größten Teil der Stadt erobert hatte, begann unter Aufbietung aller Kräfte eine erbitterte sowjetische Gegenoffensive, die mit der Einkesselung und Vernichtung der 6. Armee ihr Ende fand. Nach der Kapitulation gerieten über hunderttausend deutsche Soldaten in Kriegsgefangenschaft, aus der nur etwa sechstausend zurückkehrten. Der Sieg über Deutschland zwei Jahre später hatte auch auf russischer Seite immense Opfer gekostet: Rund 27 Millionen Menschen waren ums Leben gekommen, viele hundert Städte und mehr als 30 000 Industriebetriebe sind zerstört worden.

Über Zahlen wird viel argumentiert, je nachdem, aus welcher Quelle sie stammen, doch unbestreitbar war das Leid der Bevölkerung in jenen Tagen.

Wie werden wir, ein halbes Jahrhundert später, empfangen werden? Können Menschen das, was ihnen Deutsche angetan haben, jemals vergessen?

Schon von weitem grüßt »Mutter Heimat« die SOLVEIG-Schiffer. Sie steht auf dem so genannten Mamajew-Hügel hoch über der Stadt und ist mit ihren immerhin 85 Metern Höhe die größte Statue Europas.

Bei einer kleinen Motorboot-Anlege dürfen wir festmachen, und noch am Nachmittag besuchen Rollo, Sascha und ich das gigantische Memorial. Mit einem neunundzwanzig Meter langen Schwert wacht die kämpferische Frauenfigur über die Mammutanlage wie über einen verlassenen Schrein.

Bis zum Beginn der Perestroika, erfahren wir, gehörte die Mamajew- Gedenkstätte zu den beliebtesten Touristenzielen nach Moskau und Leningrad. Knapp dreieinhalb Millionen Besucher zogen jedes Jahr (!) in endlosen Strömen den Hügel empor, heutzutage begeistern sich gerade einmal 350 000 Menschen dafür. Sicher hängt das schwindende Interesse auch damit zusammen, dass für viele das Reisen inzwischen zu teuer geworden ist.

Und heute ist das Thermometer auf heiße vierzig Grad geklettert, da finden wir uns fast allein wieder auf dem damals so schwer umkämpften Hügel. Oder nein, nicht ganz – am Fuße der mächtigen »Mutter Heimat«-Kämpferin spaziert eine kleine Gruppe Soldaten. Ich bitte Sascha, sie anzusprechen, als sie an uns vorbeigehen. Er zögert etwas, lässt sich dann doch überreden.

»Welche Gefühle haben Sie, wenn Sie diese Gedenkstätte betrachten?«, übersetzt Sascha meine Frage an einen jungen Soldaten.

»Nun ja, so genau weiß ich das nicht, hier ist es sehr schön«, erwidert er leicht verlegen.

»Wissen Sie etwas über Deutschland?«, versucht Sascha noch einmal sein Glück.

»Nur wenig, was man eben so in der Schule lernt. Aber ich fühle nichts Schlechtes «, sagt er nach einer Weile. Er ist ein bisschen unsicher, blickt immer wieder verstohlen zu seinem Vorgesetzen, der sich an dem Interview nicht beteiligt. Sascha hatte ihn zuvor um Erlaubnis gebeten.

»Und Sie?«

Soldat Nummer zwei überlegt nicht lange und erwidert: »Ich empfinde Patriotismus für meine Heimat. Mein Großvater hat am Krieg teilgenommen und kam später von Wladiwostok nach Berlin. Von Deutschland weiß ich, dass es ein hochentwickeltes Land in Westeuropa ist.«

Auch unser letzter und offenbar jüngster Interviewpartner fühlt Patriotismus und Stolz für sein Land beim Anblick der riesigen

Frauengestalt. »Unsere Soldaten haben meine Heimat verteidigt«, sagt er nachdenklich.

Ganz anders beurteilt Bootsnachbar Igor das Thema Krieg..

Sein Alter ist schwierig zu schätzen und er ist von eher kleiner Statur, mit Wohlstandsbauch ausgestattet, an dem er aber offenbar noch nicht schwer trägt, denn alle paar Minuten springt er mit elegantem Kopfsprung in die kühlenden Wolgafluten. Die Haare können nicht nass werden, denn die meisten hat er bereits eingebüßt. Ähnliches gilt für seine Zähne. Das überrascht mich, denn als Besitzer mehrerer Schuhfabriken kann es wohl am fehlenden Bargeld nicht liegen, wenn er seinem diesbezüglichen Innenleben so wenig Aufmerksamkeit schenkt. Dann schon eher an seiner Lieblingsbeschäftigung in der Freizeit.

»Neben meiner Arbeit ist das Wichtigste in meinem Leben, Sex mit schönen Frauen zu genießen, gut zu essen und Wodka zu trinken!«, sagt er, nimmt meinen Handrücken und drückt einen schmatzenden Kuss darauf.

Auf seiner Vista-Yacht aus Amerika tummeln sich einige Damen, die offenbar von seiner bevorzugten Freizeitgestaltung recht gut leben.

Mangelnde Offenheit kann man Igor jedenfalls nicht vorwerfen und so wundert es mich auch nicht, dass er sich bei meiner Frage nach dem Krieg wesentlich auskunftsfreudiger zeigt als die jungen Soldaten vorhin.

» Natürlich habe ich Respekt vor dem, was geschehen ist«, sagt er mit fester Stimme, »aber für uns sind Deutsche keine schlechten Menschen. Wir sprechen über sie ohne Hass. Wir leben jetzt mit einem anderen Verständnis, auch Stalin ist kein Thema mehr für uns, die Befehle kamen immer von oben, auch für die deutschen Soldaten. Heute sind wir Partner, wir machen gemeinsame Geschäfte!« Igor sitzt neben mir am Bug seiner Yacht, seine kurzen Beine baumeln über dem Süllrand. »Nun kommt – lasst uns trinken – wo bleibt der Wodka!«, ruft er.

Ein kräftiger, gut gebauter, dunkelhaariger Typ mit Tätowierungen am Körper, wohin das Auge auch blickt, eilt mit einer Flasche Hochprozentigem zu seinem Chef. Der lässt nicht locker, bis ich endlich mit ihm angestoßen habe. Nur gut, dass Wodka auch als Medizin wirkt...

»Welchen Beruf hatten Sie vor der Perestroika?«, möchte ich von meinem trinkfreudigen Nachbarn noch wissen.

»Ich habe die Hochschule besucht, war Offizier bei der Artillerie und habe später in einem Ölkonzern gearbeitet.«

Da Igor nach jeder Antwort erneut nachgießt und erwartet, dass Sascha und ich ihm weiterhin beim Trinken Gesellschaft leisten, ziehen wir es vor, unser Gespräch abzukürzen. Igors Gespielinnen haben sich inzwischen um Rollo geschart, der auf seinem Boot am Nachbarsteg geblieben ist. Offenbar funktioniert diesmal die Verständigung auch ohne Saschas Übersetzungen.

Es ist Sonntagnachmittag und an den Stegen jede Menge Betrieb. Übrigens ist es gar nicht einfach, den kleinen Club von der Straße aus zu finden, kein Schild hilft bei der Suche. Als Sascha und ich nach einem Einkauf per Autostopp zurückfahren, suchen wir eine halbe Stunde lang buchstäblich in der Wildnis vergeblich nach dem ungeteerten, schmalen Pfad zum Club.

Etwa zwanzig Boote sind hier festgemacht, unser Nachbar auf der anderen Seite besitzt einen Katamaran. Wladimir scheint in jeder freien und nicht freien Minute an seinem Boot zu basteln, dazwischen bildet er Kinder im Segeln aus. Seine Frau Nadeschda arbeitet als Journalistin beim hiesigen Fernsehsender, und als sie hört, woher wir kommen und wohin wir wollen, telefoniert sie sofort mit ihrer Redaktion.

»Morgen früh um 10.00 Uhr einen Kameramann. Okay?« – »Okay.«

Nadjas Aktivität ist kaum zu bremsen, und ehe wir uns versehen, hat sie eine köstlich schmeckende Suppe zubereitet, dazu serviert sie getrockneten Fisch, Saschas Leibspeise, und russisches Bier.

»Interessiert ihr euch für Kaviar?«, fragt sie plötzlich.

»Ja, natürlich!« Was für eine Frage!

»Hier in dem großen Stauwerk ist eine Zuchtstation für Störe, ich kenne den Chef. Wenn ihr wollt, frage ich, ob er uns die Anlage zeigt.« Obwohl spät am Abend und obwohl Sonntag – Nadja tippt bereits die Nummer in ihr Handy und hat Erfolg. »Morgen um 11.00 Uhr vor dem Eingang. Choroscho!«

Der Abend endet wie so oft – irgendwann spät nach Mitternacht –, aber um lange und tief zu schlafen ist es sowieso viel zu heiß.

6. August. Der Morgen beginnt viel zu früh für uns, offenbar aber nicht für den Kameramann. Er erscheint mit Nadja erst eine Stunde später als angesagt und ist im Gegensatz zu uns ausgeschlafen. Nach den Aufnahmen und Nadjas Interview starten wir Richtung Kraftwerk. Vor der Einfahrt strenge Kontrollen, Nadja steigt aus dem Auto, telefoniert mit ihrem Bekannten im Haus der Wächter. Eine Dame steigt zu, um aufzupassen, dass keine Filmaufnahmen oder Fotos gemacht werden. Wir befinden uns im Hochsicherheitsbereich. Und die Vorsicht der Behörde ist bei den heutigen Bedrohungen nicht nur verständlich, sondern mehr als angebracht.

Unser Weg führt durch eine schöne Allee sanft abwärts, rechts und links schließen sich Wald und Wiesen an. Kein Hinweis deutet auf ein Wasserkraftwerk. Noch eine Linkskurve – ein großer, geteerter, aber leerer Platz schließt sich an, an dem unser Fahrer stoppt. Kein einziges Auto parkt hier. Offenbar sind wir wirklich so etwas wie *»special guests«*. Ich habe nichts dagegen. Weiter geht es nicht mehr, wir stehen vor einer technischen Meisterleistung!

Noch gestern waren wir irgendwo ganz unten, ganz weit drüben auf der anderen Seite mit unserem Schiffchen durch eine der riesigen Kammern geschleust worden – unvorstellbare Mengen von Wasser müssen dabei jedes Mal hineingepumpt und wieder aus dem »Aufzug für Schiffe« herausgelassen werden. Die Leistung des Wasserkraftwerkes, das mit seinen atomsicheren Betonmauern den Wolgograder Stausee abschließt, dessen Volumen immerhin über 31 Milliarden Kubikmeter Wasser beinhaltet, ist auch für verwöhnte russische Maßstäbe mehr als beeindruckend: 2 500 MW!

Diese Zahlen und noch viel mehr nennt uns Nadjas Freund Alexej, mit dem wir jetzt in die Geheimnisse des Betongiganten eindringen. Wir dürfen nicht nur hinter die Mauern des gewaltigen Betonbaus, sondern steigen noch vierundvierzig Meter unter den Meeresspiegel hinab, denn hier befindet sich seit einem halben Jahr eine einzigartige Fischzuchtanlage. Dieses Projekt ist Alexejs Lebenswerk und, wie er versichert, einmalig in der Welt.

Bei seinen Erzählungen, die er eigentlich nie unterbricht, spüre ich den Enthusiasmus, mit dem er seine verantwortungsvolle Aufgabe bewältigt.

»In dem Körper des Staudamms züchten wir drei verschiedene Fischsorten. Und dafür haben wir einen zentralen Computer, Monitore und Steuerungen für die Überwachung der Temperatur, der chemischen Zusammensetzung und der Wassermenge, die fließt.«

Inzwischen sind wir an mindestens dreißig Wasserbecken, die an ihrer Oberfläche mit Netzen gesichert sind, vorbeigegangen und im Überwachungsraum eingetroffen. Ein einziger Mitarbeiter überwacht die hochmoderne Anlage!

Verrückte Welt: Zuerst wird gewaltsam in den natürlichen Flusslauf der Wolga eingegriffen mit dem Bau riesiger Kraftwerke und später stellt man fest, dass unendlich viele natürliche Ressourcen des Flusses dadurch zerstört wurden. Ressourcen, die den Menschen rechts und links der Wolga zum Beispiel einen Fischreichtum bescherten, von dem man heute nicht einmal mehr zu träumen wagt.

Folge: Weitere Milliarden müssen investiert werden, um mit künstlichen Mitteln einen Teil der verheerenden Folgen für das gesamte Ökosystem wieder zu beheben. Aber eben nur einen Teil! Bis heute ist der Kreislauf der Natur mit so vielen Geheimnissen durchzogen, dass niemals alle Folgen vorhersehbar sein werden, wenn sich der Parasit Mensch wieder und wieder an der Natur vergreift.

Alexej liebt seine Fische. Als er drei Winzlinge vorsichtig mit gekrümmter Hand aus dem Wasser nach oben holt, um uns ein paar Filmaufnahmen zu ermöglichen, streichelt er zärtlich über ihre Haut, um sie zu beruhigen. »Jedes Jahr setzen wir über eine Million junger Fische neu ein, trotzdem stehen einige Sorten bereits auf der Roten Liste!«, sagt er traurig und entlässt seine drei kleinen Freunde wieder in die Freiheit des für sie noch großen Beckens.

7. August. Und auch SOLVEIGs Crew genießt heute die Freiheit – mit acht Knoten fliegt sie wolgaabwärts – auf einer Wolga, die jetzt endlich so fließen darf wie vor hunderten von Jahren. Ihre natürliche Strömung schenkt uns zwei bis drei Knoten Geschwindigkeit dazu, danke schön!

Nach Astrachan wollen wir zum Kaspischen Meer. Nachdem bis jetzt alles so gut gelaufen ist und wir, ohne besonders aufzufallen, auch durch die Schleuse vom Wolgograder Stausee »durchgeschlupft« sind, habe ich Käpten Rollo spontan zu einer Kursänderung überreden können. Der Don kann noch ein bisschen warten – jetzt genießen wir die echte Wolga! Weiße Sanddünen, wohin das Auge blickt, grüne Wälder und unendliche Nebenarme und Verzweigungen beherrschen von Stund an das Landschaftsbild. Die Hitze allerdings bleibt unverändert. Noch vor wenigen Tagen hatte man in Wolgograd über fünfzig Grad gemessen, und das Stadtleben war praktisch zum Stillstand gekommen, erzählte mir Nadja gestern Abend. Also dürften wir bei vierzig Grad nicht jammern, wenn da nicht unsere treuen fliegenden Bordgenossen wären!

Ja, ich liebe die Wolga, diesen Strom ohne Anfang, ohne Ende, wie es scheint. Ich liebe ihn mit all seinen großen und kleinen Tieren, seien es Stechfliegen oder Moskitos – schließlich wollen sie alle leben und das gut! Und sie wissen, was gut schmeckt: unser Blut – frisch importiert aus bayerischen Landen. Für Feinschmecker sind die Fesseln besonders empfehlenswert und die Mundpropaganda scheint diesbezüglich seit Tagen bestens zu funktionieren. Das erspart das lästige An- und Ausziehen unserer Schuhe, denn die passen sowieso nicht mehr. Abendessen findet grundsätzlich im Fahren statt, obwohl das nicht gerade fair ist den hungrigen Trampern gegenüber. Da müssen sie schon hart kämpfen, um etwas Flüssiges zu erpieksen. Doch wenn endlich vor einer romantischen Insel der Anker fällt, folgt umgehend die Belohnung für das stundenlange Gegenwindfliegen, und die allabendliche Blutsaug- und Spendeparty kann beginnen. Alle Spielregeln zwischen Saugern und Spendern sind inzwischen bekannt und bedürfen keinerlei weiterer Erläuterung.

Wir haben einen Übernachtungsplatz gefunden, nur wenige Meter von einer Sandinsel entfernt, und hier fließt das Wasser, wie ich es mir erträumt habe: klar und rein, wie am Meer. Schwalben, Möwen, Reiher, Kormorane – Mondlandschaft mit unendlich vielen kleinen Sandinselchen und Wassertümpeln. Dahinter grüne Büsche und Wälder.

»Das ist die echte Wolga!«, verkündet Sascha, als habe er Mütterchen Wolga speziell für uns so geformt, »keine Staudämme mehr, überall Natur!«

Und Natur pur in Form unserer fliegenden Haustierchen bekommen wir prompt wieder nach Sonnenuntergang voll zu spüren! Als ob jemand die Uhr gestellt hätte. Fluchtartig verlassen wir das Cockpit, wo wir soeben noch Bitter Lemon mit Wodka genossen haben, verschließen hektisch Türen und Fenster. Doch auch das hilft nicht! Trotz SOLVEIGs Panzerschutz in Form von Gazenetzen an allen nur vorstellbaren Öffnungen überfallen uns Millionen kleiner und kleinster Moskitos. Ich habe nicht gewusst, wie viele verschiedene Sorten es gibt – ich wette: An der Wolga leben die meisten Arten!

Rollo stürzt sich eiligst in seine Koje, wo es ihm noch schlechter ergeht, denn Mücken hängen, sitzen, fliegen, schwirren, schwimmen inzwischen überall: in der Bettwäsche, an den Handtüchern, auf den Computern, Filmkameras und Fotoapparaten, in der Butter, im Käse, im Wein, auf den Navigationsinstrumenten, in den Haaren, auf den wenigen noch ungeschützten Körperteilen von SOLVEIGs Crew... Sascha greift zum Staubsauger, sie werden reingezogen, kommen aber auf wundersame Weise an anderer Stelle wieder zum Vorschein.

Und wieder hilft nur eins: Licht aus und sprayen. Wir stürzen ins Freie, um nicht die Gase einzuatmen, werden dort dafür von unseren »Freunden« um so begeisterter empfangen. Letzte Rückzugsmöglichkeit: die Koje und Decke drüber bei immer noch siebenunddreißig Grad. Russische Sauna – Variante SOLVEIG ...

8. August. Heute das allmorgendliche Ritual – großes Staubsaugen und Saubermachen. Moskitoleichen, wohin das Auge blickt. Zwei Stunden Arbeit, aber noch kaum ein Unterschied zu bemerken.

Größte Freude derzeit auf der SOLVEIG, sobald eine Spinne entdeckt wird, die ihr feines Netz zieht. Diese lieben Freunde helfen uns unermüdlich, einen Teil der Plagegeister loszuwerden. So wird jedes einzelne Netz sorgsam gehütet und vor allem vor Ed beschützt, der schon mal aus Versehen zu viel sauber macht. Eds weitere Vorliebe, Brot im Voraus für eine Mahlzeit aufzuschneiden, haben wir ihm auch inzwischen abgewöhnen müssen. Warum? Die Luft hier ist so heiß und trocken, dass binnen Minuten jedes angeschnittene Brot hart wird, und unsere Zähne wollen wir bis zum Ende unserer Wolga-Expedition ja noch behalten...

12.00 Uhr. Plötzlich sind wir innerhalb weniger Minuten von dutzenden Booten umringt. Mongolische Gesichter mit geschlitzten Augen blicken uns an, alle rufen durcheinander. Rollo hat die Maschine gedrosselt, bleibt am Ruder, um SOLVEIG auf Kurs zu halten. Original-Wolga bedeutet auch Original-Strömung.

Einer der Typen hält einen großen Stör hoch, hängt ihn gleich an seine Federwaage: zwei Kilogramm schwer!

So völlig überrascht uns der »Überfall« nicht, denn Nadja hatte noch gewarnt: »Seid vorsichtig, wenn ihr durch das Gebiet der Kalmücken fahrt!«

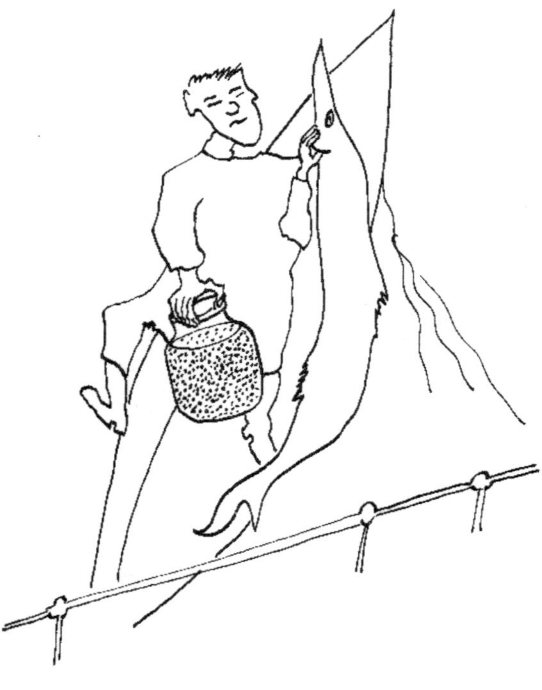

Bei den Kalmücken.

Was heißt hier vorsichtig? Und wer oder was sind Kalmücken?

Völkerkundler werden bei so viel Unwissenheit sicherlich erschreckt zusammenzucken, aber Nadja verzieh großzügig unsere (auch Saschas) Bildungslücke.

Etwa 175 000 Menschen zählen sich dem westmongolischen Volk zugehörig, das auch an der unteren Wolga beheimatet ist. Im 17. Jahrhundert sind sie über den Ural hierher gewandert, viele kehrten aber Ende des 18. Jahrhunderts wieder in den Ural zurück. Die an der Wolga verbliebenen Kalmücken wurden im Zweiten Weltkrieg zwangsweise umgesiedelt und durften später zum Teil in Kalmückien siedeln. Im Rahmen der Perestroika sprach man ihnen einen Landstrich an der Wolga zu, mit der Folge, dass Schiffe auf ihrem Weg zum Kaspischen Meer jetzt ein Stück durch ausländisches Territorium fahren. Hier also ist die über dreitausend Kilometer lange Wolga nicht mehr russisch!

Kalmücken sind lamaistische Buddhisten und sprechen eine mongolische Sprache. Doch mit Sascha kommunizieren die Jungs in fließendem Russisch, um uns ihren illegal gefangenen Stör anzubieten.

Eine prekäre Situation: Gewilderten Fisch zu kaufen ist natürlich verboten, andererseits wissen wir nicht, wie es die Typen in ihren Booten aufnehmen, falls wir ablehnen. Der »Wegezoll« scheint uns nach kurzer Diskussion das geringere Risiko, und so wechselt ein ehemaliges Mayonnaiseglas, gefüllt mit schwarzem Kaviar, seinen Besitzer. Dazu bekommen wir noch einen Sudak-Fisch, den der Käpten sowieso mehr schätzt als Stör, und Ed weiß, wo er die kommende Stunde verbringen wird... Auf dem Heckbrett der SOLVEIG!

Einen besseren und bequemeren Platz zum Putzen und Zerlegen des Fisches gibt es nicht. Gesäubert wird in den immer frischen Strudeln des Heckwassers, nur eine Handbreit vom Holzbrett entfernt, so dass auch die stinkenden Abfälle umgehend und geruchlos auf Nimmerwiedersehen verschwinden. Nicht ganz so bequem ist vielleicht Eds Körperhaltung, denn die ganze Aktion findet auf Knien statt...

Auf der Weiterfahrt treffen wir noch viele Kalmückenboote, alle fangen illegal den Russen auch jene Fische vor der Nase weg, die in Wolgograd eingesetzt werden, um die Population der bereits auf die Rote Liste gesetzten Sorten aufzustocken. Ein schwieriges und sehr komplexes Thema...

Er. Wohin fließt die Wolga?

Mündet die Wolga ins Kaspische Meer? Das klingt wie eine dumme Frage.

In jedem Atlas, auf jeder Karte und auf jedem Schulglobus sieht man, dass Mutter Wolga am Ende ihrer Reise durch Russland das Kaspische Meer erreicht. Das habe auch ich gehört. Aber nun werden wir es nachprüfen. Übrigens konnten wir die bereits von Deutschland aus bestellten Wasserkarten, die acht dicke Bände ausmachen, nur in St. Petersburg kaufen. Was bedeutet, dass wir erst hier in Russland den Beweis erhielten, dass die Wolga auch auf russischen Karten in das Kaspische Meer mündet.

Warum ich daran gezweifelt habe?

Diese Frage tauchte nicht am Anfang der Reise auf, auch nicht am Ende. Es ging in Wolgograd los. Denn hier mündet die uns bekannte Wolga in eine Alt-Wolga. In die Wolga, die noch nicht durch die Betonzangen der Kraftwerke und verfaulten Sümpfe der Stauseen verdorben ist, in denen man weder mit der Lunge noch mit den Kiemen atmen kann. Wir lernen die Wolga unserer Vorfahren kennen mit dem Gold ihrer Strände und smaragdfarbenen Waldstreifen. Der Fluss biegt sich spielerisch und in seinem Bogen bemüht er sich Tag und Nacht, unzählige sandige Landzungen entstehenzulassen.

Endlich geraten wir in die Gesellschaft tausender Möwen, die uns hinter dem Heck verfolgen, uns überholen und sich in unglaublichen Pirouetten direkt vor dem Bug der SOLVEIG ins Wasser stürzen. Wir spüren den Atem des Lebens. Zum ersten Mal sehe ich einen Adler nicht als Punkt am Himmel, sondern als prächtigen Vogel mit anderthalb Meter langer Spannweite der Flügel. Er fliegt tief über dem Wasser und kreuzt unerschrocken unseren Kurs.

Manchmal tritt die Wolga aus ihren Ufern und scheint endlos zu sein. An diesen Stellen erinnert sie an den Amazonas. Witzig, denn genau in dem Moment, als ich das denke, sagt der am Steuer stehende Rollo: »Hier sieht sie dem Amazonas verdammt ähnlich!« In einem sind sich großartige Flüsse und großartige Menschen gleich: Sie strahlen auf einfache Sterbliche eine beinahe hypnotisierende Ruhe aus.

Abends jagen schwarze Taucherenten so tief über das Wasser, dass sie fast die eigenen Spiegelungen berühren. Nach langem Kreuzen über Stauseen mit steilen Ufern freuen wir uns nicht nur über Stör und Kaviar, sondern auch über die auf den Wiesen weidenden Kühe.

Ich ahnte nicht, dass die Wolga so schön ist. Die echte Wolga, die unterhalb von Wolgograd zum Glück frei fließen darf, ohne die Verpflichtung, Turbinen der Kraftwerke antreiben zu müssen. Als wir vor ein paar Tagen Wolgograd erreichten, haben wir fast geweint. Es stellte sich heraus, dass wir die Wolga gar nicht wirklich kennen.

»Wir lieben sie!«, das sagen viele. Ja, ja, lieben... Das ist aber eine seltsame Liebe! Kaviar lieben wir, nicht die Wolga! Pfeifen wollten wir auf die Störe, die kurz vor dem Absterben sind. Wir sind schlimmer als die Wilderer, weil für sie das Rauben der Fische notwendig ist, und für uns macht es Freude, das Geklaute zu kaufen.

Verzeih uns, Wolga! Verzeih uns Leichtsinnigen. Am liebsten würde ich eine der halb zerstörten Kirchen betreten und dort beten. Ich möchte vor dem Altar knien und flüstern: »Verzeih uns, Wolga. Wir begreifen nicht, was wir tun!«

Ich habe Angst, dass ich statt des Schweigens die Wahrheit hören werde: »Ihr wisst sehr wohl, was ihr tut. Und genau das ist unverzeihlich!«

Sie. 9. August. Wir können das Meer bereits riechen! Und die Stadt im Delta der Wolga ebenfalls – erste Häuser grüßen vom flachen Ufer, ein spektakulärer Sonnenaufgang lässt den leicht ansteigenden Wüstensand, auf dem sich gerade drei Raubvögel niedergelassen haben, in goldenem Licht erstrahlen.

Neugierig sind wir wie die Kinder.

Astrachan ist wie Sankt Petersburg auf zahlreichen Inseln erbaut, die durch Kanäle und Flüsschen voneinander getrennt sind. Türkischsprachige Nomadenstämme waren hier einmal beheimatet, da hieß der Ort noch Itil, der Name Astrachan kam erst im 13. Jahrhundert in Gebrauch.

Längst gehört uns die Wolga nicht mehr allein, Ausflugsdampfer überholen, schwer beladene Kähne passieren die SOLVEIG, von weitem ragen die anmutigen Kuppeln der Kathedrale Mariä Himmelfahrt in die Höhe.

Sascha und Ed stehen bereits am Bug, um bei der ersten sich bietenden Gelegenheit Kontakte zu einem möglichen Liegeplatz knüpfen zu können.

Ich habe Sascha gebeten, Ed bei diesen Aktionen immer zu unterstützen, da Ed meist nicht besonders gut versteht, was zurückgerufen wird. Ed wiederum ist von Saschas Hilfe wenig begeistert und fühlt sich in seiner Kompetenz beeinträchtigt. Anfangs hatten wir ihm diesen Job, auch die Funkkontakte mit den Schleusen, noch allein überlassen, doch zunehmende Missverständnisse auf beiden Seiten haben nicht nur unsere Nerven strapaziert, sondern teilweise auch zu erheblichen Verzögerungen geführt.

Saschas lockere und unkomplizierte Art, Leute anzusprechen, vereinfacht die Liegeplatzsuche enorm, und so dauert es auch jetzt nicht lange und SOLVEIG kann an einem schwimmenden Fischgeschäft festmachen. Die Verkaufsräume befinden sich an der Straßenseite, zum Fluss hin sind Lagerräume untergebracht. Eine Katze und ihre Jungen blicken etwas verschlafen aus ihren Äuglein, als Sascha SOLVEIGs Heckleine am Geländer verknotet.

Was weder Sascha noch wir geahnt haben – dieser Liegeplatz befindet sich praktisch im Zentrum der Hafenstadt! Einfach genial! Und nur einen Steinwurf entfernt lustwandelt man über Astrachans vielleicht schönste, vor allem aber soeben frisch renovierte Rosa-Luxemburg-Straße und steht zehn Minuten später vor dem imposanten Kreml. Ein Gemisch von Völkern und Nationalitäten tummelt sich auf den Plätzen, auffallend sind die vielen mongolischen Gesichter und Zigeunerkinder, die ihre Hand aufhalten.

Unser erster Weg führt in ein Einkaufszentrum, da Sascha dringend neue Diafilme benötigt. Das ist aber schwieriger, als wir denken. Schließlich landen wir in einem Fotolabor. Sein Inhaber ist überzeugter Kosak...

Er. Ein Kosak in Astrachan

»Kosak sein ist eine eigene Nationalität! Bei uns muss im Pass stehen: Kosak, so wie bei dir Russe und bei anderen Ukrainer. Ich zum Beispiel – Michail Pachno – bin ein reinrassiger Kosak!« Mein Gesprächspartner ist ziemlich aufgeregt, als er mich in die Feinheiten der Nationalitätenfrage einführt, und nach diesen Tiraden sucht er in seiner Anzugtasche nach Zigaretten. Ich biete ihm eine Marlboro an, aber er lehnt ab und nimmt eine Packung aus einheimischer Produktion.

»Kosaken sind ein altes Volk. Wir sind Petschenegi, wir haben viele Male Kiew gestürmt.«

In diesem Augenblick passieren Michail, Angelika und ich die Uspenskij-Kathedrale, versuchen, nicht unter die erbarmungslose Strahlung der Augustsonne zu kommen.

»Nehmen wir zum Beispiel die Zeit von Katharina II.«, Michail inhaliert im Gehen den ätzenden Rauch, »damals gab es schon die Don-Armee. Wenn wir Kosaken nur ein Stand gewesen wären, warum nannte man uns dann die Kosaken-Armee? Wo hast du zum Beispiel eine Armee von Kaufleuten gesehen? Oder eine Kompanie von Bürokraten? Aber es gab eine Kosaken-Armee! Oder man glaubt, Kosaken sind einfach Kavallerie. Und was ist dann mit der Don-Flotte, die aus Kosaken bestand, die für Peter den Großen kämpfte? Apropos Flotte: Sie hat Peter dem Großen den ersten Sieg am Asowschen Meer gebracht. Wenn wir schon über Sieger sprechen – wer hat die Mauer des Kremls in Kasan gesprengt, als Iwan der Schreckliche gegen die Tataren kämpfte?«

»Kosaken?«, probiere ich ein bisschen ironisch zu raten.

»Ja, die Kosakensprengmeister!«

Michail hat zum Glück meine Ironie nicht bemerkt. Als professioneller Fotograf führt er uns zu einem Platz mit besonders interessantem Blick zum Astrachan Kreml. Es ist Freitag und in den tiefen Schatten der Burgmauer stehen mit Blumenkränzen geschmückte Autos: Mercedes, BMW, Toyota... Die Hochzeitssaison ist in vollem Gang und verschwitzte Paare hetzen in das aufgeheizte Stadtzentrum mit Bergen von Blumensträußen.

»Mein Gott, wie viele Hochzeiten habe ich schon fotografiert!«, sagt Michail, während er auf die Armada ausländischer Prestige-Autos schielt.

Wir passieren den Kreml-Wachturm und gelangen auf die Westseite, wo auf einem Marmor-Podest Lenin dem Volk den richtigen Weg zur leuchtenden Zukunft weist. Aber gerade heute spaziert das Hochzeitsvolk in die Gegenrichtung, und zum Beweis liegen nur drei erbärmliche vertrocknete Blumensträuße unter den Füßen des einstigen Führers. Lenin tut mir Leid und ich erwarte, dass er von Michail den nächsten Schlag erhält, der keine Veranlassung hat, den Gründer des Leninismus zu lieben. Aber ich täusche mich. Michail verzichtet darauf, mit Lenin abzurechnen, und nach einer Serie Fotos von der glänzenden Kremlkuppel begeben wir uns auf den Rückweg. Ich spüre, dass unser Gespräch noch nicht beendet ist. Und das für mich schon schwierige Thema ist für Michail wirklich schmerzhaft. Er ist der Sohn eines Kosaken, der Neffe eines Kosaken, der Urneffe eines Kosaken... Er ist der einzige Nachfolger des Stammes der Familie Pachno.

Angelika und ich haben ihn durch Zufall kennen gelernt, als wir in sein Fotoatelier kamen, um einen Film zu kaufen. In der ganzen Stadt fand ich keinen Diafilm und Michail überließ mir als völlig fremdem Menschen seinen Film, seinen letzten, und wollte nicht einmal Geld dafür.

Er ist überhaupt ein bewundernswerter Mensch und ein hundertprozentiger Profi. Ich betrachte mit Angelika seine tollen Fotos und eines wollen wir kaufen.

»Nein, nein!«, protestiert er. »Ich möchte es euch lieber schenken und auch andere. Hier interessiert sich sowieso keiner dafür«, sagt er mit bitterer Miene. »Sie fragen nicht einmal nach dem Preis.«

Ich weiß nicht, in welcher finanziellen Lage er sich befindet, aber er will alles für uns umsonst machen. Auf einem seiner Fotos ist eine rosa Lotusblüte abgebildet, die im Wolga-Delta wächst. Für uns zu weit weg von der Stadt.

»Oh – ich kann euch mit dem Auto dorthin bringen, wo es einen ganzen See voller Lotuspflanzen gibt. Nur eine Stunde entfernt. Morgen?« »Morgen müssen wir schon weiter!«

»Dann heute nach der Arbeit!«

Gegen fünf fahren wir zusammen zum Lotus-See.

»Sag, Alexander, gegen wen kämpften Kosaken?«, wendet er sich zu mir, als hätte es keine Pause in unserem Gespräch gegeben. Und ohne meine Meinung abzuwarten, antwortet er selbst: »Gegen Bolschewiken und Juden! Was bedeutet uns jüdische Religion? Das gehört zu ihnen und sie müssen selbst nach dieser Religion leben. Warum soll ich Zitaten aus der Bibel folgen, die von Juden stammen? Warum muss ich zum Beispiel ›meinen Feind lieben‹, wenn er meine Mutter getötet hat? Oder wenn du einen Schlag auf die linke Backe bekommst, sollst du noch die rechte hinhalten? Wenn sie uns halb Russland nehmen, sollen wir ihnen noch die zweite Hälfte geben. Ist das richtig? Und wer wird die Heimat verteidigen? Nein, das ist Sklavenphilosophie. Für sich selbst haben sie eine andere Religion gewählt: Auge um Auge – Zahn um Zahn!«

Michail ist sehr erregt, fast verzweifelt, denn er sieht keinen Ausweg aus der Situation, in die sein Land geraten ist. Nicht er selbst, sondern sein Land und die Kosaken sind ein Teil von seinem Land. Die Fragen, die er mir stellt, sind an ihn selbst gerichtet. Er erwartet keine Zustimmung, sondern nur Verständnis – auch ohne Worte.

Auf der Fähre steigen wir aus dem Auto. Angelika filmt das Wunder einer funktionierenden Seilfähre – das Wunder ist, dass die Mechanik, die wahrscheinlich vor der Revolution gebaut wurde, noch funktioniert.

Michail entzündet seine Lieblingszigarette, und als ob es keine anderen Themen geben würde, beginnt er erneut: »Warum haben die Römer Christus gekreuzigt? Kommt dir in den Kopf, warum Christus keine Frau hatte und keine Freundin?«

»Nein«, sage ich, »darüber habe ich nie nachgedacht.«

Die Fähre vibriert vom lebendig gewordenen Motor, nimmt langsam ihre kurze Fahrt über die Wolga auf.

»Also, Christus war schwul und schwule Römer wurden immer gekreuzigt. Aktive Schwule mit dem Kopf nach oben und passive wie Andreas, der Berufene, nach unten.«

Ehrlich gesagt, hat mich diese Aussage belustigt, aber ich beginne nicht zu debattieren, vor allem weil ich keine andere Erklärung beitragen kann, warum Christus jungfräulich geblieben ist.

»Ich denke oft«, beginnt noch einmal mein Gesprächspartner und blickt in die Spiegelung des Flusses, »wenn in Russland der alte Naturglaube geblieben wäre, dann hätte es bei uns keine ökologischen Probleme gegeben, denn seine Götter waren der Baum, der Bach, das Feld. Die Menschen haben sich vor ihnen verbeugt und in ihnen eine Seele gesehen. Der Bauer ging in den Wald, um einen Baum zu fällen, nur wenn es unbedingt nötig war. Zum Anfeuern suchte er einfach nur trockenes Holz. Wenn er aber ein Haus bauen wollte, kniete er nieder und betete, bevor er mit der Axt den Baum fällte. Jedoch keinen jungen, denn der muss leben, und auch keinen alten, der muss seine Zeit ganz haben, sondern einen mittleren. Sie haben die Natur nicht angegriffen, sie war wie ein Gott. Eine andere Sache ist das mit dem Christentum, das nach Russland mit Feuer und Schwert gebracht wurde. Dort gibt es kein Gebot: Liebe die Natur wie dich selbst.«

Die Fähre berührt mit ihrem Kiefer den Sand und streckt ihre Zunge zum Ufer aus. Wir fahren mit dem Auto weiter.

Nach dreißig Minuten erreichen wir den See. Er ist nicht besonders groß und wir finden auch nicht so viele Lotusblumen, wie wir erwartet haben.

Aber es gibt welche. Nicht grell, sondern fein gemalt in Pastelllila.

Michail stoppt das Auto kurz vor dem Wasser, öffnet die Tür und bleibt schweigend sitzen. Ich weiß, das Thema, welches ihn nicht ruhen lässt, ist nicht erschöpft. Und jetzt blickt er auf die Lotusfelder, dieses Symbol der Harmonie mit der Welt. Zwischen ihm und der Harmonie liegt eine Ewigkeit voller Schmerz in seiner Seele. Es ist nicht einfach, Sohn zu sein von einem Kosaken, Enkel von einem Kosaken, Urenkel...

Sie. 10. August. Als wir nach dem Ausflug zu den Lotusfeldern wieder auf der SOLVEIG eintreffen, begegnet uns auf dem Ponton ein gut aussehender junger Mann. Er ist Student und arbeitet hier jede

Nacht als Wächter. Schlanke Figur, dunkle Haare, braune Augen, vielleicht Anfang Zwanzig, Typ Schwiegersohn, von dem deutsche und russische Mütter träumen. Wir laden ihn ein zu einem Drink, denn sein nächtlicher Job endet sowieso erst früh am Morgen.

»Ich studiere an der besten Universität der Stadt und möchte Ingenieur werden und später im Hafen mit Schiffen arbeiten«, erzählt er und erkundigt sich bei Rollo nach allen nur denkbaren Einzelheiten unserer SOLVEIG.

»Wenn Sie tagsüber studieren und hier nachts den Laden bewachen, dann bleibt eigentlich keine Zeit mehr fürs Privatleben«, wundert sich Sascha.

»Meine Lebensweise ist nicht unbedingt zeitgemäß. Modern ist, ein Handy zu besitzen und ein Auto. Ich habe weder das Eine noch das Andere und auch keine Freundin.« Damir sagt das ohne Bedauern, im Gegenteil. Seine Perspektive für die Zukunft ist so klar umrissen, dass ihn die fehlende Freizeit nicht zu stören scheint.

»Sind Sie hier geboren?«

»Ja, ich bin Kasache und meine Eltern stammen aus tatarischen Dörfern, nicht weit von hier. Aber die meisten Freunde von mir sind Russen«, beeilt er sich hinzuzufügen, »bei uns gibt es keinen Rassismus!«

Ein kleines Stück heile Welt, ausgerechnet an einem Platz wie Astrachan, an dem so viele verschiedene Völker aufeinander treffen? Vielleicht gerade deswegen.

»Sind Sie religiös?«

Damir überlegt einen Moment, weicht aber Saschas sehr persönlicher Frage nicht aus. »Ich bin Moslem, doch besuche ich nur selten die Moschee. Wenn ich mehr Zeit hätte, würde ich vielleicht öfter beten.«

Astrachan nach Sonnenuntergang zu erleben ist bestimmt ein Vergnügen der besonderen Art! Gleich oberhalb unseres Liegeplatzes lustwandelt die halbe, nein, die ganze Stadt auf der Promenade, die sich am Ufer der Wolga entlangstreckt. Unter den weit ausladenden Ästen der mächtigen Bäume sind zahllose Imbissstände aufgebaut, der verführerische Duft von gegrillten Schaschlikspießen kitzelt unsere Nasen. Unterwegs ist alles, was Beine hat, egal ob vier oder nur zwei. Auch Kinderwagen werden geschoben und die offenen Mäulchen plärrender Babys mit Schnullern oder Milchflaschen gestopft. Hunde aller Größen und Rassen tollen hinter den Ständen, versuchen ab und zu einen übrig gebliebenen, leckeren Knochen zu erwischen. Auch schwimmende, mit bunten Lichtern geschmückte Restaurants laden zum Essen ein, mit Livemusik begleitet oder flotten CDs, die vom Diskjockey moderiert werden.

Wenig beeindruckt von dem Getriebe oben an der Promenade sind vier kräftige Männer, die, glaubt man ihrem Äußeren, offenbar als Bodyguards arbeiten. Nur wenige Meter von der SOLVEIG entfernt, haben sie an einem Bootssteg ihre Jeans mit Badehosen vertauscht, um sich nach eleganten Kopfsprüngen in den Wolgafluten zu erfrischen.

Sie stammen aus Dagestan, einer Teil-Republik Russlands am Kaspischen Meer. Auch in Dagestan mit seinen rund zwei Millionen Einwohnern leben so viele verschiedene Volksstämme, dass im Lexikon nicht einmal alle aufgeführt werden. Da steht nur: »1989: 28 Prozent Awaren, 15,6 Prozent Darginer, 12,8 Prozent Kumücken, 9,2 Prozent Russen, ferner Lesgier, Laken und andere...«

»Wir trainieren hier jeden Tag, denn unsere Sporthalle wird renoviert!«, erzählt Pascha, der als Erster von der Gruppe wieder hochgetaucht ist und schnell ein Handtuch schnappt, mit dem er sich abrubbelt. Ihn interessiert das Nationalitätenthema nur am Rande.

»Wofür trainiert ihr, seid ihr Bodyguards?«, wollen wir wissen.

»O nein«, lacht er, »ich studiere noch an der Hochschule und meine Freunde arbeiten in der Fabrik. Aber wir haben zusammen ein besonderes Hobby: griechisch-römischer Kampfsport. Wir treiben diesen Sport, um zu zeigen, dass in unserem Land nicht alle Leute trinken oder Drogen nehmen. Wir wollen, dass uns Deutschland und Amerika wieder bewundern, damit sie nicht glauben, wir seien am Ende.«

Inzwischen haben sich Paschas nasse Freunde um uns geschart, ab und zu fallen sogar ein paar Brocken Englisch.

»Arbeitet ihr gerne in Astrachan?«, versuche ich mein Glück. Für mich ist es ein Phänomen, dass in dieser pulsierenden Hafenstadt am Kaspischen Meer so viele verschiedene Nationalitäten offenbar ohne größere Schwierigkeiten miteinander auskommen.

Paschas Freund versteht sogar mein Englisch, antwortet aber lieber in Russisch. Sascha ist ja mit Übersetzungen inzwischen bestens trainiert.

»Manchmal haben wir Probleme mit den Russen, aber keine großen. Uns verbinden der Sport und auch die Religion, so gesehen sind wir eine große Familie. Montags und freitags gehen wir alle zusammen in die Moschee, jeden Tag beten wir insgesamt fünfmal. Um 4.30 Uhr fangen wir an.«

Zufall oder nicht – als Sascha und ich schließlich unseren abendlichen Promenadenbummel fortsetzen, treffen wir zwei Gitarristen, die gerade von einem Festival aus Kasan zurückkommen. Und ihre Nationalität?

»Ich komme aus Turkmenistan«, stellt sich der Ältere der beiden vor. Er trägt einen dunklen Bart, ein Netzhemd, das schon länger keine Seife mehr gesehen hat, und durch die groben Maschen spitzt ein Löwenkopf hervor. Tätowierungen sind derzeit bei allen Völkern der Renner.

Damit wir ihm auch wirklich glauben, dass er kein Russe ist, zieht er seinen Pass heraus, blättert ihn auf, um ihn Sascha und mir zu zeigen.

In seiner Heimat Turkmenistan leben immerhin zwei Drittel Turkmenen, die restliche Bevölkerung aber setzt sich aus Usbeken, Russen, Kasachen, Tataren, Ukrainern, Aserbaidschanern, Armeniern und Belutschen zusammen. Der Staat, der im Westen an das Kaspische Meer grenzt, hat seine eigene Währung und über vier Millionen Einwohner.

Inzwischen sind wir mit unseren zwei neuen Bekannten wieder auf der SOLVEIG eingetroffen, denn sie wollen es sich nicht nehmen lassen, einige Stücke aus ihrem Repertoire zum Besten zu geben. Außerdem sind sie natürlich neugierig, das Schiff und seinen Kapitän aus Deutschland zu sehen.

Bei Wodka und Tonic beginnt unser turkmenischer Künstler zu schwärmen von seiner geliebten Heimat: »Unser Präsident hat allen Bewohnern Uhren geschenkt. Habt ihr so etwas schon mal gehört?

Wir haben einen guten Präsidenten, bei uns ist nicht nur alles billiger als in Russland, wir leben im Frieden ohne Waffen.«

Und die beiden beginnen zu spielen, Melodien aus Carmen fliegen um unsere Ohren, vertreiben zeitweise sogar die sonst vor nichts zurückschreckenden Mücken.

In einer Spielpause öffnet der Gitarrist erneut seinen Pass. Irgendwie lässt ihm das Nationalitätenthema keine Ruhe. »Sehen Sie, ich bin Turkmene, aber trotzdem steht in meinem Pass alles in Russisch. Ich wollte das so, denn ich bin auf eine russische Schule gegangen. Viele Ausweise sind auch zweisprachig ausgestellt – jeder wird vorher gefragt. Die Presse schreibt immer wieder, dass in Turkmenistan die Russen unterdrückt werden, das stimmt einfach nicht. Kommen Sie zu uns, überzeugen Sie sich selbst. Ich verspreche Ihnen, ein alter Turkmene wird Sie sofort zum Essen einladen. Wir sind ein gastfreundliches Land!«

Sein junger Kollege beteiligt sich nicht an unserem Gespräch. Ab und zu wirft er mir einen verstohlenen Blick zu, als wolle er sagen: »Heute ist der Alte mal wieder ganz in seinem Element!«

Mit echter ungarischer Salami aus Hamburg und deutscher Schokolade bedanken wir uns für die musikalische Abenduntermalung und begleiten die beiden Musiker noch ein Stück auf der überfüllten Promenade. Nur aus Neugierde frage ich später auf dem Rückweg noch einen der Köche am Grill, woher er stammt.

»Usbekistan!« Na gut – alles klar?

Ob jemals alle Völker und Nationalitäten gezählt wurden, die am Kaspischen Meer zu Hause sind? Ich für meinen Teil gebe es jedenfalls für heute auf, zumal Geografie nicht meine stärkste Seite ist...

11. August. Ganz früh steht diesmal SOLVEIGs Crew auf den Beinen. Für den Käpten ist das nichts Ungewöhnliches, aber Sascha und ich wollen vor der Weiterfahrt noch auf den Fischmarkt. Nicht um Fisch zu kaufen, sondern um ein paar Szenen für unseren Film einzufangen. So ganz verstehe ich sowieso nicht, wer dort was verkauft, denn angeblich ist ja zurzeit Fangverbot. Und so werden wir auch mit unseren Kameras nicht gerade mit offenen Armen empfangen, obwohl wir die große Sony vorsichtshalber gleich gar nicht mitgenommen haben.

Dieser kleine Markt liegt so versteckt und weit weg vom Zentrum, dass ihn normalerweise Touristen nicht finden. Trotz Völkergemisch fallen Sascha und ich diesmal sofort auf, werden als Journalisten »geoutet«.

Die Kofferräume der Autos sind bis obenhin voll mit Fisch geladen, eifrig schleppen oder ziehen Frauen, in lange Gewänder und Kopftücher gekleidet, riesige Kartons zu ihren Ständen.

»Gibt es jetzt wieder mehr Fisch in der Wolga?«, fragt Sascha eine der Frauen, die gerade dabei ist, ihren prall gefüllten Plastiksack zu öffnen.

Die aber hat kaum eine Chance, sich Gehör zu verschaffen, alle anderen um sie herum schreien durcheinander: »Ja... nein... der Fisch wird immer weniger... nur im Frühling gibt es mehr...«

Eine besonders forsche Verkäuferin schiebt ihre Kolleginnen beiseite und albert herum mit künstlich hoher Stimme: »Wissen Sie, ich nehme jeden Tag meine Angel und dazu meinen kleinen Enkel und dann gehen wir zusammen fischen!«

»Aller Fisch wird geraubt!«, fällt ihr ein Mann ins Wort.

»Wirklich? Das ist mir neu!«, entgegnet sie ruhig.

Jemand zupft an meiner Weste. »Nehmen Sie alles auf, wir haben sowieso wenig Geld, was soll uns schon passieren!«, übersetzt Sascha die Worte der Kasachin.

Ein etwa siebzigjähriger Mann versucht, sich in dem Gedränge Gehör zu verschaffen. »Ich bin russischer Offizier und arm wie ein Penner!«

»Warum?«, fragt Sascha.

»Weil unsere Stadt die Soldaten vergessen hat. Ich bin deutscher Abstammung, mein Vater war Ingenieur. Wir sind im Krieg hier geblieben. Haben Sie eine deutsche Münze dabei, ich möchte sie Ihnen abkaufen zur Erinnerung«, fragt er fast flehend.

Als ich tatsächlich in meiner Weste zufällig ein deutsches Fünfmarkstück finde und es ihm gebe, ringt er mit seiner Fassung und geht schnell weg, damit wir es nicht merken.

Deutsche Schicksale – russische Schicksale – menschliche Tragödien.... Warum es immer wieder jene Menschen trifft, die rechtschaffen und ehrlich ihrer Arbeit nachgegangen sind und keiner

Fliege etwas zu Leide getan haben? Begreifen werde ich solche Lebensläufe wohl niemals.

11.00 Uhr. Auf Wiedersehen, schönes, pulsierendes Astrachan! Bleib so weltoffen und tolerant, wie wir dich erleben durften!

Wolga aufwärts heißt für ein paar Tage unser Kurs, bevor wir kurz vor Wolgograd abzweigen werden, Richtung Don.

* * *

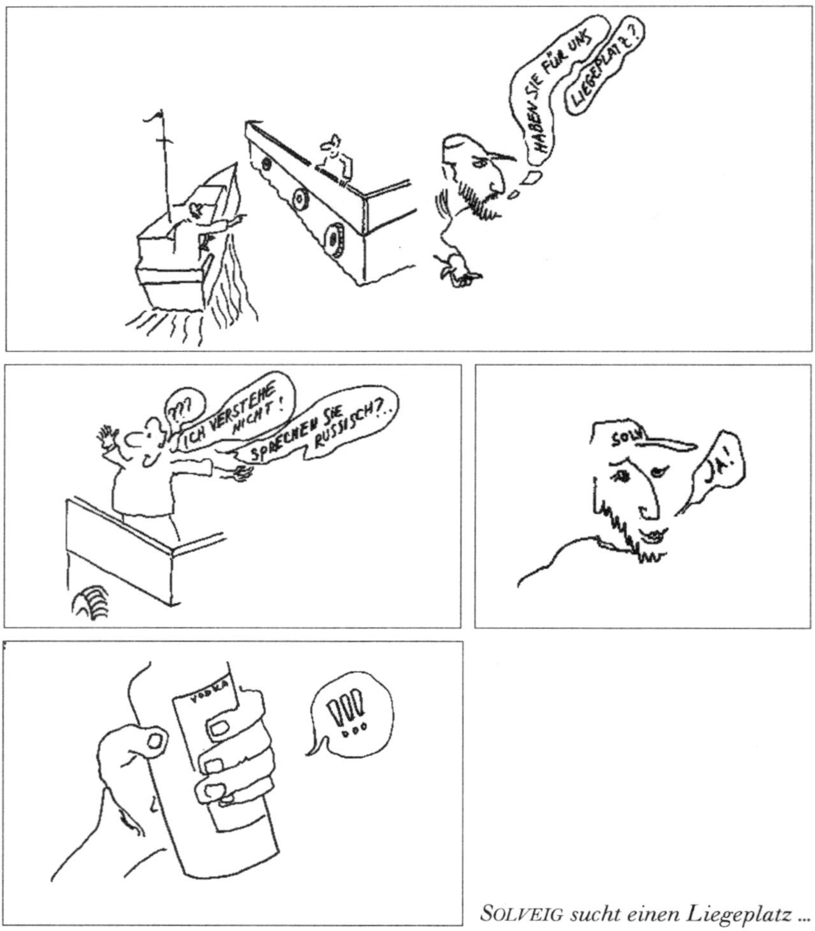

SOLVEIG sucht einen Liegeplatz ...

Abenteuer am Stillen Don

Er. Versteckte Millionäre

Heute Abend haben wir unseren Ankerplatz ziemlich zufällig gewählt. Die Sonne rutscht auf den Horizont, und um eine geschützte Bucht zu suchen, ist es schon zu spät. Wir lehnen uns an die Küste, wo hinter den Bäumen ein Flussarm mit malerischen Inseln hindurchblitzt, die im Fahrwasser noch fast unsichtbar waren.

»Hier!«, Rollo gibt das Kommando, den Anker zu werfen.

Bis zum Einbruch der Dunkelheit bleibt nur noch wenig Zeit. Angelika und Ed beeilen sich, ins Wasser zu springen, und ich nehme meine Nikon, um das am häufigsten fotografierte Motiv der Welt einzufangen – den Augenblick des Aufpralls der Sonne auf den Horizont. Bis zur Kollision bleiben noch Minuten, doch die schon wahnsinnig gewordenen Möwen stürzen sich in Panik mit dem Kopf zuerst ins Wasser.

Inzwischen hat sich die Yacht so gedreht, dass ihr Heck in der untergehenden Sonne liegt, so dass ich schnell meine Position wechseln muss.

»Hallo – Priwet – Kak dila – wie geht's «, höre ich von unten und bemerke ein Boot..

»Danke, gut!«, antworte ich automatisch.

Zwischen den Angeln im Boot sitzt ein Mann, sportlich, nicht dick, so gegen Vierzig, mit einem Käppi in Tarnfarben.

Ich frage ihn, woher er so plötzlich aufgetaucht ist.

»Steig ein, ich zeige es dir!«

Ich drehe mich zum Horizont. Die Sonne fließt lautlos in die Erde wie Öl. »Verpasst!«, konstatiere ich. Jetzt kann man den Sonnenuntergang nur noch von der Küste aus aufnehmen.

Ich springe auf das Aluminium-Boot, der Motor heult unter seiner eleganten Abdeckung auf wie ein Löwe, der Antilopen jagt.

»Ich heiße Sergei!« Der Mensch mit dem Käppi reicht mir seine kräftige Hand mit einem goldenen Ring an seinem kleinen Finger. »Bei mir ist alles einfach. Ich habe zwei Räume: Schlafzimmer, Wohnzimmer und selbstverständlich eine Garage.«

Sergei spricht bedächtig über seine Wohnung, die er mir zeigen will. Aber alles, was er erzählt, passt nicht in diese Umgebung. Zum Beispiel braucht eine Kühltruhe Elektrizität, aber woher soll sie kommen? Garage? Natürlich mit Auto. Aber wie gelangt Sprit in die Steppe? Sergei erzählt von Computern, Antennen und dass er in seiner Freizeit zur Jagd geht. Langsam wird mir klar, dass es hier in dieser Abgeschiedenheit, wo die Wolga in einem großen Bogen eine fast künstliche Oase hinterlässt, ein unbekanntes Leben geben muss.

Vielleicht befinden sich die Appartements, von denen Sergei erzählt, unter der Erde – auf einer zweiten Ebene? Oder vielleicht gibt es mehrere Ebenen? Und mein neuer Bekannter sieht nicht unbedingt aus wie ein Lastwagenfahrer. Nicht umsonst blitzt an seinem Ring ein roter Rubin. Andererseits, wäre er Underground-Millionär, würde er hier in einem solchen Nest etwas aufbauen? Er

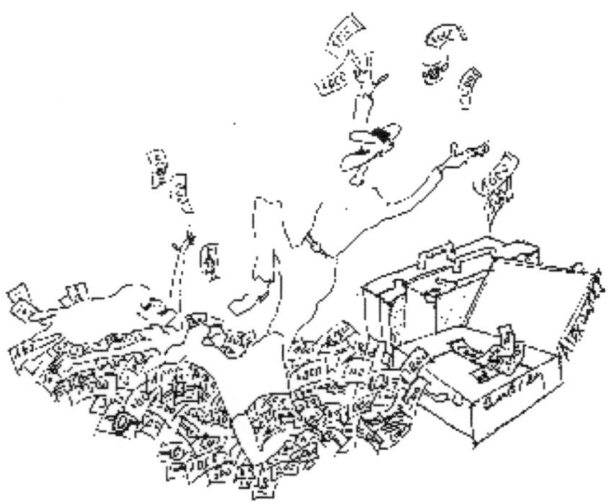

... dann waten sie stundenlang in Rubeln, lassen die Geldbündel in die Luft fliegen und jauchzen vor Glück.

würde auf die Kanaren fliegen! Aber da gibt es ein ABER. Auf den Kanaren oder den Kariben würde ihn Interpol verfolgen. Und wer wartet auf ihn hier in der Wolga-Steppe außer ein paar armen Dorfpolizisten, die man mit einer Tafel Schokolade kaufen kann?

Ich erinnere mich an eine Zeitungsserie über russische Ölmagnaten, die an geheimen Plätzen wohnen. Aha – hier ist das also!, schießt es mir durch den Kopf. Wirklich, hier haben sie ihre Ruhe. Vermutlich haben sie unter der Erde elektrische Kabel gezogen und ihre unterirdischen Appartements sind mit Licht überflutet. Starke Aircondition, unter Heuhaufen versteckt, machen aus ihrem Leben Luxus.

Abends, wenn sich Millionäre amüsieren, feiern sie vornehme Partys mit Smoking und Abendkleid. Champagner fließt aus dem Samowar und die Tische biegen sich unter den Speisen: Stör, Beluga, Schaschlik, schwarzer Kaviar und bayerische Würstchen.

Wenn sie sich trotzdem einmal langweilen, ziehen sie sich in ihren Bunker zurück. Dort öffnen sie ihren Koffer mit Geld, werfen alle Scheine auf den Fußboden und waten kniehoch stundenlang in Rubeln, lassen die Geldbündel in die Luft fliegen und jauchzen vor Glück.

»Angekommen!« Sergeis Stimme unterbricht meine Gedanken.

Über ein Sandufer gelangen wir nach oben, wo unter Bäumen zwei Zelte stehen. Eines ist fest verzurrt – hier muss der Eingang zum Bunker sein.

Aber ich täusche mich. Der Eingang ist nebenan. Sergei schiebt die Äste weg und mit einem verschmitzten Lächeln führt er mich über eine in die Erde hineingeschnittene Treppe nach unten.

Jetzt geht es los!, denke ich. Aber der Weg, an dessen Ende Getränke lagern, endet nach anderthalb Metern.

»Hier ist meine Kühltruhe! Willst du Bier?« Der Millionär nimmt zwei Flaschen Baltica.

Ich versuche, weitere Spuren eines unterirdischen Ganges zu entdecken, finde aber keine. Wir trinken das Bier oben in der klebrigen Hitze, die uns aus den Büschen der Steppe umfängt. Keine Aircondition. Neben uns ist zwischen Bäumen ein Zelt gespannt, unter dem sich ein alter Volkswagen langweilt.

»Meine Garage«, kommentiert Sergei.

Ich blicke auf meinen Gastgeber. Braucht er wirklich Millionen, um glücklich zu sein? Er hat ein Stück wunderbare Wolga und Steppe bis zum Horizont, grenzenlosen schwarzen Himmel mit Sternen, die schöner glänzen als Brillanten...

Sie. 12. August. SOLVEIGs Bug schiebt sich langsam flussaufwärts. Zwei Knoten Gegenströmung lassen unsere Fahrt zum Don noch beschaulicher werden. Wann es zum letzten Mal geregnet hat, wissen wir nicht. Mit ungebrochener Kraft sendet die Augustsonne ihre Strahlen zur Erde und auf das kleine, schwarze Schiff, das sich seinen Weg durch das breite Strombett sucht.

Gegen Mittag taucht ein kleines Dorf auf, das durch seinen ungewöhnlichen Damm auffällt. Offenbar haben die Bewohner alles, was sie nur finden konnten, verwendet, um diesen Hochwasserwall zu bauen: Vor allem Holzkisten entdecken wir durch das Fernglas.

»Graue Augen«, übersetzt Sascha den romantischen russischen Dorfnamen aus der Karte.

Ein paar Bauern sind bei der Arbeit, graben den Acker um. Ein riesiger Heuhaufen passiert gerade SOLVEIGs Bug. Erstaunt reibe ich meine von der Sonne geblendeten Augen. In der Tat ist auf dem winzigen Boot so viel Heu aufgetürmt, dass von dem Steuermann nichts mehr zu erkennen ist. Er selbst findet seinen Weg zum Dorf wohl blind.

Vor dem Dorf »Graue Augen«.

Mit unserem bewährten Zodiac ohne Heuhaufen, dafür mit Kameraausrüstung beladen, sehen wir wesentlich mehr, als wir uns den »Grauen Augen« nähern. Vorsichtig ziehen wir unser gutes Stück ein paar Meter den Strand hoch und bitten Ed, in der Nähe zu bleiben. Mit Rollo sind wir in Funkkontakt.

Wann wohl die letzten Besucher hier Halt gemacht haben? Es muss schon eine Zeitlang her sein, denn als wir uns dem ersten Haus nähern, begrüßt uns ein alter Bauer wie gute Bekannte, die nach langer Abwesenheit endlich zurückgekehrt sind. Konstantin heißt er und freut sich über unseren Besuch. Er ist weit über siebzig Jahre alt, seine Finger sind dick und voller Schwielen.

»Früher war die Wolga voller Fische, denn in den Fünfzigerjahren kam man noch ins Gefängnis, wenn man beim illegalen Fischen erwischt wurde«, berichtet er, ohne dass Sascha ihn danach gefragt hat. Vielleicht vermutet er auch auf unserem Boot Fischer, die auf die Weise ihren Lebensunterhalt verdienen. »Heute ist es umgekehrt«, fährt er fort und sticht mit seiner Hacke in die Erde, »die Wolga ist voll mit Fischern und es gibt kaum mehr Fische, über dreißig Prozent weniger sind es geworden.«

»Wir fangen nichts«, beruhigt ihn Sascha. »Uns interessiert, wie Sie mit dem Leben auf dem Land zurechtkommen.«

»Wollen Sie wirklich wissen, was ich denke? Finden Sie es normal, dass ich in meinem Alter noch so hart arbeiten muss?« Konstantin hat für einen Moment seine Arbeit unterbrochen und stützt sich auf den Griff seiner langen Hacke. Er sieht Sascha an und fährt fort, ohne eine Antwort abzuwarten: »Die Tataren haben es in zweihundert Jahren nicht geschafft, in unserem Land so viel zu zerstören wie Jelzin in seiner Zeit. Ohne dass auch nur ein Schuss gefallen ist, hat die Demokratie mehr kaputtgemacht als der ganze Kommunismus mit seinem Krieg!«

Hier zu argumentieren fällt schwer, außerdem wollen wir ja etwas von den Menschen erfahren. Seine Frau hat sich zu uns gesellt. Schmal ist sie, ihr Gesicht hager.

»Wir arbeiten jeden Tag, bis die Sonne untergeht«, sagt sie mit bitterer Stimme, »die ›neuen‹ Russen fuhren alle in den Westen und lebten dort wie die Könige. Inzwischen sind sie wieder zurückgekommen mit ihrem Kapital und machen aus uns Sklaven. Jetzt können wir uns nicht einmal mehr ein Motorrad leisten!«

Ich weiß nicht genau, was ich erwartet hatte, als ich von Ferne das Dorf erblickte, aber die von tiefer Depression zeugenden Sätze der alten Bauersleute tun weh. Wir laufen ein Stück weiter, treffen auf einen kräftigen Mann um die Sechzig, der mit seinem motorisierten Dreiradanhänger vor seinem schönen, alten Holzhaus gestoppt hat und gerade ein paar Kisten mit leeren Bierflaschen auflädt. Sascha wagt schon fast nicht mehr zu fragen, wie es ihm geht, aus Angst, noch einen traurigen Bericht hören zu müssen. Aber diese Lebensperspektive klingt ganz anders.

»Hier hat sich unser Traum erfüllt«, sagt er strahlend, »ich bekomme für schlechte Arbeit gute Pension – 1000 Rubel – und damit können wir leben, wie es uns gefällt. Als der Putsch war in Moskau, begannen wir gerade, unser Haus zu bauen. Aber wir haben uns gedacht, wir bauen einfach weiter, egal wer regieren wird!«

»Fischen Sie auch?«, fragt Sascha vorsichtig.

»Aber ja, Ihr Boot ankert gerade über meinem Netz«, fügt er grinsend hinzu. »Natürlich ist das illegal, aber trotzdem wollen wir Fisch essen. Warten Sie, ich zeige Ihnen etwas!« Er verschwindet im Haus und kommt wenig später mit einem dicken Bündel Tierfelle zurück. »Seit zwanzig Jahren trinke ich nicht mehr, seit fünfzehn Jahren rauche ich nicht, aber dafür gehe ich jagen – Wölfe und Füchse!« Stolz hebt er seine Trophäen in die Höhe. »Natürlich ist das auch verboten, aber bis jetzt haben sie mich noch nicht dabei erwischt. Die Felle verkaufe ich an Zigeuner, für 150 Rubel.«

Mein Funkgerät piept, Rollo ruft uns und mahnt zum Aufbruch.

»Kommen Sie, ich zeige Ihnen noch meinen Garten«, lädt uns der passionierte Wilderer ein. Sein Schäferhund zeigt sich zwar weniger begeistert, als wir uns dem Gatter nähern, doch stundenlang an einer Leine angehängt zu sein, ist auch alles andere als amüsant für den unruhigen Vierbeiner. Der Garten ist ein kleines Paradies: Obstbäume voll mit Früchten, gepflegte Beete mit reifen, knallroten Tomaten, grünen Paprikaschoten, Gurken, Salat, Kohlköpfen, Auberginen, Basilikum, Petersilie, Kartoffeln – hier könnte man zum Vegetarier werden!

»Wo bleibt ihr?«, meldet sich noch mal Rollos Stimme.

Ein paar Tage bei den gastfreundlichen Dorfbewohnern zu bleiben, würde uns schon gefallen. Aber was gibt es Schöneres, als ein Boot zu besitzen, auf dem man überall zu Hause ist, egal an welchem Platz der Welt!

Und auf diesem schwimmenden Zuhause genießen wir jetzt unter der schützenden Persenning im Cockpit kühles Mineralwasser, essen frisch geerntete Tomaten aus jenem Garten, dazu Käse aus Astrachan und Leberwurst aus Hamburg. Was brauchen wir mehr?

15. August. Russland steckt täglich, nein stündlich voller Überraschungen! Heute floss zum letzten Mal Wolga-Wasser unter SOLVEIGs Kiel, denn bei Wolgograd bogen wir ab Richtung Don. Etwa zwanzig Schleusen warten auf uns, bis wir das Asowsche Meer erreichen werden. Nicht gerade verlockend diese Aussicht und meine Stimmung ist nicht die beste. Doch Schleusen können ja so interessant und spannend sein! Und das meine ich nicht ironisch.

Offenbar sind diese hier im Wolga-Don-Kanal ein beliebter Treffpunkt für Jungen zwischen zwölf und zwanzig Jahren, um für die nächste Olympiade zu trainieren. Beliebteste Mutprobe: kurz vor dem riesigen Schleusentor von der zwanzig Meter hohen Mauer ins Wasser zu springen. Aber nicht einfach so mit zugehaltener Nase, sondern Kopf zuerst oder mehrere Saltos rückwärts. Begleitet von wilden Anfeuerungsrufen der auf ihren Sprung wartenden Freunde. Acapulco lässt grüßen.

Ebenso locker die Funkkontakte mit den meist weiblichen Schleusenmeisterinnen: »Hallo – guten Tag – Sie können sofort einfahren – gute Weiterreise!« Kein Warten auf ein Berufsschiff, obwohl viele unterwegs sind, niemand fragt nach den Bootspapieren, wir fahren alleine in die gigantischen Kammern ein und werden von den wild schäumenden Wasserstrudeln in atemberaubender Geschwindigkeit nach oben gehoben. Gott sei Dank hängen wir an Schwimmpollern, die bis jetzt (fast) alle auch funktionierten. An Schleuse Nummer fünf erscheint die Wärterin persönlich am Boot.

»Au weia«, sage ich leise, » jetzt verbietet sie sicher, dass ich filme!« Das Filmen ist nämlich, so haben wir im Yachtclub von Wolgograd erfahren, in Schleusen streng untersagt. Aber weit gefehlt!

»Was hätten Sie gerne?«, lächelt uns die leicht untersetzte Dame im Sommerkleid an, »ich habe Eis und Wasser.«

Welch ein Service!

»Viermal Eis, bitte!«, bestellt Sascha gut gelaunt.

Wenige Minuten später erscheint die nette Frau und überreicht uns Eskimo-Eis am Stil, frisch aus der Kühltruhe. Als Rollo bezahlen will, winkt sie ab: »Nein, nein – das schenke ich euch – glückliche Reise!«

Wir sind, und das kommt wirklich selten bei uns vor, alle sprachlos, revanchieren uns mit einer Tafel Schokolade, die unsere Gönnerin erst nach langem Bitten annimmt. Und der individuelle Service begleitet uns bis zur neunten Schleuse, der letzten des heutigen Tages.

Uns ergeht es wie den Reisenden in russischen Eisenbahnen: An jedem Stopp bieten Bauern Früchte und Gemüse aus ihren Gärten an. Und das gleich eimerweise! Unmöglich, vier oder acht Birnen zu kaufen. In Russland ist eben alles größer... (Ist seit Beginn der Expedition Rollos Standardspruch.)

Und so stocken wir unsere Vorräte noch einmal gewaltig auf mit einem Eimer voll Weintrauben, einem Eimer Birnen, einer zwölf (!) kg schweren Wassermelone, einer großen Hand voll Basilikum,

Uns ergeht es wie den Reisenden in russischen Eisenbahnen.

einem Arm voll herrlich duftender, grüner Kräuter. Ja – bei solchen Freuden kann ich nur noch sagen: »Es lebe Russland!«

16. August. Ich habe das Gefühl, an manchen Tagen unserer Russlandreise erlebe ich mehr, als ich aufschreiben kann. Heute zum Beispiel begegnet uns gleich bei der ersten Schleusung um 7 Uhr früh ein Inspektionsschiff des Wasser- und Schifffahrtsamtes für den Wolga-Don-Kanal. An Bord: fünf Taucher und ihr Chef Dima.

Sascha schlief noch, als ich in einem Kauderwelsch aus Englisch und drei Worten Russisch, eingeklemmt zwischen hohen Schleusenwänden, versuchte, Dimas Fragen nach unserem Woher und Wohin zu beantworten. Ich hätte ruhig auch Deutsch sprechen können, denn verstehen konnte der Meister sowieso nichts bei dem Höllenlärm der hereinschießenden Wasserfälle.

So kommt es, dass kurz nachdem sich die Tore hinter uns geschlossen haben, das Behördenschiff seine Fahrt verlangsamt und wartet, bis wir ganz nah herangekommen sind.

»Wenn ihr wollt, könnt ihr längsseits bei uns festmachen, um Sprit zu sparen!«

Das ist kein Scherz, auch nicht das zweifelhafte Ergebnis einer durchzechten Nacht, sondern ein unglaublich nettes Angebot, unsere Fahrt auf dem Kanal angenehmer zu gestalten. So muss auch SOLVEIGs Käpten nicht lange überredet werden, und bald schippern beide Schiffe, fest verzurrt, einträchtig nebeneinander auf dem ruhig fließenden Kanalwasser.

Solche Aktionen wecken auch den tiefsten Schläfer. Einmal mehr auf dieser Reise reibt sich Sascha erstaunt die Augen, als er über den Niedergang ins Cockpit torkelt. Die erste Tasse Tee hilft ein bisschen, doch es dauert noch eine ganze Weile, bis er tatsächlich begreift, was los ist. Eigentlich gar nichts Besonderes, außer dass SOLVEIGs Cockpit voll ist mit Tauchern, die darauf brennen, das Boot von innen zu sehen.

Rollo und Ed schaffen es innerhalb weniger Minuten, aus dem soeben noch bewohnbaren Salon einen vergrößerten Motorraum zu zaubern, indem sie alle Bodenbretter anheben und sie umgehend ins Cockpit befördern, und so ist in der kommenden Stunde außer dem Kapitän des Inspektionsschiffes keines der männlichen Besatzungsmitglieder mehr ansprechbar. In den verrücktesten Positionen, denn ohne Bodenbretter findet man nur mehr auf den schmalen Querverstrebungen Platz, auf denen die Teile des Cockpitbodens aufgelegt werden, lauschen die Taucher Rollos Erläuterungen über Volvo-Motoren, Generatoren, Heißwasserboiler und die Segnungen der Eberspächer Heizung. Den absoluten Hit und sein Lieblingsthema hat sich SOLVEIGs Käpten bis zum Schluss aufgespart: die Süßwasseraufbereitungsanlage! Jeder Filter, jeder Schalter, jede Pumpe wird liebevoll beschrieben und das Ganze von Sascha simultan übersetzt. Mit offenem Mund hört Dimitri zu, stellt immer wieder Zwischenfragen.

Da sowieso jeder Zentimeter im Motorraum-Salon belegt ist, besuche ich den am Steuer gebliebenen Kapitän des Tauchschiffes, der gerade probiert, in einem wilden Überholmanöver einem Frachtschiff zu zeigen, wer hier die stärkeren Maschinen hat. Doch das Frachtschiff hat ebenfalls seinen Stolz, vor allem der Steuermann! Über Funk werden auch für einen Ausländer leicht verständliche »Freundlichkeiten« ausgetauscht, und als der geplagte Apparat beim zunehmenden Tempo des Dialoges schließlich erschöpft aufgibt, treten die beiden Kontrahenten neben ihr Steuerhaus, um ihre Stimmgewalt einem direkteren Härtetest zu unterziehen.

Am besten verstand sich am Ende wohl jeder selbst und der Kapitän verschiebt das geplante Überholmanöver Gott sei Dank auf später. Unsere angehängte SOLVEIG ist auf die Weise noch einmal ohne Unterwasserschrammen davongekommen, denn bei der Aktion hätte er so weit nach links ausholen müssen, dass er, ohne Blessuren am kleinen Bruder, niemals hätte vorbeifahren können.

Rollo hat von alledem nichts bemerkt, er und Sascha servieren gerade ihren Gästen im Motorraum stolz das selbst hergestellte Süßwasser. Nach diesem lukullischen Hochgenuss und gleichzeitigen Ende der Bootsbesichtigung sind alle Crewmitglieder wieder ansprechbar, auch für Themen, die sich nicht um Motoren drehen.

Ihr Chef Dima ist gerade mal vierzig Jahre jung und heute auf seiner letzten Inspektionsfahrt. »Meine Gesundheit ist schon so schlecht, dass ich aufhören muss«, sagt er, »jetzt übernehmen andere meine Arbeit, da stehen schon meine Nachfolger.« Dima zeigt auf seine jungen Tauchkollegen. »Aber ich wurde gut bezahlt – 5000 Dollar pro Monat!«

Als wir ihn nach der KURSK-Tragödie fragen, denkt er lange nach, bevor er antwortet, und ich wundere mich, dass er sich schließlich überhaupt dazu äußert.

»Für uns war es bitter zu hören, was die Presse geschrieben hat. Angeblich hätten wir keine Leute, die in der Lage gewesen wären, die Matrosen zu retten. Das stimmt nicht! Wir zum Beispiel werden regelmäßig gecheckt und arbeiten bis zwanzig Meter tief. Was wir nicht besitzen, ist Technik! Wenn heute Kalaschnikows verteilt würden, müsste ich als Erster eine bekommen, um mit Jelzin abzurechnen. Er hat alles in unserem Land kaputtgemacht!«

Wir sitzen zusammen mit Dima und einem jungen Kollegen, Sergei, auf einer kleinen Holzbank, die gleich unter dem Führerhaus aufgestellt ist. Die Sonne steht bereits hoch und es wird immer schwieriger, einen schattigen Platz zu finden. Ich habe unsere Wassermelone mitgebracht, die Sergei jetzt mit geübten und kunstvollen Schnitten zerteilt. Die Landschaft ist wenig spektakulär: grobkörnige Sand- und Kiesstrände mit lang gestreckten, flachen Gebäuden aus Leichtmetall am Ufer. Riesige schwarze Rauchwolken haben sich am Ufer ausgebreitet, offenbar ein Buschbrand, um den sich unsere Freunde hier an Bord jedenfalls keine Gedanken machen. Schon eher um den Kontakt zwischen Russen und Tschetschenen. Dima ist dieses Thema zu heiß und er versucht immer wieder, Sergei beim Sprechen zu unterbrechen. Doch Sergei, der noch aus seiner Zeit bei der Armee mit Tschetschenen befreundet ist, lässt nicht locker.

»Was mir bei uns Russen nicht gefällt ist, dass wir untereinander weniger solidarisch sind als zum Beispiel Tschetschenen. Tschetschenen halten bei einer Schlägerei zusammen, Russen nicht. Da musste ich mich in der Armee oft alleine verteidigen.«

»Dafür sind wir hier auf dem Schiff ein Team!«, wirft Dima ein.

»Aber in der Armee war es anders! Ich finde auch, dass Tschetschenen besser sind als Kabardiner und Balkaren«, fährt Sergei unbeirrt fort.

»Hör endlich auf!«, fällt ihm Dima ins Wort.

Auch von diesen Volksstämmen am Rande des Großen Kaukasus habe ich noch nie vorher gehört. Etwa 800 000 Menschen leben in Kabardino-Balkarien, einer Teil-Republik der russischen Föderation. Die jeweiligen Herrscher über dieses unendlich weite Russland sind wirklich nicht zu beneiden, wenn sie ihren Job ernst nehmen.

»Was denkst du denn über Tschetschenien?« Sascha ist sichtlich genervt wegen Dima, der aufgrund der eingeschalteten Kamera zunehmend nervöser wird.

»Ich denke über Tschetschenien positiv«, erwidert er, »aber jetzt mach endlich das Mikro aus!«

»Warum? Wir nehmen verschiedene Meinungen auf!«, kontert Sascha.

»Es gibt gute Russen und es gibt solche Russen«, sagt Sergei mit ruhiger Stimme.

»Und jetzt eben solche, weißt du´s oder weißt du es nicht? Das sind keine Menschen! Ist das Mikrofon immer noch an?« Dimas Blick wird immer unruhiger, seine Sprache teilweise schwer verständlich. Offenbar hat er inzwischen in der Kombüse getrunken.

»Ich finde es gut, wenn die Leute sagen, seht mal, die Russen sprechen nicht nur gut über sich selbst, sondern auch über Tschetschenen«, fängt Sergei wieder an.

»Bei welcher Waffengattung hast du gedient?«, fragt Sascha, um das Thema zu wechseln, stößt dabei aber endgültig ins Wespenest.

»Interkontinentalraketen mit Atomsprengköpfen. Wir hatten große Probleme mit der Strahlung. Die Leute sind praktisch...«

Dima: »Schweig!«

Sergei: »Nun – warum?«

Dima: »Schweig!«

Sergei: »Das ist schon lange kein Geheimnis mehr!«

Sascha: »Die Amerikaner erzählen auch öffentlich, welche chemischen Waffen sie in Vietnam eingesetzt haben.«

Dima: »Sascha, lass uns aufhören mit dem Thema, das ist nicht gut!«

Sascha: »Na gut, sprechen wir über ›neue‹ Russen.«

Sergei: »Das sind die gleichen Leute wie wir, mit dem Unterschied, dass sie Geld und Macht haben.«

Dima (schreit): »Genug!«
Sascha: »Dima, was ist für dich ein ›neuer‹ Russe?«
Dima: »Weißt du, was ich dir sage? ›Neue‹ Russen verdienen großes Geld mit Öl. Es tut mir weh, dass mein Sohn jetzt zusammen mit Kindern von ›neuen‹ Russen im Pionierlager die Ferien verbringt. Und da laufen die Gespräche zwischen den Kindern so: ›Heute hat mir mein Vater einen neuen Videorekorder gekauft und morgen kauft er noch einen...‹«
Sascha: »Wie alt ist dein Sohn?«
Dima: »Er ist 15 Jahre und wird bestimmt einmal stärker als ich werden. Ich habe ihn gefragt, ob ich ihm helfen soll, dass er drei Jahre bei der Nordflotte Dienst machen kann. Und was sagt er zu mir? ›Papa, ich habe gerade in den Nachrichten gehört, dass in Tschetschenien vierundfünfzig Soldaten getötet wurden. Und ich wäre der fünfundfünfzigste.‹«
Ich habe die Kamera weggelegt. Inzwischen sind Ed, Rollo und die anderen Taucher zu uns gestoßen. Brot, Suppe und Dauerwurst werden vom Koch serviert und hungrig stürzen sich alle auf die köstlich schmeckende Bouillon. Militär, »neue« Russen und Tschetschenien sind ab sofort keine Themen mehr. Warum auch. Schließlich gleiten ja unsere beiden Schiffe friedlich und einträchtig dem Don entgegen, dem Stillen Don...
Spätnachmittag. Unsere Freunde haben ihren Liegeplatz erreicht. Zum Abschied taucht Dima unter unser Boot, um SOLVEIGs Propeller zu kontrollieren. Diesmal ist alles in Ordnung. Ed meldet uns bei der Schleuse an und kommt mit der Nachricht zurück, dass sich das Wetter verschlechtern wird und man mit bis zu acht Windstärken rechnet. Wir wollen trotzdem weiter, zumal die Fläche des vor uns liegenden Zimljansker Stausees, am unteren Don, nicht so riesig ist, dass die Wellen für uns gefährlich werden können, meint Rollo. Nun, alles ist relativ: Immerhin ist der See über dreihundert Kilometer lang und seine breiteste Stelle erstreckt sich über vierzig Kilometer. Er ist in den fünfziger Jahren gebaut worden, zur gleichen Zeit wie der Wolga-Don-Kanal.
17. August. Wenig Wind, wolkenloser Himmel. Ich liebe Wettervorhersagen, die nicht eintreffen!

Doch an der Schleuse geht es nicht weiter. Es wird Abend, es wird Nacht, bevor SOLVEIG sich zusammen mit einem Berufsschiff endlich wieder in Bewegung setzt. Alle sind genervt, bis auf unsere lieben, kleinen Mückenkinder, die einmal mehr ein Zehn-Gänge-Menü unter freiem Himmel von uns serviert bekommen. Nach unten heißt es in der Schleusenkammer, dorthin, wo sich unsere Stimmung längst befindet.

»Hast du eine Idee, wo wir später ankern werden?«, frage ich SOLVEIGs Käpten.

»Eine Idee habe ich, es fragt sich nur, ob ich den Platz im Dunkeln finde.«

»Das kann ja noch heiter werden!«

»Ich würde sagen, nicht so heiter.« Rollos letzte Bemerkung erinnert mich an unsere Bordscheinwerfer, und ich versuche sie so zu justieren, dass die Strahler das nahe Ufer anleuchten.

»Wenn du mir nicht dauernd vor der Nase herumtanzt, bin ich dir dankbar!«, ertönt erneut die Stimme des Käptens. »Ich sehe ja das Schiff nicht mehr, wenn du da stehst!«

Ein dunkler Koloss ist wie aus dem Nichts vor uns aufgetaucht. Bewegt er sich? Oder steht er?

»Piep, piep, piep.....« 0,7 bis 0,6 Echolot-Alarm – gleich sitzen wir auf!

»Kannst du irgendetwas am Ufer erkennen?«, frage ich ohne viel Hoffnung.

»Ja, schon, aber wir haben vier Schiffe vor uns und eines kommt entgegen – in dem schmalen Kanal – das ist der reine Wahnsinn!«

»Soll ich mit den Strahlern leuchten?«

»Ja, nimm den rechten!«

Das Boot macht fast keine Fahrt mehr. Wohin auch? Vor uns treiben große Schlepper, auf der Gegenseite ebenfalls. Unentwegt geht der Tiefenalarm.

Ed hält das Funkgerät mit beiden Händen fest umklammert, versucht Kontakt mit wem auch immer aufzunehmen. Als sich jemand meldet, versteht er so viel wie ich auch, nämlich gar nichts, und beeilt sich nun, genau dies immer wieder dem Käpten gestenreich mitzuteilen, natürlich in Russisch.

Erstaunlicherweise bleibt Rollo ruhig, bemerkt nur nach einiger Zeit trocken: »Ed muss sich darüber im Klaren sein, dass ich kein Wort von dem kapiere, was er sagt.«

Ob Sascha Rollos Äußerungen an Ed jemals weitergeleitet hat, weiß ich nicht, es ist mir auch egal. Nicht egal ist mir, ob wir die heutige Nacht als fliegende, oder besser: treibende Holländer verbringen werden. Zwei Armlängen haben wir vielleicht noch Platz, als sich irgendwann eine riesige Wand aus Stahl an SOLVEIG vorbeischiebt. Gespenstisch ruhig ist es an Bord geworden, selbst Ed verstummt mit einem Mal. Vor Schreck vergisst sogar das Echolot, sich zu beschweren.

Vorsichtig werfe ich einen Blick auf die Anzeige: »Zwei Meter!«

Alles wird gut, alles muss gut werden! Ich tappe nach vorn zu den Scheinwerfern.

»Mach den Linken an!«, ruft Rollo in die Nacht. »Und jetzt nur den Rechten!«

Sascha richtet den Strahler zum Ufer. Die stolzen, langen Schilfgewächse tänzeln im künstlichen Lichtkegel, aufgeweckt von den unruhigen, kleinen Wellen unseres Schiffes. Allmählich weitet sich der Kanal, wo eben noch Büsche und Gräser das Ufer säumten, öffnet sich ein schwarzes Loch. Oder nein – mitten aus dem Loch wachsen plötzlich dunkle Gestalten! Sie scheinen auf einem festen Podest zu stehen.

»Hier mündet der Don!« Rollos Stimme holt mich zurück in die Wirklichkeit.

»Ach so«, kommentiere ich geistreich.

»Das ist das Denkmal der Don-Kosaken, sie schieben ihr Boot zur Wolga, denn hier ist die kürzeste Entfernung zwischen Don und Wolga!«, ruft Sascha begeistert.

»Wollen wir dort festmachen?« Ich würde unsere Leine auch um das Tor eines Atomkraftwerkes werfen, so müde und kaputt bin ich. Nur noch schlafen will ich, egal wie und wo, ob mit oder ohne Don-Kosaken!

»Ich fahre noch ein Stück in den Seitenarm – mach schon mal den Anker klar!«

Der schönste Satz des Abends! Um zwei Uhr nachts fällt SOLVEIGs

Eisen auf drei Meter Tiefe, alles was danach geschah, habe ich vergessen....

18. August. Riesenpech: Saschas Tamron-Vario-Objektiv ist so unglücklich vom Tisch gefallen, dass es an den Stufen zur Pantry aufschlug. Es ist nicht mehr reparierbar und war mit seiner Brennweite bis zu 300 mm das wichtigste Objektiv für Saschas Nikon. Normalerweise hängt seine Kamera an ihm wie eine zweite Haut – kein Tag ist vergangen, an dem er nicht fotografiert hat...

Er. Im Schatten der Sterne

Was hat mich bloß dazu veranlasst, diese Nacht an Deck zu verbringen?

Am Anfang der Reise war Ed von diesem Gedanken wie besessen. Die von Hitze geplagte Angelika wollte auch eine Übernachtung auf dem Dach der Vorderkajüte organisieren. Aber nur ich habe es geschafft, diesen mutigen Schritt zu vollbringen.

Die Idee war einfach und genial zugleich: Man muss nur das Zodiac, das normalerweise mit dem Boden nach oben liegt, umdrehen und sich hineinlegen. Natürlich berücksichtigte ich auch solche Kleinigkeiten wie zum Beispiel ein Moskitonetz und ein weiches Kopfkissen. Damit mir das Netz nicht ins Gesicht fällt, lege ich quer über das Zodiac ein Plastikruder und befestige es, damit es nicht verrutscht.

Nach dem Abendessen verabschiede ich mich von der Crew und mache mich auf den Weg ins Zodiac. Als ich es endlich geschafft habe, meine neue Zuflucht zu erreichen, ohne dabei das Moskitonetz zu beschädigen, spüre ich, dass es heute nicht mehr heiß werden kann! Ich bin satt von der Hitze, die zum Albtraum wird. Man musste nicht einmal einschlafen, um von Albträumen heimgesucht zu werden. Wir lebten in einem Albtraum. Er wurde zum Alltag. Heute ist aber Schluss damit. Auf die Freiheit!

Dieser Abend am Don verläuft, wie die meisten unserer Abende, sehr ruhig. Dem sanften Wind folgend, dreht sich SOLVEIG langsam im Wasser.

Das Netz über meinem Kopf wird unsichtbar und ich liege auf dem Rücken in meiner aufgeblasenen Badewanne tête-à-tête mit

Ich war satt von der Hitze, die zum Albtraum wird.

den Sternen. Millionen von Sternen! Ruhige, kalte, und im Vergleich zu unserem kurzen Leben, ewige Sterne...

Es ist ein unbeschreiblich schönes Gefühl, sich als ein, wenn auch nur sehr kleiner Teil des Universums zu fühlen. Oh! Ein Satellit! Noch ein kleiner Stern...

Manchmal überschätzen wir die Bedeutung des Menschen in dieser unendlichen Welt, manchmal unterschätzen wir sie. Wenn ich zum Beispiel jetzt diesen Satelliten beobachte, von dem mich rund dreihundert Kilometer trennen, denke ich daran, dass man mich von dort aus nicht sehen kann. Es scheint, dass uns keiner aus dem Weltall wahrnimmt. Dabei erkennt man aus dem Weltall sogar die kleinen Fischerboote mit ihren Fischern darin. In der Schwerelosigkeit sieht das Auge wesentlich schärfer als auf der Erde. Manche Kosmonauten berichteten, dass sie U-Boote entdeckten, die sich zweihundert Meter unter dem Wasser bewegten. Was können wir dann über Gott sagen, der uns aus einer noch größeren Entfernung beobachtet?

Plötzlich höre ich ein seltsames Geräusch. Es kam von den Sternen. In der ersten Sekunde war ich verwundert, doch als ich mich vergewisserte, dass es in der Nähe nichts anderes gab, was singen könnte, glaubte ich meinem Gehör und lauschte um so intensiver. Ein feines melodisches Geräusch, kaum vernehmbar. Kein Wunder, wenn es eine solche Entfernung überwinden musste! Nur der

Gedanke aber, dass ich es doch wahrnehmen konnte, machte aus mir einen dankbaren Zuhörer. Mit diesem himmlischen Klang vermischte sich das Summen der Mücken. Menschen, Sterne und Mücken verursachen fast gleiche Geräusche!

Für mich war das eine Entdeckung! Eine noch größere Entdeckung machte ich aber, als ich begriff, dass die Sterne mit diesem Geräusch gar nichts zu tun hatten! Denn in der absoluten Dunkelheit sieht man die Mücken nicht, man hört sie nur. Ich erlebte einen Schock! Es ist gar nicht so leicht, etwas zu entdecken und es fast zur gleichen Zeit wieder zu verlieren! Und so lag ich mit offenen Augen und betrachtete das verräterische Flackern von oben, das von irdischen Geräuschen begleitet wurde.

Und plötzlich – Musik! Woher? Da ich nicht mehr so begriffsstutzig war, schloss ich die Sterne gleich aus. Diese Musik erklang aus dem vorbeischwimmenden Touristenschiff. Dieses Schiff konnte ich von meinem Platz aus nicht sehen. Es näherte sich langsam. Die Musik war fröhlich, Stimmen summten dazu, wahrscheinlich wurde auch getanzt... Und in diesem Moment machte ich eine zweite Entdeckung. Dieses Mal eine bedeutende! Als die Musik ertönte, verschwanden die Moskitos! Kein einziges Summen mehr!

Die Moskitos sterben also bei Musikklängen! Eine wirklich nützliche Entdeckung! Man kann also davon ausgehen, dass das menschliche Leiden von diesem Augenblick an vorbei sein wird. Jetzt muss nicht mehr das »Fahrrad« in Form von Anti-Moskito-Gemüse erfunden werden. Der Kampf gegen Moskitos beschäftigt viele große Konzerne in Deutschland, in Russland und in der ganzen Welt. Es wurden schon so etliche ekelhafte Schmiersalben, Deos, Plättchen und Geräte, die man in die Steckdose fummeln muss, erfunden. Dabei ist alles so einfach: laute Musik – und alle Mücken sind hin!

Es war mir jedoch, im Gummiboot liegend, klar, dass auch diese Theorie einer wissenschaftlichen Untersuchung bedarf. Aber die Entdeckung selbst ist doch umwerfend: Musik tötet Mücken oder paralysiert sie.

Während das Schiff weiterschwamm, versuchte ich mir das Lied zu merken. Ich wollte mir die Melodie einprägen, die mich zu meiner wichtigen Erkenntnis inspiriert hatte. Es kann ja sein, dass alle meine Experimente erfolglos werden, weil nicht jede Art von Musik, sondern nur Pop-Musik Mücken töten kann. Vielleicht auch nur russische Pop-Musik. Vielleicht nur die Lieder der russischen Sängerin Alla Pugatschowa. Vielleicht nur dieses eine Lied – und die ganze Welt ist in Ordnung. Und nur ein einziges herzzerreißendes Lied wird aus Kassettenrekordern und den CD-Playern erklingen. Es geschieht eine Revolution! Die ganze Welt wird dieses Lied kaufen wollen! Sony? Nein, ich würde es an Sony nicht verkaufen! Sonys Geld reicht nicht aus! Ich schenke dieses Lied der UNO! Dieses Lied wird eine Hymne werden. Es wird bei der Eröffnung der Olympischen Spiele vorgetragen! Mit diesem Lied werden die Kinder in Japan und in Äthiopien – falls es dort auch Mücken gibt – einschlafen.

Was wird aber mit Ländern, in denen keine Mücken vorkommen? Würden die Menschen dort die Wichtigkeit dieses Liedes begreifen? Mit diesen Träumen, begleitet vom leichten Schaukeln auf den Wellen, schlief ich ein. Doch mein Schlaf dauerte nicht lange. Ich vernahm ein Quietschen neben mir und öffnete die Augen. Keine Sterne, keine Mücken. Kalt. Windig. Leises Flüstern unbekannter Stimmen. Als ich das Quietschen wieder hörte, kapierte ich, dass sich ein Ruderboot näherte. Den Geräuschen nach musste es ein altes und verrostetes Boot sein.

Die Menschen im Boot unterhielten sich leise. Ich erstarrte. Die unerwarteten Besucher näherten sich unaufhaltsam. Außer einem Plastikruder hatte ich nichts zur Hand. In diesem Moment bereute ich, dass ich die Holzhacke nicht mitgenommen hatte. Dabei hatte ich noch daran gedacht! Mann, war ich dumm! Ed hätte mich daran erinnern sollen. Immerhin ist er ein Außerirdischer!

Ich versuchte, meinen Kopf ganz leise zu heben. Ringsum war alles kohlrabenschwarz. Wie im schwarzen Loch – absolut nichts zu sehen.

Doch vielleicht gab es einen ganz anderen Grund für diesen verspäteten Besuch? Am Ende interessierten sich diese Leute nicht für mich und beabsichtigten gar nicht, ein Sportboot zu überfallen? Schließlich wussten sie ja nicht, wer drin war. Was, wenn im Zodiac ein Riese mit einer Kanone lag? Er würde sie erschießen. Nein, sie wollten nichts von mir.

Nachdem ich noch ein paar Varianten durchgedacht hatte, fiel mir ein, warum die Menschen auf dem Don nachts wach bleiben. Diese Menschen sind Wilderer. Im Schutz der Nacht holen sie die Fische aus ihren Netzen. Weil sie nur in der Dunkelheit der Wasserschutzpolizei entkommen können.

Diese traurige Wahrheit beruhigte mich. Es war kalt und ich wollte zurück in meine Kajüte. Doch alle Eingänge zur SOLVEIG waren mit Moskitonetzen abgedeckt. Wenn ich sie löste, würde ich alle wecken. Ich kehrte also zurück in meine Arche Noah und versuchte wieder einzuschlafen. Es gelang mir erst in der Morgendämmerung, als der erhellte Himmel den Anfang eines neuen Tages verkündete.

Sie. 19. August. Das hat uns gerade noch gefehlt! Fünf Tage vor Ablauf unseres russischen Visums Kühlwasseralarm – ein schrilles Pfeifen – Motor stopp – es riecht verbrannt – nichts geht mehr. Position: 150 Kilometer vor Rostow, dem letzten Hafen am Don. In der Stadt Taganrog am Asowschen Meer, die eine Tagesreise von Rostow entfernt liegt, müssen wir ausklarieren.

»Lass sofort den Anker fallen!«, höre ich Rollo rufen.

Ich stürze nach vorn – Sekunden später schlägt das Eisen auf dem Wasser auf und die Kette rauscht in die Tiefe. Drei Monate hat SOLVEIGs Motor brav gearbeitet und jetzt, kurz vor dem Ende der Expedition: das!

»Der Impeller«, vermutet Rollo, »aber ich kann noch nichts unternehmen, der Motor ist zu heiß. Ich verbrenne mich sonst.«

»Wir müssen das Boot aus dem Fahrwasser ziehen, bevor es dunkel wird!«, rufe ich nervös.

Das Zodiac fällt ins Wasser und zusammen mit Sascha verknote ich hundert Meter Leine, deren Ende wir an einem Holzanleger am Ufer befestigen. Gegen die Strömung rudern wir zurück zum Boot und belegen das Tauwerk an der Bugklampe. Wir holen den Anker auf, lassen das Boot ein Stück treiben, bis sich die Leine spannt.

»Glaubst du, das ist von unserem Motor?«

Erneut fällt das Eisen auf flaches Wasser.

Es ist dunkel geworden. Im Ersatzteillager unter Rollos Koje befindet sich ein weiterer Impeller, den der Käpten sofort auswechselt.

20. August. Unsere Lage ist unverändert ernst. Rollo und Ed haben den halben (oder ganzen?) Motor auseinander genommen, doch von der Lösung unseres Problems sind wir weit entfernt!

Kein Motor bedeutet auch keinen Strom, da die Batterien sich langsam entleeren, kein frisches Wasser vom Watermaker, unsere Filmkameras können nicht mehr geladen werden und vieles mehr. Es ist Montagvormittag – Rollo und Ed arbeiten mit hochroten Köpfen, Sascha übersetzt nach Kräften. Trotzdem erwischt Ed meist die verkehrte Schraube. Frage mich, ob es für Rollo nicht einfacher wäre, es gleich selbst zu versuchen.

Aber auch das geht nicht so ohne weiteres, weil ihm Ed die Werkzeuge einfach aus der Hand nimmt, um es selbst zu probieren. Wir haben das Boot nochmals verlegt an den Steg eines Privatgrundstücks. Wladimir, eine sehr sympathische, dunkelhaarige, russische Variante des Bullen von Tölz, bietet Hilfe an.

Abends. Ed hatte vergessen, die Schrauben an der Pumpe festzuziehen, daher kam Luft ins System. Rollo wusste das nicht, suchte einen Tag lang vergeblich nach anderen Ursachen der Panne.

21. August. 10 Uhr. Rollo meldet: »Alles okay – Kühlwasser läuft!«

Feiern mit Wladimir und seinen Freunden unseren Erfolg. Champagner fließt in Strömen und eine saftige Wassermelone wird verspeist. Leinen los.

Begeistert filme ich den Abschied, will als Schlussszene das außen herausfließende Kühlwasser, das zur Kontrolle dient, aufnehmen – doch da ist nichts! Ich glaube es nicht!!! Halte nochmals meine Hand an die kleine Öffnung, aber es kommt nur Luft! Gebe sofort Alarm, Rollo dreht das Boot um hundertachtzig Grad und jetzt liegen wir wieder bei Wladimir. Er ist unglaublich hilfsbereit.

In seinem neuen BMW einschließlich Aircondition, Autotelefon und eingebautem Farbfernseher fahren Sascha und ich nach Konstaninowskaja, eine kleine Provinzstadt in der Nähe, um dort bei seinem Freund, dem Chefarzt des Krankenhauses, ein Attest zu erbitten. Denn jetzt schaffen wir es keinesfalls mehr rechtzeitig, Russland mit dem Boot zu verlassen.

Ich warte im Auto und die beiden Männer verschwinden im Krankenhaus.

Jener Freund steht unserem Gönner, was seine Leibesfülle betrifft, in nichts nach.

»Einziger Unterschied – er hat Glatze!«, konstatiert Sascha grinsend, als er zurückkommt. »Aber er schreibt dir das Attest.«

Wladimir kennt auch den Chef der Polizei, der ebenfalls mit Bestätigungen und Stempeln helfen will. Ob es am Ende nützen wird? Wir werden sehen, denn wir bewegen uns sowieso in einer grauen Zone, wenn plötzlich aus einem russischen Boot wieder ein deutsches auferstehen soll...

Wir sind alle gereizt und nervös. Ed versteht (fast) alles falsch, auch Saschas Übersetzungen, schreit herum, schlägt auf den Tisch. Rollo ist nahe daran, ihm den ganzen Tomatensalat ins Gesicht zu feuern. Sascha wiederum fühlt sich von Ed ständig herumkommandiert, was er sich natürlich auch nicht bieten lassen will. Ich setze meine noch verbliebenen Energien (sind nicht mehr viele) ein, um die überhitzten Gemüter etwas abzukühlen. Aber die Kommunikation zwischen Sascha und Ed ist bei null angelangt, das heißt, sie sprechen nicht mehr miteinander.

Mitternacht. Inzwischen hat Rollo den kompletten Wärmetauscher ausgebaut, jedes einzelne kleine Röhrchen gereinigt mit Draht und Wasserschlauch. Wladimir hat einen Topspezialisten aus Rostow angerufen, der sich sofort ins Auto setzte, um uns zu helfen. Tatsächlich gelingt es ihm schließlich, den Fehler zu beheben.

Doch bis jetzt weiß Rollo nicht wirklich, worin der Fehler lag...

22. August. Leinen los – endlich! Ich könnte Wladimir umarmen und tue es auch. Habe keine Ahnung, wie alles ohne seine Hilfe gelaufen wäre.

Weiter geht die Reise nach Rostow. Mit etwas Glück könnten wir es vielleicht doch noch schaffen, vor dem Ende des Visums Russland zu verlassen. Doch so weit denke ich lieber gar nicht. Vorerst bin ich unglaublich dankbar, dass wir fahren, dass SOLVEIGs Motor wieder brummt, als ob nichts geschehen wäre. Wir ankern kurz vor Rostow in einer kleinen Bucht. Fischer schenken uns frisch gefangene Flusskrebse. Mm, das schmeckt!

23. August. Rostow voraus! Finden einen Liegeplatz unweit vom Zentrum, doch beim Ablegen am Nachmittag bekommen wir Probleme. Zusammen mit unserem Motorspezialisten Andrey und Freunden von ihm wollten wir zu einer Tankstation verholen, um SOLVEIG vor dem Asowschen und Schwarzen Meer noch einmal randvoll zu bunkern. Aber irgendwie läuft seit einigen Tagen alles Mögliche und Unmögliche schief bei uns.

Als ich das Eisen hieven will, blockiert zunächst die Winsch, am Ende schaffe ich es doch noch und der Anker rastet ein. Langsam setzen wir uns in Bewegung, hören dumpfe Schläge gegen die Bordwand. Rollo stoppt sofort die Maschine.

Ed taucht sofort, weil ihm plötzlich einfällt, dass die Schläge möglicherweise von seiner Leine stammen könnten, die er bei einer anderen Aktion um das Unterwasserschiff gezogen und an der Reling befestigt hat.

Er zieht das Tau nach oben, wir nehmen erneut Fahrt auf.

Die Schläge werden lauter – und dumpfer. Bum... Bum... klack... klack. Unaufhörlich hämmert es gegen den Rumpf. Hat sich denn alles gegen uns verschworen?

»Stopp!«, rufe ich ins Cockpit, wo sich unsere Freunde gerade mit Rollo unterhalten und offenbar den Lärm nicht hören.

»Was ist denn jetzt schon wieder?« Rollos Nerven sind in einem gefährlichen Zustand. Er ist springnervös wegen der Tankerei, denn was wir vorhaben, ist nicht legal: Es geht um unverzollten Diesel. Eine »normale« Tankstelle für Sportboote gibt es nicht. Die Alternative für uns wäre, so wie in Wolgograd und anderen Städten in Zwanzig-Liter-Kanistern das rare Gut heranzuschaffen. Doch die Zeit drängt jetzt wirklich!

»Hört ihr nichts? Wenn wir so weiterfahren, haben wir bald zwei Schiffe!«

Diese Aussicht scheint dem Käpten nicht besonders verlockend, denn jetzt verringert er endlich die Geschwindigkeit, dreht nach Steuerbord, um das Boot aus dem Fahrwasser zu lenken. Sieben Leute hängen ihren Kopf über die Reling, suchen angestrengt nach dem Urheber des Lärms. Ich nehme den Bootshaken, lehne mich weit über den Bug, versuche mit der Stange etwas am Anker zu finden, das sich vielleicht herumgeschlungen hat.

In dem Augenblick ruft jemand von hinten: »Wir haben es!«

Eine rostige Eisentonne einschließlich Ankerkette hatte sich um unser Eisen geschlungen und wir haben Kette samt Tonne unter Wasser mitgeschleppt! Aber wie werden wir diesen Ballast wieder los? Bleigewichte sind nichts dagegen!

Mit vereinten Kräften versuchen wir alles hochzuziehen, aber es ist zu schwer. Außerdem riskieren wir erhebliche Beschädigungen an der Bootshülle.

Ed hüpft in seinen Shorts ins Wasser, ruft Sascha zu, wie er ihm von Bord aus mit dem Leinengewirr helfen soll. Offenbar versteht Sascha ihn falsch oder Ed verwechselt links und rechts, jedenfalls ist nach kürzester Zeit der heftigste Krach zwischen beiden im Gange. Ed schimpft lautstark von unten, Sascha von oben. Ich selbst kapiere nichts vom Inhalt. Hätte sicher auch nichts geändert.

Rollo stürzt nach vorne, schreit seinerseits aus vollen Kräften: »Auf meinem Boot wird nicht geschrien!«

Irgendwann gelingt es dennoch, den Anker-Ketten-Tonnen-Wulst zu entwirren und endlich dem Reich Neptuns zu übergeben – zumindest so lange, bis die nächste Schiffskette sich darin verfangen wird.

Wir fahren weiter, nun endlich ohne »Gepäck«, und kurz vor dem Tankponton verschwindet auf Geheiß von Andrey SOLVEIGs Besatzung nach unten und zieht die Vorhänge zu. Zurück bleiben Rollo am Steuer und Andrey, der sich jetzt ums Festmachen kümmert. Er wird besprechen, wann wir abends den Sprit übernehmen können. »Auf keinen Fall vor Einbruch der Dunkelheit, am besten gegen 22 Uhr!«, übersetzt Sascha, nachdem wir wieder abgelegt haben.

Eine weitere lange Nacht wartet auf uns...

24. August. Zwei Uhr nachts. Unsere nervenaufreibende Tankaktion ist beendet. Wir ankern nicht weit vom Ponton entfernt, damit uns Andrey, der seine Freunde mit seinem Boot wieder nach Hause bringen will, leichter findet. Andrey hat noch einen kleinen, aber lukrativen Nebenjob: Er kümmert sich um den Motorflitzer eines vermögenden Geschäftsmannes, gelegentlich auch um ihn selbst. So auch heute Nacht! Der Eigner wollte auf seinem Schiff nicht alleine essen und trinken und Andrey wurde gerufen. Dank dieser Tatsache verbringen vor allem Sascha und ich die halbe Nacht auf der SOLVEIG wartend und flüsternd mit den gebliebenen Freunden, um wenigstens Rollo etwas Schlaf zu ermöglichen, vor dem Tripp nach Taganrog über das Asowsche Meer...

25. August. Auf See. Totale Flaute. Auch was meine Stimmung betrifft. Kein noch so zarter Windhauch kräuselt die grenzenlos scheinende Wasserfläche des Asowschen Meeres. Ruhig tuckert unser Schiff seinem letzten russischen Hafen entgegen, eine breite Spur im Heckwasser zurücklassend. Heute läuft unser russisches Visum ab. Heute wird sich entscheiden, ob aus SOLVEIG wieder ein deutsches Schiff werden wird. Und heute wird Ed zurückfliegen nach St. Petersburg.

Rollo ist erstaunlich ruhig, zumindest nach außen hin.

15 Uhr. Wir haben am Steg des Yachtclubs festgemacht. Sascha und Ed sind mit allen nur erdenklichen Papieren und Unterlagen, frisch gedruckten Crew-Listen, Pässen unterwegs zum Zoll. Ed ist so aufgeregt, dass er gleich nach der Ankunft aus dem Boot springt und seitdem vor dem Clubgebäude auf und ab läuft, bis Sascha endlich mit all unseren Papieren erscheint. Ohne ihn eines Blickes zu würdigen, marschiert er nun voraus, Sascha folgt. Was genau zwischen ihm und Sascha geschehen ist, weiß ich nicht. Ed hat auf unserer Expedition vor allem mir sehr geholfen und zum Beispiel das gesamte Einkaufen der Lebensmittel und den Abwasch übernommen. Dass bei Letzterem Teller, Tassen und Töpfe immer neue

Plätze fanden, hat mich nicht einmal besonders gestört, zumal ich selbst beim Aufspüren neuer Stauräume sehr kreativ sein kann. Vielleicht wollte er immer zu viel gleichzeitig schaffen und war bei diesen Bemühungen ständig sich selbst, aber auch anderen im Weg. Er spürte natürlich auch, dass Sascha mit einem Minimum an Aufwand viele Dinge so einfach im »Vorübergehen« organisierte und uns auf diese Weise Türen öffnete und Kontakte ermöglichte, von denen der gute Ed nicht einmal zu träumen wagte.

Ein kompliziertes Thema, aber hoffen wir, dass am Ende unserer Reise noch alles gut werden wird!

15.30 Uhr. Sascha ruft über Funk. »In zehn Minuten sind wir zurück!«

Rollo und ich sitzen schweigend am Kartentisch. Zu viele Gedanken schwirren gleichzeitig durch meinen Kopf, ich fühle mich unfähig, noch irgendetwas zu sagen.

15.45 Uhr. Sascha ist mit den Papieren zurück.

»Es fehlen Eintragungen«, sagt er, »hier musst du noch schreiben, welche Flagge das Schiff führt, der Einreisestempel ist auch nicht zu finden.«

Rollo: »Haben wir überhaupt einen bekommen?«

»Sie sind gar nicht nach Russland eingereist!«

Sascha: »Ich glaube nein, wir werden trotzdem weiter kämpfen! Aber such irgendeinen Stempel, du weißt, in Russland geht ohne Stempel gar nichts, sie möchten auf diesem Platz da unten Stempel sehen, nimm einfach den vom Boot!«

Rollo kramt in der Schublade und findet schließlich das begehrte Objekt. In den kommenden zehn Minuten tippt er nach Saschas Anweisungen neue Formulare und drückt seinen Stempel drauf.

Inzwischen ist Ed mit zwei Beamten im Cockpit erschienen. Sascha steigt mit den neuen Formularen nach oben. Durch den Niedergang beobachte ich den weiteren Verlauf der Verhandlung. Die Blicke der Beamten sind ernst. Stirnrunzelnd blättert der Jüngere von beiden immer wieder in den Dokumenten. Von Ed sehe ich gelegentlich wild fuchtelnde Hände, häufiges Achselzucken: »Ja ne znaju – ich weiß nicht!«

Sascha kommt wieder nach unten.

»Also, ich werde jetzt noch ein ganz wichtiges Dokument über ein Dokument produzieren, das wir nicht besitzen!«, kündigt er an, setzt sich an seinen Computer und beginnt zu tippen. Tatsächlich haben wir von St. Petersburg keine Einklarierungspapiere vorliegen, da wir ja offiziell als russisches Schiff unterwegs waren.

Ich frage mich, was Sascha den Beamten alles über uns erzählt hat, denn im Grunde sind sie unglaublich hilfsbereit, diktieren ihm sogar, was er in das so genannte Formular eintragen soll.

»Hier bitte deine Unterschrift, Rollo, ich habe alles auf Russisch geschrieben, deshalb musst du es gar nicht erst lesen«, versucht Sascha zu spaßen. »Weißt du, was ich ihnen gesagt habe? ›Wir sind Russen, ich bin Russe – Sie sind Russen. Aber jetzt spreche ich für die deutsche Seite. Können Sie sich vorstellen, dass zwei Deutsche kommen, uns ihr Schiff geben und es nach drei Monaten wieder zurück haben wollen? Ja, und dann sagen wir als Russen: ›Moment mal – wo ist dieses Papier und wo ist jenes Dokument?‹ Ja, wo? ›Wir haben alles den Russen gegeben!‹ sagen die Deutschen. Nun – und Sie sagen: ›Na ja.‹...« Sascha zuckt mit den Achseln.

»War das der Zollchef eben im Cockpit?«, frage ich.

»Nein, jetzt erst gehen sie mit den Formularen zum Leiter der Dienststelle!«, erwidert Sascha, »wir sollen sie später aufsuchen.«

17 Uhr. Wie wird dieser Tag enden? Ich weiß es nicht.

Ein neuer Schock! Und der sitzt tief. Sascha hat von der Kommandantur eine weitere Nachricht für uns mitgebracht: »Das ist eine unglaubliche Geschichte! Hört jetzt genau zu! Ihr habt uns euer Schiff verchartert und das kostet auf dem Gesetzblatt der russischen Regierung mit der Nummer 517 drei Prozent Gebühr vom gesamten Wert des Bootes. Und zwar pro Monat! Also Rollo, was kostet dieses Schiff?«

Rollo stottert: »Nun etwa ... wir müssten dann 5000 US-Dollar pro Monat bezahlen, also 15 000 Dollar.... Aber das gibt's doch nicht, dann ist mit dem Chartervertrag etwas falsch gelaufen. Hast du Tanjas Telefonnummer? Sie hat alles organisiert!«

Sascha: »Es ist Wochenende, vor Montag werden wir sie kaum erreichen!«

»Was ist mit unserem Empfehlungsschreiben vom russischen Konsulat?«, frage ich.

Sascha: »Das haben die Beamten dem Chef längst unter seine Nase gehalten. Aber wir werden weiterkämpfen!«

»Soll ich mitgehen?«, schlage ich vor.

Sascha: »Okay, versuchen wir unser Glück gemeinsam!«

Auf ein Neues – nun also zu dritt. Das schmucklose Gebäude ist nicht weit, nur etwa fünf Minuten vom Clubhaus entfernt. Ich habe unser Funkgerät dabei, um mit Rollo in Kontakt zu bleiben. Auch in dem einstöckigen Haus wirkt alles eher provisorisch. Keine Bilder an den unverputzten Wänden, ein paar Türen stehen offen. Ja, es ist Wochenende – ein Wunder, dass man sich überhaupt noch unserer angenommen hat! Das Büro des Chefs ist ganz hinten, in der ersten Etage. Ein zarter, aber schwül-heißer Luftzug versucht SOLVEIGS »Kinder« durch die geöffneten Fenster zu streifen, wird auf seinem Weg aber vorzeitig vom breiten, nackten Rücken des Inspektors gestoppt.

Der hockt, nur mit Shorts bekleidet, vor dem Monitor seines eingeschalteten Computers, blickt kurz auf, als wir eintreten. Sascha stellt mich vor, jener nickt noch einmal zu mir herüber, denn in Russland ist es nach wie vor nicht üblich, einem weiblichen Wesen die Hand zu geben.

»Lesen Sie selbst«, wendet er sich an Sascha, »was soll ich da machen? Ich kann doch die Gesetze nicht ändern!«

»Darf ich?«, fragt Sascha höflich und beginnt, Zeile um Zeile auf dem flimmernden Bildschirm zu entziffern.

Eine mehr als verfahrene Situation! Im Grunde will man uns helfen, offenbar auch der Chef selbst, aber seit Putin sind viele Gesetze verschärft worden. So hatten wir ja auch mit den kleinen Wodka- und Schokolade-Geschenken, die wir auf Anraten von Ed vorsorglich eingepackt hatten, an den Schleusen wenig Erfolg. Es weht wirklich ein neuer Wind gegen die Korruption, aber dass ausgerechnet wir davon so unmittelbar betroffen sein sollen, will mir einfach nicht in den Kopf.

»Moment mal«, sagt Sascha, »können Sie den Cursor nach unten schieben?« Er blickt über die nackte, massige Schulter des Inspektors. Kein Komma will Sascha übersehen, das uns möglicherweise nützen könnte.

»Haben Sie das Datum gelesen?«, fragt er den Inspektor.

»Ja, natürlich. 2.7.«

»Als dieses Gesetz beschlossen wurde, waren wir schon auf der Reise. Unser Chartervertrag wurde noch im Juni unterschrieben!«

Ich halte die Luft an, auch Ed steht da wie versteinert.

Der Riese dreht sich um in seinem Stuhl, sieht Sascha ins Gesicht und grinst: »Sie haben Recht, Ihr Schiff ist davon noch nicht betroffen.«

Mein Herz klopft so laut, dass ich sicher bin, alle hier hören es. Der Boden beginnt verdächtig unter meinen Füßen zu schwanken, doch bevor ich das Gleichgewicht endgültig verliere, verabschieden wir uns eiligst, um den gewichtigen Sack Neuigkeiten sofort auf die SOLVEIG zu tragen.

Rollo hat sich dort in das Lexikon seines Computers vertieft.

Als wir auf das Boot zurückkommen, blickt der Käpten kurz auf und sagt: »Sascha, du wolltest doch Informationen über das Leben der Pharaonen. Ich habe dir die Datei ausgedruckt!«

21 Uhr. Alles muss plötzlich ganz schnell gehen, denn die kooperativen Beamten haben nur noch heute Dienst, und so ganz in Ordnung sind unsere Dokumente ja wirklich nicht. Also nichts wie weg,

auch wenn es dunkel wird! Nicht einmal Abschied mit Ed können wir feiern. Er tauscht in Windeseile T-Shirt und Shorts mit weißem Hemd und langer Hose und nun steht er neben einer vollbusigen Zollbeamtin am Steg und blickt dem sich langsam entfernenden Schiff nach.

SOLVEIGs verbliebene »Kinder« steuern in die hereinbrechende Nacht und hoffen, dass Neptun heute seine beiden Augen ganz fest zudrückt und sie irgendwo, an einem ruhigen Ankerplatz, tief schlafen lassen wird...

26. August. Irgendwann am Morgen haben wir die Flagge ausgewechselt. SOLVEIG selbst scheint von unserer Aktion nicht besonders beeindruckt. Ihr Bug stampft in die entgegenlaufenden Wellen der Asowschen See, gelegentlich fegt uns weiße Gischt ins Gesicht. Vorbei sind die Zeiten beschaulicher Flussfahrt, die frische Luft, die uns um die Nase weht, ist gefüllt mit Salz.

Es fällt mir schwer, Russland zu verlassen, obgleich ich erleichtert bin, dass SOLVEIGs »Enttarnung« so glimpflich verlaufen ist. Sascha hatte den Beamten auch noch Rollos spannende Familiengeschichte erzählt, unter besonderer Betonung der engen Bindungen seines Vorfahren an Russland zu Zeiten des Napoleon-Feldzuges. Immerhin hatte jener Ahne auf russischer Seite gekämpft! Die Wirkung auf die Beamten war jedenfalls so stark, dass sie am Ende auch noch die falsche Passnummer von Rollo in der Crew-Liste akzeptierten. Er hatte in der Eile seine beiden Pässe verwechselt.

Er. George

Sie schläft am längsten und wacht erst am Abend auf. Kurz vor Sonnenuntergang krabbelt sie aus ihrem Versteck heraus, bleibt eine Weile sitzen und erst dann beginnt ihre Tätigkeit. Wir bemerkten sie schon während eines Abends an der Wolga.

Angelika sagte damals: »Oh, schaut mal, wer uns da besucht!«

Alle blickten zur rechten Ecke des Salons. Dort oben, unter der Decke, saß eine Spinne. Ihre Netze waren noch nicht ausgebreitet und sie seilte sich wie ein Alpinist auf einem dünnen Faden ab.

»Wir wollen ihr einen Namen geben!,« rief Angelika.

Plötzlich wurde es ganz still. Wahrscheinlich hatte jeder schon einen Vorschlag im Kopf, traute sich aber nicht, diesen auszusprechen.

»George«, schlug ich vor, » sie soll George heißen.«

Wenn mich damals jemand gefragt hätte, warum sie denn unbedingt George heißen sollte, wäre mir sicherlich kein vernünftiges Argument eingefallen. Ich dachte, es würde ihr bestimmt gefallen. Nicht wegen der Ähnlichkeit mit George Washington, eher wegen des Klanges. Denn alle zischenden Laute stimmen die Spinnen auf das leckere Essen ein. Und es stellte sich sehr schnell heraus, dass unser neues Crew-Mitglied ein Gourmet war. In ihren Netzen steckten so viele Insekten, dass ich mir schon fast Sorgen um ihre Gesundheit machte. So passierte es, dass sie einen männlichen Namen erhielt. Aber George Sand ist es nicht besser ergangen.

Die tägliche Beobachtung der Spinnenarbeit ermöglichte mir den Einblick in die Kunst des Netzbaus. Unser George war ein richtiger Meister. Er stürzte sich nicht auf jede kleine Fliege, die im Faden hängen blieb. Im Gegenteil: Er tat so, als ob er sie gar nicht bemerkte. Auch wenn einige Moskitos sich durch das heftige Flattern befreien konnten, blieb er ganz cool.

In der Früh bemerkte ich dann, dass die ganze nächtliche Beute eingewickelt in einer Rolle an der Sonne trocknete. Und der Besitzer? Der schlief irgendwo in seinem Versteck.

Eines Nachts beschloss ich, unseren Meister des Hinterhalts auf dem Foto zu verewigen, und begann die Aufnahme vorzubereiten. Ich brachte ein massives Stativ und mehrere Linsen. Und weiter ging es nach einem russischen Sprichwort: »Wir wollten es besser machen, es ist aber wie immer geworden.«

Einer der dünnen Fäden führte nämlich zum Tisch, wo ich mein Equipment abgelegt hatte. Der Faden riss und die ganze geometrisch perfekte Architektur unseres George stürzte in sich zusammen. Von dem, was mich so faszinierte und zu dieser nächtlichen Aufnahme bewegt hatte, blieben nur armselige Fetzen hängen. Armer George! Seine Renaissance war so instabil wie eben die gesamte Kunst dieser Welt. Er teilte das Schicksal jener Schöpfer, deren Kunstwerke in Kriegen, Revolutionen und Perestroikas abstürzten.

Diese bescheidenen Reste eines genialen Werkes erinnerten mich an den Koloss von Rhodos und an den Leuchtturm von Alexandria.

In dieser Stellung des verunglückten Fotografen, der die lange und quälende Annäherung zum Schmetterling beendet hat, weil der Schmetterling plötzlich weggeflogen ist, in dieser Lage wirkte ich total enttäuscht.

Ich war nicht weniger enttäuscht als George. Und George war wirklich enttäuscht. Er begann nämlich nicht gleich mit seiner Arbeit, wie ich dachte. Zwei Tage lang war er damit beschäftigt, die Reste seines Werkes einzusammeln. Er baute nichts Neues. Zum Glück heilen die Wunden! Endlich hatte Georg ein neues, noch besseres Werk geschaffen. Und nach kurzer Zeit war er nicht mehr allein. Und da fiel mir ein, dass er im Häuschen, wo er sich versteckte, womöglich Nachwuchs bekommen hatte. Eine richtige Familie. Der kleine Verwandte des großen Meisters erhielt keinen eigenen Namen. Wir nannten ihn »George den Zweiten«. Es ist in der Spinnenwelt so üblich. Er war etwas heller als George und zeigte auf einem Faden atemberaubende Künste. Er konnte sich schnell wie ein Kreisel drehen, als ob in seinem Bauch eine Achse eingebaut wäre. Zwischendurch blieb er immer wieder ruhig hängen – wahrscheinlich wurde ihm schwindlig. Mir wurde ja auch schwindlig, wenn ich als Kind auf dem Karussell kreiste.

Das Bordleben nahm seinen Lauf. Einen Monat nach der Geburt von George II. sah die SOLVEIG einem Hollywood-Pavillon für Horror-Filmaufnahmen gleich. Alles war mit Spinnweben vernetzt. Sie waren überall: an jeder Lampe, neben jeder Luke, in jedem Eck, in der Nische für die Sony-Anlage und sogar auf dem Rettungsreifen, der hinter der Reling schaukelte.

Als wir kurz vor dem Ende unserer Expedition die Gewässer des Asowschen Meeres erreichten, stürzte sich eine riesige Schar nervender Moskitos aufs Boot. Dass so etwas mitten im Meer geschehen konnte,

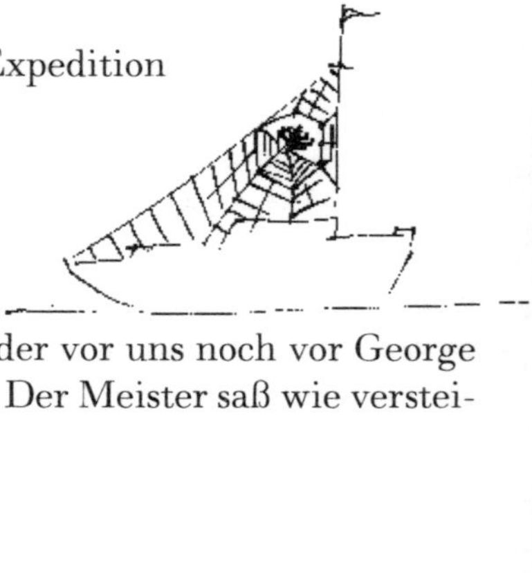

ahnte keiner. Die Moskitos hatten weder vor uns noch vor George Angst und zischten durch seine Netze. Der Meister saß wie versteinert und beobachtete die Katastrophe. Für George war das vermutlich schlimmer als der Bethlehemitische Kindermord. Das war wie die Bartholomäusnacht! Nein – wie die Französische und Russische Revolution zusammen! Das war wie eine Eroberung durch die Kreuzritter...

Die Moskitos waren nicht zu bremsen und zerstörten in wenigen Minuten den gesamten Privatbesitz unseres Freundes. Die grünen Ungeheuer trauten sich sogar, eine Ruhepause auf den Resten der Netze einzulegen, und flogen dann erst weiter. George unternahm nichts, um die Situation zu retten.

Wir dachten: Das ist sein Ende.

Doch um so größer war meine Verwunderung, als ich am Morgen die gesamte grüne Garde friedlich auf Georges Fäden hängen sah. Was für eine Taktik! Als erfahrener Kriegsführer wusste George den Kampf zu gewinnen. Die erschöpften Eindringlinge blieben kopfüber auf dem eroberten Territorium hängen.

Warum hat sich Napoleon kein Beispiel an George genommen? Hätte Napoleon den russischen Winter so gekannt wie George das Asowsche Meer – dann, ja dann würde ich meine Zeilen jetzt vielleicht in Französisch beenden. Au revoir, aber die Geschichte hat anders entschieden – also Freunde: Doswidanje!

Nein, halt – zum Schluss will ich noch über meinen letzten Tag an Bord berichten. Er war stürmisch, sehr stürmisch. Das Asowsche Meer ist seicht. Das Asowsche Meer ist angeblich nicht gefährlich. Und überhaupt, wer weiß schon, wo dieses Asowsche Meer liegt?

Nachdem wir vom Don Abschied genommen hatten, hießen uns die riesigen Meeresweiten willkommen. Und wir bekamen zu spüren, dass die Natur auch gefährliche Scherze parat hat. Als Erstes sichteten wir dichte Nebelwolken, dann schlugen auch die großen Wellen ein. Nach einer dreimonatigen Fahrt durch Flüsse und Seen zeigte man uns, wer der eigentliche Herrscher auf dem Land und auf den Meeren ist. Wenn der Mensch das ab und zu vergisst, so wird er prompt daran erinnert. Diese Erinnerung kann verschiedene Formen haben, ist aber immer sehr deutlich.

Das Geschirr fing an zu scheppern. Wir blickten uns gegenseitig an und begannen, die zerbrechlichen Gegenstände nach unten zu

Die Wellen schaukelten unser hilfloses Schiff weiter ...

verlegen. Mein Computer war noch eingeschaltet und ich versuchte »Speichern unter...«. Doch wie kann man das, was sich bereits im Flug befindet, speichern? Die Maus flog als Erste weg, aber der Laptop, der zum Glück schwerer war, blieb in einer Ecke stecken. Ich schnappte ihn dort, musste mich aber mit dem Verlust der Informationen abfinden.

Am meisten wehrte sich der Esstisch im Salon, der, wie es in solchen Situationen üblich ist, nicht angeschraubt war. Rollo und ich probierten, diesen zappelnden Vierbeiner ruhig zu stellen und Angelika plagte sich mit seinen Beinen. Diese Szene ähnelte einem amerikanischen Rodeo. Die Wellen schaukelten unser hilfloses Boot weiter, später versuchten sie, es sogar umzuschmeißen.

Wofür das alles? Meine innere Stimme wiederholte immer wieder diese Frage und eine Stimme von oben, vielleicht aber auch von unten, aus der Meerestiefe, antwortete: »Erstens dafür, dass ihr die beiden Seen, Onega und Ladoga, ohne Wind und ohne Wellen durchqueren konntet! Zweitens dafür, dass die Untiefen, auf die ihr aufgelaufen seid, harmlos waren und die gefährlichen euch erspart geblieben sind. Und schließlich dafür, dass Wolga und Don euch große Mengen Fisch und Kaviar schenkten. So war es doch, oder? Jetzt ist es an der Zeit abzurechnen!«

Das Geschirr schepperte in den geschlossenen Schränken weiter, das ganze Besteck geriet durcheinander, die Konserven drängten nach draußen. Wellen hoben unser Schiff hoch und warfen es auf andere Wellen.

Rollo und Angelika standen im Salon bei der Steuerung. Die ganze Schaukelei irritierte sie überhaupt nicht. Rollo hielt das Steuerrad nur mit einer Hand. Angelika filmte mit einer kleinen Kamera die über das Fenster laufenden Wasserstrahlen.

Ich bedauerte, die Tabletten gegen Seekrankheit nicht eingenommen zu haben. Jetzt war es zu spät. Ich legte mich in meine Koje, die wie ein ungezügelter Mustang unter mir hüpfte. Und wieder schwebte das »Warum?« in meinem Kopf, doch ich stellte mir eine andere Frage: Ist das ein Ende? Ist das wirklich das Ende einer unendlich glücklichen Reise durch den wunderschönen Fluss mit dem poetischen Namen »Wolga«?

Allen, die dieses Buch lesen, will ich sagen, was das Besondere am Reisen ist. Unsere Welt ist vergänglich. Kauft man heute ein Auto, geht es vielleicht morgen kaputt – wenn es alt wird, muss man es entsorgen. Auch einen Goldring kann man verlieren. Nur die Reisen bleiben bei Ihnen – für immer. Egal was passiert, Sie können sie immer wieder in eigenen Erinnerungen erleben. Und jedes Mal können sie anders werden, vielleicht sogar noch viel schöner als in Wirklichkeit.

Sie. 29. August. Feodosia auf der Krim. Die kleine Stadt ist uns noch vertraut von unserem letzten Aufenthalt vor ein paar Jahren. Viel ist gebaut und renoviert worden: vor allem an den Häuserfassaden. Es gibt frisch geteerte Straßen und im Zentrum wurden neue, dekorative Pflastersteine verlegt.

Sascha hat das Schiff gestern verlassen und ist per Bahn nach Moskau gefahren. Seine Gitarre bleibt an Bord zurück – für die Fortsetzung der Reise ...

Als wir um die Hafenmole biegen, begrüßt uns eine Delfinschule. Gibt es einen schöneren Beginn für unsere letzte Etappe? Wir wollen mit SOLVEIG nach Istanbul fahren und haben bereits Kontakt aufgenommen mit Freund Teoman, der in der türkischen Metropole lebt und arbeitet. Getroffen haben wir uns zum ersten Mal vor ein paar Jahren auf der Krim, als er eine der ersten Schwarz-Meer-Ralleys überhaupt organisierte und mit seiner Segelyacht begleitete. Er ist von Russland, seinen Menschen und seiner vielfältigen Kultur ebenso fasziniert wie wir, deshalb zieht es auch ihn immer wieder in das gar nicht ferne Reich im Osten Europas.

Unter seiner Obhut und in der schönen und uns vertrauten Ataköy Marina werden wir SOLVEIG für den Winter zurücklassen. Auf Spinne George warten dann vermutlich härtere Diätzeiten. Aber uns wird es auch nicht besser ergehen. Also, lieber Freund, hab' ein bisschen Geduld – wir kommen wieder!

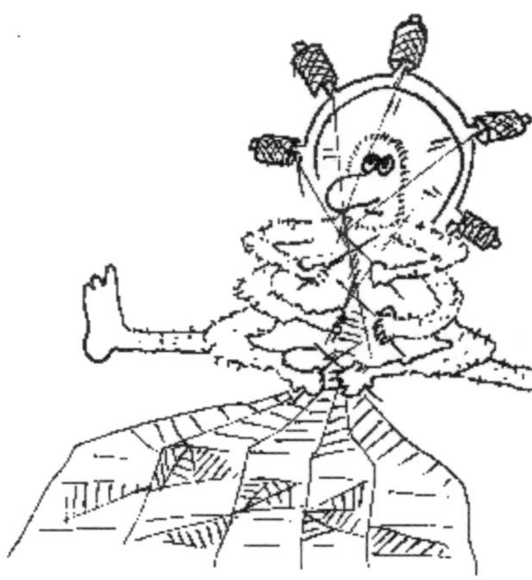

George spinnt ...

Ein Mensch ohne Freunde ist
die linke Hand ohne die rechte...

SOLVEIGs Crew dankt herzlich

Linssen Yachts BV
Volvo Penta Central Europe
Hennings Yachtvertrieb
Marina Park Weener
Zodiac-Kern GmbH
Armatech Marine Equipment
De Te Sat
Nordwest-Funk
Eberspächer GmbH & Co.
Jabsco GmbH
A.W. Niemeyer
Ataköy Marina, Istanbul

Dr. Edmund Stoiber
Ministerpräsident des Freistaates Bayern

Dr. Otto Wiesheu
Staatsminister, Bayerisches Staatsministerium für Wirtschaft, Verkehr und Technologie

Dr. Michail A. Logwinow
Generalkonsul a. D. der Russischen Föderation und Beauftragter des Freistaates Bayern in Moskau

Dr. Lev N. Klepatsky
Generalkonsul der Russischen Föderation, München

Alexander E. Gladkow
Vizekonsul, Generalkonsulat der Russischen Föderation

Jurij N. Ljaschtschenko
Konsul, Generalkonsulat der Russischen Föderation, München

Georgi Kosykh
Generalkonsul der Ukraine, München

Bertold Flierl
Ministerialrat
Bayerische Staatskanzlei, München

Volker Kirchgeorg
Santec, München

Rainer Soltys
Generaldirektor Bosch und Siemens Hausgeräte GmbH, Moskau

Tatjana Lukina
MIR e. V. Zentrum russischer Kultur, München

Eva Krack
Stellvertretende Direktorin der russischen Abteilung, Dolmetscher Institut, München

Torsten Moench
Journalist, Redaktion Boote, Hamburg

Klaus Heyser
Rechtsanwalt, Frankfurt

Heike Bingel
Direktorin Hapag-Lloyd Flussreisen, Hamburg

Horst Schlichting
Herausgeber Segler-Zeitung, Travemünde

Margaret Bandau
Künstlermanagement, Köln

Tatjana Bykowa
Representative in St. Petersburg: Trans Ocean, Verein zur Förderung des Hochseesegelns e. V.

Hajo Janssen
Kapitän MS DEUTSCHLAND

Wolfgang Frank
Kreuzfahrtdirektor, MS DEUTSCHLAND

Wolfram Götz
Kreuzfahrtdirektor MS SCHOLOCHOW

Markus Forster
Konsul, Generalkonsulat der Bundesrepublik Deutschland in Saratou

Jerina Jelisaweta
Direktorin Verdiente Kulturschaffende der Russischen Föderation, Engels

Viktor G. Dietz
Direktor des Deutschen Hauses der Republik Tatarstan, Kasan

Alexej Djomin
Journalist, Kasan

Sowie den engagierten Überset zern der russischen Texte:

Olga Plagge
Freilassing

Irene Thauberger und
Alla von Buch
München

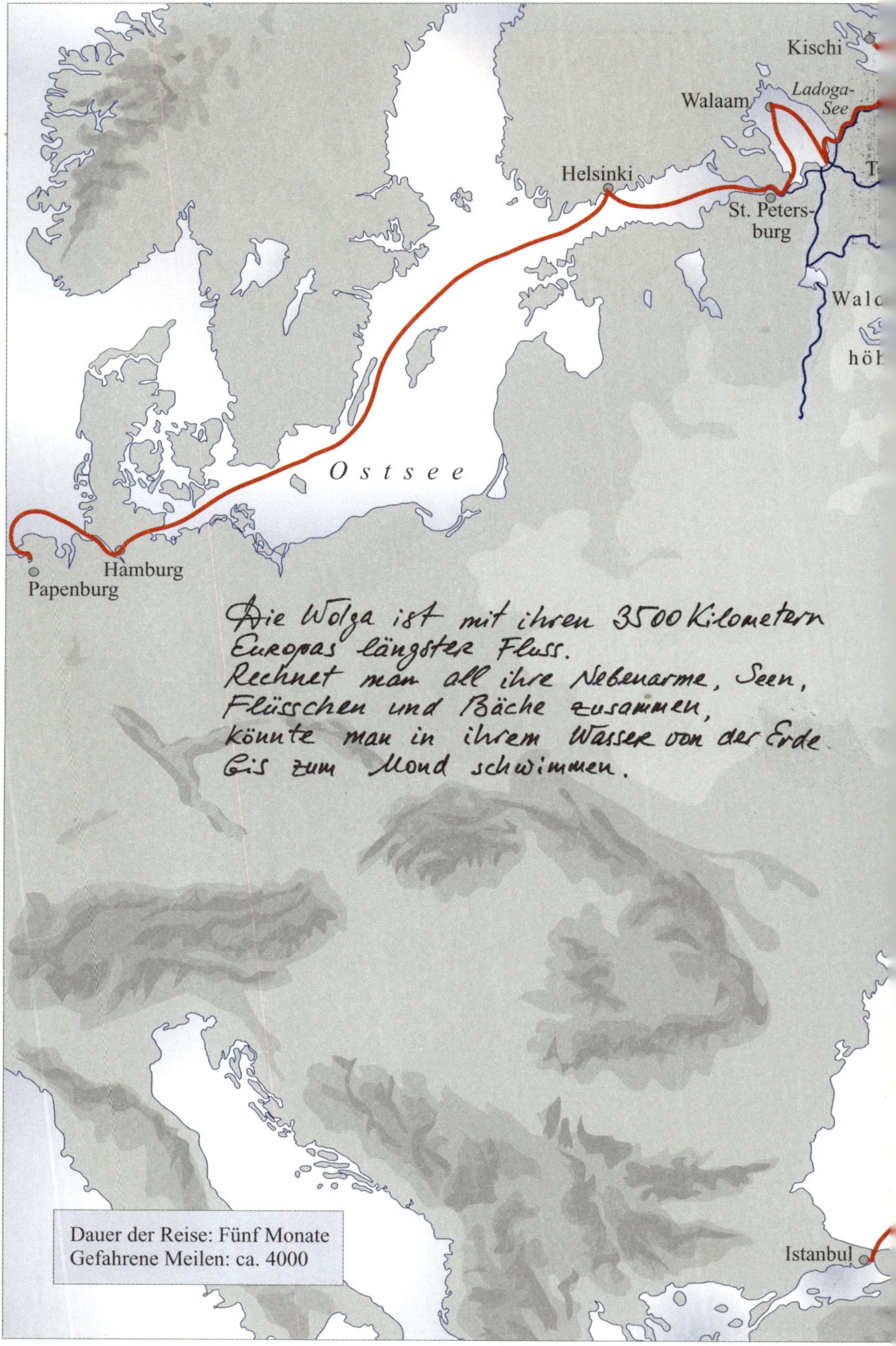

Die Wolga ist mit ihren 3500 Kilometern Europas längster Fluss.
Rechnet man all ihre Nebenarme, Seen, Flüsschen und Bäche zusammen, könnte man in ihrem Wasser von der Erde bis zum Mond schwimmen.

Dauer der Reise: Fünf Monate
Gefahrene Meilen: ca. 4000